LECTURES
DE FAMILLE

CHOISIES DANS LA COLLECTION DU

MAGASIN PITTORESQUE

PAR

M. ÉDOUARD CHARTON

PARIS
LIBRAIRIE DU MAGASIN PITTORESQUE
29, QUAI DES GRANDS-AUGUSTINS, 29

1866

TOUS DROITS RÉSERVÉS

LECTURES DE FAMILLE

Paris. — Typographie de J. BEST, rue Saint-Maur-Saint-Germain, 15.

LECTURES
DE FAMILLE

CHOISIES DANS LA COLLECTION DU

MAGASIN PITTORESQUE

PAR

M. ÉDOUARD CHARTON

PARIS

LIBRAIRIE DU MAGASIN PITTORESQUE

29, QUAI DES GRANDS-AUGUSTINS, 29

1866

TOUS DROITS RÉSERVÉS

A M. BOUSSINGAULT

MEMBRE DE L'ACADÉMIE DES SCIENCES

PRÉSIDENT DE LA SOCIÉTÉ FRANKLIN

Mon cher ami,

Vous voulez bien que j'écrive votre nom sur la première page de ce livre : je vous remercie il n'est pas d'approbation que j'aime et qui puisse m'honorer plus que la vôtre. Grâce à la bonne fortune qui m'a fait votre collègue tour à tour à la Constituante, au Conseil d'État et à la Société Franklin, je suis assuré que nous pensons de même sur le devoir de venir en aide au grand nombre de nos concitoyens qui prennent goût à l'instruction. Il faut faire aimer la lecture. C'est à cette œuvre que j'ai employé presque toute ma vie. Vous verrez j'espère, une nouvelle preuve de ma bonne volonté dans ce recueil composé simplement d'articles empruntés aux trente-trois premiers volumes du *Magasin pittoresque*. Je les ai choisis, avec un soin particulier, de manière à ne point fatiguer des attentions encore peu exercées. Les gravures, mêlées au texte, n'ont pas seulement pour but d'inviter à le lire : la plupart instruisent par elles-mêmes. — On arrivera aisément à faire mieux, mais non avec un désir plus sincère d'être utile.

Conservez-moi votre affection, mon cher ami, et comptez-moi toujours au premier rang de ceux qui aiment à rendre hommage à la fois à votre science, à votre caractère, et à votre dévouement éclairé pour tous les grands intérêts du pays.

ÉDOUARD CHARTON.

Versailles, 1ᵉʳ décembre 1865.

LECTURES DE FAMILLE

Une Scène de Famille.

D'après un dessin de Greuze.

Une Scène de Famille.

Cherchez-vous le bonheur? Où croyez-vous le trouver? Hors de votre maison, bien loin peut-être. Regardez ici; le voilà.

Paix, tendresse, pureté du cœur, honnête curiosité de l'esprit, tous ces biens précieux, vous les voyez réunis dans cette humble demeure. Qui possède ces trésors-là peut se passer de tous les autres. Qui ne les a pas, eût-il à la fois jeunesse, beauté, puissance, génie, célébrité, richesse, n'a point ce qui rend véritablement heureux.

C'est vers le milieu du jour, à l'heure où, dans les champs, on suspend quelques instants les travaux. Le père, la mère, sont venus chercher le repos en un coin du logis, vers cette douce et innocente enfant, image de l'un et de l'autre, et qui est tout leur bonheur. Ils se sont assis devant elle : elle les a devinés, et, souriante, a laissé l'aiguille pour ouvrir le livre à la page interrompue la veille.

Que lit-elle? Peut-être le récit de quelque lointain voyage qui étonne et fait rêver le paisible laboureur. Peut-être un souvenir glorieux de l'histoire de notre patrie, ou la vie d'un homme de bien qui a rendu de grands services à ses semblables.

Le père et la mère, pressés l'un contre l'autre, écoutent.

La mère, penchée en avant, enveloppe et embrasse sa fille de son regard. Que lui fait le livre et son auteur? Pour elle, toutes les belles pensées qui sortent de ces lèvres vermeilles comme d'un mélodieux instrument, ne naissent-elles pas de ce jeune cœur? Ce sont les yeux, la voix, l'âme de son enfant qui donnent la vie aux pages inanimées. L'auteur, le véritable, le seul auteur, c'est sa fille!

Plus attentif au sens du livre, le père a le regard vague. Il saisit, il reconnaît au passage plus d'un sentiment qu'il avait éprouvé, plus d'une vérité qu'il avait entrevue. Sa conscience satisfaite applaudit. Il se sent fortifié dans son amour du juste et du bien.

Depuis que l'aimable enfant sait lire, on n'est plus réduit à n'entendre répéter tous les soirs à satiété que les vieux contes du berger, du tailleur ambulant, ou les nouvelles incroyables que colporte le mendiant.

Comme le rayon de soleil qui, en ce moment, dore et réjouit la chaumière, l'esprit du livre rayonne dans ces honnêtes intelligences, les éclaire et leur ouvre un plus vaste horizon.

Ces heureux parents respectent dans leur fille bonne et naïve le peu d'instruction qu'au prix de leur travail ils ont fait donner à son enfance. Ils s'honorent de son progrès sur eux, car ils vivent en elle plus qu'en eux-mêmes. Ce n'est point devant eux qu'il faudrait faire l'éloge de l'ignorance, et prétendre qu'on ne peut ouvrir un livre sans être exposé à perdre aussitôt l'innocence et la modestie. La mère montrerait avec orgueil sa fille; le père raconterait combien autour de lui l'ignorance a causé de maux : il l'a toujours vue plus entretenir de vices qu'engendrer de vertus.

Il en est des livres comme des hommes, dont les uns sont bons et les autres mauvais. De peur des hommes mauvais, serait-il sage de fuir les bons, et de renoncer aux bienfaits, aux douceurs de l'honnête amitié? Choisissons nos livres comme nous devons choisir nos amis.

Les Émotions de M. Baptiste.

Il est minuit.

M. Baptiste, le valet de chambre, a fini

son service. Il va se coucher. Bonsoir, la compagnie!

— Monsieur Baptiste, lui dit le cocher, prenez donc une chandelle!

— Je n'en ai pas besoin, répond M. Baptiste. Croyez-vous que j'aie peur? Je ne sais pas ce que c'est que d'avoir peur. Jamais je n'ai eu peur de ma vie.

M. Baptiste monte en sifflant un joli petit air.

Le voici dans le corridor. Il cherche à tâtons la porte de sa chambre.

Que je vais bien dormir! — Hé! ma porte est ouverte. — Euh! le vilain bruit. — Ouch! on approche. — Qui va là?

Au voleur! — Eh mais! si c'était... — ... Ce serait drôle. — Eh or c'est ma chatte, est Minette. — Hi! hi! hi! Pauvre bête comme je lui ai fait peur

---

Moyen de dévider des Écheveaux sans Dévidoir.

Le pouce de la main gauche A, figure 1, est passé dans l'une des extrémités de l'é-

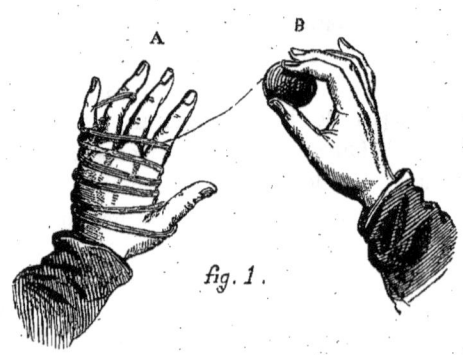

fig. 1.

cheveau qu'on tourne immédiatement autour de cette main, sans le tordre aucunement; l'autre bout de l'écheveau est passé sur le doigt annulaire, auquel il arrive, soit sur le dehors soit sur le dedans de la même main, et toujours sans être tordu.

Après avoir coupé la centaine, lien par lequel tous les fils de l'écheveau sont attachés ensemble, on écarte la main droite B, figure 1, qui tient le corps du peloton et le bout du fil, pour le dévider de dessus la main gauche, et lorsqu'il y en a une longueur suffisante de développée, la main droite place le peloton entre l'index et le pouce de la main gauche A, figure 2, qui le tient pendant que la main droite B enroule le fil sur le corps du peloton. Lorsque la longueur de fil qui a été développée est pelotonnée, la main droite reprend le peloton, comme dans la figure 1, pour dévider une nouvelle longueur de fil. Les deux mains agissent successivement, comme il vient d'être dit, jusqu'à ce que tout l'écheveau soit dévidé et pelotonné.

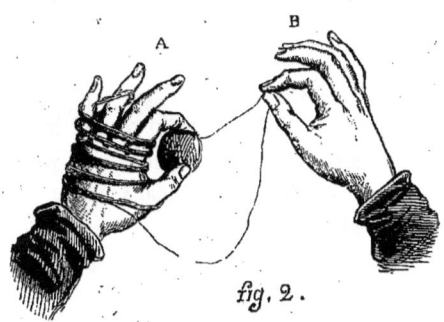

fig. 2.

Dans les figures 1 et 2, les deux mains sont représentées comme la personne qui opérerait verrait les siennes.

Avec un peu d'habitude et d'adresse, la main droite, sans se dessaisir du peloton, peut alternativement dévider le fil et le pelotonner.

Faire aller le Commerce.

Je me souviens qu'étant jeune, j'assistais à la campagne à un repas fort gai, où l'un des convives ne manquait jamais de faire voler par la fenêtre les flacons à mesure qu'ils étaient vidés.

C'était, disait-il, pour faire gagner les fabriques.

Il était conséquemment fort satisfait de ses prouesses, et les amateurs s'empressaient d'y applaudir.

Je commençai par rire comme les autres; cependant, à mesure que la même folie était répétée, je ne pouvais m'empêcher d'y réfléchir, et mon esprit vint à douter de l'avantage qui pouvait résulter pour la société en général d'une consommation dont il ne résultait aucun bien pour les consommateurs.

Il me semble, me disais-je à moi-même, que le convive qui consacre trois ou quatre francs de son argent à payer des bouteilles cassées ne peut faire cette dépense sans qu'il en résulte un retranchement de pareille somme sur une autre dépense. Ce que le verrier vendra de plus, un autre marchand le vendra de moins. Le monde ne peut rien gagner à un pareil divertissement, et il y perd le service, l'utilité, que le briseur de flacons pouvait recueillir de leur usage s'ils avaient été ménagés.   J.-B. Say.

La Chemise d'Ivrogne.

Voici comment on punissait autrefois les ivrognes en Angleterre.

LA CHEMISE D'IVROGNE.

Un baril était défoncé et percé de trous, où le délinquant passait sa tête et ses deux mains; son corps, jusqu'aux genoux, était emprisonné à la place du vin qui lui avait fait commettre sa faute; et on le promenait, ainsi accoutré, dans les rues de la ville.

Poissons marcheurs.

Il y a dans les étangs et les rivières de Siam trois espèces de poissons qui peuvent marcher dans les herbes pourvu qu'elles soient mouillées, et faire ainsi un trajet d'une lieue et plus.

Une certaine année, la grande chaleur avait desséché tous les étangs des environs de Juthia; ensuite il tomba une pluie torrentielle pendant la nuit. Le lendemain, étant allé dans la campagne, quel ne fut pas mon étonnement de voir les étangs presque pleins et un grand nombre de poissons qui sautaient!

— D'où sont donc venus ces poissons? demandai-je à un laboureur; hier il n'y en avait pas un.

Alors il m'expliqua comment ils étaient sortis des herbes et venus dans les étangs à la faveur de la pluie.

En 1831, le poisson étant à vil prix, l'évêque de Siam crut bien faire en achetant une provision de poissons vivants pour son séminaire : il en lâcha cinquante quintaux dans ses étangs; mais, dans l'intervalle de moins d'un mois, les neuf dixièmes s'étaient sauvés à la faveur d'une pluie qui survint pendant la nuit.

Ces trois espèces de poissons fuyards s'appellent *pla-xon*, *pla-duck*, et *pla-mo*.

Le pla-xon est un poisson vorace, gros comme une carpe; salé et séché au soleil, il se garde toute l'année; il est tellement abondant qu'on l'exporte en Chine, à Singapore et à Java; il est considéré comme une nourriture très-saine et très-convenable dans presque toutes les maladies.

Les Quatre Épis d'or.

Oysonville, aujourd'hui petite commune de l'arrondissement de Chartres, possédait autrefois un très-beau château qui, au commencement du seizième siècle, appartenait à messire François d'Allonville, chevalier de l'ordre du Roi.

Henri IV, qui aimait beaucoup ce seigneur, vint un jour lui rendre visite à son château d'Oysonville.

Après le déjeuner, François d'Allonville, ayant mené le roi dans le parc, se plaisait à lui faire admirer les plantes rares dont il avait décoré ses plates-bandes.

Henri IV s'arrêtait surtout devant les diverses espèces de rosiers qui ornaient le parterre, et faisait compliment à son hôte sur la richesse de son jardin.

Alors un laboureur du pays, nommé Cadot, le plus riche tenancier du seigneur d'Oysonville, se hasarda à dire au roi qu'il avait encore de bien plus belles fleurs et en grande quantité, et que si Sa Majesté voulait le suivre, il serait heureux de les lui montrer.

Henri IV était bon prince; il consentit à accompagner le laboureur.

Celui-ci le conduisit dans une pièce de blé en fleur, et, lui montrant les épis :

— Sire, dit-il, voilà les plus belles fleurs que je connaisse.

— Tu as raison, mon ami, lui répondit Henri, ce sont aussi celles que je préfère.

Et, de retour à Paris, le roi envoya au laboureur quatre épis de blé en or que les descendants de Cadot ont conservés pendant longtemps.

L'Horloge de la Nourrice.

La bonne femme s'est assise près du lit de l'enfant confié à ses soins. En veillant, elle chante ce qui se passe, dans le village, à chaque heure de la nuit :

« La lune se lève. L'enfant pleure. La cloche a sonné *minuit*. Que Dieu soit en aide aux pauvres malades!

» Dieu sait tout. La petite souris court. La cloche sonne *une heure*. Les songes flottent autour de l'oreiller.

» Les nonnes se préparent à aller aux matines. La cloche sonne *deux heures*. Les nonnes se rendent dans l'église.

» Le vent souffle. Le coq chante. La cloche sonne *trois heures*. Le charretier se lève sur sa couche de paille.

» Le cheval piaffe. La porte de l'étable s'ouvre. La cloche sonne *quatre heures*. Le charretier porte l'avoine au râtelier.

» L'alouette chante. L'aurore sourit. La cloche sonne *cinq heures*. Le voyageur se met en chemin.

» La poule caquette; le canard bat de l'aile. La cloche sonne *six heures*. Lève-toi, paresseuse.

» Cours chez le boulanger. Achète le petit pain blanc. La cloche sonne *sept heures*. Mets le vase de lait sur le feu.

» Prépare le beurre et le sucre. La cloche sonne *huit heures*. Hâte-toi d'apporter le déjeuner à l'enfant. »

Un Piége pour attraper un Rayon de Soleil.

HISTOIRE D'UN SAVETIER.

Un vent froid, âcre, aigu, soufflait dans la misérable chambre du vieux David le savetier. Le pauvre homme interrompait de loin en loin son travail pour frotter ses mains l'une contre l'autre ou les approcher de la cendre tiède de son foyer.

C'était, en vérité, un triste temps au dedans comme au dehors. Les passants marchaient vite, en baissant la tête pour préserver du vent leurs pauvres nez bleus. Les hommes tenaient leurs mains enfoncées dans leurs poches, ne les sortant qu'avec impatience quand, au coin des rues, une rafale menaçait d'enlever leurs chapeaux. Les femmes, toutes frissonnantes, auraient eu besoin de plus de deux mains pour défendre à la fois leurs chapeaux, leurs châles et leurs robes.

De chaque côté de la rue, des mendiants pieds nus couraient d'un passant à l'autre en murmurant à leurs oreilles : « J'ai si froid! j'ai si faim! » Leur voix semblait plus plaintive encore, ainsi mêlée aux sifflements du vent.

Dans l'enfoncement d'un mur on voyait, sur un amas d'affreux haillons, un morceau de carton où étaient écrits en grosses lettres ces mots : *Mourant de faim*.

Mais ce jour-là les cœurs ne s'ouvraient pas à la pitié. On avait trop froid pour s'arrêter, pour sortir ses mains d'un épais manchon ou de poches bien chaudes, et chercher une bourse : aussi plus d'un de ces pauvres diables « mourants de faim », ennuyés d'attendre en vain, prenaient le parti de se retirer vers le milieu du jour et d'aller dîner chez eux.

Le vieux David n'avait pas de dîner chez lui; tout au plus pouvait-il appeler un « chez soi » le taudis obscur où il vivait.

Cependant jamais il n'avait mis d'écriteau à sa porte pour informer le public qu'il mourait de faim.

« Et vraiment, disait-il, je ne puis pas dire que je meurs de faim tant que j'ai un peu de pain, de fromage, et, de temps à autre, quelques rogatons de lard; mais ce n'en est pas moins un sort bien dur que de travailler continuellement pour si peu. Combien cette chambre est triste!... Ah! ce n'est pas vivre, sur mon âme, non... Oh là! »

Le pauvre David finissait souvent ses lamentations par cette interjection : « Oh là! » Pour lui, ces deux syllabes étaient l'expression suprême du découragement, et elles s'échappaient avec effort, comme un gémissement, des profondeurs de sa rude poitrine.

David semblait destiné à être misérable toute sa vie. On aurait inutilement cherché à lui persuader qu'il devait tenter d'améliorer sa condition par ses propres efforts : c'était aux riches, pensait-il, à le tirer de peine. Il s'entretenait dans une sorte de vague espoir que quelque jour il se rencontrerait peut-être un homme opulent qui le ferait sortir de son réduit et lui assurerait une position indépendante. En attendant, il raccommodait laborieusement et en toute conscience les souliers de ses voisins, soutenant sa pauvre vie avec son pauvre salaire de chaque jour, mais sans pouvoir faire jamais aucune économie. Il était exact, honnête, sincère; mais il se plaignait de sa destinée à tous ceux qui venaient vers lui, et avec tant d'amertume qu'il lassait à la fin la patience des gens, si bien qu'on renonçait à le consoler et qu'on l'abandonnait à lui-même.

Vers le soir de cette froide journée, David, après avoir fini son travail, fit ses préparatifs pour passer, suivant sa coutume, sa soirée à fumer et à rêver creux. Il alluma sa pipe, étendit ses jambes, appuya sa tête sur le dos de son vieux fauteuil de bois, et se mit à pousser régulièrement des bouffées de fumée, en retirant de temps à autre sa pipe de ses lèvres pour murmurer son habituel « Oh là! » C'était une réponse à ses pensées mélancoliques.

« Cette chambre est bien la plus triste que j'aie vue de toute ma vie! Rien n'est triste comme l'obscurité : jamais, non, jamais il n'entre ici un peu de soleil, ni l'hiver, ni l'été. »

En songeant ainsi, David promena son regard autour de lui, et l'arrêta sur une petite fenêtre couverte d'une couche épaisse de poussière et de boue.

« Voilà bien, se dit-il, une fenêtre; et, quoique la rue soit assez ordinairement sombre, quand je vais porter mon ouvrage dans les autres maisons, je vois que le soleil trouve bien moyen d'y entrer; mais chez moi... oh là! »

La fin du jour approchait.

« Allons, dit-il, ma pipe est finie, je vais prendre une goutte de thé. En vérité, j'aime bien le thé. »

Il alluma sa chandelle, prit une pincée de thé dans un vieux papier jauni, et fit chauffer de l'eau dans un petit pot de fer-blanc; il se versa ensuite l'eau de thé, sans lait et sans sucre, dans un gobelet d'étain : il avala à petits coups cette pauvre drogue, et il ralluma sa pipe.

Le jour baissait rapidement.

David regarda encore autour de lui et continua à soupirer : « Oh là! »

Tout à coup une lueur brillante glissa dans sa chambre, et jeta tant d'éclat aux yeux du pauvre savetier qu'il tressaillit de frayeur : dans le flot de clarté apparut une toute petite créature qui avait la forme d'une femme et qui était d'une admirable beauté; ses cheveux flottaient comme des flammes d'or. Son visage était si lumineux qu'il fut impossible à David, à la fois charmé et terrifié, d'en soutenir la vue, et il couvrit à demi ses yeux avec sa main.

Alors, d'une voix qui semblait une douce et lointaine mélodie, l'esprit lui dit :

« Pourquoi parais-tu effrayé? Je ne te veux point de mal. Ne désirais-tu pas, tout à l'heure, un rayon du soleil dans ta sombre demeure? Je t'ai entendu, et comme tu es, après tout, un brave homme, je suis venue pour t'apprendre comment tu peux, si tu le veux sincèrement, t'assurer de moi pour toujours.

» J'ai beaucoup de sœurs, et nous sommes toutes vives et joyeuses; il n'est personne dans ce vaste monde qui ne nous aime et ne nous fasse bon accueil.

» Les petits insectes voltigent en chantant autour de nous; les fleurs sont plus belles lorsque nous jouons dans leurs corolles; l'eau s'agite et étincelle doucement sous notre sourire; les animaux nous cherchent, et dorment plus profondément quand nous veillons sur eux.

» Nous traçons de jolis sentiers brillants à travers les feuillages, et nous perçons le silence des bois pour descendre jusqu'à l'herbe où se cache la violette parfumée.

» Nous préférons les champs, mais nous nous plaisons aussi à éclairer les rues étroites des villes et à les égayer.

» Nous pénétrons dans les prisons malgré les barreaux et les portes de fer; si un pauvre être se repent de son crime, nous entrons dans son cachot pour le consoler et lui rendre quelque courage.

» Nous visitons le malade, l'affligé; nous allons au-devant de tous ceux qui, élevant leurs regards de cette terre où il y a tant de peines, nous cherchent où nous sommes, dans la douce splendeur de notre ciel. Quelque nuage nous voile parfois, mais c'est pour peu de temps, et quand il a passé nous reparaissons avec plus d'éclat.

» Il est vrai qu'ici-bas il y a bien des gens qui ne savent pas nous appeler, nous chercher et nous prendre; tu es un de ceux-là, David.

» Ne disais-tu pas que nous ne venions jamais dans ta chambre, ni l'hiver, ni l'été? Souhaites-tu sincèrement notre présence, David? crois-moi : avant d'entrer nous regardons aux fenêtres, et nous choisissons les chambres propres, bien rangées; nous aimons les âmes honnêtes, les cœurs reconnaissants qui aiment le grand être qui les a créés ainsi que nous. Dans ces cœurs-là, David, il y a toujours un rayon de soleil; et pour eux aucune demeure, si pauvre soit-elle, n'est tout à fait sombre et sans joie.

» Veux-tu, à l'avenir, la compagnie de l'une de nous pour tenir en gaieté ta chambre et ton cœur? eh bien, je vais te dire quel est le piège que tu dois nous tendre.

» Il faut que ce piège soit net, poli, brillant, et, de plus, amorcé avec de l'énergie, de la persévérance, de l'industrie, de la charité, de la foi, de l'espérance et du contentement d'esprit.

» Suis mon conseil, David, et tu ne pourras plus te plaindre de ce qu'aucun rayon de soleil ne dore ta demeure et ne réjouit tes vieux jours; jusque-là, mon cher, adieu. »

Il se fit un grand silence. David ne vit plus rien, rien qu'une faible petite ligne lumineuse qui peu à peu remonta vers la fenêtre, s'éteignit, et le laissa seul dans l'obscurité.

« J'ai rêvé, c'est sûr, et j'ai pris pour une voix le son éloigné de quelque orgue de Barbarie. Singulier rêve! tendre un piège au soleil!

» Et la voix disait qu'il faut de l'énergie! Qui a besoin de cela maintenant que l'on a la vapeur pour tout faire?

» Et moi, d'ailleurs, qu'en ferais-je? De la persévérance! est-ce que je n'en ai pas autant qu'aucun autre homme qui soit au monde? Voilà quarante ans au moins que tous les jours je raccommode des bottes et des souliers : c'est bien là de la persévérance et même de l'industrie, ou je ne m'y connais pas.

» Quant à la charité, je ne sais pas très-bien ce que c'est. Je suppose que c'est donner de l'argent; mais jamais je n'en ai eu à donner, jamais.

» De la foi! Je crois me rappeler que ma mère m'en parlait souvent, en me faisant lire une grosse Bible à images; mais il y a longtemps, bien longtemps! ma mère, pauvre mère, j'ai oublié ce que vous m'avez

LE RAYON DE SOLEIL.

appris! J'avais une Bible pourtant : où est-elle, et que me dirait-elle sur la foi? J'y regarderai demain.

» Pour l'espérance, la vérité est que j'ai toujours espéré, et que cela ne m'a mené à rien du tout.

» Pour du contentement, de quoi serais-je content? De vivre dans cette vieille chambre noire?... oh là! »

Et le pauvre David, troublé, agité, se coucha sur sa paillasse. Il essaya de dormir; mais l'étrange vision lui revenait toujours à la pensée, la petite voix mélodieuse chantait à ses oreilles, et le rayon brillait dans la nuit à ses yeux.

Parmi les conseils de l'esprit, il y en avait un que, dans sa bonne foi, David trouvait raisonnable et facile à suivre.

Certainement il lui était possible de mettre plus d'ordre dans sa chambre, de la rendre plus nette, plus propre, plus digne de la visite du soleil.

Le matin donc, de bonne heure, David résolut de monter l'escalier pour aller, au premier étage, parler à la femme qui lui louait sa chambre, et lui demander si sa fille aînée ne pourrait pas l'aider à ce travail nouveau pour lui.

Quoiqu'il fût locataire de Mme Denis depuis bien des années, jamais il n'avait eu de relation avec elle que pour lui payer son modeste loyer; et Mme Denis, de son côté, connaissant l'humeur misanthropique du pauvre homme, ainsi que l'impossibilité de lui faire entendre aucune parole d'encouragement, n'avait jamais tenté de lier connaissance avec lui.

Ce ne fut pas sans effort que David sortit de sa chambre et monta les degrés : il hésita plus d'une fois, mais enfin il arriva devant la porte de Mme Denis, et il y frappa doucement.

La bonne femme, d'une figure avenante, ouvrit aussitôt et recula de surprise.

« Quoi, c'est vous, mon cher monsieur David! Qui se serait attendu à vous voir? Qu'y a-t-il de nouveau? Entrez, asseyez-vous, je vous en prie. »

Et elle montra de sa main, au savetier, une chaise près du feu.

Une bouilloire d'un métal poli chantait devant la flamme; la table était dressée, le couvert mis : c'était l'heure du déjeuner.

Sur la fenêtre, quelques chrysanthèmes fleurissaient dans de jolis pots rouges.

Toute la petite chambre respirait un air de propreté, de gaieté et de bien-être.

Un gros petit enfant, plein de santé, était assis par terre, exprimant à sa manière son contentement, en caressant son joujou... un rayon de soleil dansait sur sa tête blonde.

« Bon, pensa David ; qui s'imaginerait que ce petit bonhomme sait déjà dresser des piéges? Voilà pourtant qu'il a attrapé un rayon!... Ah! ce rêve ridicule, n'en parlons pas; on me croirait fou. »

« Et qui nous procure le plaisir de vous voir, monsieur David? dit Mme Denis.

» — Je voudrais bien, Madame, prier votre fille aînée de venir nettoyer un peu ma chambre. »

Cette réponse donna au visage de Mme Denis l'air le plus étonné qu'on puisse avoir au monde. Nettoyer la chambre de David! c'était là vraiment une nouveauté. Que de fois elle y avait pensé! car cette chambre lui aurait paru un déshonneur pour sa petite maison, si heureusement elle ne s'était trouvée placée du côté de l'escalier de la cuisine, de sorte que les amis qui la venaient voir ne passaient jamais par là.

« Certainement, monsieur David, certainement ma fille est à votre service, dit enfin Mme Denis ; elle descendra aussitôt qu'elle aura déjeuné; et vous-même, voulez-vous nous faire le plaisir de partager notre repas?

» — Je vous remercie, répondit en balbutiant le savetier; vous êtes bien bonne... »

Et comme la brave femme insista, il s'enhardit enfin à dire qu'il mangerait volontiers un morceau.

« Voici Jeanne; approche, Jeanne, continua Mme Denis en s'adressant à une bonne jeune fille qui venait d'entrer; dépêche-toi de déjeuner : M. David désire que tu nettoies un peu sa chambre. »

Mme Denis fit un petit signe à sa fille, qui se disposait à exprimer sa surprise : en effet, la vue du savetier n'étonnait pas moins Jeanne que sa demande ; elle se contint, et dit :

« A vos ordres, ma mère. Mon père rentrera-t-il pour déjeuner ?

» —Non, ma chère ; allons, hâtons-nous. »

Le déjeuner fut bientôt prêt : le petit enfant à tête blonde fut placé sur une chaise ; on lui donna une cuiller d'étain pour l'occuper jusqu'au moment où on le ferait manger. Mme Denis fit des tartines de pain et de beurre, et les présenta à David qui en prit une, mais bien timidement, en pensant au contraste de ses gros doigts tout noirs avec la main brune, mais parfaitement propre, de sa bonne hôtesse.

A mesure que le repas avançait, David se sentait plus à son aise, malgré toute la nouveauté de cet état de bien-être qu'il éprouvait pour la première fois depuis un grand nombre d'années.

« Quelle chambre agréable ! pensait-il ; comme le soleil semble s'y plaire ! »

Et il suivait des yeux le rayon qui glissait tantôt sur la théière d'étain, tantôt sur la tasse de Mme Denis, ou sur le dos du vieux chat, ou sur les feuilles des chrysanthèmes, ou sur la cuiller du petit enfant.

A la fin, David, cédant à ses pensées, dit résolûment :

« Le soleil est bien brillant dans votre chambre, madame Denis. Vous devez être bien privée lorsque le jour est pluvieux ou sombre et que vous ne voyez pas le soleil.

» —Non, monsieur David, il nous semble toujours qu'il fait soleil ici ; il ne nous arrive guère de prendre garde au temps. Nous sommes heureux d'être les uns près des autres : cela suffit. Et tenez (ajouta-t-elle en caressant le petit enfant et le couvrant de baisers), voilà mon petit soleil ! N'est-ce pas, mon chéri ? »

Ces paroles frappèrent David ; il se rappela que l'esprit avait dit : « Dans ces cœurs-là, il y a toujours du soleil. »

Jeanne desservit la table, s'attacha à la ceinture un grand tablier, et dit à David :

« Trouverai-je du savon en bas, monsieur David ?

» — Je crains, dit le pauvre homme, je crains bien de ne pas avoir de savon... Oh là ! »

Il avait bien raison de dire « Oh là ! » le bon David : jamais savon n'était entré chez lui.

« Prends du savon, un seau, des brosses, tout ce dont tu auras besoin », dit Mme Denis à sa fille, d'un ton doux et aisé, de manière à ne blesser aucunement la susceptibilité de son voisin.

Jeanne descendit armée de tout l'attirail nécessaire pour la tâche qu'elle allait entreprendre.

David avait à porter de l'ouvrage en ville ; il descendit aussi, après que Mme Denis lui eut fait promettre qu'il viendrait dîner chez elle si sa chambre n'était pas prête à son retour.

Il s'engagea donc dans les rues voisines, marchant de son pas un peu lourd et gauche, en se demandant ce qu'il éprouverait lorsqu'il trouverait sa chambre propre et rangée. L'aimerait-il mieux ? Y ferait-il encore le même rêve ? Le rayon de soleil tiendrait-il sa promesse et daignerait-il venir égayer sa demeure ?

Tout en songeant ainsi, il arriva dans la petite cour d'une maison où il avait à remettre une chaussure et où il espérait recevoir quelque argent.

Il frappa à une porte et attendit : point de réponse ; il frappa encore : rien ; il commença à s'impatienter et à tousser rudement. Alors une voix faible et lente répondit :

« Qui est là ?

» — C'est moi, monsieur Martin, dit David.

» — Entrez, je vous prie, car je ne puis me lever. »

David entra, et vit sur un petit lit M. Martin qui paraissait très-malade.

La chambre était en désordre, malpropre ; un feu de coke rougissait à peine sur une grille rouillée.

« Bien, monsieur David ; vous m'apportez mes bottes. Hélas ! je ne pense pas qu'elles me servent jamais ; je suis bien mal.

» — J'en suis bien chagriné, monsieur, bien chagriné, vraiment... Oh là !... Chacun de nous a ses maux : l'un, la maladie ; l'autre, la misère ou quelque autre chose... Oh là !

» — Ma femme est sortie depuis environ deux heures pour chercher, je crois, quelque chose à manger : nous n'avons pas dîné hier, et je ne sais, en vérité, comment nous ferons pour vous payer. »

En achevant ces mots, le malade laissa échapper un soupir qui exprimait tout ce qu'il souffrait de corps et d'esprit.

David comptait en lui-même :

« Dix sous chez moi, et dix-huit sous pour le travail que je vais porter à l'autre pratique... oui, ce sera suffisant. »

Puis il dit tout haut :

« Quant à ce qui est de me payer, monsieur Martin, ne vous inquiétez point de cela. Ne songez qu'à une chose, à vous bien porter, et quand vous pourrez marcher, faites un nouveau trou à ces bottes pour les donner à raccommoder au vieux David lorsque vous pourrez le payer... Oh là ! »

Le malade ouvrit ses grands yeux fatigués ; il regarda avec étonnement la figure noire de David qui se penchait vers lui ; enfin, lui tendant sa main amaigrie, il dit d'une voix tremblante :

« Dieu vous bénisse ! c'est là de la vraie charité... Mais tirez un peu le rideau, mon ami, s'il vous plait ; voilà une lumière qui est trop forte pour moi. »

C'était le soleil qui tout à coup venait d'éclairer la petite chambre, et un rayon s'était posé sur la tête du pauvre vieux savetier.

Quelques moments après, David était encore en route ; mais il se sentait déjà changé : son cœur était plein d'une sensation agréable qui le reportait au temps de sa jeunesse, au milieu de champs éclairés par le soleil, et des jeux où il était vainqueur. Son pas était devenu plus ferme, plus rapide. Ces paroles : « C'est là de la vraie charité... Dans ces cœurs-là ! » résonnaient avec charme à ses oreilles.

Un cri terrible le tira de sa rêverie. Il vit fondre sur lui, comme l'éclair, un cheval emporté, monté par une belle jeune fille en amazone qui, éperdue, échevelée, ne tenait plus les guides.

« Malheur ! oh là !... Pourquoi n'arrête-t-on pas le cheval ?... Personne... eh bien, ce sera moi ! »

Et il s'élança, étendit les bras, arrêta le cheval ; la tête de la jeune fille évanouie se pencha sur son épaule.

Une foule de passants et de voisins accoururent : ceux-ci conseillaient une chose, ceux-là une autre ; un cavalier survint, pâle comme la mort, et demanda si la jeune fille était blessée.

« Non, Monsieur, crièrent vingt personnes à la fois, elle n'est qu'évanouie. C'est cet homme-là qui l'a sauvée, Monsieur ; voilà l'homme, Monsieur ! »

Mais David avait laissé la jeune fille à d'autres soins, et se faisait un passage à travers la foule. Le cavalier était tout occupé à faire transporter la jeune fille dans la boutique voisine d'un pharmacien; de sorte que David disparut sans qu'il eût pris garde à lui.

La foule murmurait : « Voyez cet homme riche; il ne songe même pas à donner quelque chose au pauvre homme qui a exposé sa vie pour sauver la demoiselle! »

Deux agents de police arrivèrent en ce moment et ordonnèrent aux mécontents de se disperser.

« Oh là! se dit David quand il fut éloigné de cette scène, je voudrais bien savoir si c'est là ce qu'on appelle de l'énergie. »

David reçut de son autre pratique dix-huit sous et de l'ouvrage. Il reprit le chemin de sa demeure. Un vent froid sifflait à ses oreilles, soulevait de la poussière et la lui jetait dans les yeux; mais le pauvre homme n'y prenait pas garde : il lui semblait, au contraire, qu'il faisait moins froid que d'habitude; il se sentait comme éveillé d'une sorte de torpeur; une douce chaleur circulait dans sa poitrine. Il pensa que l'esprit avait dit vrai, et que les rayons du soleil pénètrent quelquefois jusque dans le cœur des hommes. « Autrement, pensait-il, pourquoi éprouverait-il intérieurement tant de bien-être sans qu'il eût fait rien pour cela? »

Lorsqu'il arriva dans sa rue, il aperçut Mme Denis sur le seuil de sa porte, causant avec un voisin. Dès qu'il fut plus près :

« Venez, monsieur David, dit-elle; votre chambre est prête, mais ce n'est pas une raison pour que vous nous priviez de votre compagnie à dîner. »

David, avec un peu de timidité, accepta encore l'invitation, et suivit la bonne femme à la salle à manger, où le dîner était déjà servi.

Le mari fit un excellent accueil à David, et ce repas fut le plus agréable dont le pauvre homme eût joui depuis beaucoup d'années. Avant de le laisser descendre, on l'invita pour le jour de Noël.

Ah! brave David, tu as bien motif de rester immobile et comme ébahi à l'entrée de ta petite chambre! Quel changement! Qu'il est agréable de voir ce plancher si bien lavé et couvert d'une légère couche de sable blanc, la grille au charbon de terre si bien noircie, ce joli feu petillant, la bouilloire brillante et pleine d'eau préparée pour le thé, les outils bien rangés, les vitres de la fenêtre si transparentes qu'on voit à travers la lumière du soleil qui dore les croisées des maisons en face, le gobelet d'étain poli sur la planche près de la pipe, à côté les deux ou trois assiettes lavées et étalées le long du mur, la petite table ronde de sa mère nette et luisante! auprès, une chaise toute odorante de la cire d'abeilles qui l'a rajeunie, et dessus la Bible, la bonne vieille Bible si longtemps oubliée!

David, après quelques minutes données à la surprise, laissa échapper son « Oh là! » non pas avec son accent de tristesse habituel, mais du ton admiratif d'un enfant qui s'arrête devant la boutique d'un pâtissier.

Il alla devant la croisée et il regarda, il revint devant le feu et il regarda; puis il s'assit dans sa chaise et couvrit son visage avec ses mains, comme s'il croyait être le jouet d'une illusion. Mais non, ce n'était pas une illusion : c'était une heureuse réalité!

Après un nouvel « Oh là! » il ouvrit la Bible; une vive lumière tomba sur les pages et s'arrêta sur ces mots :

« Ne nous lassons point de faire le bien, et, quand la saison sera venue, nous recueillerons les fruits de nos bonnes actions. »

Au même instant, la douce voix mélodieuse que David avait déjà entendue murmura :

« Ta chambrette nous plaît, David, et nous y viendrons souvent. »

Lorsqu'il fut un peu remis de son trouble, David pensa qu'il était de son devoir d'aller remercier sur-le-champ Mme Denis ainsi que Jeanne qui avait pris tant de peine. Il avait même le dessein d'offrir à la bonne fille une petite rémunération; mais, dès les premières paroles qu'il voulut prononcer sur ce sujet, Mme Denis l'arrêta. Dans sa reconnaissance, David sollicita la faveur d'une poignée de main, en s'excusant d'avoir une peau si rude et si noire. Mme Denis s'empressa de saisir la main avec franchise et bonté, en insinuant toutefois, avec un aimable sourire, qu'un peu d'eau et de savon suffirait, après tout, pour que la main ne fût ni si noire ni si rude. La leçon fut reçue comme elle avait été donnée, sans amertume.

Cette nuit, le sommeil du pauvre vieux savetier eût fait envie à un prince. Dans ses rêves, il voyait glisser sous ses yeux des figures célestes, et il entendait une musique ravissante, de douces voix qui murmuraient ces mots :

« Dieu te bénit; c'est là de la vraie charité. »

Il s'éveilla de bonne heure, et se leva pour regarder dans la rue. Un épais tapis de neige était étendu sur les toits et sur le sol; de longs nuages blancs roulaient lentement au ciel, mais laissaient apercevoir çà et là de grands espaces d'azur : David pensa que, vers le milieu de la journée, le temps deviendrait beau.

Il déjeuna avec plus de plaisir qu'à l'ordinaire, ensuite il se mit à l'ouvrage. Il n'y avait pas longtemps qu'il faisait mouvoir ses outils et ses doigts lorsque, à sa grande surprise, des sons inaccoutumés sortirent de ses lèvres... David chantait!

Le jour continuait à être sombre, et cependant David trouvait sa chambre claire et gaie; et, tandis qu'il répétait les chansons de son enfance, de riantes pensées et d'heureux souvenirs se jouaient autour de lui comme une ronde d'esprits bienfaisants.

Il travailla ainsi quelques heures, jusqu'à ce que Jeanne entrât pour faire le ménage. David, afin de la laisser libre de ranger à son aise, sortit un moment dans la rue.

Il n'avait pas fait cent pas qu'il aperçut, assis sur un trottoir, un petit garçon de deux ou trois ans qui pleurait amèrement.

Un boulanger, son panier sur l'épaule, s'était arrêté devant lui.

« Connaissez-vous cet enfant? dit-il à David. Il a l'air d'avoir faim, et je crois qu'il est abandonné.

» — Non, je ne le connais pas, le pauvre petit, répondit David; que comptez-vous en faire?

» — Oh! rien, dit le boulanger; il n'y a qu'à le donner à la police.

» — Non, non, reprit David; les gens de police ont la poignée un peu trop rude pour ce pauvre être : j'ai envie de l'emmener chez moi; il y sera du moins à l'abri du froid et de la neige, et si on ne le réclame pas, eh bien, nous nous arrangerons. N'est-ce pas, petit? veux-tu venir avec moi? »

Et David tendit sa main à l'enfant qui la prit, et le regardant avec de grands yeux noirs pleins de larmes, cria : « Maman! »

— Oh là! quelle gentille créature!

Et David, le prenant dans ses bras, se hâta de retourner à son logis, parlant à l'enfant le plus doucement possible pour le consoler, en lui promettant qu'il allait avoir de la nourriture, et que sa maman viendrait le chercher bientôt.

Depuis deux jours, il s'était fait un changement remarquable dans la vie de David. Jamais il n'avait eu l'esprit plus actif; jamais il ne s'était intéressé à tant de choses. Il coupa un gros morceau de pain et le donna à l'enfant qu'il assit près du feu; puis, lui ôtant ses petits souliers et ses petits bas mouillés, il lui chauffa ses petits pieds.

La neige avait cessé de tomber; les nuages étaient plus rares; le pâle soleil d'hiver entra dans la chambre et couvrit de ses rayons l'enfant et son bienfaiteur.

Cependant l'enfant, après avoir satisfait sa faim, recommença à crier : « Maman ! »

Et le brave homme, de son côté, répéta son ancien « Oh là ! » Il ne savait qu'imaginer pour distraire l'enfant. Le soleil lui vint en aide; il prit le petit gobelet d'étain et le fit miroiter aux rayons du soleil devant l'enfant d'une manière si drôle que l'enfant se mit à rire en montrant du doigt le gobelet.

C'était une scène charmante : le vieux bonhomme, ravi de son succès, redoubla d'efforts, si bien que la gaieté de l'enfant de plus en plus vive le gagna lui-même, et il se prit à rire aussi de bon cœur. Il y avait quelque chose d'étrange dans l'accord de ces deux rires si différents, l'un frais et argentin, l'autre creux et retentissant, un peu rauque, comme un rire qui viendrait de loin et dont on ne se serait pas servi depuis longtemps.

En ce moment encore, David entendit la petite voix connue qui lui disait : « Bon David, tu vois bien que maintenant nous aimons à venir chez toi. »

L'enfant avait oublié son chagrin; il était comme chez lui; et tandis que David reprenait son travail, il se leva et se mit à aller de côtés et d'autres dans la chambre, toujours suivi du rayon de soleil qui se jouait dans ses tresses d'or et dans les larmes qui se séchaient sur ses petites joues fraîches.

A l'heure du dîner, David se mit à table près de lui, et lui donna la meilleure part, regardant avec un plaisir inexprimable son bon appétit.

Le soir, l'enfant s'endormit. David le prit dans ses bras, le berça en chantant un vieux refrain, et le coucha bien doucement sur son matelas. Il alluma ensuite sa chandelle, et tout en travaillant, il regardait l'enfant et se sentait heureux.

Quelque bruit dans la rue attira son attention. Il était rare qu'à cette heure le silence de la rue fût troublé. Plusieurs voix se mêlaient dans une sorte de confusion; puis on frappa à la porte. Le feu était-il à la maison? David eut cette pensée; il se leva précipitamment, et son premier mouvement fut de s'approcher de l'enfant, afin d'être prêt à le saisir dans ses bras à la moindre alarme.

Mme Denis était descendue dans le corridor : « Ouvrez votre porte, monsieur David; nous sommes dans l'obscurité, et voici quelqu'un qui vous demande. »

« Assurément, se dit David, ce ne sont pas des souliers à raccommoder que l'on m'apporte si tard; il y a du nouveau. »

Il ouvrit, et il entendit Mme Denis qui disait :

« Par ici, Madame. Voici la chambre de David. Mais on vous aura sans doute donné un renseignement inexact, car il ne m'a parlé de rien. »

Au même instant, une femme s'élança dans la chambre, et, d'une voix agitée :

« Monsieur, dit-elle, avez-vous vu mon enfant, mon unique enfant? Oh! parlez, je vous en supplie! »

David stupéfait fut un peu lent à répondre; enfin il dit simplement :

« Je ne sais pas si c'est le vôtre; regardez. »

Et, approchant lentement la lumière du

matelas, il montra l'enfant endormi. Un coup d'œil suffit; la mère pressa contre son cœur le petit qui ouvrit les yeux, et, tranquille en reconnaissant sa mère, entoura de son bras potelé le cou de l'heureuse femme, et se rendormit.

« Nous ne sommes pas très-riches, Monsieur, dit-elle les yeux pleins de larmes de joie; mais si nous pouvons faire quelque chose pour vous, nous en serons bien heureux; et si vous êtes assez bon pour venir dîner avec nous dimanche, mon mari sera bien content de pouvoir vous remercier du soin que vous avez eu de ce cher petit; c'est notre seul enfant, Monsieur.

— Pour les remercîments, Madame, il n'en faut pas parler. J'ai du chagrin à voir partir votre fils, et j'aurai du plaisir à aller le voir chez vous si vous le permettez; mais quant à dîner, je ne suis guère en costume pour cela, oh là! »

Et le pauvre David jeta un triste regard sur ses vieux habits rapiécés.

« Oh! de grâce, ne parlez pas ainsi, et promettez de venir », ajouta la femme.

Et après lui avoir donné son adresse, l'avoir encore remercié, elle lui dit adieu et se retira.

David eut peine à dormir. Il se demandait comment il ferait pour aller dîner en ville avec ses mauvais habits. Il résolut de faire confidence de son embarras à Mme Denis, et il n'y avait pas de temps à perdre, car le jour suivant était un samedi.

Le lendemain matin, il laissa sa porte ouverte pour guetter Mme Denis lorsqu'elle irait au marché. Mais elle avait eu la même pensée que lui; d'ailleurs, un peu de curiosité féminine la poussait à lui demander quelques détails au sujet de l'enfant. David raconta ce qui s'était passé, et arriva à ce qui lui causait tant de perplexité. Que devait-il faire? Fallait-il aller dîner ou non?

« Eh! pourquoi n'iriez-vous pas dîner chez ces braves gens? dit Mme Denis. Laissez ce soir vos habits à votre porte, voisin; nous les battrons et nous les brosserons. Mon mari vous prêtera une chemise blanche et un mouchoir; nous ferons reluire vos bottes, et, fiez-vous à moi, dimanche vous aurez l'air de sortir d'une boîte. Ne manquez pas une si bonne occasion de vous faire des amis, monsieur David. Il n'est personne qui puisse entièrement se suffire et qui n'ait besoin de savoir qu'on l'aime. Vous tiendrez tout aussi bien votre place à table qu'un autre, si vous le voulez. »

Puis, en se retirant, Mme Denis ajouta d'un air presque indifférent : « Ah! j'y pense; voulez-vous, mon cher monsieur David, que je vous achète un peu de savon pour vos mains?

» — Très-volontiers », dit le bonhomme, sans songer le moins du monde à s'offenser.

Et il donna quelques pièces de monnaie à son excellente voisine.

Le matin, David se sentit le cœur presque ému lorsqu'en ouvrant la porte il vit rangés sur la rampe de l'escalier une chemise blanche, une cravate à raies bleues, un mouchoir rouge et ses habits raccommodés, lavés, brossés, si bien qu'ils semblaient tout neufs; ses bottes aussi étaient resplendissantes. Il emporta tous ses effets et le morceau de savon dans sa chambre, fit bouillir de l'eau, passa une demi-heure à sa toilette, et quand il eut fini, il ne put s'empêcher de sourire. Il éprouvait presque un sentiment de vanité en songeant qu'il ne paraissait plus le même homme, de même que son petit logement n'était plus le même; maintenant l'un était digne de l'autre. Le jour était beau, le soleil brillait dans la rue; la chambre était pleine de ses reflets. David, impatient de voir et de remercier Mme Denis, ouvrit sa porte, comme la veille, certain que Mme Denis et sa fille passeraient bientôt pour aller à la messe. En attendant, il déjeuna, et il brossa de toute sa force son chapeau qui en avait grand besoin.

Les cloches sonnaient gaiement. Mme Denis tardait beaucoup au gré de David; enfin elle descendit, et dès qu'elle le vit :

« Eh! bonjour, voisin, lui dit-elle. Regarde donc, Jeanne, M. David; le voilà rajeuni de dix ans! Eh! mon cher Monsieur, pourquoi ne nous accompagneriez-vous pas à la messe? Je juge que si vous n'y avez pas été les autres dimanches, c'était surtout à cause de vos habits. »

David ne dit pas non; il prit son chapeau. Mme Denis fit un mouvement comme pour lui demander son bras; David s'empressa de l'offrir et s'avança dans la rue tout surpris de sa nouvelle manière d'être.

Il serait difficile d'exprimer ce que David éprouva en entrant dans l'église. La grandeur de l'édifice, l'assemblée si nombreuse, les chants, la musique, les paroles solennelles qui descendaient de la chaire, tout ce spectacle inaccoutumé l'étonnait et le charmait en lui rappelant les heureuses années de son enfance, alors qu'il accompagnait sa mère dans le saint édifice et priait avec elle.

Mme Denis jetait de temps à autre un regard sur le visage épanoui du pauvre homme, et se félicitait de sa bonne pensée, le voyant si doucement ému.

Au sortir de l'église, David se sépara de sa voisine et se dirigea vers la demeure de ses nouvelles connaissances. Le mari, la femme et l'enfant l'attendaient à leur fenêtre; ils sortirent, dès qu'ils l'aperçurent, pour aller à sa rencontre. L'enfant parut le reconnaître, lui sourit, lui prit la main, et l'entraîna vers la maison en lui adressant une foule de paroles qui ressemblaient à des questions; le bonhomme, qui n'y entendait rien, répondait au hasard oui ou non, pensant qu'il aurait bien du malheur s'il ne rencontrait pas juste à peu près une fois sur deux.

Depuis ce jour, tous les dimanches, David alla dîner avec cette bonne et honnête famille. On habitua l'enfant à l'appeler « l'oncle David. » Le pauvre vieillard passait la première moitié de chaque semaine à se rappeler avec bonheur ces scènes-là, et la seconde à en désirer le retour.

Jeanne continuait à entretenir l'ordre et la propreté dans la petite chambre : le rayon de soleil, fidèle à sa promesse, en chassait la tristesse et l'obscurité.

Un jour, Mme Denis appela David en lui disant que l'on demandait à lui parler. Il courut dans le corridor, et il s'y trouva en présence de deux belles jeunes dames élégamment habillées; la plus jeune fixa sur lui ses beaux yeux bleus avec une si étrange attention, que David, le vieux David, intimidé, en devint tout rouge; jamais il ne lui était arrivé d'être regardé si attentivement par de pareils yeux.

« Pardonnez-moi de vous déranger, Monsieur, dit enfin la jeune fille; n'est-ce pas vous qui avez arrêté, il y a quelque temps, un cheval emporté? »

David hésita, et répondit : « Oui, Madame.

» — Ah! que je suis heureuse! mon père et moi, nous vous cherchons depuis plusieurs mois. Vous m'avez sauvé la vie, et je n'aurais plus eu de repos tant que je ne vous aurais pas trouvé. Si je suis parvenue à vous découvrir, c'est grâce à une femme qui travaille pour moi, et à qui vous avez aussi rendu service en donnant asile à son enfant. On voit que pour vous, Monsieur, c'est une habitude de faire le bien. »

Et en parlant ainsi, la jeune demoiselle souriait. Quel sourire! Qui n'eût porté envie dans ce moment au pauvre savetier!

Elle ajouta : « Dites-moi, je vous prie, ce que je puis faire pour vous. »

David avait à peine compris toutes ces paroles; mais le sens des dernières était très-clair pour lui, et il répondit naïvement : « S'il vous plaît, vous me donnerez vos souliers à raccommoder. »

Un léger sourire glissa sur les jolies lèvres de la jeune personne, et elle dit :

« Oui, bien certainement, je vous les donnerai si vous venez les chercher : promettez-moi que vous viendrez. »

Et elle lui présenta une carte où était son adresse; puis elle dit à son amie :

« Maintenant, Ada, allons vite vers mon père; cette nouvelle lui fera tant de plaisir! Voulez-vous me donner votre main, ajouta-t-elle en tendant ses charmants petits doigts à David; je ne puis pas trouver assez de paroles pour vous exprimer toute ma reconnaissance. »

Le pauvre vieux David ne savait plus ni où il était ni ce qu'il faisait; il avança timidement sa main brune et toucha la jolie main blanche en balbutiant une espèce de remercîment et en saluant très-bas plusieurs fois. Il promit d'aller le lendemain à l'adresse qu'indiquait la carte; il suivit des yeux les deux dames dans la rue, et quand il rentra dans sa chambre il se dit : « Il paraît que ce sont des gens très-riches; si j'ai la pratique de toute la famille, je suis sûr de ne plus manquer d'ouvrage et d'être à mon aise le reste de ma vie... Oh là! »

Une vive lumière remplit la chambre, et la voix dit : « Souviens-toi, David, que si tu as trouvé des amis et des protecteurs, c'est grâce à tes bonnes actions, et non pas en les attendant sans rien faire pour les mériter. »

« C'est la vérité », répondit David en lui-même. Il ralluma sa pipe et s'assit pour jouir de ses pensées, car il n'en avait plus que de bonnes. Il ne sentait plus rien de cette amertume qui l'avait tant fait souffrir autrefois; il aimait sa demeure. La jeune demoiselle et son père lui offrirent un logement plus grand et mieux meublé; il refusa, car il avait de l'affection pour ses voisins Denis, et il ne voulait plus les quitter. Il fallut respecter son désir; mais on envoya tendre ses murs d'un joli papier aux riantes couleurs; on fit peindre son plafond, rajeunir ses meubles, et l'on couvrit de fleurs le bord de sa petite fenêtre. Il en fut enchanté, surtout en pensant que sa chambre ainsi métamorphosée était un séjour plus digne encore du « céleste rayon. » Toutefois il ne dit jamais rien de cette idée à personne : c'était son secret et le grand mystère de sa vie.

La belle jeune fille venait souvent le voir : elle s'asseyait près de lui, elle reposait avec bonté sur lui ses grands yeux bleus, et, ouvrant la vieille Bible, elle lui en lisait des passages, et de sa douce voix lui expliquait ce que c'est que la foi.

Ainsi s'écoulèrent les dernières années de David. A l'heure suprême, des amis lui fermèrent les yeux. Son petit neveu adoptif et les bons Denis le conduisirent au séjour du repos.

« C'est une chose étrange, dit Mme Denis en rentrant chez elle et en essuyant une larme, David parlait souvent du soleil : il paraissait l'aimer beaucoup; et avez-vous remarqué hier que le soleil éclairait son visage au moment où il est mort? Aujourd'hui encore, un rayon de soleil a brillé sur son cercueil lorsqu'on l'a descendu dans la tombe. »

La petite Fleur.

LÉGENDE HOLLANDAISE.

Un petit enfant était mort, et l'ange gardien emportait son âme vers le ciel. Déjà ils avaient dépassé la cité opulente, les champs couverts de blés mûrs, les bois où retentissaient les cognées des bûcherons, les canaux sur lesquels glissaient les navires chargés, et l'ange n'avait rien regardé; mais, en arrivant près d'un pauvre village, il suspendit son vol et ses yeux allèrent chercher une ruelle écartée que bordaient des chaumières en ruine. L'herbe y croissait à travers les cailloux, les poteries brisées, la paille humide et les cendres jetées au vent. L'ange regarda longtemps le carrefour abandonné, et apercevant tout à coup, au milieu des débris, une pâle petite fleur éclose sans soleil, il jeta un cri, abaissa son vol, et vint la cueillir.

L'âme du petit trépassé lui demanda pourquoi il s'était arrêté pour une fleur des champs sans parfum et sans beauté. Alors l'ange lui répondit :

— Tu vois, au fond de cette ruelle, une cabane dont le toit s'est écroulé sous les neiges et dont la pluie a lézardé les murailles. Là vivait autrefois un enfant de ton âge que Dieu avait frappé presque dès sa naissance. Lorsqu'il quittait son petit lit de paille en s'appuyant sur des béquilles de saule, il parcourait deux ou trois fois l'étroite ruelle, et c'était tout. Il n'avait jamais vu le soleil que de sa fenêtre. Dès que l'été ramenait ses joyeux rayons, la petite créature affligée venait s'asseoir dans l'auréole de lumière; il regardait le sang circuler dans ses petites mains et disait : « Je suis mieux. » Jamais il n'avait aperçu la verdure des prés ni le feuillage de la forêt. Seulement, les enfants du voisinage lui apportaient parfois des branches de peuplier qu'il arrangeait en berceau sur son lit. Alors, quand le sommeil fermait ses yeux, il rêvait qu'il était étendu à l'ombre des buissons, que le soleil dansait à travers les feuillées, et que des oiseaux chantaient sans fin alentour. Un jour, la sœur aînée qui prenait soin de lui et qui lui tenait lieu de mère lui apporta une petite fleur des champs avec sa racine. Il la planta dans un vieux pot de terre, et Dieu fit prospérer la plante que soignait une main affaiblie. C'était le jardin de l'enfant malade; la petite fleur lui représentait les eaux, les prés, les bois, toute la création.

Tant qu'il vécut, ses soins ne manquèrent point à l'humble plante. Il lui donnait tout ce que l'étroite fenêtre laissait passer d'air et de soleil; il l'arrosait chaque soir en prenant congé d'elle jusqu'au lendemain comme d'une amie. Mais quand Dieu rappela à lui l'innocent martyr, sa famille quitta le village, la ruelle abandonnée, et la petite fleur tomba au milieu des débris. C'est là que la providence de Dieu l'a conservée, et c'est là que je viens de la cueillir.

— Qui t'a dit tout cela? demanda l'âme de l'enfant.

— Je le sais, répondit l'ange; car je suis moi-même le pauvre enfant qui marchait avec des béquilles de saule. Dieu m'a payé mes souffrances de la terre en me donnant les joies du paradis; mais la félicité d'aujourd'hui ne m'a point fait oublier les modestes bonheurs d'autrefois, et je donnerais la plus belle étoile du ciel que j'habite pour cette pauvre petite fleur des champs.

Le Jeu des Ombres.

Pour le jeu des *Ombres* il ne faut pas de grands frais d'établissement ni de bien longs

Le Chameau.

L'Oie.

Le Lièvre.

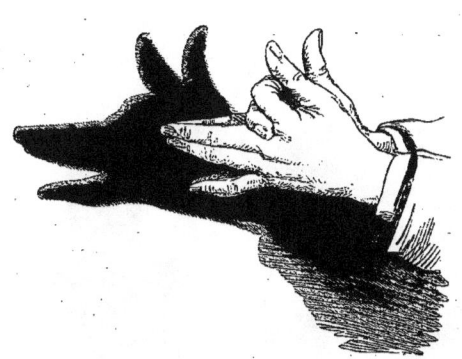
Le Loup.

Le Lapin.

La Chèvre.

LE JEU DES OMBRES.

Le Chien roquet.

Le Chamois.

Le Cygne.

L'Oiseau.

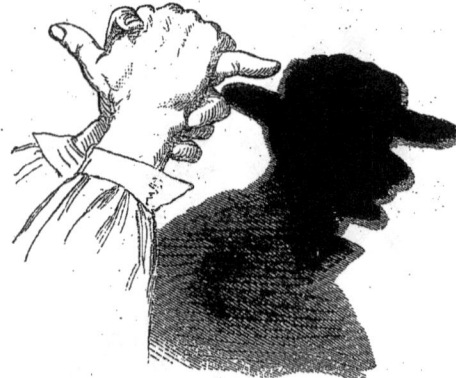
Le Père Thomas.

Le Nègre.

LE JEU DES OMBRES.

préparatifs. Placez-vous seulement entre la lampe et la muraille.

Gardez-vous de deux lumières; il n'en faut qu'une seule, et il importe de ne la poser ni trop haut, ni trop bas, ni trop loin.

Évitez les demi-lueurs que renvoient les miroirs.

Maintenant, à l'œuvre! vous n'avez besoin d'aucun autre instrument que de vos deux mains : le tout est d'en bien composer les diverses attitudes. Imitez ces modèles, ou livrez-vous, si vous l'aimez mieux, à votre imagination. Le résultat ne sera peut-être pas très-satisfaisant d'abord, et vous n'obtiendrez pour prix de votre peine qu'une tache informe sur le mur; mais patience! ne perdez pas courage; étendez davantage ce doigt, relevez cet autre, courbez un peu ceux-là, inclinez plus ou moins vos deux mains, et voici, parfaitement dessinée sur la boiserie, l'ombre d'un lapin avec ses longues oreilles et ses petites pattes, auxquelles il ne tient qu'à vous de donner le mouvement. Les enfants l'ont vu, l'ont reconnu; quels cris de joie! quels transports d'enthousiasme!

Que sera-ce quand au classique lapin succédera la chèvre avec ses cornes et sa barbe, le loup au museau effilé, le roquet hargneux et camard, et surtout quand l'aînée de vos jeunes spectatrices, mettant à vos ordres ses bras souples et ronds, représentera elle-même un beau cygne au cou onduleux! Je vous le prédis, au bout de quelques jours, vous ne vous contenterez plus de ces têtes d'animaux, qui sont à la portée du vulgaire; vous voudrez vous élever jusqu'à l'homme : vous commencerez par le nègre, et vous ne désespérerez pas d'atteindre au noble profil de l'Apollon.

Ce n'est qu'un modeste passe-temps; mais il enseigne au moins ceci : que pour imiter, même grotesquement, les formes en apparence les plus simples, il faut observer, s'appliquer et persévérer.

Rien n'est inutile.

CE QUE PEUT RAPPORTER UN CHEVAL MORT.

Les crins, tant courts que longs, pèsent 100 grammes sur un cheval moyen, et 220 sur un cheval en bon état. Le prix de ce crin est de 10 à 30 centimes.

La peau pèse de 24 à 34 kilogrammes, et vaut de 13 à 18 francs.

Le sang pèse de 18 à 21 kilogrammes, et peut être estimé, quand il est cuit et en poudre, à la somme de 2 fr. 70 cent. à 3 fr. 50 cent.

La viande pèse de 166 à 203 kilogrammes, et peut être estimée, quand elle est appropriée aux engrais ou à la nourriture des animaux, à la somme de 35 à 45 francs.

Les viscères, boyaux, etc., peuvent valoir de 1 fr. 60 cent. à 1 fr. 80 cent.

Les tendons, destinés à la confection de la colle forte, pèsent ordinairement 2 kilogrammes, et se vendent, après leur dessication, 1 fr. 20 cent.

La graisse varie par sa quantité suivant l'état du cheval; cette quantité varie de 4 à 30 kilogrammes, qui, à 1 fr. 20 cent. le kilogramme, représente une somme de 4 fr. 80 cent. à 26 francs.

Les fers et les clous ont une valeur de 22 à 90 centimes.

Les cornes et sabots, réduits en poudre par la râpe et vendus dans le commerce, donnent par chaque cheval une valeur de 1 fr. 50 cent. à 2 francs.

Enfin, les os décharnés, pesant de 46 à 48 kilogrammes, peuvent être vendus pour la confection du noir animal, de 2 fr. 30 c. à 2 fr. 40 cent.

Ainsi un cheval mort peut encore rapporter, comme on le voit en additionnant tous les chiffres que nous venons d'écrire, de 62 à 110 francs.

La Fête de la Moisson en Pologne.

En Pologne, dans le palatinat de Sandomir, sur les rives de la Vistule, quand la moisson est finie, les jeunes filles et les jeunes garçons font une couronne de paille où ils mêlent des épis de blé, des fleurs, des baies sauvages, des noix dorées et des rubans de diverses couleurs.

Le jour de l'Assomption, dès le matin, on pose cette couronne sur la tête de la jeune fille qui a le meilleur renom.

Les cloches sonnent, et la jeune fille, suivie des villageois et des villageoises, se rend à l'église, où elle dépose sa couronne sur le maître-autel.

Le prêtre, après la messe, bénit la couronne.

Le cortége, accompagné d'instruments de musique, sort en chantant, et se dirige vers la maison du maire, qui attache au sommet de la couronne un jeune coq.

Si le coq chante, tout le monde applaudit. C'est le signe que la récolte de l'an suivant sera bonne. Si le coq ne chante pas, ou ne becquète pas les épis avec avidité, on se tait, on est triste, on craint une année de misère. Mais on a toujours soin de choisir un coq jeune et vaillant qui a bonne envie de chanter.

Le cortége se remet en route pour aller chez le seigneur; car, en Pologne, il y a encore des hommes riches qu'on appelle seigneurs.

A l'entrée du château, on chante en chœur:

« Ouvrez-vous, portes du château! Nous avons achevé la moisson dans les champs du seigneur, et nous lui avons dressé autant de belles gerbes qu'il y a d'étoiles au ciel.

» Nous avons préparé mille gerbes pour le seigneur, mille pour sa femme, dix mille pour ses fils et ses filles, et cent mille pour leurs hôtes.

» Sors, seigneur, des blanches murailles de ton château, et accepte la couronne qui orne la tête de la jeune fille, car c'est la couronne des couronnes: elle est faite du blé qui nourrit tous les hommes.

» Nous avons bien mérité que tu nous reçoives dans ton palais, car nos têtes sont brûlées par le soleil, nos mains sont coupées par la faucille, nos genoux se sont brisés en se ployant vers la terre, nos pieds sont blessés par le chaume, notre dos s'est roidi à force de se courber sur tes champs.

» Ordonne, seigneur, que le sang de tes étables et de tes bergeries coule comme des ruisseaux sur le vert gazon de ta cour, et que des feux soient allumés aux quatre vents de ta terre; car un grand repas est nécessaire pour délasser les moissonneurs de leurs fatigues.

» N'oublie pas, seigneur, qu'un bœuf rôti est bon pour calmer les douleurs de l'épine dorsale; une brebis, pour les genoux; un veau, pour les pieds; une oie, un coq, un canard, pour les mains; de l'eau-de-vie et

LA FÊTE DE LA MOISSON EN POLOGNE.

de la bière, pour la tête brûlée par le soleil.

» O seigneur! ne te cache pas plus longtemps, car nous entendons souffler du côté de la ville un vent violent qui, écartant les rideaux des fenêtres de ton château, nous permet de voir ta figure, semblable à un soleil qui brille au ciel; celle de ta femme, comme une pleine lune; celle de tes jeunes garçons et de tes demoiselles, comme des étoiles étincelantes. »

Un orateur s'avance ensuite et adresse, soit en prose, soit en vers, un discours au seigneur; puis la musique se fait entendre de nouveau, et le seigneur, sa femme et ses enfants distribuent des présents aux paysans et aux paysannes qui se sont fait remarquer, pendant la moisson, par leur zèle et leur assiduité au travail.

La maîtresse du château détache la couronne de la tête de la rosière, et la dépose sur une table couverte d'une blanche nappe.

La jeune villageoise reçoit un présent avec une somme d'argent.

Bientôt après, les domestiques du château servent sur de grandes tables des rôtis et des mets de toute espèce; ils roulent des tonneaux de bière et d'eau-de-vie à la portée des convives, qui prennent place et sont servis avec la même attention que le seigneur et sa famille.

Après le repas on danse. Le seigneur ouvre le bal avec la rosière, sa femme offre sa main à l'orateur de l'assemblée, et leurs enfants, demoiselles ou jeunes gens, donnent aussi la main aux paysans et paysannes, et valsent ou dansent gaiement avec eux.

La bière et l'eau-de-vie ne sont point épargnées, et la fête se prolonge souvent jusqu'au lever du jour.

Que deviendra-t-il?

Que deviendra-t-il ce pauvre enfant?

Sera-t-il bon ou méchant, heureux ou malheureux?

A douze ans, aimera-t-il à s'instruire? —

QUE DEVIENDRA-T-IL? — A l'école. — Respect de soi-même. — Profession et mariage. — Chef de famille. — Dans la rue. — A l'estaminet. — Vice et misère. — Mendicité.

Ou bien sera-t-il paresseux et passera-t-il son temps dans le vagabondage?

A vingt ans, cherchera-t-il les sociétés polies et les plaisirs honnêtes? — Ou bien le verra-t-on à toute heure fumer, boire et se quereller?

Dans l'âge mûr, aura-t-il une bonne profession, et saura-t-il se faire des économies qui lui donneront l'indépendance? — Ou bien tombera-t-il dans l'ivrognerie, dans les dettes, et dans le mépris de tout le monde?

Vers la fin de sa vie sera-t-il entouré d'une famille qui aura pour lui de l'amour et du respect? — Ou bien sera-t-il seul, pauvre, dégradé, objet de dégoût, la figure hideuse de vices, réduit à tendre la main au passant et à mourir au coin de la borne?

Son sort dépendra de sa volonté.

Abolition du Servage en Allemagne.

Le servage a été aboli :
Dans le duché de Bade, en 1783.
Dans le Hohenzollern, en 1789.
Dans Schleswig et Holstein, en 1804.
A Nassau, dans la Bavière, dans le duché de Berg, à Erfurth, etc., en 1808.
Dans la Prusse, dans la Hesse-Darmstadt, dans la principauté de Lippe-Detmold, dans le royaume de Westphalie, en 1809.
Dans Schomburg-Lippe, dans la Poméranie suédoise, en 1810.
Dans l'Autriche, en 1811.
Dans l'Oldenburgh, en 1814.
Dans le Wurtemberg, en 1817.
Dans le Mecklembourg, en 1820.
En Saxe, dans la Lusace, en 1832.
Dans le Hohenzollern-Sigmaringen, en 1833.

Comment les Serpents d'Amérique tuent les Bœufs.

Un homme de l'intérieur du Brésil, dans la province de Pernambuco, s'était aperçu qu'un des bœufs confiés à sa garde ne se montrait plus : il pensa que si l'animal n'avait pas été volé il viendrait boire à une lagune, rendez-vous des autres animaux errant aux alentours; c'était d'ailleurs, dans ces campagnes, le seul abreuvoir connu.

Notre pasteur alla donc se mettre en embuscade à l'heure où les troupeaux devaient arriver pour étancher leur soif.

Les animaux voisins du lac accoururent en effet, et ils ne furent pas plutôt désaltérés que notre homme en vit plusieurs qui donnaient des marques d'effroi et se mettaient à courir : un seul d'entre eux restait, comme retenu à la même place; après avoir fait quelques bonds, il demeurait là comme cloué; il faisait toutefois divers mouvements étranges, et parfois il semblait qu'une puissance invisible le poussât par derrière.

Mais presque aussitôt le mystère s'expliqua de lui-même : le gardien de bœufs distingua un grand serpent sucuruyuba dont la gueule s'appuyait sur l'épine dorsale de l'animal.

En examinant les choses plus attentivement, il vit que le reptile avait fixé la pointe de sa queue à un petit arbre fort résistant; il s'en servait évidemment comme de point d'appui pour attirer à lui le jeune bœuf.

Notre homme remarqua aussi que la pauvre bête faisait bien des efforts pour courir et échapper à cette cruelle étreinte, mais qu'alors le serpent, se détirant, ne présentait plus que la dimension d'un câble de bonne grosseur; quand le reptile cessait de se détendre ainsi, il fallait bien que le jeune bœuf s'arrêtât : force lui était de rester fixé au même endroit.

Ce moment d'un répit apparent n'eut pas de durée.

Le cauteleux reptile se distendait de nouveau; le bœuf paraissait avoir recouvré une apparence de liberté dans ses mouvements, il en profitait pour s'éloigner; mais bientôt il était ramené vers l'arbre par une force irrésistible.

Ce mouvement de va-et-vient avait évidemment épuisé le reste de vigueur qu'il montrait encore. Lorsque le pauvre animal

se trouva rapproché du tronc d'arbre qui servait d'appui au formidable reptile, celui-ci en détacha subitement sa queue, et la jetant à l'improviste sous la panse du bœuf, il l'enlaça par un côté, pour répéter la même opération sur l'autre.

Dans ce rapide et double mouvement, le bœuf perdit l'équilibre et tomba sur le sol fangeux : alors le serpent, s'étirant de plus en plus, l'enveloppa de ses orbes.

Mais le pasteur, s'élançant de l'embuscade où il se tenait en observation, tira la *faca*, c'est-à-dire le long couteau qu'il portait et sans lequel ne sortent jamais ses pareils quand ils parcourent ces campagnes solitaires; il lui suffit d'en donner un coup bien asséné sur le corps distendu du sucuruyuba pour le faire mourir et délivrer sa victime.

Les Grimaces du Chat.

ÉTUDES PAR J.-J. GRANDVILLE.

Le sommeil.

A quoi rêve-t-il? Le chien aboie en songe, poursuit le gibier, menace le voleur. Minet rêve-t-il chatte, rêve-t-il souris, rêve-t-il bataille et gouttière?

Le réveil.

Les mâchoires se desserrent; les oreilles frémissent, les pattes se roidissent, le dos se resserre, s'élève et se voûte : c'est le réveil. Les yeux fixés sur la terre, il est absorbé dans ses pensées. Songe-t-il au bon souper qu'il a fait la veille?

Réflexions philosophiques. — Étonnement et admiration.

Mais un bruit léger a rappelé tout à coup son esprit à la vie réelle : sa figure s'éclaircit, son œil s'anime; c'est qu'une mouche vole et bourdonne devant les vitres; c'est qu'un frôlement a imité le rat qui trotte ou ronge.

Contemplation.

Les yeux sont grands ouverts, fixes, rayonnants; ils se laissent pénétrer de tout ce qu'ils peuvent recevoir de lumière; ils contemplent le ciel ou les oiseaux du ciel, ou la jeune maîtresse parée pour le bal, et dont la robe de satin miroite aux bougies.

Grande satisfaction et idée riante. — Ennui et mauvaise humeur.

Vous êtes un fripon, Minet; vous venez de dire un bon mot, de faire une malice, ou une jolie main caresse votre belle fourrure.

Quelle différence quand on vous oblige à changer trop brusquement de position, ou quand la pâtée n'est pas assez fournie de viande !

Plainte et souffrance. — Préoccupation causée par un bruit particulier.

Minet traverse le corridor en poussant un miaulement lamentable ; Minet a faim ; on ne lui a pas encore donné son lait ; la cuisinière est en retard et l'aura rudoyé ; entendez-vous sa plainte ?

Voici, en opposition, un petit maître chat, dont le minois spirituel, éveillé, peint une vive préoccupation. Il a été subitement interrompu au milieu de ses jeux par le retentissement d'un bassin de cuivre, ou par l'approche d'une voix étrangère : il est prêt à s'élancer et à bondir.

Convoitise hypocrite.

La douce vapeur d'une tasse de lait chaud et sucré émeut voluptueusement l'odorat de ce papelard. N'a-t-il point la mine de ces convives friands qui se confondent en excuses et en remercîments équivoques, tout en laissant emplir leur assiette jusqu'aux bords ?

Curiosité et désir à la vue de la queue d'une souris ou d'une boule de papier que

Convoitise naïve. — Calme digestif.

traîne au bout d'une ficelle l'enfant de la maison.

Sans aucun doute, c'est après un copieux repas que ce vénérable grippeminaud s'est posé si carrément pour faire sa sieste. Il clignote, ses joues se renflent ; ne le troublez pas.

Tendresse et douceur.

Quelle mère caresse son fils et le débarbouille avec plus de grâce, plus amoureusement... et quel marmot, en pareille circonstance, est aussi patient que le fils de la chatte !

Attention, désir, surprise. — Satisfaction et somnolence.

On a placé devant Minette un panier fermé. Elle se méfie ou désire.

Ce délicieux état de quiétude et de somnolence est probablement causé par la chaleur et la mollesse d'un bon lit. Ceci rappelle l'archiduc des chats fourrés dont parle le fabuliste :

> Un chat vivant comme un dévot ermite,
> Un chat faisant la chattemite,
> Un saint homme de chat, bien fourré, gros et gras.

Colère mêlée de crainte. — Crainte simple.

Une main ou un bâton est levé sur ces deux têtes. Comme deux écoliers sous la férule du maître, ils craignent, mais avec des caractères différents : l'un voudrait résister ; l'autre se soumet, peut-être parce qu'il se sent coupable. De quel crime? Il aura couvert de ses poils un fauteuil ou déchiré un rideau.

Gaieté avec épanouissement. — Fureur et effroi.

On choie, on caresse, on chatouille cet épicurien. Son œil est humide ; ses lèvres entr'ouvertes laissent voir le bord d'une langue rose. Comme la vie est pour lui douce et riante! comme toute pensée triste ou sérieuse est éloignée de lui! Il a, n'en doutez pas, un grand mépris pour toute philosophie qui n'est pas celle du plaisir ; il ne croit ni à la misère ni aux longues douleurs.

On peut supposer les accidents les plus terribles pour expliquer l'effroi qui contracte cette autre figure de chat. Le malheureux animal est-il fasciné par la gueule béante d'un mâtin? L'homme au crochet et à la hotte veut-il faire de sa peau un manchon, de sa chair un civet? — Épicurien, mauvais frère qui riez toujours, votre tour peut aussi venir.

Fin lugubre. L'œil est terne, le corps roide.

La mort.

C'en est fait des grâces de Minet, de ses poses souples et moelleuses. Adieu, adieu, pauvre Minet!

Mourir, c'est renaître.

Mourir, c'est renaître.

Cette vie n'est que le berceau de l'autre.

Nous ne pensons pas assez habituellement à notre immortalité.

Ces trois mots : « Je suis immortel! » devraient retentir sans cesse dans les profondeurs de notre âme, au-dessous de toutes nos autres pensées.

Ne voyez-vous point que la plupart des hommes ont ainsi trois mots qui sont comme la règle de leur conduite : — Je suis riche! — Je suis belle! — Je suis brave!

Tu es riche? Tu es belle? Cela durera-t-il longtemps? Tu es brave? Il faut l'être et ne pas y songer : qui donc veux-tu quereller ou tuer?

Ne laissons jamais s'effacer dans l'ombre et l'oubli la devise sublime que le doigt divin a tracée, dans notre sanctuaire, en caractères de flamme :

CETTE VIE EST UN SONGE, ET LA MORT UN RÉVEIL.

« Je suis immortel ! » Cette vérité comprend et enseigne tout ce qui importe à la direction et à la grandeur de notre vie.

C'est la mesure qui abaisse à leurs vraies proportions la plupart des faits, des opinions et des intérêts humains.

Celui qui a une fois senti cette vérité sait au juste ce que pèse et ce que vaut la vie.

Il ne redoute et ne hait point la mort.

Le malheur peut courber sa tête, mais le sentiment de l'immortalité, comme un ressort intérieur, la relève aussitôt.

Il a le secret de la brièveté du temps; et c'est l'antidote le plus infaillible qui nous ait été donné pour alléger nos maux. Il s'agit, après tout, d'un voyage de quelques lieues, de quelques jours.

Amis voyageurs, aimons-nous, aidons-nous. Le sol est âpre, inégal, montueux : ronces et cailloux déchirent quelquefois nos pieds ; mais regardez là-bas, plus près, tout près de nous, voici, après la porte sombre, la porte de délivrance, voici le sentier aérien, le rayon d'or qui nous transportera dans notre empire céleste. Adieu, terre d'épreuves, voici nos ailes !

Trois Voleurs.

Trois voleurs ayant pillé une malle-poste et se trouvant en possession d'une somme considérable, résolurent de se partager cet argent et de renoncer à leur criminelle profession.

Mais, avant de se séparer, ils voulurent faire ensemble un bon repas.

L'un d'eux alla chercher des provisions à la ville voisine. Les deux autres, pendant son absence, se dirent qu'il serait plus agréable de diviser la somme en deux parts qu'en trois, et lorsque leur compagnon arriva, ils le tuèrent.

Mais celui-ci, ayant eu la même pensée qu'eux, avait empoisonné les provisions : ils les mangèrent sans défiance, et le lendemain on trouva les trois misérables étendus à terre inanimés.

Entre méchants, aucune confiance n'est possible.

L'Instruction et le Travail.

En instruisant l'ouvrier, en éclairant son cœur et son intelligence, non-seulement vous l'élevez sous le rapport moral et intellectuel; vous le mettez encore en état de gagner sa vie plus sûrement et plus aisément, d'arriver par ses propres efforts à une position meilleure. Grâce à l'instruction, l'ouvrier porte, lui aussi, le bâton de maréchal dans sa valise. En répandant l'instruction, vous combattez de la façon la plus efficace l'hydre du paupérisme, parce qu'au fond les bras inintelligents peuvent seuls être de trop; l'ouvrier habile, l'ouvrier instruit ne sera jamais, tant s'en faut, une charge à la société. Instruire et éclairer l'ouvrier, c'est donc réaliser une œuvre de haute philanthropie en même temps qu'une œuvre d'utilité publique, que la politique et la science économique ne sauraient trop encourager. BAUDRILLARD.

Les Cabocles, sauvages du Brésil.

Au Brésil, on donne le nom de Cabocle à tout sauvage qui a reçu le baptême. On voit à Rio-Janeiro des Cabocles vendre des nattes faites de roseaux et des poteries; d'autres exercent les professions de portefaix et de batelier.

Aux environs des villes, les Cabocles servent les cultivateurs ou vivent du produit de la chasse. Leur force et leur adresse sont prodigieuses. Les voyageurs qui ont visité le Brésil et qui ont parcouru les environs de la ville de San-Pedro de Canta-Gallo, ont vu plus d'un Cabocle se tenir couché sur le dos, et dans cette position lancer vigoureusement une flèche contre les oiseaux qui passent. Le Cabocle choisit toujours pour cette chasse le plus petit de ses arcs, et il tue presque toujours l'oiseau qu'il a visé.

Quelquefois il se tient debout, droit et

CABOCLE TIRANT DE L'ARC. — D'après Debret.

roide : il décoche sa flèche perpendiculairement au-dessus de sa tête, de manière à ce qu'elle retombe près de ses pieds dans l'intérieur d'un cercle tracé par terre, et dont il occupe le point central.

Ces habiles tireurs sont très-utiles aux voyageurs dans les excursions à travers les forêts vierges. Grâce à leurs flèches, les voyageurs peuvent se procurer des animaux rares et n'ont pas à craindre de mourir de faim.

Les Cinquante Aveugles,
OU LES DINARS DE NADIR-KHOULI.
Conte arabe.

Quelques jours avant sa mort, le sultan Sélim-Khan, ayant appelé auprès de lui son petit-fils Hussein et le bostandgi-bacha Nadir-Essem, prononça ces paroles en présence de tous les officiers rassemblés :

« Si mon règne a été glorieux, je le dois à Nadir-Essem, homme prudent et courageux, probe dans ses discours et ses actions. J'ai toujours trouvé en lui un conseiller fidèle. O mon fils! dans quelques jours tu vas régner; que Nadir-Essem soit ton ami comme il a été le mien, qu'il soit ta force et ton expérience, c'est la volonté de ton père et du Gardien de l'univers. »

Hussein baisa la robe de Sélim, et jura sur le livre saint d'observer les dernières volontés de son aïeul. Il fut d'abord fidèle à son serment : on le voyait tous les matins à la mosquée d'Youp avec Nadir-Essem; ils allaient ensemble au divan, et ensuite aux jardins pour travailler de leurs mains à la terre, ou faire de petits croissants de cuivre que venaient acheter les pèlerins.

Les premiers mois du nouveau règne se passèrent ainsi; mais bientôt Hussein, emporté par la violence de ses passions, n'observa plus la loi. Il s'entoura de jeunes gens et renvoya tous les vieux conseillers de son père. Lié par son serment, il n'osa destituer le bostandgi-bacha, mais il ne l'appela plus au divan. Nadir-Essem s'affligeait des désordres du jeune prince et employait toute son autorité à les dissimuler. Comme il avait la police de la ville et du port, cela lui fut d'abord facile, et pendant quelque temps le peuple ignora que le sultan Hussein passait ses jours et ses nuits à boire du vin dans les cabarets avec des chanteurs et des esclaves.

Cependant le bruit de ces débauches finit par se répandre dans la ville; les vieux croyants murmurèrent et chargèrent le muphti d'aller porter leurs plaintes au sérail. Hussein irrité chassa le muphti; puis, comme pour braver l'opinion publique, il fit construire, en face du port, sur une éminence, un grand kiosque en marbre blanc, ouvert de tous côtés. Sous chacune des arcades dorées du kiosque on dressa des tables en bois précieux chargées de bouteilles de vin de Ténédos. Tous les jours Hussein venait avec ses familiers s'asseoir à ces tables et s'enivrait avec eux. A la nuit, quand ils étaient ivres, ils couraient dans les rues, suivis de musiciens et de porteurs de torches, et frappaient ceux qu'ils rencontraient.

Tous les conseils de Nadir-Essem avaient été inutiles; le bostandgi-bacha s'était résigné au silence et vivait retiré dans ses jardins; mais un soir on vint lui apprendre que Hussein, dans une de ses courses nocturnes, avait mis l'épée à la main et tué deux prêtres qui revenaient de la mosquée. « Écoute toujours la voix », dit le poëte. Le poëte dit encore : « Les conseils des vieillards sont la force de la jeunesse. » Nadir-Essem savait ces sentences; il courut au sérail, se jeta aux pieds du sultan et lui rappela les dernières paroles de Sélim.

« Ces paroles te sauvent la vie », lui dit Hussein avec colère. Et, sur un signe du sultan, le caïmacan dépouilla Nadir-Essem de son cafetan et le livra aux soldats, qui l'entraînèrent hors du palais en le frappant à coups de bâton; d'autres soldats le reçurent à la porte et le menèrent mourant au château des Sept-Tours.

Nadir-Essem avait un fils qu'on appelait Nadir-Khouli : c'était un jeune homme pieux et savant, très-aimé de l'imâm Askri, qui l'avait attaché au collége de la mosquée impériale. Chaque matin, Nadir-Khouli allait à la prison et demandait à voir son père, et toujours les soldats le repoussaient avec rudesse. Le lendemain, Nadir-Khouli revenait encore et essuyait les mêmes outrages.

Un jour, au moment où Nadir-Khouli frappait à la porte, suivant son habitude, le gardien lui dit en riant : « Ton père est délivré; si tu veux le voir, va à la place de l'Hippodrome. »

Nadir jeta au gardien ses dernières pièces d'argent, et courut à la place. Une foule immense encombrait les avenues; à chaque instant passaient des janissaires qui repoussaient le peuple à coups de plat de sabre. Nadir suivit le peuple et se trouva porté à l'angle de la mosquée d'Achmet. Au fond de la place, on voyait briller les lances des spahis. Bientôt il se fit un mouvement de ce côté; la foule ouvrit ses rangs devant la cavalerie qui s'ébranlait. Les spahis arrivèrent au galop devant la mosquée et se rangèrent autour d'un chariot dont l'escorte débouchait de l'autre rue.

Un vieillard descendit de ce chariot; deux hommes le prirent dans leurs bras, lui lièrent les mains et attachèrent à ses pieds deux poids énormes; puis ils montèrent sur la muraille, saisirent le vieillard par la tête et le précipitèrent sur les grands crochets de fer plantés en saillie.

Nadir-Khouli poussa un cri en reconnaissant son père. Le corps du malheureux vieillard, déchiré aux premiers crampons, était retombé aux derniers, et restait suspendu au milieu de la muraille, percé de part en part.

Nadir-Essem était aimé de toute la ville; cette amitié lui avait été fatale. En apprenant son emprisonnement, le collège des ulémas s'était rassemblé, et le chef de la loi s'était rendu courageusement au sérail pour demander la grâce du bostandgi-bacha. Hussein l'avait reçu avec des transports de fureur. Depuis deux jours il était ivre, et les nouvelles qui lui arrivaient des provinces ne faisaient qu'irriter davantage sa colère. Le pacha d'Erzéroum s'était révolté; les paysans refusaient de payer les impôts, et les Serviens avaient envahi les frontières. Partout on attribuait ces malheurs à la retraite de Nadir-Essem. Hussein le savait : il vit dans la démarche des ulémas un reproche, et pour en finir avec toutes ces supplications, il avait ordonné que le bostandgi-bacha fût condamné au supplice des crochets.

Nadir-Khouli s'était éloigné en pleurant de la place de l'Hippodrome, et suivait au hasard les rues qui mènent au port. Au carrefour de Kishar, il s'entendit appeler par son nom, et détourna la tête. On l'appela une seconde fois; il s'arrêta, et vit devant lui un mévélévi qui distribuait des fressures de mouton aux chiens errants. Ce religieux avait pour tout vêtement une couverture de laine brune; ses jambes et sa poitrine étaient nues, et portaient la trace de nombreuses brûlures. Il conduisait par la main une mule chargée de seaux destinés aux pauvres.

« Quand le cœur est blessé, les yeux pleurent, dit le mévélévi. Nadir-Khouli, tu es un bon fils. Mais il ne faut pas que la mort de ton père te conduise au désespoir. Pour celui qui a observé la loi, la mort est un festin de noces.

» Ton père a fait le bien, il a souffert. Tiens-toi prêt à souffrir comme lui, si c'est dans les desseins du Maître des âmes; sois toujours d'un cœur ferme, et fais le bien. Tu es malheureux aujourd'hui; ton père est mort, tes biens sont confisqués : le poëte dit que l'abondance engendre la misère; dans quelques mois peut-être ta misère cessera, car tu es bon et honnête. Je t'ai vu tous ces jours-ci à la porte de la prison, pleurant et attendant ton père jusqu'à la nuit. Je t'ai vu aussi, tous les matins, achetant des oiseaux pour leur donner la liberté.

» Tu quitteras aujourd'hui cette ville; tu iras à Ispahan, où règne un grand prince. Le sophi est savant et religieux; il accueille tous les honnêtes thalebs qui, comme toi, veulent travailler et servir Dieu.

» Mais, avant d'entrer dans l'Iran, tu dois aller aux villes saintes visiter les tombeaux des prophètes et baiser les pieds des vrais croyants. Profite de ce que nous sommes dans le dhoûl-hhdjeh (le mois du pèlerinage). La grande caravane partira après-demain de Smyrne : un de nos frères va te conduire dans cette ville. Prends cette bourse, qui renferme 120 dinars. Ma mule t'appartient aussi. Adieu, mon fils; aie toujours confiance en Dieu; sois d'un cœur ferme, et fais le bien. »

Nadir-Khouli enfourcha la mule du religieux, et partit. Le surlendemain, il était à

Smyrne, et le mévélévi, son compagnon de voyage, le présentait au myrhadidje (chef de caravane) Al-Mocem. Al-Mocem était à son huitième voyage, et venait d'obtenir le vizirat.

Après avoir fait un pèlerinage à la Mekke et à Médine, suivant le conseil du mévélévi, Nadir-Khouli se rendit à Ispahan.

En suivant la rive gauche du Zenderouth, il arriva au faubourg de Djoulfa.

Le soleil s'était levé depuis deux heures. Nadir monta sur la colline et promena des regards d'admiration sur tout ce qui l'entourait. D'un côté, la plaine avec ses quinze cents villages, ses canaux, ses aqueducs, encadrés dans une végétation magnifique; de l'autre, Ispahan, ses deux cents mosquées, ses quarante mille caravansérails et palais; Ispahan, cette ville merveilleuse, dont les Persans ont dit avec raison : *Isfahan nesfi djéhan!* Ispahan est la moitié du monde!

Après avoir terminé ses prières, Nadir-Khouli descendit dans le faubourg et entra dans les galeries du pont Alaverdi-Khan.

Au milieu des galeries, il aperçut un beau vieillard à barbe blanche, accroupi comme un mendiant contre un pilier. Ce vieillard était aveugle. Nadir-Khouli s'approcha de lui, et l'entendit psalmodier d'un ton dolent ces vers persans :

— « Le monde est un vrai pont; achève de le passer.

» Mesure, pèse tout ce qui se trouve sur le passage; le mal partout environne le bien et le surpasse. »

Cette sentence charma Nadir-Khouli. Il ouvrit sa bourse, prit un dinar, et le plaça dans la main du vieillard.

— Merci, mon bon seigneur, dit l'aveugle en soupesant la pièce d'or et l'approchant de ses lèvres. — Ah! c'est un dinar, reprit-il avec un cri de joie. Bon seigneur, avez-vous donc tant de trésors, que vous me donnez une pareille fortune?

— J'ai encore quatre-vingt-dix-neuf pièces comme celle-ci, dit Nadir-Khouli.

— Ah! bon seigneur, laissez-moi toucher votre or. Quel bonheur ce sera pour moi! le premier de ma vie. Cent dinars! dites-vous vrai? Laissez-moi toucher tout cet or. Quelle joie! rien que le toucher un instant, un seul instant!

Le bon Nadir-Khouli prit sa bourse et la déposa dans la main amaigrie de l'aveugle.

— C'est toute ma fortune, lui dit-il; je regrette bien de ne pouvoir la partager avec toi.

La main de l'aveugle n'eut pas plutôt touché la bourse qu'elle se crispa et disparut dans les plis d'un large cafetan.

— Eh bien, l'ami, dit Nadir-Khouli, que fais-tu? où donc est ma bourse?

L'aveugle détourna la tête, et se mit à psalmodier d'une voix plaintive :

— « Le monde est un vrai pont; achève de le passer. »

— Rends-moi ma bourse! s'écria Nadir avec colère.

— « Mesure, reprit le vieillard avec douceur, mesure, pèse tout ce qui se trouve sur le passage; le mal partout environne le bien et le surpasse. »

La main de l'aveugle restait toujours cachée dans les plis du cafetan.

— Je veux ma bourse! dit Nadir irrité.

Et comme le vieillard ne répondait pas, il lui saisit violemment le bras et l'attira à lui.

— Bons musulmans, bons musulmans, cria l'aveugle, à l'aide! à mon secours! voici un infidèle qui veut me dépouiller de vos libéralités!

A ces cris, les passants accoururent et

s'attroupèrent. Nadir-Khouli protesta de son innocence, et voulut raconter ce qui s'était passé; mais à son turban on l'avait reconnu pour un étranger. La foule prenait fait et cause pour l'aveugle, et s'apprêtait à faire un mauvais parti à Nadir; des injures on passa vite aux coups; Nadir-Khouli était déjà renversé, lorsque les gardes du pont Djoulfa vinrent mettre fin à ce tumulte.

En se défendant, Nadir-Khouli avait lâché la bride de sa mule, et la mule effrayée s'était enfuie au galop. Il courut au bout du pont, revint sur ses pas, monta sur le parapet et sur la plate-forme, regarda dans toutes les directions, et ne vit rien. Il venait de perdre sa dernière ressource. Tout son courage l'abandonna. Appuyé contre un pilier, il regardait avec effroi cette ville où il était entré si joyeux. Qu'allait-il devenir sans argent, sans amis, lui étranger, perdu dans cette ville immense?

Il s'assit tristement sur une marche du pont, et cacha sa tête dans ses mains pour qu'on ne le vît pas pleurer.

— J'ai fait le bien, se disait-il, et me voilà traité comme un méchant; mon père est mort pour avoir fait le bien. Où donc est la justice?

« Quoi qu'il arrive, sois toujours d'un cœur ferme; Dieu est avec celui qui observe la loi. »

Ces sentences du mévélévi lui revenaient en mémoire; mais en même temps les premiers tiraillements de la faim se faisaient sentir. Il fouilla et refouilla son cafetan, et ne trouva rien.

— Ah! si j'avais au moins ma mule, dit-il; mais j'ai tout perdu. Où donc est la justice?

Un petit hennissement se fit entendre à côté de lui. Il leva la tête, et vit sa mule qui secouait ses crins et grattait la terre d'un pied joyeux.

Nadir oublia tous ses malheurs et ne pensa plus qu'à caresser sa mule; mais bientôt la faim le reprit avec violence. Il aimait beaucoup sa mule, et pour tout au monde n'aurait pas voulu s'en séparer; mais que faire? D'ailleurs, comment la nourrirait-il? Cette dernière raison le décida. Un marchand de Bassora vint fort à propos lui mettre le marché en main. Nadir-Khouli hésita quelques instants, puis accepta. Il prit les toumans qu'on lui offrait, les serra dans son cafetan, et ne garda que la menue monnaie pour acheter des dattes et des azeroles; une pastèque et un morceau de glace complétèrent ce déjeuner, dont Nadir-Khouli se trouva fort bien. Tout son courage lui était revenu : la ville lui paraissait magnifique et les sentences du mévélévi d'une grande beauté.

Il vint alors s'asseoir à quelques pas de l'aveugle, qu'il n'avait pas perdu de vue. Le mendiant psalmodiait toujours ses vers persans, et ne s'interrompait qu'à l'arrivée de quelque autre aveugle qui venait lui parler à l'oreille, riait avec lui et repartait en chantant.

Nadir-Khouli observait toutes ces allées et venues. Il s'était accroupi contre un pilier, et, tout en égrenant un rosaire, il surveillait son aveugle et ne perdait aucun de ses mouvements.

La journée se passa ainsi. Un peu avant le coucher du soleil, l'aveugle se leva, roula son tapis, et entra dans la galerie du pont. Nadir-Khouli se leva et le suivit.

Ils descendirent ensemble l'escalier des tours, et se dirigèrent à gauche pour entrer dans le Tchar-Bag. Nadir-Khouli ne se lassait pas d'admirer cette magnifique avenue, ses larges canaux, ses fontaines, ses kiosques et ses massifs de fleurs.

Après avoir fait leurs ablutions à la mosquée Hussein, ils entrèrent dans le jardin royal. Au fond de ce jardin, sur une pelouse, il y avait un rosier de Chine grand comme un palmier. L'aveugle alla étendre son tapis sur cette pelouse, secoua l'arbuste, se fit un lit de roses, puis se coucha et se mit à respirer l'air du soir avec cette joie calme d'un homme qui a bien employé sa journée.

Nadir-Khouli aimait beaucoup l'odeur des roses; mais au bout d'une heure il se prit à s'impatienter en voyant que l'aveugle ne se levait pas.

Enfin le mendiant se remit en route. On eût dit qu'il s'était aperçu qu'on le suivait, et qu'il prenait plaisir à fatiguer son compagnon obstiné : il s'arrêtait dans tous les bazars, se promenait sur toutes les places, s'engageait dans les rues les plus longues. Les rues succédaient aux rues, les places aux carrefours, et l'aveugle allait toujours son chemin. Nadir le suivait machinalement, et telle était sa fatigue, qu'en traversant le Méidan-Schahi, dont on lui avait raconté tant de merveilles, il ne leva pas même la tête.

Enfin, après quatre heures de promenade, ils arrivèrent, par une rue écartée, à une grande maison de terre, percée de rares fenêtres et située à l'angle d'une place assez vaste. L'aveugle prit une clef dans son bonnet et ouvrit une porte basse.

Nadir-Khouli se glissa sur ses pas, ôta ses babouches, et monta derrière lui, à petit bruit, jusqu'à un corridor long et étroit. L'aveugle prit une seconde clef dans son bonnet et ouvrit la porte de sa chambre. Nadir entra avec lui dans cette chambre, comme il était entré dans la maison.

Le mendiant referma la porte avec soin et vint s'accroupir sur son tapis, après s'être bien assuré, en tâtonnant, qu'il était seul.

Alors il tira la bourse de son cafetan, l'ouvrit doucement et y mit la pièce d'or. Après l'avoir bien liée il l'ouvrit encore, et plongea à plusieurs reprises ses mains dans l'or avec volupté; puis il fit un creux dans sa robe, renversa la bourse, et compta toutes ses pièces. Après les avoir bien comptées et recomptées, il les remit une à une dans la bourse, en les approchant chaque fois de ses lèvres. Il lia de nouveau la bourse, la soupesa, la couvrit de baisers, et la fit sauter en l'air, en lui répétant de sa voix la plus câline :

— Reviens vite, mignonne! reviens vite, joie de ma vieillesse!

Une fois, deux fois l'aveugle lança sa bourse en l'air, et la bourse retomba dans sa main avec un bruit qui le charma. Il la fit sauter de nouveau; mais cette fois il eut beau répéter ses câlineries et tendre sa main, sa main resta vide : la chère bourse ne revint pas; Nadir-Khouli, qui se tenait aux aguets, l'avait saisie à la volée.

— O chère bourse! ô fraîcheur de mes yeux! disait l'aveugle, reviens, reviens vite!

Des prières il passa aux menaces, mais la bourse ne bougea pas. Il visita sa chambre en tous sens, secoua toutes les nattes et fureta à tous les coins avec son bâton. Nadir tournait autour de lui et évitait tous ses coups.

Quand l'aveugle fut bien convaincu de son malheur, il se roula à terre en se frappant la tête et en poussant des cris horribles. A ces cris, une cellule voisine s'ouvrit et un aveugle accourut pour le consoler.

— O les amis de mon Seigneur, criait le mendiant du pont Alaverdi-Khan, venez à mon aide!

— Parle, qu'as-tu? lui dit son voisin en essayant de le relever.

— Iblis (le diable) a ravi mon trésor. J'avais ma bourse là, dans ma main, je la faisais sauter. Si elle était retombée, j'aurais bien entendu un bruit ; mais c'est Iblis qui me l'a prise en l'air.

— Quelle imprudence de faire sauter une bourse ! dit le second aveugle ; pour moi, je ne suis pas si fou : ma bourse est bien cachée ; jamais Iblis ne s'avisera d'aller soulever une certaine dalle placée derrière ma porte.

En entendant ces paroles, Nadir pousse la porte entr'ouverte, voit une dalle mal jointe, la soulève, et saisit une longue bourse qu'il cache dans son cafetan. Les deux aveugles arrivent à la cachette et soulèvent à leur tour la dalle.

— Tu es un maudit ! s'écrie le second aveugle en se précipitant sur le mendiant du pont Alaverdi-Khan ; tu m'as volé, tu as voulu découvrir ma cachette ; car pour l'astuce, tu en remontrerais à Harout et Marout !

— Pourquoi tout ce bruit ? dit un troisième aveugle qui arrivait à moitié vêtu.

— On nous a volés ! — Iblis se cache dans le khan !

— Que ne faisiez-vous comme moi ? dit le troisième aveugle : le jour, je garde ma bourse sur moi, dans mon cafetan ; la nuit, près de ma tête, sous mon coussin. Adieu, les amis ; je vais me recoucher. Iblis ne viendra pas me réveiller pour me voler ma bourse.

— Quelle imprudence ! répétait-il en rentrant dans sa cellule ; que ces voisins sont peu avisés ! Ah ! chère bourse, tu as un maître plus prudent, reprit-il en glissant sa main sous le coussin.

Mais c'était déjà trop tard : Nadir avait tout entendu ; s'approcher du lit, soulever le coussin, enlever la bourse, n'avait été pour lui que l'affaire d'un instant. Qu'on juge de la surprise et du désespoir de l'aveugle ! Ce fut alors son tour de crier, de se rouler à terre, d'appeler les voisins et de frapper aux portes des cellules.

— Iblis est dans le khan ! Iblis est dans le khan !

Toutes les maxouras s'ouvrent, tous les aveugles arrivent en tenant leurs bourses à la main ; et les voilà courant dans les corridors, dans les cellules, n'osant rester, n'osant fuir, criant sur tous les tons de la frayeur et de la colère :

— Iblis est dans le khan ! Iblis est dans le khan !

Pendant ce tumulte, Nadir-Khouli s'était glissé à grand'peine à l'entrée de l'escalier. Les mendiants, ne sachant à qui s'en prendre, commençaient déjà à se gourmer, lorsque l'aga du quartier monta avec les soldats de ronde que tous ces cris avaient attirés.

Nadir-Khouli vint au-devant de l'aga, lui raconta son histoire en quelques mots, et lui remit les trois bourses. Sa figure ouverte et son accent de franchise plurent à l'aga.

— Je crois tes paroles, lui dit l'aga ; garde ces bourses.

— Il n'y en a qu'une à moi, dit Nadir-Khouli.

— Garde ces bourses, je te les donne, reprit l'aga ; grâce à toi, j'ai découvert un vrai nid de voleurs.

— Bon aga, bon aga, criaient les aveugles, les méchants veulent nous dépouiller ; protégez-nous ! Nous sommes entourés de voleurs.

— Oui, oui, il y a des voleurs, dit l'aga. Venez avec moi, mes amis, je vais vous les montrer. Prenez-vous par le bras deux par deux, ne lâchez pas vos bourses, et descendons.

Les aveugles obéirent, et descendirent dans la rue, suivis par les soldats.

Quand ils furent tous réunis sur la place,

l'aga les fit défiler devant lui et les compta : ils étaient cinquante.

— Où sont les voleurs? où sont-ils? criaient les aveugles.

— Patience, mes amis, dit l'aga; la patience est une monture dont les fers ne s'usent pas. Prenez toujours ces bâtons de mes soldats, et tenez-vous prêts.

Les aveugles ainsi armés, l'aga les divisa en deux escouades de vingt-cinq hommes, et leur ordonna de marcher en avant. Il avait combiné sa manœuvre de manière que les deux escouades partissent en sens inverse, l'une à droite, l'autre à gauche. Au bout de quelques minutes, elles eurent parcouru chacune la moitié de la place, et se trouvèrent face à face.

— Voici les voleurs! les voici devant vous! cria l'aga. Allons, courage, mes amis! les voici. En avant, et frappez fort!

Et tout aussitôt les bâtons d'aller, les coups de tomber dru et sec, les deux escouades de se charger avec une telle ardeur qu'au premier choc elles furent confondues : mêlée furieuse, où tous les coups portaient. A droite, à gauche, devant lui, derrière, chaque aveugle bondissait, frappait, et frappait comme un aveugle. Jamais on ne vit si belle bastonnade.

L'aga, qui aimait à rire, prenait plaisir à ce spectacle et poussait de son mieux les acteurs en envoyant ses soldats sur tous les points, pour ranimer le combat lorsqu'il semblait sur le point de se ralentir. Dès qu'un aveugle était désarmé, il recevait, comme par enchantement, un bâton; s'il s'écartait de la mêlée, il s'y trouvait tout aussitôt ramené et replacé en face d'un ennemi, et la bastonnade reprenait de plus belle.

Par ordre de l'aga, tous les aveugles avaient gardé leur bourse à la main gauche.

De temps à autre, un coup de bâton tombait sur ces mains, et les bourses roulaient à terre : c'étaient alors de nouveaux cris, de nouvelles colères. La fureur rajeunissait tous ces vieillards infirmes; leurs bras se roidissaient dans un dernier effort; ils rentraient au combat avec une ardeur incroyable, sans turban, la robe déchirée; tombaient, se relevaient, tombaient encore, et revenaient à la charge en se traînant sur les genoux.

Tout à coup, au plus fort du tumulte, un grand bruit de chevaux et d'aboiements domina tous ces cris. Cinq ou six mille chiens, débouchant du fond de la place, vinrent se jeter dans les jambes des combattants et les culbutèrent. La place se remplit de lumières; des esclaves arrivaient en courant, la torche à la main, suivis de milliers de cavaliers, de fauconniers et de sonneurs de trompe. Schah-Abbas revenait de la chasse : il traversa la place au galop, et, voyant tous ces aveugles renversés que piétinaient les chiens, il s'arrêta devant le khan. L'aga lui raconta tout. Schah-Abbas était un grand prince, ami de la justice; il rit beaucoup de cette histoire, et fit appeler le lendemain Nadir-Khouli au palais.

Nadir-Khouli s'y rendit tout tremblant : les premières paroles du sophi le rassurèrent. Schah-Abbas se fit raconter de nouveau l'histoire des dinars. L'esprit et la bonne mine de Nadir lui plurent, et il le nomma wali des bazars et des caravansérails. Nadir remplit ces fonctions avec tant d'intelligence et de fermeté, qu'il fut bientôt appelé à la charge importante de teskéredji du divan. Les années suivantes, la faveur du sophi l'éleva à de nouvelles dignités : il devint caïmacan, séraskier des spahis, et commanda la cavalerie dans la grande bataille d'Althul-Kapri que les Persans livrèrent aux Turcs; Sultan-Hussein fut tué dans la déroute.

La Pierre au Cou.

PUNITION DES FEMMES QUERELLEUSES.

Autrefois, en France, en Allemagne et dans le nord de l'Europe, les calomniatrices et les querelleuses étaient condamnées à se promener dans les rues de la ville, ayant une

pierre suspendue à leur cou. Souvent elles étaient précédées, dans ces promenades, par un cornet ou une trompette, et faisaient trois fois le tour de l'Hôtel de ville, les jours de marché. Il y a même eu un temps où, au lieu de la pierre, on leur attachait un chien ou une roue de charrue. La pierre était quelquefois sculptée en tête de femme, avec une langue haletante, comme celle d'un chien fatigué; d'autres fois, c'était l'image d'un chien ou d'un chat, ou bien encore c'était une bouteille que l'on nommait « la bouteille du bourreau. »; et de là naquit le proverbe « Boire de la bouteille du bourreau. » Notre gravure représente une pierre de cette dernière forme, que l'on conserve encore aujourd'hui à Budissin, en Hongrie. Les deux figures que l'on y voit sont celles de deux femmes qui s'étaient publiquement battues à Budissin, et qui ont subi cette peine le 13 octobre 1675.

Le Quart d'heure de Rabelais.

Il faisait chaud; la route était inégale et fatigante; les sapins la bordaient, il est vrai, d'espace en espace, et des ruisseaux jaillissaient çà et là de la pente des rochers. Mais l'ombrage ne nourrit pas le voyageur; et l'eau pure, si fraîche qu'elle soit, n'est pas toujours une boisson assez fortifiante.

Hans Loutzbein avait encore quatre mortelles lieues à faire avant d'atteindre son village. Il savait bien qu'un bon souper l'y attendait au sein de sa famille, et que d'excellente bière dormait dans le tonneau, prête à mousser dans son verre : images charmantes sans doute, mais qui n'empêchaient pas que Hans Loutzbein mourût de faim et de soif.

Dans cette situation d'esprit et de corps, il passa devant une auberge, l'auberge du *Guillaume-Tell*.

Quelle est riante, cette auberge! Que la porte ouverte et les fenêtres demi-closes ont de séduction et de charmes!

« Entrez, ami passant; vous le voyez, on est prêt à vous recevoir, et derrière ces volets on évite parfaitement la chaleur du jour. Si vous manquez cette occasion, vous ne trouverez plus la pareille, et vous aurez tout loisir de regretter votre lésinerie. Entrez. On prend ce qu'on veut, la moindre chose, une croûte de pain et de fromage, avec une chopine de bière. Votre femme et vos enfants vous gronderaient bien fort de négliger à ce point la santé du chef de la famille, qui leur est si précieuse et si nécessaire. D'ailleurs, vous avez fait de bonnes affaires, et si votre

LE QUART D'HEURE DE RABELAIS.

gousset est peu garni, vous avez acheté du bétail qu'on vous amènera dans huit jours, et qui gagnera le cent pour cent dans votre étable. Allons, Hans, entrez sans scrupule, entrez. »

Il hésitait encore, quand il vit paraître Mme Grossmann sur le seuil de la porte. Un sourire qu'elle adressa au voyageur, avec une salutation cordiale, lui firent franchir le pas, et vous en voyez la conséquence.

Hans Loutzbein s'est reposé, il a bu, il a mangé; il s'est mis en état de franchir, sans danger de défaillance, la longue route qui le sépare encore de son logis.

Mais il faut reconnaître un si grand service; il faut payer.

Ce n'est pas que la bonne hôtesse ne laissât longtemps encore le consommateur, le coude appuyé sur la table, sans lui demander de régler le compte. Elle jaserait même avec lui tant qu'il voudrait, car aujourd'hui la presse n'est pas grande dans son auberge. Mais il se fait tard; et puis, que servirait-il de différer davantage? *Le quart d'heure de Rabelais* serait toujours au bout.

Allons, bonhomme, un petit effort de courage! la jambe étendue, le corps penché en arrière et la main au gousset.

Que de peine pour arriver jusqu'au fond, où dorment quelques pièces de monnaie qui avaient espéré d'arriver saines et sauves au logis! Les voilà qui vont rester en chemin.

« Allons, mon compère, y sommes-nous bientôt?... — Oui, les voilà. »

Hans les tient enfin, et, ce qui est plus difficile encore, il va les lâcher, après les avoir, il est vrai, tournées et retournées, comptées et recomptées plus d'une fois. Il aura beau faire aussi lentement qu'il voudra, il ne lassera point la patiente et flegmatique hôtesse, qui est trop habituée à ces temporisations comiques pour s'en émouvoir beaucoup.

Il y aura peut-être quelques débats, d'une part sur le prix des comestibles, de l'autre sur la valeur et le bon état des pièces de monnaie; mais tout finira par s'arranger doucement; on sera satisfait de part et d'autre, et l'on se saluera cordialement au départ.

Quand l'honnête Hans Loutzbein aura repris sa marche, charmé de se trouver aussi dispos, aussi dégagé qu'il était las et lourd auparavant, il se dira en lui-même qu'après tout il a bien fait de laisser quelque monnaie au *Guillaume-Tell* en échange de cet excellent réconfort.

A Rome, quand une personne absente et qu'on avait crue morte revenait dans sa patrie, on la recevait en observant certaines cérémonies. Cette personne ne rentrait pas dans sa maison par la porte, mais par le toit, comme pour exprimer que c'était le ciel qui la rendait à sa famille et à ses pénates.

Deux Moyens d'écarter les Voleurs.

Un avocat avait défendu trois hommes accusés d'un vol, et avait réussi à les faire acquitter.

A quelque temps de là, ne songeant plus à cette affaire, il vit arriver chez lui ses trois clients, qui lui dirent que, n'ayant point d'argent pour lui témoigner leur reconnaissance, ils venaient lui donner un bon avis.

« Voulez-vous écarter les voleurs de votre maison de campagne, monsieur l'avocat, dit l'un d'eux : ayez un petit chien et une veilleuse; vous pouvez être certain qu'aucun voleur étranger à votre maison ne se hasardera à s'y introduire.

» Un appartement éclairé la nuit plonge le voleur dans l'incertitude; la règle, en pareille occurrence, est de s'abstenir.

» Quant aux petits chiens, les larrons les redoutent bien plus que les gros, parce que ces petits roquets aboient sans cesse et fuient sous les meubles où on ne peut les attraper, tandis qu'un gros se jette sur l'homme et peut être tué dans la lutte. Un gros chien de basse-cour est d'ailleurs plus sensible à l'appât d'un morceau de viande ou d'un os qu'un petit chien habitué à être bien nourri et à n'accepter sa pitance que de la main de quelques personnes familières. »

L'avocat fut sensible à cette confidence de ses clients. Il communiqua la recette à ses nombreux amis; il en usa toute sa vie et s'en trouva bien, ainsi que ceux de ses amis qui la pratiquèrent. Devenu magistrat, il eut une infinité d'occasions de constater l'efficacité du préservatif qui lui avait été enseigné dans sa jeunesse.

La plus Belle de toutes les Prières.

1. Notre Père qui êtes aux cieux,

2. Que votre nom soit sanctifié;

3. Que votre règne arrive; que votre volonté soit faite sur la terre comme aux cieux.

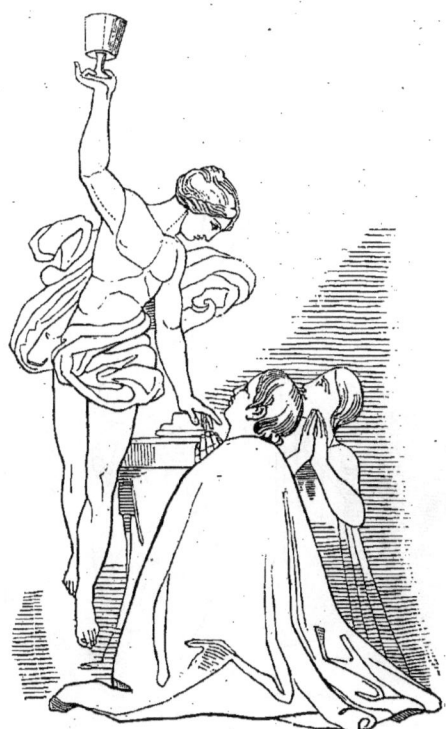

4. Donnez-nous aujourd'hui notre pain quotidien;

5. Pardonnez-nous nos offenses, comme nous les pardonnons à ceux qui nous ont offensés ;

6. Ne nous laissez pas succomber à la tentation ;

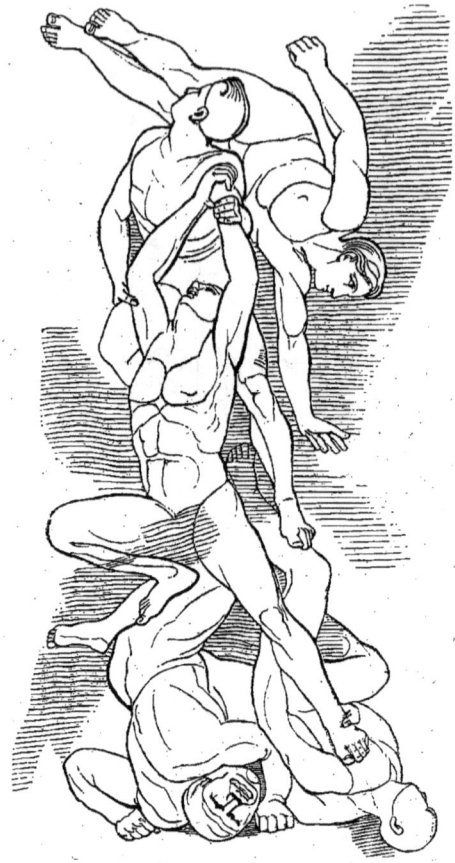

7. Et délivrez-nous du mal. Ainsi soit-il.

Les Formes des Nuages.

Un nuage est un brouillard élevé.

De même que le brouillard, il est formé de petites vésicules creuses dont l'enveloppe est de l'eau, comme celle d'une bulle d'eau de savon.

Le voyageur qui monte sur de hautes montagnes se plaint que le brouillard lui cache le panorama dont il se promettait de jouir, tandis que celui qui reste dans la plaine regrette que ces mêmes montagnes soient enveloppées d'un nuage qui lui dérobe la vue de leur sommet.

Tous deux ont raison; car souvent le brouillard qui, le matin, couvrait la plaine, s'élève peu à peu à mesure que le soleil l'échauffe de ses rayons, dépasse le sommet des montagnes et s'arrête suspendu dans les hautes régions de l'atmosphère. La température de ces régions est-elle au-dessous de zéro, alors les vésicules se congèlent et se réunissent en flocons de neige.

Quelquefois les nuages orageux sont formés en partie de grésil ou de neige.

On distingue quatre formes principales de nuages.

Le *stratus* est une bande de nuages horizontale et ordinairement d'une couleur foncée.

Dans les belles soirées de l'été, on voit des *stratus* se former au-dessus des étangs, des lacs, des rivières, des prairies humides, et disparaître le lendemain.

Les *cumulus* (balles de coton des marins, nuages de beau temps) s'élèvent à l'horizon sous la forme de masses arrondies, accumulées les unes sur les autres. Leurs bords, nettement dessinés, contrastent par leur blancheur avec l'azur foncé du ciel.

Les *cirrus* (queues de chat des marins) sont ces nuages vaporeux composés de filaments blancs qui ressemblent à des plumes légères, à des écharpes de gaze transparente, à des réseaux déliés ou à une blanche poussière dispersée par le vent.

Le *nimbus* est le nuage de pluie ou d'orage. Noir, épais, sans contours arrêtés, il s'avance rapidement, portant dans son sein les pluies bienfaisantes, ou la grêle et le tonnerre.

Lorsque des *cumulus* épais et foncés s'entassent à l'horizon, au-dessus d'une bande immobile de *stratus*, et simulent des tours et des remparts, alors ils prennent le nom de *cumulo-stratus*. Souvent ces nuages se transforment en *nimbus* et se résolvent en pluie.

Le soir, il n'est pas rare de voir à l'horizon une longue bande de nuages légers et vaporeux sur leurs bords : ce sont des *cirrostratus*. La voûte du ciel est alors ordinairement parsemée de longs *cirrus*. Cet état du ciel est un présage de pluie pour le lendemain.

En hiver, le ciel est souvent couvert de petits nuages arrondis, de grosseur égale et semblables à de petites boules; c'est le ciel *pommelé* ou *moutonné*. Lorsque la lune brille au firmament, elle est environnée d'une couronne qui se projette sur ces nuages, et l'on voit des étoiles scintiller timidement dans les intervalles qu'ils laissent entre eux.

Les *cirrus* sont les plus élevés des nuages. Leur hauteur est probablement de 6 000 à 7 000 mètres. Leur apparition indique ordinairement un changement de temps. En été, elle est suivie de pluie, en hiver de dégel. Le plus souvent, les *cirrus* marchent du sud-ouest au nord-ouest, quand même les girouettes montrent que dans le bas la direction du vent n'est pas la même. Les vents de sud-ouest qui les poussent arrivent chez nous chargés des vapeurs de la mer et des pays chauds, qui se précipitent à l'état de pluie à mesure qu'elles arrivent dans une atmosphère plus froide. Aussi, en Suisse, les *cirrus* sont-ils connus sous le nom de nuages de sud-ouest. Si ce vent devient dominant et descend dans les régions inférieures de l'atmosphère, les *cirrus* s'épaississent peu à peu, passent à l'état de *cirro-stratus*, qui se montrent sous l'apparence d'une masse feutrée, d'abord blanche, puis grise. En même temps, le nuage s'abaisse et finit par se résoudre en pluie.

Dans d'autres cas, les *cirro-cumulus* restent vaporeux et transparents. A travers leur corps diaphane, on peut voir les taches de la lune ou des étoiles de quatrième grandeur. Le soleil ou la lune paraissent entourés de brillantes couleurs dues au passage des rayons lumineux à travers les particules glacées qui les composent. Ces phénomènes sont précurseurs d'une élévation de la température résultant de l'influence des vents chauds et secs qui réchauffent l'atmosphère.

Cumulus. — Stratus. — Cirro-cumulus. — Cirrus. — Nimbus.

Si les *cirrus* doivent leur origine aux vents du sud, les *cumulus* sont un effet des courants d'air ascendants. Ils ne sont jamais aussi élevés que les *cirrus*. C'est surtout pendant les belles journées de l'été qu'on peut les observer dans toute leur magnificence. Lorsque le soleil se lève sur un horizon sans nuage, on aperçoit, vers huit heures du matin, de petits nuages isolés qui semblent s'accroître en se gonflant. Leurs bords sont arrondis et nettement tranchés. Ils augmentent ainsi de volume jusqu'au moment de la plus grande chaleur du jour, puis ils diminuent, et le soir, le ciel est de nouveau parfaitement serein. Leur hauteur ne reste pas la même pendant ces trois périodes de la journée; ils s'élèvent depuis le matin jusque dans l'après-midi, puis ils s'abaissent de nouveau. Sur une haute montagne, le voyageur voit dans la matinée les nuages au-dessous de ses pieds; vers midi il en est enveloppé, puis ils s'élèvent au-dessus de sa tête, et le soir ils redescendent à son niveau.

Si les *cumulus*, au lieu de se dissiper dans la soirée, deviennent au contraire plus nombreux, moins brillants, et passent à l'état de *cumulo-stratus*, alors il est probable que le lendemain ne se passera pas sans orage et sans pluie, surtout si l'on remarque des *cirrus* au zénith.

L'influence du soleil sur les nuages donne lieu à des modifications de l'atmosphère bien connues des cultivateurs. Le matin, le ciel est couvert, et il tombe de la pluie; vers neuf heures, les nuages se déchirent, le soleil luit, et le temps reste beau pendant la seconde moitié de la journée. Une autre fois, le ciel est pur le matin, mais l'air est humide, des nuages se forment çà et là; à midi, le ciel est couvert, la pluie tombe pendant l'après-midi, et ne cesse que vers le soir.

Carte gastronomique de la France.

Abbeville. Pâtés. — *Agen.* Prunes. — *Aï.* Vin de Champagne. — *Aix.* Huile, anchois, olives, thon, eau-de-vie. — *Alençon.* Oies grasses, cidre. — *Amiens.* Pâtés de canards. — *Ampuis.* Fruits, melons savoureux, vins de Côte-Rôtie. — *Andaye*, près de la frontière d'Espagne (Basses-Pyrénées). Eaux-de-vie. — *Angoulême.* Galantines, pâtés, truffes. — *Arbois.* Vin mousseux. — *Ardennes.* Moutons. — *Arles.* Saucissons. — *Aurillac.* Vin. — *Auxerre.* Vins.

Bar-le-Duc. Confitures de groseilles et d'épine-vinette. — *Bar-sur-Aube* et *Bar-sur-Seine.* Vins. — *Bayonne.* Jambons, chocolat, cuisses d'oie, fromage, vin, sel. — *Beauce.* Blé. — *Beaune.* Vin. — *Besançon.* Langues fourrées, fromage, truites. — *Blois.* Liqueurs, crème de Saint-Clément. — *Bocage* (Vendée). Moutons. — *Bolbec.* Coqs, cidre. — *Bordeaux.* Vins, anisette. — *Bourg en Bresse.* Chapons. — *Bourges.* Moutons. — *La Bresse.* Poulardes. — *Brignoles.* Prunes, fruits secs.

— *Brives.* Galantines, volailles truffées, truffes.

Caen. Huîtres, poissons de mer, volailles. — *Cahors.* Vin. — *Cancale.* Huîtres célèbres. — *Châlons.* Andouillettes. — *Chartres.* Pâtés, volailles, blé. — *Chinon.* C'est particulièrement dans les environs que se préparent les pruneaux de Tours. — *Clermont.* Conserves, confitures, vin, fromage. — *Cognac.* Eaux-de-vie. — *Colmar.* Vins renommés. — *Compiègne.* Gibier, gâteaux. — *Condrieux.* Vins blancs.

Dieppe. Poissons de mer, harengs, maquereaux, soles, etc. — *Dijon.* Moutarde, confitures, vin, écrevisses, raisiné.

Épernay. Vin de Champagne. — *Époisse* (Côte-d'Or). Froment, fromages.

Fontainebleau. Chasselas, sangliers, chevreuils. — *Forges en Bray.* Biscuits à la crème, mirlitons. — *Fécamp.* Poissons frais, harengs saurs. — *La Flèche.* Chapons, volailles.

Gournay. Beurre, fromage, canards. — *Grenoble.* Liqueurs, entre autres le ratafia dit de Teissère. — *Grasse.* Liqueurs.

Le Havre. Poissons, huîtres, crevettes. — *Honfleur.* Melons. — *Hyères.* Vins, huile, oranges et fraises.

Isigny. Beurre, cidre.

Jurançon, dans la plaine de Pau (Basses-Pyrénées). Vin.

Langon. Vins de Bordeaux. — *Langres.* Lièvres, moutons, vin, liqueurs. — *Laon* et *Lille.* Artichauts. — *Lyon.* Marrons dits de Lyon, mais qui viennent de contrées plus ou moins éloignées; saucissons, vins de Rivage, bière.

Mâcon. Vin. — *Le Mans.* Poulardes, marrons. — *Marseille.* Figues, raisins secs, huile, olives, anchois, thon mariné. — *Meaux.* Fromage de Brie, blé. — *Médoc.* Vins de Bordeaux. — *Metz.* Lièvres, fruits, mirabelles.

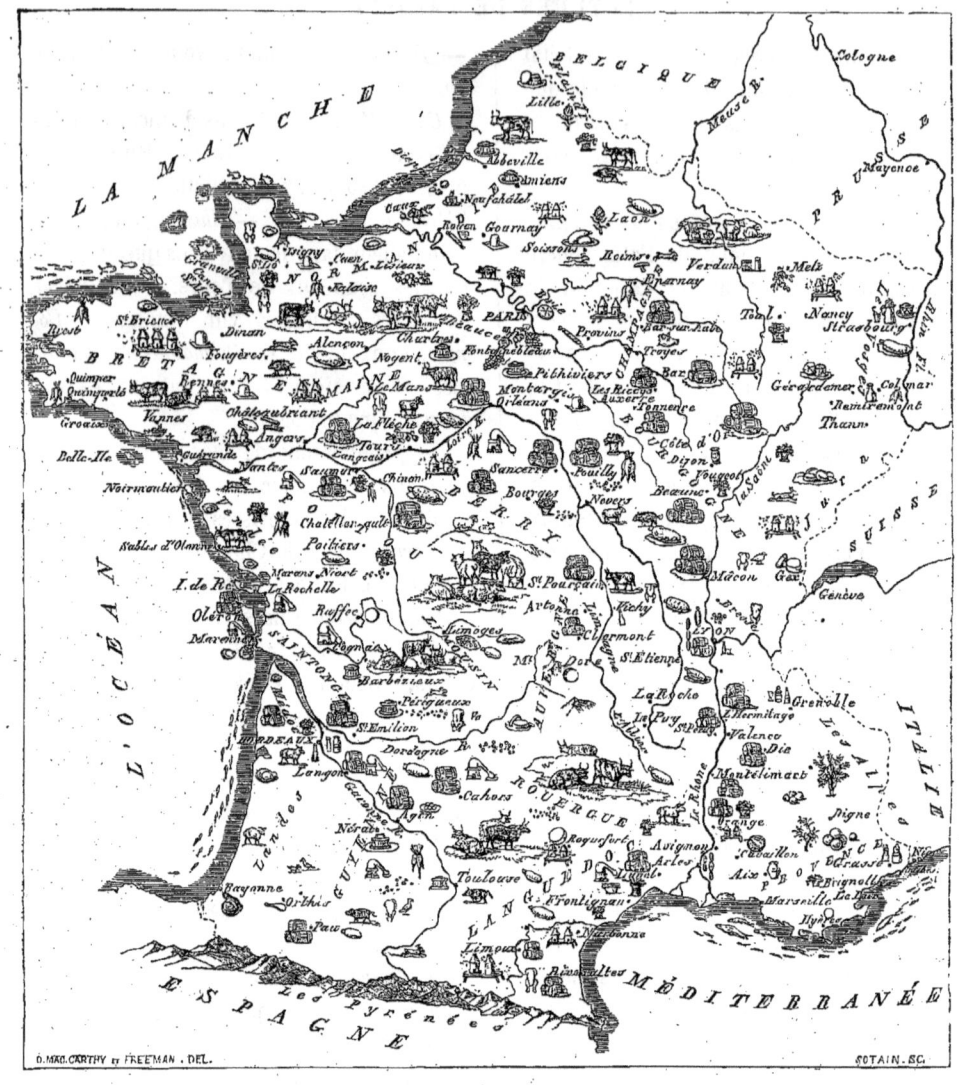

CARTE GASTRONOMIQUE DE LA FRANCE.

⁂ Les truffes sont figurées, comme au-dessous du mot *Périgueux*, par de petits grains épars ; les marrons, par des grains plus forts (*Lyon*) ; les fruits frais et secs, par une corbeille remplie (*Bourges*) ; les châtaignes, par un sac (*Laon*) ; les huîtres, par une huître fermée (*Marennes*), ou par une huître ouverte, ainsi qu'il y en a de placées en divers points de la côte, près de Saint-Brieuc, Caen, Dieppe, sur la côte de la Vendée et celle de la Teste, d'où Bordeaux reçoit son poisson ; etc., etc.

—*Montargis*. Beurre. — *Montauban*. Cuisses d'oie. — *Mont Dore* (environs de Lyon). Fromage de lait de chèvre. —*Montélimart*. Vins. — *Montigny*. Le cidre le plus ambré, le plus léger et le plus sain de la Normandie. —

Montmorency. Cerises. — *Montpellier*. Eau-de-vie, liqueurs.

Nanterre. Gâteaux, petit salé. — *Nantes*. Terrines, sardines, poissons. — *Narbonne*. miel fameux. — *Nérac*. Terrines. — *Neuf-*

châtel. Fromage, cidre, canards. — *Nîmes.* Liqueurs. — *Niort.* Liqueurs.

Orléans. Vin, sucre, aloses, eau-de-vie, vinaigre, cotignac, fruits confits.

Paris. Les productions du monde entier; on s'y procure tout ce que l'on peut désirer, pourvu que l'on ait assez d'argent. — *Périgueux.* Dindes aux truffes, pâtés. — *Perpignan.* Becfigues, raisiné, vin, eau-de-vie. — *Pithiviers.* Pâtés de mauviettes et gâteaux d'amandes. — *Pontoise.* Veaux. — *Provins.* Poires tapées, conserves de roses. — *Puy-de-Dôme.* Fromage, cotignac.

Quercy. Perdreaux rouges, bécasses, vins. — *Quimper* et *Quimperlé.* Beurre, poissons.

Reims. Vin mousseux de Champagne, pâtés, pains d'épice, biscuits, charcuterie. — *Remiremont.* Kirsch, fromages. — *Rennes.* Beurre de la Prévalaie, à une lieue sud-ouest; soles de Chérueix, poulardes exquises de Janzé, miel. — *Roquefort* (Aveyron), à 15 kilomètres de Sainte-Affrique. Fromage unique. — *Rouen.* Canetons, cidre, gelée de pommes, confitures, bonbons, poissons d'eau douce, aloses, saumons, éperlans, crème de Sotteville.

Saint-Flour. Vin, fromage. — *Saint-Germain-en-Laye.* Gibier. — *Saint-Pourçain* (Allier). Vins. — *Salins.* Sel. — *Sancerre.* Vin, gibier, poissons. — *Soissons.* Haricots. — *Strasbourg.* Pâtés de foies gras, carpes et vins du Rhin, choucroute, écrevisses, brochets, bière.

Thann. Vins, kirsch. — *Tonnerre.* Vins. — *Toulon,* coquillages, olives. — *Toulouse.* Vin, pâtés, ortolans. — *Tours.* Pruneaux, vin de Vouvray, rillettes. — *Troyes.* Hures de cochon, langues de mouton.

Valognes. Moutons, volailles, beurre. — *Vassy.* Moutons. — *Vendôme.* Asperges. — *Verdun.* Dragées, liqueurs. — *Versailles.* Gibier. — *Vierzon.* Cochons, lamproies. —

Viry (à 18 kilomètres de Corbeil, Seine-et-Oise). Fromage. — *Yvetot.* Coqs, cidre.

Les Bons livres.

Dans les plus beaux livres, les grands hommes nous parlent, nous donnent leurs plus précieuses pensées, et versent leur âme dans la nôtre. Remercions Dieu des livres. Ils sont la voix de ceux qui sont loin et de ceux qui sont morts; ils nous font les héritiers de la vie intellectuelle des siècles écoulés. Les livres procurent, à tous ceux qui veulent en user sincèrement, la société, la présence spirituelle des meilleurs et des plus grands hommes.

Équilibriste.

Vous avez acheté cet équilibriste? Pourquoi? Vous pouviez le faire vous-même, en vous amusant. Tout au moins, essayez une fois de construire ce petit jouet curieux.

L'appareil est simple. Il se compose : — d'un support en fil de cuivre monté sur un talon plombé (fig. 1); — d'un équipage en fil de cuivre soudé à une double pointe de fer et terminé par deux boules de plomb (fig. 2); — d'une poupée articulée dont le pied est collé sur une pièce de bois pouvant se fixer à la partie supérieure de la double pointe de fer (fig. 3).

Vous ajouterez, si vous voulez, comme accessoire, une fourchette à pointe de fer (fig. 4), ou un balancier formé d'une tige de cuivre armée de deux boules de plomb.

Voici une esquisse de quelques-unes des positions d'équilibre que l'on obtient en changeant de place le balancier, la fourchette, les différentes pièces de la poupée, etc. Il est facile, avec un peu de recherche et de patience, de les varier presque à l'infini. Rien

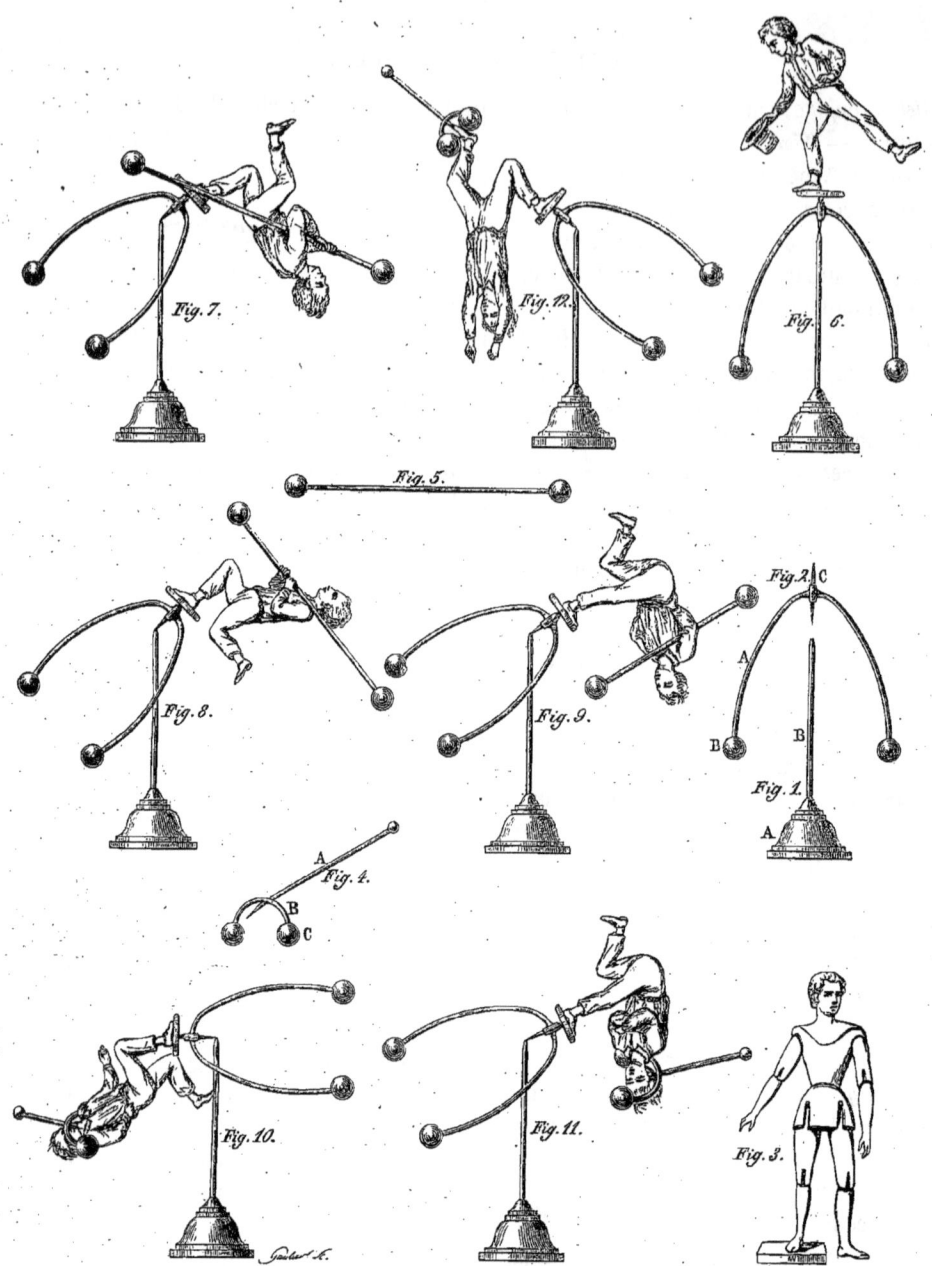

Fig. 1. Pied de l'appareil : A, base plombée ; B, tige de cuivre portant au sommet un très-petit trou. — Fig. 2. Équipage : A, fil de cuivre ; B, boule de plomb ; C, double pointe de fer. — Fig. 3. Poupée articulée en bois. — Fig. 4. Équipage à fourchette : A, tige de fer ; B, cuivre ; C, plomb. — Fig. 5. Balancier. — Fig. 6. La poupée sans balancier. — Fig. 7. Balancier sous un bras. — Fig. 8. Balancier en avant. — Fig. 9. Balancier en arrière. — Fig. 10. Équipage à fourchette sous le cou. — Fig. 11. Équipage à fourchette sur la nuque. — Fig. 12. Équipage à fourchette sur le pied.

Dans toutes les positions, la poupée peut librement tourner avec l'équipage sur la ligne du support.

Dimensions. — Pied, 0m.25 de haut. — Balancier, 0m.30. — Fourchette, 0m.10. — Équipage, de C en B, 0m.20. — Poupée, 0m.15. — Boules, diamètre, 0m.02.

n'empêche aussi d'imaginer des appareils à boule autres que le balancier et la fourchette.

Sur l'Emmanchement des Outils.

Pour tirer d'un outil le meilleur parti possible avec le moins d'efforts pour l'ouvrier, il est très-important d'étudier la position du corps, des membres et des mains de l'ouvrier, la plus commode pour l'efficacité des efforts et la moins gênante quand on doit la conserver un peu longtemps. Malheureusement il s'en faut de beaucoup que, sous ce rapport, la pratique soit généralement bonne. Si dans certains pays un outil est emmanché de la meilleure manière possible, la vulgarité apparente d'un tel fait empêche les hommes instruits de ce pays de le signaler ailleurs, et ailleurs les hommes qui ont étudié dans les livres dédaignent de chercher les perfectionnements de cet ordre qu'ils croient infime. Puis, si quelqu'un s'avise de vouloir introduire quelque part un emmanchement reconnu avantageux dans d'autres pays, la routine aveugle des ouvriers les fait résister à l'innovation, malgré les expériences décisives qu'ils en font eux-mêmes. Nous allons en citer quelques exemples.

Les vignes de la Lorraine sont travaillées à la main, avec des outils dont l'emploi force le vigneron à des postures excessivement gênantes; telles que les vieillards présentent les plus cruelles difformités. En Bourgogne, les vignes sont travaillées avec des outils analogues, sauf les manches, qui sont généralement plus longs qu'en Lorraine, et que le vigneron manie en se tenant debout, d'aplomb sur ses reins, au lieu de courber son échine en deux. Or un propriétaire de vignes, à Neufchâteau (Vosges), dont je pourrais citer le nom, fit venir de Bourgogne une collection d'outils des vignerons bourguignons, et les *donna* à son fermier à condition qu'il s'en servirait. Ce brave fermier reconnut de suite qu'avec ces outils il faisait le double d'ouvrage en se fatiguant moins; mais au bout d'un an il vint rendre les outils à son propriétaire, sous prétexte que c'étaient *des outils de paresseux*.

Dans le Dauphiné, la pelle de terrassier, qui sert toutes les fois que l'on doit *jeter* de la terre, du sable, des pierres ou du gravier, soit pour en former un tas, soit pour charger une brouette ou tout autre véhicule, est *cambrée* d'une manière très-rationnelle, que le premier de nos croquis explique.

PELLE A JET DAUPHINOISE, MANCHE CAMBRÉ.

L'ouvrier étant debout, *d'aplomb sur ses reins*, les jambes un peu écartées et les deux jarrets tendus, tient le bout du manche dans la main gauche, appuyée sur la hanche gauche; la main droite est appuyée sur la cuisse droite, un peu au-dessus du genou, avec le coude droit tendu, tandis que le coude gauche est ployé à peu près à l'équerre; et, dans cette position, le fer de la pelle est *à plat sur le sol*. Cette condition exige absolument que le manche présente deux courbures très-fortes, l'une au-dessous de la place de la main droite, l'autre plus forte que la première, aboutissant à la douille du fer. Ensuite, l'ouvrier plie le genou droit en conservant ses deux mains appuyées comme il est dit ci-dessus, en conservant aussi le jarret gauche tendu et les reins d'aplomb. Ce mouvement enfonce la pelle horizontalement sous le tas de terre à enlever, avec tout le poids du corps de l'ouvrier. Pour soulever sa pelletée, il redresse simplement le jarret droit, en renversant un peu les reins en arrière, et en même temps il commence le mouvement du jet, en conservant la main gauche appuyée à la hanche. Cette main ne quitte son appui que lorsque la pelletée est déjà en mouvement.

Je n'ai vu ces manches cambrés employés qu'en Dauphiné, et un peu aussi sur un chantier de terrassement de chemin de fer. Les pelles des sapeurs du génie sont loin d'être assez cambrées pour les terrassements ordinaires. Elles conviennent uniquement pour le sapeur qui travaille à *genoux* au commencement d'un boyau de tranchée; car, lorsque le fer pose à plat sur le sol, le bout du manche n'est pas à un demi-mètre au-dessus du sol. Mais, en 1844, je voulus en faire faire l'essai par un entrepreneur de travaux publics dans le Vivarais. Ce brave homme se décida à grand'peine à emmancher une seule pelle suivant le tracé que je lui avais dessiné sur un mur. Cette pelle excita d'abord une grande risée; il fallut la donner à un garçon de quinze ans, souffre-douleur de son métier, qui gagnait 10 sous quand les bons terrassiers étaient payés 2 francs; puis, le souffre-douleur faisant, avec la pelle à manche cambré, plus d'ouvrage que les plus forts, ceux-ci la lui enlevèrent, et comme il n'y en avait qu'une, ils se battirent pour l'avoir. La première fois que je revis ce chantier, l'entrepreneur me dit : — Voyez, Monsieur, à quoi servent ces manches cambrés! Cela ne sert qu'à faire battre les ouvriers.

<small>Que voulez-vous qu'on dise à des raisons pareilles?
(De Musset.)</small>

Voici un troisième exemple d'emmanchement bien étudié; mais je n'ai pas encore appris que les ouvriers intéressés l'aient repoussé par des raisons aussi bizarres que celles du vigneron lorrain et de l'entrepreneur cités ci-dessus.

On sait que les apprentis serruriers et ajusteurs doivent apprendre d'abord à *limer droit*, c'est-à-dire à tailler à la lime une surface plane dans un morceau de métal serré dans un étau. On sait aussi qu'il est difficile aux commençants d'atteindre ce résultat, car tous commencent par limer *bombé*. La lime n'étant maintenue dans sa direction que par la main droite qui tient le manche et par la pression du pouce de la main gauche appuyé sur l'autre bout de l'outil, il arrive qu'elle se penche en avant quand elle va en avant, en arrière quand elle va en arrière, et ce balancement use la pièce de métal sur les deux bords plus qu'au milieu.

Plus tard, l'apprenti parvient à faire aller sa lime sans la pencher, et ainsi il lime droit. Enfin un limeur consommé parvient à limer *creux*, pourvu qu'il ait une lime bombée.

Or un mécanicien de mes amis emploie, quand il en a besoin, un moyen très-simple pour faire *limer droit* et même au besoin *limer creux*, par le premier apprenti venu. Quelques connaisseurs pensent qu'il y aurait justice à baptiser cet outil du nom de son inventeur, comme on l'a peut-être fait pour le *trusquin*, le *vernier*, et autres inventions admirables d'anciens génies inconnus. Voici donc la description de ce qu'on appelle un *pradel*.

Un poteau, percé d'un trou dans sa longueur, est dressé sur deux semelles en croix et contenu par des contre-fiches : dans le trou on enfonce le manche d'une fourchette que l'on arrête à la hauteur qu'on veut au moyen d'une vis de pression. C'est là le pradel. Quand il ne sert pas, on renfonce entièrement la fourchette dans le poteau, et le tout se place sous l'établi, à côté de l'étau.

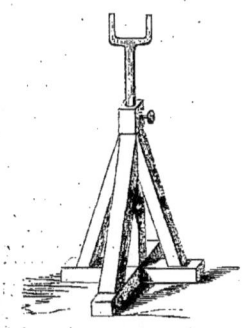

GUIDE-LIME OU PRADEL.

Le manche de la lime, au lieu d'être long d'un décimètre environ, est long d'un mètre ou deux; ses bords sont dressés avec soin, et bien alignés avec les directions des faces de la lime.

Pour faire usage du pradel, l'ouvrier le pose à terre, derrière lui et un peu à droite; il règle la hauteur de la fourchette, puis il manœuvre sa lime en tenant toujours son long manche appuyé sur la traverse de ladite fourchette. La direction se trouve ainsi parfaitement arrêtée, et la lime exécute une surface parfaitement plane.

Si la lime est bombée sur une de ses faces et si l'on veut limer creux à coup sûr, il suffit de prolonger la courbe de la lime en arrière, et de tracer le côté correspondant du grand manche suivant le prolongement de cette courbe.

La simplicité et le bas prix d'un tel outil doivent le rendre très-utile dans tous les ateliers où on l'adoptera. Souvent tel serrurier qui croit être un limeur consommé sera obligé de reconnaître que, à l'aide du pradel, son apprenti lime mieux que le maître. Alors les routiniers ne manqueront pas d'objecter que cet outil n'est qu'un guide-âne, et qu'il faut le proscrire des ateliers, sous prétexte qu'il convient mieux d'apprendre à se passer d'un tel guide. C'est ainsi que dans bien des pays les maçons ont horreur du cordeau et du niveau, et prétendent avoir bien plus de mérite à ne pas faire trop mal sans le secours de ces outils, que les autres maçons à faire bien avec ce secours.

Trop d'Impatience.

Mirabeau comparait les Français à ces enfants qui sèment, et qui, dès le lendemain, grattent la terre pour voir si le grain pousse.

La Mouche et le Cousin.

Un soir, deux insectes, une mouche et un cousin, entrèrent dans une chambre.

La mouche vit, sur la cheminée, une tasse pleine de miel.

— Voilà bien mon affaire, dit-elle.

Et elle alla se poser sur le bord de la tasse. Mais ses pattes, puis ses ailes, s'y engluèrent dans le miel.

— Oh! la sotte! bourdonna le cousin.

Et il vola gaiement vers la bougie qui était sur la table. Il y brûla ses ailes.

— Nous sommes sots l'un et l'autre, chacun à notre manière.

Ce n'est pas tout d'éviter la faute qu'on voit faire à son voisin. Il n'en faut pas inventer une pour soi-même. L'expérience, sans la raison, ne suffit pas.

Dimensions comparées de différents Œufs.

1. Épyornis.
2. Autruche.
3. Casoar.
4. Cygne sauvage.
5. Poule.
6. Pigeon.
7. Oiseau-Mouche.
8. Aigle.
9. Vautour.
10. Pingouin.
11. Crocodile.
12. Python.
13. Tortue d'eau douce.
14. Boa de Sainte-Lucie.
15. Tortue acnoïdes.
16. Ophidien (des galeries du Muséum).
17. Squale.
18. Raie.

L'Homme peut descendre vers la Brute.

Première tête. — Je n'aime pas beaucoup ce regard, ce sourcil; il y a là le germe de quelque mauvaise passion. Prends garde, petit. Sois bon. Ne te laisse pas aller au mal.

Deuxième tête. — Les traits expriment déjà l'entraînement au mal, la violence du ca-

L'HOMME PEUT DESCENDRE VERS LA BRUTE. — Par J.-J. Grandville.

ractère, la méchanceté, le désordre.

Troisième tête. — Tout est perdu! Le vice domine: il est le maître absolu de cet homme, et lui a déjà imprimé sur la face ses stigmates flétrissants.

Quatrième tête. — Arrivé à l'excès, le vice perd son énergie. Les muscles se détendent; l'abrutissement commence.

Cinquième tête. — La dégradation est à son dernier terme; les dernières lueurs de l'intelligence se sont éteintes. Est-ce là un homme? est-ce une bête? C'est presque une figure de chien.

Les Paresseux.

Les paresseux ne sauraient être classés parmi les vivants; c'est une espèce de morts qu'on ne peut pas enterrer.   W. TEMPLE.

L'Animal peut s'élever vers l'Homme.

Première tête. — C'est un petit chien; rien de plus.

Deuxième tête. — L'instinct s'éveille, se raffine, et déjà ressemble presque à de l'intelligence.

Troisième tête. — L'éducation a perfectionné l'instinct; une certaine bonté naturelle s'est développée. Ces traits respirent la fidélité, le dévouement. Tel homme, se dégradant jusqu'à la férocité, donne la mort à son semblable; cet animal se jettera au milieu du fleuve, et, sans souci du péril, sauvera la vie à son maître.

Quatrième tête. — Ne lit-on pas dans ces regards expressifs l'attachement, l'amitié? Ces frémissements de joie et de reconnaissance ne semblent-ils point révéler une sensibilité presque réfléchie? Plus d'un homme malheureux, isolé, abandonné, trouve dans un animal un compagnon qui se réjouit avec lui, s'afflige avec lui, qui partage sa bonne et sa mauvaise fortune.

Cinquième tête. — Le voici presque savant. Il émerveille la foule : il résout des problèmes qui embarrasseraient ses spectateurs.

Charlatanisme à part, n'est-ce pas un sujet d'étonnement qu'il soit arrivé à comprendre jusqu'aux signes les plus imperceptibles de son maître? Il s'est associé par sa soumission et la douceur de ses instincts à l'intelligence humaine. Il est plus près du bien que du mal, plus près de la lumière que des ténèbres. Que faut-il encore pour que ce voile qui semble couvrir et obscurcir sa pensée se déchire?

L'ANIMAL PEUT S'ÉLEVER VERS L'HOMME. — Par J.-J. Grandville.

Les douze Ordres de Bataille.

Le but d'une bataille offensive est de chasser l'ennemi de la position qu'il occupe tout en entamant son armée.

On peut y parvenir soit en culbutant sa ligne sur un point quelconque de son front, soit en la débordant pour la prendre en flanc et à revers, soit enfin en faisant concourir ces deux moyens à la fois. Pour cela, il faut que l'armée offensive se dispose suivant un ordre de bataille approprié au genre d'attaque qu'elle se propose d'essayer.

Le général Jomini indique douze espèces d'ordres de bataille. Les figures ci-jointes les représentent.

N° 1. *L'ordre parallèle simple.* — Cet ordre est le plus élémentaire, mais aussi le plus mauvais; car il n'y a aucune science de tactique à faire combattre les deux armées à chances égales, bataillon contre bataillon. On peut sans doute gagner une bataille en l'adoptant, mais la victoire restera nécessairement à celui qui aura les meilleures troupes, et qui les engagera le plus à propos et avec les meilleures manœuvres.

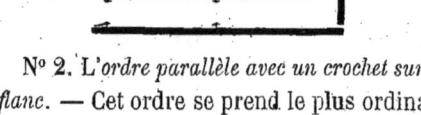

N° 2. *L'ordre parallèle avec un crochet sur le flanc.* — Cet ordre se prend le plus ordinairement dans une position défensive. Le crochet se trouve quelquefois fort exposé.

N° 3. *L'ordre parallèle renforcé sur une aile* est plus favorable que les deux premiers et plus conforme au principe général de la tactique, qui est de porter toute la masse de ses efforts sur un point.

N° 4. *L'ordre parallèle renforcé sur le centre*

est analogue au précédent, avec cette seule différence que l'effort principal, au lieu de

se porter sur une aile de la ligne ennemie, se portera sur son centre.

Nº 5. L'*ordre oblique ou renforcé sur une aile* est celui qui convient le mieux à une armée faible qui attaque une armée supérieure. Ses avantages sont faciles à apercevoir, car tout en portant le gros des forces sur un seul point de l'armée ennemie, il refuse l'aile affaiblie en la tenant loin de l'ennemi, de manière à le tenir en respect dans cette partie de la ligne; et cette aile qui se refuse peut servir de réserve à la partie agissante. Cet ordre de bataille paraît avoir été inventé par les Grecs. C'est lui qui fut employé par Épaminondas aux célèbres affaires de Leuctres et de Mantinée. C'est également à lui que Frédéric le Grand fut redevable de la victoire de Leuthen, qui a tant contribué à l'établissement de la monarchie prussienne.

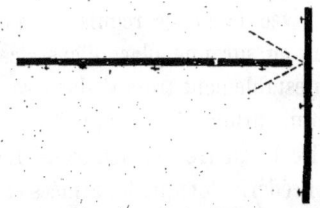

Nºˢ 6 et 7. L'*ordre perpendiculaire sur une ou deux ailes* ne peut être considéré que comme une formule de pure théorie; car l'armée attaquée perpendiculairement ne manquerait pas de changer son front de bataille pour faire face à son ennemi, et l'armée assaillante elle-même, pour engager la bataille,

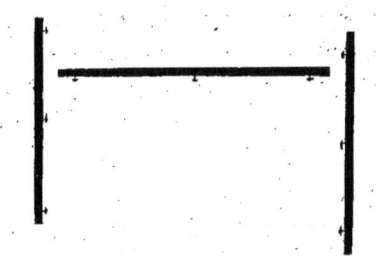

serait obligée de quitter la perpendiculaire pour s'aligner au moins en partie dans le sens de l'autre armée. L'attaque sur deux ailes ne peut être avantageuse que quand l'armée assaillante est très-supérieure; car autrement, divisant ses forces, elle s'exposerait à être plus facilement rompue.

Nº 8. L'*ordre concave sur le centre*. — Cet ordre peut être très-bon par suite des événements de la bataille, quand l'ennemi, s'engageant imprudemment dans le centre qui cède devant lui, se laisse envelopper par les deux ailes. Mais si on prenait un pareil ordre avant la bataille, l'ennemi ne manquerait pas de tomber sur les ailes qui se présenteraient à lui par le flanc, c'est-à-dire dans la position la plus désavantageuse. Cet ordre de bataille a joui d'une grande célébrité, car c'est en l'adoptant pendant l'engagement des deux armées qu'Annibal remporta sur les Romains la fameuse victoire de Cannes. Au lieu de disposer l'armée suivant une courbe, il paraît plus rationnel de lui donner la figure d'une ligne brisée rentrant vers le centre et échelonnée. Cet ordre n'a pas

l'inconvénient de prêter le flanc comme le

demi-circulaire. Néanmoins il perd également ses avantages si l'ennemi, au lieu de s'enfoncer vers le centre, donne simplement sur les ailes. Au surplus, c'est en se formant sur cet ordre échelonné que les Anglais ont gagné les deux célèbres victoires de Crécy et d'Azincourt.

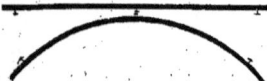

N° 9. L'*ordre convexe saillant au centre* se prend ordinairement après le passage d'un fleuve, quand on est forcé de refuser les ailes pour demeurer appuyé au fleuve et couvrir les ponts, ou bien encore avant le passage d'un fleuve pour les mêmes raisons. L'armée française le prit à la bataille de Fleurus en 1794, et réussit, parce que le prince de Cobourg, au lieu de diriger toutes ses forces sur le centre, les éparpilla en différentes directions, et notamment sur les deux ailes. Ce fut aussi l'ordre de l'armée française à la bataille d'Essling.

N° 10. L'*ordre échelonné sur les deux ailes* est à peu près dans le même cas que l'ordre perpendiculaire sur les deux ailes. Cependant il y a cet avantage que le centre étant moins ouvert, il n'est pas aussi facile à l'ennemi de s'y jeter et de diviser l'armée.

N° 11. L'*ordre échelonné sur le centre* peut être employé avec succès contre une armée trop étendue, parce que le centre, n'étant pas soutenu par les ailes, pourrait être accablé sans difficulté dans cet isolement. Mais si les ailes ennemies pouvaient venir tomber à propos sur les flancs du premier échelon, le succès de la bataille pourrait se trouver gravement compromis. Il y a un exemple de cette disposition dans l'attaque du camp retranché de Bunzelwite par Laudon.

N° 12. L'*ordre en colonnes sur le centre et sur une aile* est encore préférable au précédent pour l'attaque d'une ligne contiguë. Il est peut-être même le plus rationnel de tous les ordres de bataille. L'aile qui se trouve serrée entre l'attaque du centre et celle de l'extrémité est exposée à une perte presque certaine qui entraîne celle du reste de l'armée. Ce fut cet ordre de bataille qui fit triompher Napoléon aux affaires de Ligny et de Wagram. Il employa également cette manœuvre à Bautzen et à Borodino, mais avec un succès moins décisif, à cause d'incidents particuliers qui dérangèrent ses calculs.

« Nous devons observer, remarque au sujet de cet ordre de bataille le général Jomini, que ces différents ordres ne sauraient être pris au pied de la lettre comme les figures géométriques les indiquent. Un général qui voudrait établir sa ligne de bataille avec la même régularité que sur le papier ou sur une place d'exercice, serait incontestablement trompé dans son attente et battu, surtout d'après la méthode actuelle de faire la guerre. Au temps de Louis XIV et de Frédéric, lorsque les armées campaient sous des tentes presque toujours réunies, lorsqu'on se trouvait plusieurs jours face à face avec l'ennemi, qu'on avait le loisir d'ouvrir des marches ou chemins symétriques pour faire arriver ses colonnes à distances uniformes, alors on pouvait former une ligne de bataille presque aussi régulière que sur les figures tracées. Mais aujourd'hui que les armées bivouaquent, que leur organisation en plusieurs corps les rend plus mobiles, qu'elles s'abordent à la suite d'ordres donnés hors du rayon visuel, et souvent même sans avoir eu le temps de reconnaître exactement la position de l'ennemi; enfin, que les différentes armes se trouvent mêlées dans la ligne de bataille, alors tous les ordres dessinés au compas doivent nécessairement se trouver en défaut. Aussi ces sortes de figures n'ont-elles jamais servi qu'à désigner une disposition approximative, un système. »

Une Gare de Chemin de Fer.

Une gare de chemin de fer se compose d'un ensemble de constructions, magasins, remises à locomotives et à wagons, ateliers de réparation et autres, qui occupent quelquefois autant de place que la ville voisine tout entière. Que de mouvement aux abords de la gare! Quel encombrement de voitures amenant marchandises et voyageurs! sans parler des oisifs de la ville qui viennent à certaines heures se presser contre les barrières pour voir arriver les trains, de même qu'autrefois la diligence. Puis de nouvelles maisons se groupent peu à peu autour de la gare, et la vieille ville semble s'avancer ainsi en habits de fête à la rencontre du chemin de fer, comme pour rendre hommage à l'industrie moderne.

Nous avons essayé de reproduire, dans un dessin d'ensemble, la perspective animée que présente une gare de chemin de fer avec tous ses accessoires. Les diverses parties que désignent nos chiffres, sur la gravure, ne sont pas, dans toutes les gares, disposées dans le même ordre; mais il nous importe seulement de n'avoir négligé aucune de celles qu'il est utile de connaître.

A gauche et à droite de la gare des voyageurs (dite *gare de passage,* 3) se trouvent les deux grandes cours du départ et de l'arrivée (1 et 2). Le bâtiment de l'administration (4) est situé tout près de la gare de passage. Il est précédé des remises à wagons de voyageurs (5); en face, on voit un tout petit bâtiment en forme de rotonde (7) : c'est le poste des mécaniciens et chauffeurs de service. Du même côté et par derrière sont relégués les écuries, les remises et le hangar pour le roulage.

Du même côté encore, nous trouvons un bâtiment (8) exposé en pleine lumière : c'est là que se font les études pour les ateliers de construction et de réparation (9). Certaines compagnies font construire dans leurs ateliers tout leur matériel roulant, locomotives et wagons de toute classe; d'autres préfèrent acheter leurs machines et leurs voitures à des constructeurs particuliers, et ne font dans leurs ateliers que des réparations.

Un réservoir d'eau (13) alimente les machines à vapeur fixes dans les ateliers; la houille nécessaire au chauffage de ces machines se trouve entassée près du réservoir (22). Les roues de rechange des wagons sont amoncelées sur un chantier spécial (14).

Les locomotives sont placées sous des remises en forme de fer à cheval (11) ou bien sous des rotondes (12); chacune de ces deux formes présente d'ailleurs des avantages et des inconvénients.

Quant aux marchandises, on les charge et on les décharge sur de vastes quais (16) à l'aide de grues tournantes (19). Les marchandises que la pluie pourrait endommager sont remisées immédiatement sous des hangars (15).

La grande cheminée qu'on voit sur le

VUE A VOL D'OISEAU D'UNE GARE DE PREMIER ORDRE ET DE SES ACCESSOIRES.

premier plan est celle d'une machine à vapeur fixe (17) servant à faire mouvoir des pompes qui remplissent un réservoir d'eau (18) destiné à l'alimentation des locomotives. Cette distribution d'eau se fait à l'aide de tuyaux et de *grues hydrauliques* (21) placées au-dessus des fosses disposées pour le nettoyage de la partie inférieure des locomotives. A côté de ces mêmes fosses se trouvent les estacades à coke pour le chauffage des machines (20).

Au sortir de la gare, le chemin de fer passe sous un pont (24), puis sur un *viaduc* de maçonnerie (25); enfin il entre dans un *tunnel* (26).

La Traversée de maître Klaus.
SIMPLE RÉCIT.

Nous étions sur les bords du lac de Trauen. La veille, nous avions été surpris dans une légère embarcation par un violent orage, et, encore tout émus du danger, il nous était doux de nous sentir bien assis, sur un banc solide, dans notre bonne auberge, à l'enseigne de *la Pierre*. La vieille cuisine enfumée, que nous avions d'abord dédaignée, nous était devenue tout à fait sympathique. Le soir, quand les cuisinières avaient terminé leur ouvrage, quand la fumée et les exhalaisons des mets avaient disparu, quand les mouches n'étaient plus importunes et bourdonnaient tout doucement au plafond recouvert d'une couche de suie noire et luisante, alors, autour de la grande table vieille et vermoulue, nous nous serrions familièrement les uns contre les autres, et, en remuant les cendres du foyer près de s'éteindre, nous aimions à réveiller par nos récits nos vieux souvenirs; tantôt l'un, tantôt l'autre racontait quelque épisode de sa vie ou une vieille légende de la montagne.

Cette fois l'hôtesse prit la parole :

— Allons, maître Klaus, dit-elle, c'est à ton tour; raconte comment tu as mis une fois deux jours pour venir de Trauenstein jusqu'ici, à Trauenkirchen.

Nos yeux se tournèrent vers un coin où, à moitié dans l'ombre, à moitié éclairé par la faible lueur du foyer, le maître tailleur Klaus était assis sur l'appui de la fenêtre et fumait sa pipe.

Klaus était un habitué de la cuisine. Là, au milieu de braves gens, il pouvait oublier qu'il vivait ordinairement dans la solitude et qu'il n'y avait jamais de feu à son foyer. Et quoi de plus triste pour un pauvre vieillard qu'un foyer vide? Le foyer, c'est l'autel de la maison, la pierre angulaire, l'emblème de la famille. Aussi, pour toutes les bonnes âmes, quel charme dans ces mots : le foyer domestique!

Le malheureux tailleur, qui se trouvait souvent seul le soir dans la salle de l'auberge, se faisait porter son verre de bière à la cuisine et buvait dans son coin, écoutant ce qui s'y disait avec un intérêt modeste et silencieux. Craintif et embarrassé même vis-à-vis de ses anciennes connaissances, il ne se croyait pas permis de prendre part aux entretiens. Seulement, lorsque les enfants entonnaient un psaume, ce qui arrivait de temps à autre, il s'animait et faisait entendre une voix de basse-taille très-accentuée.

En ce moment, invité si brusquement à faire un récit en présence de tant d'étrangers, il se recula encore davantage dans l'ombre, si bien que de toute sa personne on ne vit plus qu'un peu de sa face rubiconde éclairée par la flamme du foyer.

— Avance, maître Klaus, cria l'hôtesse; viens ici, près de la table.

Et les enfants se ruèrent vers leur vieil ami pour le tirer au milieu de la pièce.

Alors, tenant avec précaution son verre, de peur d'en répandre le contenu, maître Klaus apparut à la lumière.

— Voilà! dit-il. Parce que j'ai mis deux jours pour venir de Trauenstein à Trauenkirchen, traversée que tout le monde peut faire en deux heures, on trouve cela drôle. Vous ririez aussi, n'est-ce pas, si quelqu'un venait vous dire qu'on a mis deux jours à lui arracher une dent, et personne ne songerait aux douleurs que le malheureux a dû endurer!

Après cet exorde, pour lui déjà long et pénible, le tailleur voulut retourner dans son coin; mais cette fois les jeunes filles le saisirent par son habit et le firent asseoir au milieu d'elles sur un tabouret. Ce voisinage intimida sans doute le bonhomme. Il regarda longtemps, d'abord l'une, puis l'autre, mais il n'osa plus se lever.

Il était de notoriété publique que, depuis sa traversée, le tailleur avait pour l'eau une répulsion insurmontable, et il avait coutume de donner à entendre qu'il se passait sur le lac toutes sortes de choses surnaturelles.

— Je sais bien que vous allez vous moquer de moi, murmura-t-il, et que vous me direz : Si tu étais resté les jambes croisées sur ta planche, cela ne te serait pas arrivé; mais moi, je répondrai que le diable s'en est mêlé; du gouvernail je ne pouvais distinguer la tête de mon canot. On n'a jamais vu un brouillard pareil; et si vous aviez été à ma place, vous ne vous en seriez pas mieux tirés.

On promit d'écouter sans rire, et maître Klaus commença :

— L'hiver prochain, il y aura juste dix ans que je cousais un gilet pour mon voisin. C'était presque la seule commande qu'on m'eût faite alors pour les fêtes de Noël. Ordinairement, pendant tout le mois de décembre, j'avais de l'ouvrage plein les mains; cette fois, nous étions déjà dans la semaine sainte, et pas une pratique ne voulait se montrer. Ma femme grommelait et n'avait à me dire que de mauvaises paroles, car elle prévoyait que de cette manière nous n'aurions pas des jours de fête bien agréables.

Comme j'étais plongé dans mes tristes réflexions, quelqu'un frappe à la porte, et le meunier de Karbach entre. Si je n'avais pas été son débiteur de dix florins pour de la farine et du gruau, sa visite m'eût fait grand plaisir; mais dans les circonstances où nous étions!... Holà! pensai-je, il va se faire faire un magasin de vêtements, et il me faudra coudre toute la semaine pour acquitter mes vieilles dettes.

En effet, le meunier de Kerbach me dit :

— Je viens bien tard; tu as sans doute beaucoup à faire?

— Et moi de répondre, comme un âne que je suis :

— Ah bien oui! beaucoup à faire? C'est à n'y rien comprendre; on croirait qu'il n'y a pas de fête de Noël cette année.

— Cela se rencontre à merveille, répliqua le meunier; fais ton paquet et viens travailler chez moi cette semaine : je te payerai à raison de vingt kreutzers par jour; seulement, il va sans dire que je retiendrai la moitié de la somme pour acquitter ta dette.

Et moi, de plus en plus bête, je dis encore :

— Très-volontiers, très-volontiers! Je termine à l'instant ce gilet; le canot de l'épicier est à ma disposition, ainsi tu n'as qu'à compter sur moi, meunier.

Le meunier s'en alla satisfait; mais à peine était-il dehors que je commençai à regretter terriblement ma promesse, et qu'il me fallut entendre les reproches de ma femme.

Au même instant on frappe de nouveau à la porte, et l'aubergiste de Trauenstein entre.

9

— Tu vas me rendre un service, dit-il; je suis une vieille pratique; je te payerai bien, je te nourrirai bien : laisse de côté ce que tu fais et viens de suite chez moi, tu auras de l'ouvrage pour toute la semaine.

C'était vrai; l'aubergiste était une admirable pratique; il donnait à boire et à manger qu'on n'en pouvait mais, et... bon Dieu!... je n'étais pas fâché non plus d'avoir quelques kreutzers pour Noël. Je répondis donc :

— Je laisse tout en plan; le canot est en bas, je te suis.

L'aubergiste s'en va, et me voilà content. Cependant, comme je mettais mon habit, un remords me prend et je dis à ma femme :

— Le meunier va terriblement jurer! J'ai tout de même tort de lui jouer un pareil tour.

— Allons, file! crie ma douce moitié; ta femme et tes enfants doivent passer avant tout.

Je quitte au plus vite la chambre, je détache le canot de l'épicier et me mets à ramer vers Trauenstein par un temps clair, mais glacial.

Le jour de Noël, vers midi, j'avais terminé mon ouvrage. L'aubergiste me paye, et sa femme me glisse, par-dessus le marché, un morceau de gâteau dans ma poche.

— Tu auras, me dit l'aubergiste en m'accompagnant jusqu'au rivage, tu auras aujourd'hui une mauvaise traversée. Il n'y a presque pas de vent, et le brouillard s'étend comme un voile épais sur le lac. Je te conseillerais de passer encore la journée chez nous.

— Ce serait bien volontiers, lui dis-je; mais ma femme? Ah bien! si je ne revenais pas le jour de Noël, elle ferait un joli tapage!

— Pars donc, dit l'aubergiste, puisque tu ne peux pas faire autrement. — Que Dieu te garde! bon voyage! me cria-t-il encore en me voyant démarrer; puis il remonta vers sa maison.

Trauenstein avait ce jour-là un aspect assez triste. La neige s'était amoncelée de plusieurs pieds sur le sol; les pins étaient comme accablés sous son poids, et de leurs branches se détachaient de temps en temps de gros morceaux de givre qui tombaient avec bruit sur le rivage. Le brouillard était vraiment si épais que je n'en avais jamais vu de pareil. Il ne fallait pas songer à apercevoir l'autre rive; je ne distinguais plus même Trauenstein.

— Bah! pensai-je, Trauenkirchen est en face de moi. Voilà ma main droite, voici ma main gauche, et je n'ai qu'à aller tout droit. Le vent souffle du rivage. Ramons; personne n'oserait dire que maître Klaus ne sait pas diriger un canot.

Mais, chose singulière! à peine ai-je donné cinq coups d'aviron, je me retourne par hasard, et je n'aperçois plus même le rivage que je viens de quitter.

— Allons... toujours tout droit! me dis-je sans me troubler.

Cependant, peu à peu je m'inquiète; par devant, par derrière, par-dessus moi, s'étend la blanche et épaisse vapeur. Je suis complétement enfermé; je ne sais si j'avance ni comment j'avance, et il me semble que je suis sur un cheval de bois auquel j'aurais donné sans cesse de l'éperon sans le faire bouger.

Comme je tiens à me trouver de bonne heure à la maison, afin que ma femme ait encore le temps de préparer quelque chose de bon pour le souper, je me donne tant de peine que, malgré le froid, la sueur ruisselle de tous mes membres.

Dieu sait combien il y a déjà de temps que je rame! Je n'ai pas de montre sur moi; il me semble pourtant qu'il y a au moins deux bonnes heures que je suis en route. Ne devrais-je pas être depuis longtemps sur l'autre rive? Il m'est si difficile de m'orienter que je ne sais même plus où est la tête de mon canot.

— Mais pourtant cela est bien extraordinaire, pensai-je. Comment pourrais-je m'être trompé de direction?... Le vent souffle toujours de gauche, comme à mon départ; j'ai toujours été en aussi droite ligne que possible. Ce qu'il y a de mieux à faire, c'est de continuer dans le même sens.

Je continue, mais avec les plus grands efforts; je ne vois aucun rivage; le jour baisse rapidement; il ne passe pas un seul batelier que je puisse interroger; c'est à se désespérer!

Un de mes pieds, que j'avais étendu pour ramer, était attaché par la gelée au bois du bateau; mes doigts étaient si roidis que j'étais presque incapable de tenir mon aviron, et cependant je ne pouvais pas le laisser tomber. Tandis que je m'escrime, pensant toujours : — Oui, oui, c'est là-bas que tu dois arriver, il faut pourtant que le lac ait une fin, — ma vue commence à se troubler, et je me sens tout étourdi.

Peu à peu il me semble qu'il y a au moins dix heures que je rame. Je m'arrête... et me tiens un instant immobile.

Pendant que je glisse mes mains dans mes poches pour les réchauffer, ma barbe et mes cheveux se couvrent de givre. Néanmoins je cherche à me consoler. A présent, bien sûr, le plus mauvais est passé!...

Tout à coup retentit au loin le son d'une cloche.

— Salut et résurrection! m'écriai-je; il est six heures du soir, on sonne l'*Angelus*.

— Eh mais! pensai-je ensuite, le son du clocher devrait m'apprendre où je suis. Je connais bien toutes les cloches des alentours... Ce ne sont pas celles de Trauenkirchen. Me serais-je à ce point égaré et me trouverais-je devant Gmunden?

Mais cela ne me semblait pas ressembler aux cloches des Capucins ni à celles de l'église paroissiale. Alors ce ne pouvaient être que les cloches d'Ebensee... Pourtant elles n'ont pas un son si fort... Où suis-je donc? Voilà déjà une éternité que j'avance, et il fait tout à fait nuit.

Ah! que ma femme va crier!

Me voilà irrésolu comme un enfant; je reste là sans ramer, et je ne puis me décider à me diriger ni d'un côté ni d'un autre.

— Les cloches ne résonnent plus depuis longtemps. Que faire? Je vais toujours avancer droit devant moi, et si je n'arrive pas quelque part, c'est que le diable s'en mêlera!

Je rame, je rame. Pas de rivage, pas un bout de forêt ou de montagne. C'est comme si j'étais cousu dans un sac de cuir. Il me semble que je suis seul dans le monde, et, comme le Juif errant, condamné à errer jusqu'à la fin des jours. Encore ce juif traversait-il des villages, des villes, et moi je ne vois rien!

Peu à peu mes forces m'abandonnent et je commence à trembler de froid, car je n'ai rien de chaud dans le corps; mes mains s'engourdissent et ne soulèvent plus l'aviron.

Que devenir?

Le vent même ne me pousse pas vers la côte; les brises qui soufflent toute l'année sur le lac tombent complètement par les temps de brouillard. On ne sent pas le moindre souffle d'air.

Oh! malheur! pensai-je. Maintenant c'en est fait de moi! J'ai mon salaire dans ma poche, et je ne pourrai peut-être jamais rien m'acheter avec cet argent! Dans une heure au plus tard je serai mort de froid!

Tandis que je reste là, m'abandonnant à mon sort, et que toutes sortes de pensées bizarres et sinistres me passent par la tête, je perçois un bruit, un clapotement dans l'eau comme le mouvement de plusieurs avirons; un instant après, je les entends distinctement se lever et s'abaisser en cadence. Une voix humaine se fait entendre.

— Cela doit être un bateau de sel, me dis-je, ou une grosse embarcation qui passe tout près de moi, sans que je puisse la voir.

Alors je prends courage et je crie de toutes mes forces :

— Ohé! du bateau! C'est moi, Klaus. Ne me voyez-vous pas non plus? De quel côté est Trauenkirchen?

Les rameurs sont tout près de moi.

On me répond alors :

— Trauenkirchen est à la même place qu'hier.

Cette plaisanterie me jette dans un nouveau désespoir. Néanmoins j'appelle encore; mais, ou l'on ne m'entend pas, ou l'on ne s'inquiète plus de moi. C'est à peine si mon oreille saisit encore le bruit des rames. Mes genoux chancellent, la tête me tourne; je retombe sur mon banc et je suis près de pleurer.

Enfin, je prends l'aviron et je rame, plutôt pour me réchauffer que dans l'espérance d'atteindre un but quelconque.

Un choc imprévu me fait presque tomber à la renverse, et le grincement du sable sous mon canot m'avertit que j'ai touché le rivage.

Je jette les rames, et saute à terre.

La neige est excessivement haute. Je m'écarquille les yeux pour voir quelque chose. J'entends de l'eau tomber en cascade d'un rocher; des sapins et des bouleaux s'élèvent auprès; dans un coin apparaît une maison entre deux collines.

Où suis-je?

Grande avait été ma joie... mais tout aussi grande est maintenant ma terreur en reconnaissant que je suis au moulin de Karbach.

— O Dieu! m'écriai-je, le meunier va joliment m'arranger. Il eût mieux valu aborder tout autre part qu'ici. Je n'ai pas été travailler chez lui; je ne lui ai pas payé ma dette, et maintenant j'arrive juste pour le souper.

Comme un voleur, je me glisse autour de sa maison. Pas une fenêtre n'est éclairée; la porte est entr'ouverte, et je ne vois pas une étincelle dans le foyer.

— Que veut dire ceci? pensai-je. Dorment-ils déjà? Dois-je entrer? Ah! oui, c'est cela; il ne manquerait plus que de les réveiller!

Effrayé, je vais à tâtons jusqu'à la grange, où je me couche sur des copeaux, après m'être recouvert de quelques sacs à farine dont je me suis emparé dans l'obscurité.

Mais je suis décidé à ne pas dormir; je ne veux que me réchauffer un peu, et sortir ensuite du moulin aussi furtivement que j'y suis entré, avant que personne ne soit debout.

Par bonheur, je me rappelle le gâteau que la femme de l'aubergiste a mis dans ma poche. Je l'en retire, et je le mange bouchée par bouchée, en songeant à ce qui m'était arrivé pendant ma traversée et à la manière dont j'avais failli tomber entre les mains du meunier de Karbach.

Voyez comme la terreur peut faire perdre la tête à un homme.

Pendant que j'étais là, misérablement étendu à terre et pensant à tout moment voir entrer le meunier avec un bâton à la main, il n'y avait pas une âme dans toute la maison.

Quand j'avais entendu les cloches sur le lac, il était quatre heures plus tard que je ne croyais, et ce n'était pas l'*Angelus*, mais bien la messe de minuit qu'on sonnait. L'embarcation aux nombreux rameurs qui avait passé tout près de moi transportait le meunier, sa famille et tous ses domestiques à l'église de Trauenkirchen.

Au lieu de rester dans la grange, j'aurais pu, sans me gêner, entrer dans la maison et me faire chauffer un restant du souper; j'aurais pu regarder l'horloge et me coucher pour deux heures dans le lit du meunier... Mais j'avais la tête perdue et ne savais où j'en étais.

Je demeurai donc blotti dans un coin; l'oreille au guet, m'effrayant chaque fois qu'une masse de neige tombait d'un arbre. Je ne fermai pas l'œil, dans la crainte d'être surpris, jusqu'à ce qu'enfin je crus qu'il était temps de me remettre en route.

Je n'avais pas chaud, mais je n'avais cependant pas si froid que dans le canot, où j'aurais pu geler sur place. Je me lève doucement et avec précaution pour ne pas faire craquer les copeaux; je me glisse sur la pointe des pieds hors de la maison. Il ne faisait plus sombre. Au-dessus des rochers brillait, à travers le brouillard, quelque chose... Ici vous allez rire de moi : je n'aurais pu dire au juste si c'était le soleil ou la lune; je ne savais si c'était aujourd'hui ou hier.

Autour de moi tout avait un aspect terrible. Au milieu de la neige et de l'obscurité, j'aurais pu me croire à la fin du monde, ou bien me figurer en Laponie, et m'attendre à voir arriver un ours blanc prêt à me dévorer.

Cependant j'allume ma pipe pour me réchauffer et ranimer mon courage... Je remonte dans ma barque, et me dirige en ligne droite vers Trauenkirchen.

Après avoir ramé une bonne heure sans apercevoir la terre, je jette tout à coup l'aviron de côté, et il me semble que je ne sortirai jamais de ce brouillard, qui est pour moi comme une prison magique.

— Si cela continue de la sorte toute la journée, m'écriai-je dans un accès de désespoir, c'est fait de moi! Ah! pourquoi ne suis-je pas plutôt entré dans le moulin de Karbach, au risque d'être battu pour n'y être pas allé travailler!

A ce moment, une horloge sonne... un! deux! trois!... et je compte ainsi jusqu'à dix.

Je reconnais parfaitement l'horloge de Johannisberg.

Oh! pensai-je, qu'il soit dix heures ou midi, je suis déjà tout près de Johannisberg; c'est tout comme si j'étais à Trauenkirchen.

Je me dirige du côté d'où vient le son, enflammé d'une nouvelle ardeur.

— Mais, pour l'amour de Dieu! voilà encore une heure que je rame, et je ne sors pas du brouillard. Je suis au bout de mon tabac et de mon gâteau; ma position ne peut se supporter davantage.

Incapable de ramer plus longtemps, il me vient à l'idée d'appeler de toutes mes forces, dans l'espoir que quelqu'un m'entendra et me portera secours.

Aussitôt dit, aussitôt fait. Je pousse des cris sauvages. Quelqu'un me répond. Je me retourne, et une voix m'appelle de l'autre côté; plusieurs autres voix se font entendre et finissent par retentir toutes à la fois.

Et moi, pauvre diable, me voilà tout aussi avancé qu'auparavant. Bien sûr j'étais près du rivage; mais étais-je à Trauenkirchen ou à Ebensee? C'est ce que je ne savais pas.

— Enfin, pensai-je, c'est de ce côté que sont venues les voix; allons-y.

Je fais tourner mon bateau lentement, avec précaution, et me remets à ramer.

Enfin le canot touche à terre.

— Oh! cette fois, pensai-je, je suis arrivé.

Joyeux, je saute sur le rivage, me proposant d'aller droit au cabaret.

Mais que veut dire cela? Devant moi je vois du bois amoncelé, ici murmure un ruisseau ou plutôt une écluse à moitié entr'ouverte. J'avance, regardant avec attention autour de moi. Grand Dieu! voici qu'à ma vue se dresse de nouveau le moulin de Karbach!

Figurez-vous mon effroi. Tout le chemin que je venais de faire depuis que j'avais quitté le rivage ne m'avait avancé à rien... Et maintenant, par-dessus le marché, je suis exposé encore à tomber entre les mains du meunier!

En effet, deux individus arrivent; ils se parlent tout haut. Je ne les vois pas encore; mais l'un d'eux, que je reconnais à sa voix, est le meunier lui-même. Je ne fais ni une ni deux, et je me cache derrière le chantier. Comme un voleur qui craint d'être surpris, je tremble de tous mes membres. Le meunier dit à son compagnon :

— Il faudra pourtant enlever ce bois-là une fois que les jours saints vont être passés.

Vous pouvez vous imaginer ce que j'éprouve en l'entendant parler de ma cachette.

Et l'autre répond :

— Oui, de toute manière; voilà assez longtemps que ce bois est là. Regardez par derrière, où la pluie peut pénétrer : voyez comme il pourrit!

A peine a-t-il prononcé ces paroles que le meunier est devant moi.

La tête me tourne. Peu s'en faut que de frayeur je ne tombe à la renverse.

— Que fait ici maître Klaus? demande le meunier avec étonnement.

J'essaye de me remettre; je veux parler, mais je balbutie, car je ne sais que dire dans ma surprise.

Cependant je lui réponds d'une manière qui, sur le moment, me semble fort ingénieuse :

— Ne m'en voulez pas, meunier; je vous avais promis de venir travailler chez vous, mais je m'étais déjà engagé vis-à-vis de l'aubergiste de Trauenstein. Je suis bien fâché de n'avoir pas pu payer ma dette, et je viens travailler.

Le meunier répond :

— Es-tu fou, Klaus? C'est aujourd'hui grande fête. D'ailleurs tu n'aurais pas dû me promettre, sachant que tu ne pourrais me tenir parole. J'avais commencé par te demander si tu n'avais pas d'autre travail à faire. Mais cela ne fait rien, les étoffes sont encore là, et tu pourras t'y mettre aussitôt après la Saint-Étienne.

Charmé d'en être quitte à si bon compte, et de nouveau fâché contre moi-même de m'être inquiété pour rien, j'entre avec le meunier dans la maison.

Si enchanté que je fusse d'être là assis au chaud, croyez-moi, je me trouve toujours troublé vis-à-vis d'un homme auquel je dois quelque chose.

Le meunier me dit :

— Klaus, ne veux-tu pas que je te fasse chauffer une tasse de café?

Sot que je suis, je réponds d'une voix à peine intelligible :

— Merci, merci, meunier; j'ai déjà pris deux fois le café aujourd'hui.

— Eh bien, alors tu n'as pas encore dîné? demande le meunier.

Écoutez, mes amis, je tombai alors dans un grand embarras, et je cherchai des yeux une horloge pour pouvoir dire si j'avais dîné ou non.

A tout hasard, je répondis enfin :

— J'ai dit à ma femme de me garder mon dîner jusqu'à ce que je revienne ce soir.

Alors le meunier reprend :

— Est-ce que par hasard tu te serais donné une indigestion hier, que tu ne veux pas manger aujourd'hui?

— O Dieu! non. Je regrette même de m'être fait garder mon dîner pour ce soir. C'était une sottise, et je serais bien aise de l'avoir maintenant.

— Ah! bon, dit le meunier, voilà pourquoi tu ne voulais pas de café; c'est que tu aimais mieux un morceau de viande.

Je ris; et, pour me restaurer, on m'apporte une assiettée de veau.

A peine rassasié, je vais dehors voir où en est le brouillard.

A mon grand étonnement, il commence à se dissiper. On dirait qu'il n'est resté si longtemps sur le lac que pour me tourmenter.

Je retrouve ma bonne humeur et me bourre une pipe tout en riant, si bien que personne n'aurait pu soupçonner tout ce que je venais de souffrir dans ma périlleuse traversée. Ah! vous connaissez trop peu les gens d'ici pour savoir comme ils se moquent de vous quand il vous arrive une fois quelque chose de ridicule!

Je deviens de plus en plus gai; je vide déjà mon second verre de bière, quand j'entends dehors remuer la chaîne d'un canot, puis je distingue aussitôt plusieurs voix, parmi elles une voix de femme; et quelle voix! jugez de ma terreur! celle de ma femme!

Je ne sais si je dois courir au-devant d'elle et lui mettre de suite mon salaire dans la main, pour qu'elle ne fasse pas de scandale devant tout le monde, ou si j'ai quelque meilleur parti à prendre.

Mais la voici déjà qui entre avec le meunier.

Elle fait une figure comme si elle voulait m'avaler, et commence ainsi :

— Est-ce que ce n'est pas infâme, un homme comme cela, qui reste hors de chez lui le jour de Noël, et dépense à lui seul tout son argent?

— Quoi donc, quoi donc? Tiens ta langue! m'écriai-je en lui mettant l'argent sous le nez.

Mais elle ne le voit pas, et le meunier prend la parole :

— Tiens! tiens! Mais maître Klaus me disait pourtant tout à l'heure qu'il arrivait de chez lui. Il n'a même pas voulu prendre le café, tant il était rassasié.

— Rassasié? Oui, je le crois bien, s'écrie ma femme; il est assez porté sur sa bouche. Mais attends, coquin!

Dans ce terrible moment, je me décidai à tout avouer, et je me mis à raconter ma lamentable histoire.

Le meunier rit beaucoup; mais ma femme ne voulait pas me croire. Il fallut que le meunier confirmât mes paroles en disant qu'il avait entendu ma voix sur le lac.

Le récit de mes malheurs fini, ma femme ne fut pas apaisée.

Je lui donnai tout mon argent, et elle ne me montra pas pour cela un meilleur visage.

Elle m'entraîna hors de la chambre, et me fit au plus vite monter en bateau pour reprendre le chemin de la maison.

Comme le brouillard avait disparu, il ne nous survint en route aucun accident.

Une fois chez nous, dans l'espoir de mettre ma femme de bonne humeur, je lui dis :

— Va de suite en face chez le boucher, et achète un morceau de viande à ton goût.

Naturellement je pensais : Prends-en aussi pour moi.

Elle sortit et revint presque aussitôt, mais

rapportant un si petit morceau de viande que je m'écriai :

— La viande est belle; mais il n'y en aura pas assez pour nous deux. Garde-la toute, et tue-moi une vieille poule.

Elle ne répondit pas un mot et se mit à courir dehors. Je regardai dans la cour pour voir si elle allait aller chercher une poule; mais je ne la vis pas, et je commençai à concevoir des craintes sérieuses pour mon dîner.

Quand enfin l'heure du repas fut venue, elle apporta sa viande, qui avait un air fort appétissant, et la mit sur la table.

— Où est la poule? lui demandai-je de ma voix la plus douce.

Elle me répondit brusquement :

— Elle n'est pas encore bouillie!

Et moi, tout joyeux :

— Mange, mange, ma bonne Lise, dis-je d'un ton amical; je puis attendre.

Enfin elle sort, rapporte la poule et la met sur la table. Mais, pensez un peu! comment l'avait-elle fait bouillir? Avec toutes ses plumes. La voilà sur le plat comme elle était une heure auparavant sur son fumier!

— Qu'est-ce que cela? m'écriai-je tout stupéfait.

Ma femme répondit :

— Elle n'est que moitié aussi laide que toi, et cependant il me faut bien passer toute ma vie dans ta société.

Tel fut mon souper, après ma malheureuse traversée.

Outré de cette conduite, je me levai et quittai la chambre. Mais cette nouvelle contrariété me poussa au cabaret, où je n'aurais pas osé aller sans cela.

Ici le tailleur cessa de parler.

Il faisait encore plus sombre dans la cuisine; la flamme de la chandelle brûlait au fond du chandelier, le vieux coucou faisait toujours entendre son tic tac monotone.

La plupart des assistants s'étaient esquivés sans bruit.

Je me levai à mon tour :

— Maître Klaus, dis-je, vous ne pouvez pas vous figurer combien votre traversée ressemble à celle que fit, il y a des milliers d'années, un certain Ulysse. Comme vous, ce héros erra longtemps dans le brouillard avant de revoir sa terre natale. Seulement il avait une meilleure femme que vous, et il était roi! En hiver, quand je penserai au lac de Trauen, qui s'étend devant nous si bien éclairé par la lune et qu'on traverse maintenant en moins d'une heure sur un bateau à vapeur, je me souviendrai certainement de vos aventures. Je regrette seulement qu'en les rapportant je ne puisse vous acquérir, ainsi qu'à moi, une célébrité aussi méritée que celle du héros grec et du poëte qui l'a chanté.

Là-dessus nous nous séparâmes.

Jérusalem.

La montagne des Oliviers, dit M. de Lamartine, descend en pente brusque et rapide jusque dans le profond abîme qui la sépare de Jérusalem, et qui s'appelle la vallée de Josaphat.

Du fond de cette sombre et étroite vallée s'élève une immense et large colline dont l'inclinaison rapide ressemble à celle d'un haut rempart éboulé. Nul arbre n'y peut planter ses racines. Nulle mousse même n'y peut accrocher ses filaments. La pente est si roide que la terre et les pierres y croulent sans cesse, et elle ne présente à l'œil qu'une surface de poussière aride et desséchée, semblable à des monceaux de cendres jetées du haut de la ville.

VUE DE JÉRUSALEM.

Vers le milieu de cette colline ou de ce rempart naturel, de hautes et fortes murailles de pierres larges et non taillées sur leur face extérieure prennent naissance, cachant leurs fondations romaines et hébraïques sous cette cendre même qui recouvre leurs pieds, et s'élèvent ici de 50, de 100, et plus loin, de 200 à 300 pieds au-dessus de cette base de terre.

Les murailles sont coupées de trois portes de ville, dont deux sont murées, et dont la seule ouverte devant nous semble aussi vide et aussi déserte que si elle ne donnait entrée que dans une ville inhabitée.

Les murs s'élèvent encore au-dessus de ces portes, et soutiennent une large et vaste terrasse qui s'étend sur les deux tiers de la longueur de Jérusalem, du côté qui regarde l'orient.

Cette terrasse peut avoir, à vue d'œil, 1 000 pieds de long sur 500 à 600 pieds de large; elle est d'un niveau à peu près parfait, sauf à son centre, où elle se creuse insensiblement comme pour rappeler à l'œil la vallée peu profonde qui séparait jadis la colline de Sion de la ville de Jérusalem.

Cette magnifique plate-forme, préparée sans doute par la nature, mais évidemment achevée par la main des hommes, était le piédestal sublime sur lequel s'élevait le temple de Salomon; elle porte aujourd'hui deux mosquées turques : l'une, El-Sakara, au centre de la plate-forme, sur l'emplacement même où devait s'étendre le temple; l'autre, à l'extrémité sud-est de la terrasse touchant aux murs de la ville.

La mosquée d'Omar, ou El-Sakara, édifice admirable d'architecture arabe, est un bloc de pierre et de marbre d'immenses dimensions, à huit pans, chaque pan orné de sept arcades terminées en ogive; au-dessus de ce premier ordre d'architecture, un toit en terrasse d'où part tout un autre ordre d'arcades plus rétrécies, terminées par un dôme gracieux couvert en cuivre, autrefois doré.

Les murs de la mosquée sont revêtus d'émail bleu; à droite et à gauche s'étendent de larges parois terminées par de légères colonnades moresques correspondant aux huit portes de la mosquée.

Au delà de ces arches détachées de tout autre édifice, les plates-formes continuent et se terminent, l'une à la partie nord de la ville, l'autre aux murs du côté du midi.

De hauts cyprès disséminés comme au hasard, quelques oliviers et des arbustes verts et gracieux, croissant çà et là entre les mosquées, relèvent leur élégante architecture et la couleur éclatante de leurs murailles par la forme pyramidale et la sombre verdure qui se découpent sur la façade des temples et des dômes de la ville.

Au delà des deux mosquées et de l'emplacement du temple, Jérusalem tout entière s'étend et jaillit pour ainsi dire devant nous, sans que l'œil puisse en perdre un toit ou une pierre, et comme le plan d'une ville en relief que l'artiste étalerait sur une table.

Cette ville, brillante de lumière et de couleur, présente noblement aux regards ses murs intacts et crénelés, sa mosquée bleue avec ses colonnades blanches, ses milliers de dômes resplendissants sur lesquels la lumière d'un soleil d'automne tombe et rejaillit en vapeur; et, au milieu de cet océan de maisons et de cette nuée de petits dômes qui les recouvrent, un dôme noir et surbaissé, plus large que les autres, dominé par un dôme blanc : c'est le saint Sépulcre et le Calvaire; ils sont confondus et comme noyés, de là, dans l'immense dédale de dômes, d'édifices et de rues qui les environnent.

Voilà la ville du haut de la montagne des Oliviers! elle n'a pas d'horizon derrière elle, ni du côté de l'occident ni du côté du nord.

La ligne de ses murs et de ses tours, les aiguilles de ses nombreux minarets, les cintres de ses dômes éclatants, se découpent à nu et crûment sur le bleu d'un ciel d'Orient;

et la ville, ainsi portée et présentée sur son plateau large et élevé, semble briller encore de toute l'antique splendeur de ses prophéties, ou n'attendre qu'une parole pour sortir toute éblouissante de ses dix-sept ruines successives, et devenir cette *Jérusalem toute nouvelle qui sort du désert brillante de clarté!*

C'est la vision la plus éclatante que l'œil puisse avoir d'une ville qui n'est plus, car elle semble être encore et rayonner comme une ville pleine de jeunesse et de vie.

Aucun bruit ne s'élève de ses places et de ses rues; il n'y a plus de routes qui mènent à ses portes de l'orient ou de l'occident, du midi ou du septentrion; il n'y a que quelques sentiers serpentant au hasard entre les rochers, où l'on ne rencontre que quelques Arabes demi-nus, montés sur leurs ânes, et quelques chameliers de Damas, ou quelques femmes de Bethléem ou de Jéricho, portant sur leur tête un panier de raisins d'Engaddi, ou une corbeille de colombes qu'elles vont vendre le matin sous les térébinthes, hors des portes de la ville.

L'aspect général des environs de Jérusalem peut se peindre en peu de mots: montagnes sans ombre, vallées sans eau, terre sans verdure, rochers sans terreur et sans grandiose; quelques blocs de pierre grise perçant la terre friable et crevassée; de temps en temps un figuier auprès, et une gazelle ou un chacal se glissant furtivement entre les brisures de la roche; quelques plants de vigne rampant sur la cendre grise ou rougeâtre du sol; de loin en loin un bouquet de pâles oliviers jetant une petite tache d'ombre sur les flancs escarpés d'une colline; à l'horizon, un térébinthe ou un noir caroubier se détachant triste et seul du bleu du ciel; les murs et les tours grises des fortifications de la ville apparaissent de loin sur la crête de Sion; pas un oiseau chantant ni un grillon criant dans le sillon sans herbe; un silence complet, éternel, dans la ville, sur les chemins, dans la campagne.

La Maison paternelle.

Les Arabes racontent qu'un élu de Dieu fut un jour rencontré par un ange qui lui proposa d'accomplir son souhait le plus cher.

L'élu, dont l'esprit s'était tourné vers la contemplation de l'infini, demanda à connaître le monde qui enveloppait la terre.

L'ange l'y transporta.

Mais, arrivé à ses dernières limites, l'élu vit s'ouvrir un autre monde qu'il voulut également visiter, puis dix autres, et mille autres qu'il traversa sur les ailes de son guide.

Or, plus il s'enfonçait dans ces abîmes de la création, moins il était satisfait: le désir de connaître l'emportait toujours plus rapidement, comme malgré lui; sa course devenait à chaque instant plus douloureuse, et cependant il ne pouvait s'arrêter!

Tout à coup il sentit cette fièvre s'éteindre, et il cria à l'ange de ne pas aller plus loin.

Au-dessous de lui, à travers les nuées, il venait de reconnaître, sous un bouquet de palmiers, la petite maison dans laquelle il était né.

Un souvenir du cœur avait subitement calmé les impatiences de l'esprit.

Les dix Règles de Jefferson.

1. Ne renvoyez jamais à demain ce que vous pouvez faire aujourd'hui.

2. N'employez pas autrui pour ce que vous pouvez faire vous-même.

3. Ne dépensez pas votre argent avant de l'avoir gagné.

4. N'achetez jamais ce qui vous est inutile, sous prétexte que c'est bon marché.

5. La vanité et l'orgueil nous coûtent plus que la faim, la soif et le froid.

6. Nous ne nous repentons jamais d'avoir mangé trop peu.

7. Rien de fatigant si c'est fait de bon cœur.

8. Que de chagrins nous ont donnés des malheurs qui ne sont jamais arrivés!

9. Prenez toujours les choses par le bon bout.

10. Si vous êtes irrité, comptez jusqu'à dix avant de parler, et jusqu'à cent si vous êtes fort en colère.

Les Deux Mendiants.

Deux descendants de Jacob mendiaient côte à côte, assis sur les pierres du chemin; mais chacun d'eux s'était fait une solitude, et les gémissements de son voisin étaient pour son oreille comme le bruit du vent.

Une seule fois ils s'étaient adressé la parole.

— Où est ta famille? avait demandé le plus jeune à l'autre.

— Cherche où sont les nuées qui passaient au ciel ce matin! avait répondu le mendiant; mais toi-même, que sont devenus tes parents?

— Ce que deviennent les tourbillons de poussière qu'emporte l'orage, avait-il répliqué.

Et, après ces mots, tous deux étaient rentrés dans le fort de leur égoïsme.

Cependant ils se sentirent à la fin vaincus par la douleur, et ne trouvant pas d'appui sur la terre, ils regardèrent plus haut.

Un jour, l'un d'eux, pressé par la faim, se rappela la prière apprise dans son enfance et se mit à dire : *Ayez pitié de moi, ô notre Père qui êtes aux cieux!*

L'autre se retourna à ces mots, et comme un voyageur qu'une lumière éclaire tout à coup dans la nuit, il s'écria :

— Si nous avons un père commun dans le ciel, nous sommes frères et nous devons nous secourir et nous aimer!

En parlant ainsi, il prit dans son sac de toile la nourriture de sa journée, et rompit avec son compagnon le pain d'alliance.

Cascade de Kambagaga,
EN SÉNÉGAMBIE.

Un ancien officier de spahis, M. Hyacinthe Hecquard, qui, pendant les années 1850 et 1851, a exploré une partie peu connue de l'Afrique occidentale, remarqua, sur le chemin qui le conduisait à Timbo, en Sénégambie, la belle cascade dont nous donnons une gravure.

« A dix heures vingt minutes, dit-il, nous étions sur les bords du Kokoula, dont la largeur est, sur ce point, de 45 à 50 mètres. C'est un spectacle impossible à décrire. Précipité du haut d'une montagne, se brisant sur une quantité innombrable de cascatelles, entraînant avec lui tout ce qu'il rencontre sur son passage, ce torrent court, mugissant, pendant un quart d'heure, sur un lit de rochers polis, traverse un défilé resserré entre deux montagnes abruptes, et se précipite tout à coup dans un gouffre de plus de cent mètres de hauteur, au fond duquel cette masse d'eau n'arrive qu'en pluie pour aller former un peu plus loin quinze nouvelles cascades dont la moins élevée a trois mètres de hauteur.

» Alasane me conduisit dans divers endroits pour me faire contempler ce phénomène dans toute sa magnificence; mais lorsque je voulus m'approcher du gouffre pour en apprécier la profondeur, il me força

CASCADE DE KAMBAGAGA, EN SÉNÉGAMBIE (AFRIQUE).

à m'accrocher à un arbre sur lequel il me retint fortement, pendant que je me penchais pour plonger dans l'abime. Alors seulement je compris la crainte de mon guide, car à peine avais-je voulu regarder au fond que je n'en pouvais plus détourner les yeux ; j'étais saisi d'un vertige, et le vide m'aurait infailliblement attiré à lui si je n'avais été sauvé par les sages précautions d'Alasane.

» Cette chute d'eau s'appelle *Kambagaga*. Quoique nous eussions remonté très-haut pour trouver un gué, nous eûmes beaucoup de peine à traverser l'eau sur ces pierres glissantes, et à fendre un courant excessivement rapide. Un de mes hommes, ayant fait un faux pas, fut entraîné fort loin; mais il put heureusement s'arrêter à un arbre penché sur les bords d'une des chutes. Cette rivière, que Caillé appelle *Kokoula*, et qu'il aurait traversée bien au-dessus de la grande chute, coule du nord-est au sud-ouest. »

Deux Mansardes.

Malgré le froid, l'avare se réchauffe à l'éclat et au contact de son cher métal. Il s'est relevé au milieu de la nuit pour contempler son or; il a jeté sur ses épaules un vêtement, reste du luxe qu'il connut autrefois, et, à la lueur d'une lampe fumante, il a tiré furtivement ses richesses du milieu des débris sans nom où il les a cachées avec son âme.

Il ne peut voir l'aube qui paraît à travers sa fenêtre qu'il a close en partie avec des ais vermoulus, et dont de sales insectes ont fait leur demeure; peut-être est-il jaloux même du rayon de soleil qui tomberait sur son trésor.

Il essaye, le pauvre insensé! ce que sa main peut contenir de piles entassées...

Va, elle n'en contiendra guère, et elle sera encore bien plus vide quand tu paraîtras devant Dieu.

Le plaisir qu'il éprouve est corrosif comme celui que produit l'abus des liqueurs spiritueuses; dans un mouvement nerveux, il a allongé son pied crispé, et heurté son chat au poil sec et rêche, animal égoïste qui est venu chercher un peu de chaleur dans les plis de sa robe, et le seul que puisse avoir l'avare, parce qu'il trouve à vivre dans les combles qu'habite son maître, ou aux dépens des voisins qu'il rançonne.

Tiré de sa fiévreuse extase, l'avare a fait un mouvement subit qui fait rouler à terre quelques pièces; il interrompt alors son sourire grimaçant, et jette un regard furtif vers la porte.

N'a-t-il pas entendu du bruit?

Ne vient-on pas lui ravir ce qu'il entasse depuis si longtemps?...

Et la crainte revient le torturer; châtiment mérité qu'il éprouve sur cette terre, en attendant l'heure de la justice divine.

L'autre mansarde est nue aussi, mais elle est propre. Ordre et propreté sont presque des vertus.

Tous les meubles ont été portés, les uns après les autres, au mont-de-piété pour acheter des médicaments et pour nourrir la malheureuse famille.

Quelques livres restent encore sur un rayon et attestent que le père sait ouvrir son esprit à la culture intellectuelle.

La mère est enchaînée à son lit par la maladie. Pourtant un peu de calme sommeil a fermé ses yeux, et elle a laissé retomber son bras qui, malgré la souffrance, balançait encore son dernier né dans le berceau, où l'époux a jeté sa veste pour garantir la malheureuse petite créature du froid intense de la nuit.

Un chien, fidèle ami du pauvre, n'ose pas troubler sa douleur : il voudrait le consoler par la tendresse d'un regard caressant.

Les deux enfants aînés, amaigris par de longues privations, se pressent contre la poitrine de leur père pour y réchauffer leurs pauvres membres et y étouffer le cri de la faim.

Que de douleur empreinte sur la figure de l'ouvrier! et pourtant c'est une douleur sans révolte; son corps est encore affaissé sous le poids des fatigues et des veilles; mais sa tête se relève, ses lèvres s'entr'ouvrent pour la prière, et son regard cherche le ciel.

L'espérance renaît dans son cœur en même temps que pénètre dans sa demeure,

DEUX MANSARDES.

à travers le givre qui fleuronne la fenêtre, un premier rayon de soleil promettant un beau jour d'hiver... un beau jour d'hiver!

Hélas! il ne sera beau que pour ceux qui ne souffrent pas!

L'hiver, pour le pauvre, c'est la bise qui siffle à travers la porte et disperse la cendre du foyer éteint; c'est la faim, c'est le froid qui bleuit les membres des petits enfants, qui fait claquer les dents des pauvres vieillards.

Ah! vous qui ne comptez pas du moins la misère au nombre de vos épreuves, montez à la mansarde de l'homme qui souffre, mais qui espère encore; qu'il ne soit pas trompé dans son attente, soyez pour lui la main de la Providence; hâtez-vous, vous pouvez sauver une famille!

Manière de lever la Carte du pays que l'on habite.

Fig. 1ʳᵉ
A

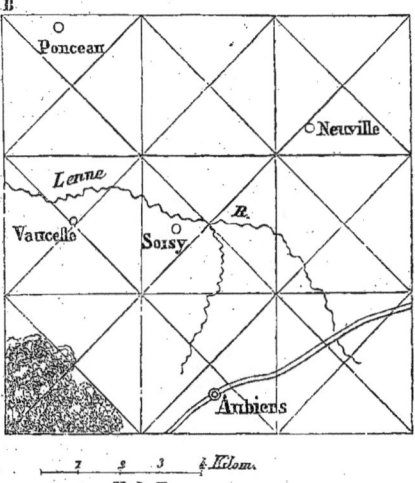

B

Echelle.

Il y a deux choses dans l'exécution d'une carte : la *levée* et le *dessin*.

Pour la *levée*, il faut commencer par choisir un centre d'opération, le chef-lieu de la commune, par exemple, et, dans ce chef-lieu, le clocher de l'église, qui peut servir d'observatoire, et d'où l'on peut s'orienter aisément.

Le plus sûr moyen de s'orienter, quand on n'a pas de boussole (et nous devons supposer qu'on n'en a pas), est encore le suivant.

On prend une carte du département : ces cartes sont aujourd'hui extrêmement répandues et elles sont presque toutes bien faites ;

elles indiquent presque toujours la situation des chefs-lieux des communes, les principaux cours d'eau, les grandes routes, et quelquefois les chemins vicinaux.

Il faut commencer par calquer, au moyen d'un papier végétal ou d'un papier pelure, la portion de territoire dont on veut lever la carte, et transporter cette esquisse, grossie autant de fois que l'on voudra, sur une grande feuille qui doit servir de minute ou de *brouillon* de la grande carte projetée.

Le procédé de grossissement le plus simple est celui que nous donnons ici (A et B) : il s'agit de diviser le calque obtenu en plusieurs carrés, au moyen d'une règle ou carrelet, de tracer sur la grande feuille un même nombre de carrés grossis dix fois, quinze fois (selon l'étendue que l'on veut donner à sa carte), et de tenir compte de ce grossissement dans l'échelle des longueurs. Les grands carrés une fois tracés, il faut y reproduire, le plus exactement possible, tous les détails que renferment les petits.

Dans le modèle ci-dessus, nous n'avons grossi que trois fois le calque primitif figuré par A ; mais le lecteur comprendra aisément que l'opération est la même, quelle que soit la proportion adoptée.

On fera bien de ne tracer qu'au crayon les lignes qui forment les carrés, afin de dégager de tout trait inutile le croquis obtenu (B), qui devient le canevas et en quelque sorte le squelette de la carte projetée.

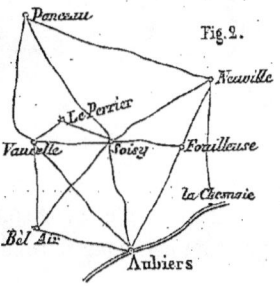

Fig. 2.

Si l'on ne peut recourir à ce procédé d'application si élémentaire, il faut dresser soi-même son canevas en marquant au centre du papier le point que l'on a choisi pour observatoire, et indiquer, en s'orientant le plus exactement possible, les clochers ou autres points de repère qu'on peut apercevoir du lieu qu'on a choisi.

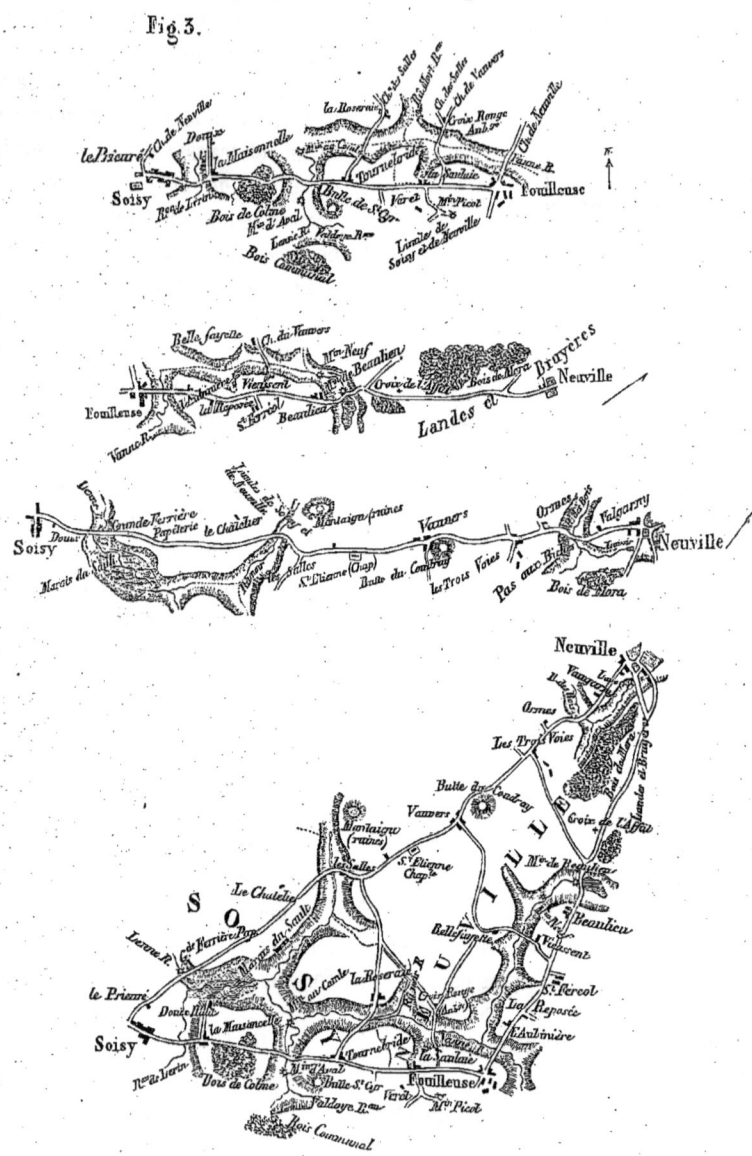

Fig. 3.

Pour cette opération, une échelle des distances est indispensable. Voici comment on l'établit : on commence par se rendre compte de l'espace que l'on a l'intention de comprendre dans sa carte, soit trois lieues (12 kilomètres) dans tous les sens. Cela fait, on trace au bas du papier une ligne qui n'est que le tiers de la longueur ou de la largeur du dessin projeté, et qui figure par conséquent une lieue métrique. On divise cette ligne en quatre parties égales, et l'on subdivise la première de ces parties, figurant un kilomètre, en dix autres qui représentent chacune cent mètres. Ce sera l'échelle de proportion.

Une fois que l'on a fixé à peu près la situation des points principaux, il faut tracer tous les détails en faisant une sorte de triangulation du terrain par le procédé que voici. On trace sur son canevas les chemins qui conduisent de chacun des villages aux villages voisins, en adoptant toujours les plus directs; on peut même tenir compte des hameaux importants, des usines, etc., qui peuvent servir à compléter ce réseau de petites routes communales.

Soit, par exemple, le canevas déjà figuré plus haut : Aubiers, chef-lieu de canton; Soisy, Vaucelle, Ponceau, Neuville, communes. Ajoutons-y, sur la petite rivière la Lenne, la minoterie du Perrier, un hameau de quarante maisons, Fouilleuse, dépendant de la commune de Neuville, le moulin à vent de Belair, et le pont de la Chesnaie, commune d'Aubiers. Cela nous donnera le réseau ci-dessus (fig. 2).

Je suppose le dessinateur placé à Soisy : il aura à rayonner dans toutes les directions marquées sur ce canevas, en suivant successivement chacune de ces routes, et notant tout ce qu'il rencontre, ruisseaux, villages, habitations isolées, chemins, bois, etc. (fig. 3). Il devra tenir compte de toutes les déviations de la route, et, s'il veut arriver à une grande exactitude, noter les distances en comptant ses pas et en cherchant le rapport entre cette mesure et la mesure métrique. Pour un homme, le pas moyen égale 80 à 85 centimètres; pour un jeune garçon, il sera nécessairement beaucoup moindre. On l'obtiendra facilement en comptant dix pas sur un terrain uni, et en mesurant cette longueur mètre en main. Si l'on a pour résultat : 1 pas = 60 centimètres, 20 pas = 6 mètres, 1 kilomètre se composera de 1.660 pas.

On aura soin de noter d'un trait fort les indications prises du bord même de la route, et d'un trait plus faible celles que l'on aura prises d'un peu plus loin. Ces itinéraires, pris sur des feuilles séparées (un album conviendrait fort bien pour ce travail), seront reportés sur la feuille canevas, et chaque combinaison de trois routes forme un triangle dont les lacunes (s'il y en a) peuvent être remplies au moyen de visites particulières aux points que l'on n'a pu voir dans les premières excursions.

Maintenant, quels sont les signes graphiques à employer? Il y en a de trois sortes : ceux qui conviennent à toutes sortes de cartes (fig. 4, A); ceux qui s'emploient dans les cartes faites sur une petite échelle (fig. 4, B); enfin, ceux qui sont spéciaux aux cartes dressées sur une grande échelle, au cent-millième et au-dessus (fig. 4, C). Pour ces derniers, nous avons indiqué au-dessous les couleurs qui les représentent habituellement, quand on dresse une table teintée à plusieurs couleurs au lieu de dessiner en noir.

Ajoutons quelques explications.

A. Tous ces signes, bien que généralement employés, sont conventionnels, n'ayant que la valeur qui leur est donnée dans l'explication portée habituellement au-dessous du titre de la carte. On comprend aisément que tel trait qui, dans la carte d'un département, indiquera un fort ruisseau, figurerait un fleuve dans une carte d'Europe.

B. Il y a beaucoup de signes facultatifs que nous ne donnons pas, et que l'on emploiera ou négligera, à volonté. Ce sont, par exemple :

Une *ancre*, — le point où une rivière devient navigable.

Un *guidon*, — sous-préfecture ou justice de paix.

Un *cor*, — relai de poste.

Un *point*, — mine ou carrière.

Une *croix* surmontant le petit signe ○, — succursale ou chapelle isolée.

Un *cheval*, — haras.

Une *tour*, — vigie ou phare.

Et bien d'autres.

C. Nous avons ajouté à cette catégorie une série de signes dont nous n'avons pas tenu compte dans les modèles de cartes donnés

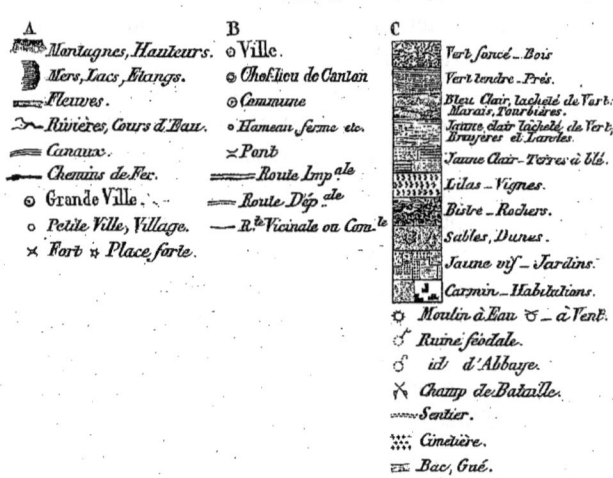

Fig. 4.

plus haut, pour ne pas embarrasser inutilement nos démonstrations : d'autant mieux que ce sont des indications applicables seulement aux cartes les plus détaillées, et dont il ne conviendra d'user qu'après s'être bien familiarisé avec tout le reste. Ces indications sont celles de la division du sol en terres cultivées, en vignes, en prés, etc.

La minute terminée, il s'agit de la reporter sur une feuille de papier bien tendue et d'une épaisseur convenable, afin que le lavis ne la fasse pas friper. Le moyen le plus simple est de poser la minute-brouillon sur la feuille blanche, de poser entre deux une feuille de papier, bien frottée de fusain sur la face qui s'applique à la feuille en blanc (à défaut de fusain, un charbon suffira, pourvu qu'il noircisse et *s'étende* bien).

Cela fait, on prend une pointe quelconque, crayon dur, compas, aiguille à tricoter, etc., et on la passe, en appuyant un peu, sur les traits de la feuille-minute; puis on enlève cette feuille et la suivante, et l'on trouve sur la dernière tout le trait marqué au fusain. On repasse alors la pointe bien affilée d'un bon crayon sur le trait, puis on étend de la mie de pain rassis, bien émiettée, sur le papier; on frotte légèrement la poussière du fusain ou du charbon adhéré à la mie de pain; le papier reprend sa blancheur; il ne reste que le dessin au crayon. Il faut éviter que la mie soit trop sèche ou humide, *biscuit ou pâte* : dans le premier cas, elle n'attire pas le fusain et raye le papier; dans le second, elle le macule affreusement. Le pain n'a aucun de ces inconvénients, quand il s'égrène en quelque sorte à la main sans le gratter.

Pour les dessinateurs qui préféreraient les signes en couleur aux autres, parce qu'ils flattent l'œil, qu'ils sont plus saisissants à première vue, et enfin parce que la couleur, surtout quand la teinte est douce, est bien plus favorable que le trait noir à recevoir les choses écrites, nous avons indiqué, en face des signes de la classe C, les couleurs généralement adoptées dans le lavis des cartes et surtout des plans.

En revanche, le noir est préférable quand on tient à mettre en évidence les délimitations territoriales de cantons, de communes et de sections. Un liséré de couleur claire, carmin ou gomme-gutte, est le plus convenable pour figurer ces limites.

Pour écrire ou dessiner en noir, l'encre de Chine est préférée, parce qu'une fois sèche elle ne s'efface jamais, ce qui permet de laver dessus; cependant l'encre ordinaire, bien noire, rend les mêmes services : seulement, il faut veiller à deux choses; n'écrire sur du lavis que plusieurs heures après qu'il a séché, et, par-dessus tout, *ne jamais laver sur de l'encre ordinaire*, sous peine de la voir se mêler à la couleur. On doit tracer son esquisse au crayon, laver, puis écrire.

Maintenant, si l'on veut avoir la carte la plus détaillée, la plus complète et la plus géométriquement exacte d'un certain groupe de communes, le moyen le plus court est de demander aux mairies de ces communes la permission de consulter et de calquer la feuille d'assemblage du plan cadastral.

Il faut distinguer entre la *feuille d'assemblage* ou carte générale de la commune, et les feuilles parcellaires, qui donnent la superficie et le détail des propriétés privées. L'autorité administrative (dans quelques départements du moins) a depuis très-longtemps interdit la communication des feuilles parcellaires du cadastre à d'autres personnes qu'aux propriétaires intéressés; mais les feuilles d'assemblage ne sont pas dans ce cas, et nous avons pu en prendre copie partout où nous avons voulu.

Ces cartes partielles ne sont pas toutes à la même échelle : elles varient du dix-millième au vingt-millième. Mais on comprend que rien n'est si facile que de les adapter toutes à une échelle uniforme, le trente-millième, par exemple, ce qui permettrait de dessiner, sur une feuille colombier, un groupe de six ou huit communes, sans omettre un sentier ou une habitation. Il va sans dire que ce travail ne le céderait, comme exactitude mathématique, à aucune des cartes que publient les services publics, tels que le cadastre et les ponts et chaussées.

La Grive rousse.

La grive rousse, orphée, ou petit moqueur d'Amérique (*Turdus rufus* ou *Orpheus*), a le bec noir, mince, assez long, légèrement arqué, comprimé, pointu, voûté sur le milieu de la mandibule supérieure, tranchant sur les bords, le bout recourbé; la mandibule inférieure, d'un bleu clair à sa base, est presque droite; les narines, oblongues, sont à demi fermées par une membrane. La forme générale de l'oiseau est élégante et légère. Ses pieds, bruns, sont allongés et forts; ses tarses, comprimés, sont réticulés vers le haut ainsi que les doigts et le tibia, et les ongles sont resserrés, recourbés, aigus. Son moelleux plumage est tacheté, *grivelé*, c'est le mot. La première penne de ses ailes est

LA GRIVE ROUSSE ET LE SERPENT NOIR.

courte; la quatrième et la cinquième sont les plus allongées; on en compte douze à la queue, toutes longues et arrondies. L'iris est jaune. La couleur générale de l'oiseau est d'un brun-rouge brillant. A travers les deux longues ailes se prononcent, sur l'extrémité des petites couvertures et sur celle des plumes secondaires, deux belles raies blanches frangées de noir en dessus. Le dessous de l'oiseau est d'un blanc jaunâtre semé de taches d'un brun riche; les dernières couvertures de la queue, teintées de rouge, paraissent moins foncées. La femelle, à peu près semblable au mâle, a les rayures des ailes plus étroites, les taches sur la gorge moins sombres. La longueur de ces oiseaux dépasse peu 20 centimètres, et l'étendue de leurs ailes, 33.

Le nid est placé sur un chêne noir, espèce commune au Kentucky (États-Unis), dont le bois ne sert qu'au chauffage, et dont les glands abondants engraissent les cochons.

Le serpent noir, fort actif, grimpe agilement le long du tronc des arbres, glisse à terre entre les buissons et disparaît, tellement véloce qu'il échappe à toute poursuite. Il se nourrit d'oiseaux, de grenouilles, d'œufs, de petits quadrupèdes, et montre une grande antipathie pour les autres espèces de serpents, qu'il combat à outrance à la moindre provocation, quoique dépourvu lui-même de crochets.

L'Art de se procurer une Vie saine et longue,

Par un médecin chinois, dans la 36e année du règne de l'empereur Khang-hi (an 1697 de l'ère chrétienne).

EXTRAIT.

ARTICLE PREMIER. — Régler son cœur et ses affections.

Le cœur est dans l'homme ce que les racines sont à l'arbre et la source au ruisseau. Il préside à tout, et dès qu'on a su le régler, les facultés de l'âme et les cinq sens sont pareillement dans l'ordre; c'est pourquoi notre premier soin doit être de veiller sur les désirs et sur les affections de notre cœur.

Pour y réussir, ne vous occupez que de pensées qui vous portent à la vertu. Ne vous bornez pas à la seule étude de votre propre perfection; efforcez-vous de rendre votre vertu bienfaisante et utile. C'est pourquoi vous vient-il une pensée, allez-vous prononcer une parole, méditez-vous quelque projet, réfléchissez-y auparavant, et demandez-vous à vous-même : Ce que je pense, ce que je veux dire ou faire, est-il utile ou nuisible aux autres? S'il est utile, parlez ou agissez, sans que les difficultés vous rebutent. S'il est nuisible, ne vous permettez jamais ni ces vices, ni ces entretiens, ni ces caprices.

Conservez la paix dans votre cœur. Quand un homme n'a le cœur rempli que de vues agréables et propres à entretenir l'union dans la société civile, ses sentiments éclatent au dehors sur son visage; la joie et la sérénité intérieure qui l'accompagnent brillent dans tout son extérieur, et il n'y a personne qui ne s'aperçoive des vraies et solides douceurs qu'il goûte au fond de l'âme.

Réfléchissez souvent sur le bonheur de votre état. On est heureux quand on sait connaître son bonheur. Pour mieux sentir le mien, je pense que je vis à mon aise dans ma maison, tandis que tant de voyageurs ont à souffrir les incommodités de la poussière, du vent et de la pluie. Quand je me compare à ces infortunés, et que je me vois exempt des maux dont ils sont environnés, puis-je n'être pas content de mon sort?

Le célèbre Yen, mon compatriote, avait une belle maxime : « Si votre fortune, disait-il, devient meilleure, pensez moins à ce que vous n'avez pas qu'à ce que vous avez, autrement vous désirerez toujours, et vous ne verrez jamais vos désirs satisfaits. Si vous venez à déchoir de votre première condition, dites-vous à vous-même : Ce qui me reste me suffit; on peut me ravir mes biens, mais on ne me ravira pas la tranquillité de mon cœur, qui est le plus grand de tous mes biens. »

Article II. — Régler l'usage des aliments.

Déjeunez de grand matin; on respire par le nez l'air du ciel, et par la bouche on se nourrit des sucs de la terre, et l'on en reçoit les exhalaisons. Il est important de ne jamais sortir de sa maison à jeun. Cette précaution devient plus nécessaire s'il règne des maladies populaires, ou si l'on est obligé d'entrer chez des malades.

Prenez un bon repas vers le milieu du jour. Faites-vous servir à dîner les viandes les plus simples, elles sont plus saines et plus nourrissantes. Ne laissez guère approcher de votre table certains ragoûts que l'on n'a inventés que pour réveiller ou chatouiller l'appétit.

Ce que l'on doit le plus éviter en apprêtant les aliments, est l'excès du sel. Le sel ralentit le mouvement du sang et rend la respiration moins libre.

En prenant vos repas, mangez lentement et mâchez bien vos morceaux.

Cette mastication lente brise les aliments, les imbibe de salive et les met dans un état de finesse et de première dissolution qui les prépare à la fermentation de l'estomac.

Ne contentez pas tellement votre appétit qu'en sortant de table vous soyez pleinement rassasié; l'abondance de la nourriture tourmente l'estomac et nuit à la digestion. Quand même vous auriez un estomac robuste et qui digère aisément, n'occupez point toute sa vigueur, laissez-lui quelques degrés de force en réserve. C'est surtout lorsque l'on a souffert longtemps de la faim et de la soif qu'il faut savoir se modérer.

Soupez de bonne heure et sobrement. Il vaut mieux multiplier ses repas si l'on en a besoin. Ne prenez votre sommeil que deux heures après votre repas.

Article III. — Régler les actions de la journée.

Aussitôt après votre réveil, faites avec la main plusieurs frictions sur la poitrine, à la région du cœur, de crainte que, sortant tout chaud du lit, la fraîcheur ne surprenne tout à coup et ne referme les pores du corps, ce qui causerait des rhumes et d'autres incommodités; au lieu que quelques frottements avec la paume de la main mettent le sang en mouvement à sa source et préservent de plusieurs accidents.

Évitez un coup d'air avec autant de soin qu'un trait de flèche. L'air froid bouche les pores, et alors il se fait un amas de mauvaises humeurs qui seraient sorties par cette voie, ou en forme de sueur sensible, ou par le moyen d'une insensible transpiration.

C'est pourquoi, dans l'été même, où l'on se couvre d'habits fort légers, il est à propos de couvrir le bas-ventre d'une large toile de coton, pour le préserver des coliques qu'un froid inopiné y causerait.

Si vous voyagez dans le fort de l'hiver et que la rigueur du froid vous ait gelé les pieds, à votre arrivée dans la maison faites-vous apporter de l'eau un peu tiède et lessivez-vous-en les pieds avec la main, en les frottant doucement pour les ramollir, et pour rappeler aux veines et aux artères la chaleur naturelle. Après cette première opération, vous ne risquez rien de vous les laver avec de l'eau plus chaude. Si, négligeant cette précaution, vous plongiez tout à coup les pieds dans l'eau bouillante, le sang glacé se figerait, les nerfs et les artères en seraient blessés, et vous courriez risque d'être impotent le reste de vos jours.

ARTICLE IV. — Régler le repos de la nuit.

Quand vous êtes déshabillé et prêt à vous mettre au lit, prenez votre pied et frottez-en la plante avec force et le plus longtemps qu'il vous sera possible; ne discontinuez que quand vous y sentirez une grande chaleur. Alors remuez séparément chaque doigt du pied.

Aussitôt qu'on s'est mis au lit, il faut endormir le cœur; je veux dire qu'il faut le tranquilliser et rejeter toute pensée qui pourrait écarter le sommeil.

Couchez-vous sur le côté gauche ou sur le côté droit, pliez un peu les genoux, et endormez-vous dans cette position.

À chaque fois que vous vous réveillez, étendez-vous dans le lit : c'est le moyen de rendre le cours des esprits et la circulation du sang plus libres.

Durant le sommeil, ne tenez point la tête et le visage sous la couverture, la respiration en serait moins pure et moins libre. Accoutumez-vous à dormir la bouche fermée.

Olivier de Serres, Agriculteur célèbre.

Olivier de Serres, seigneur du Pradel, naquit, en 1539, à Villeneuve-lè-Besg, petite ville de l'ancienne province du Vivarais, département de l'Ardèche.

Il était fils de Jean de Serres, sieur du Pradel, et de Louise Leyris.

Olivier de Serres pouvait avoir une belle place à la cour. Il aima mieux rester dans son domaine du Pradel.

Il jugea qu'en se plaçant à la tête des travailleurs dans les campagnes il y avait pour lui plus de bien à faire, et par conséquent plus de solide gloire à acquérir que s'il vivait à la cour.

Après quarante années d'expérience comme cultivateur, il publia son grand ouvrage intitulé : *Théâtre d'agriculture et mesnage des champs.*

Le succès de cet ouvrage fut très-grand pendant sa vie, et on peut l'étudier encore maintenant avec profit.

Il est divisé en huit *lieux :* chaque *lieu* renferme plusieurs chapitres.

L'auteur commence par examiner les conditions indispensables pour acquérir la connaissance des terres; il entre dans des détails pratiques sur la classification des sols.

Dans le deuxième chapitre, il parle du choix et de l'acquisition des terres.

Dans les chapitres suivants, il démontre la manière de s'assurer de la contenance des terres, le moyen de les disposer selon leurs propriétés, en prenant en considération le climat; puis il donne de très-bons conseils pour les constructions rurales; il entre dans des détails sur les conditions de salubrité.

Le sixième chapitre aborde la question si délicate des devoirs du père de famille envers ses domestiques et voisins. L'auteur démontre clairement que les bons maîtres font les bons serviteurs.

Le septième chapitre a pour titre : *Des saisons de l'année et termes de la lune pour les affaires de mesnage.*

L'auteur passe successivement en revue, dans les lieux et chapitres suivants, toutes les branches de l'agriculture : les cultures, les engrais, les soins que réclament les récoltes; la manière de conduire les animaux en santé et en maladie ; la formation des prairies naturelles et artificielles; il insiste surtout beaucoup sur les avantages qu'offrent au cultivateur le sainfoin et la luzerne.

Olivier de Serres pose ensuite des règles

pour l'exploitation des bois. Après avoir parlé des soins que réclament les vignes, il entre dans quelques détails sur la manière de faire les vins.

Le *Théâtre d'agriculture et mesnage des champs* faisait les délices de Henri IV. Il en écoutait fréquemment la lecture après ses repas.

Le second ouvrage d'Olivier de Serres, intitulé *Cueillette de la soie*, parut en 1599.

OLIVIER DE SERRES.

Henri IV, se trouvant à Grenoble en 1600, écrivit à Olivier de Serres pour lui annoncer la visite du sieur de Bordeaux, baron de Colonces, surintendant général des jardins de France.

Or, sous le règne de Henri IV, les fonctionnaires publics chargés des intérêts agricoles savaient au besoin se déplacer et aller prendre avis et conseils des cultivateurs. C'est un noble exemple de zèle et d'humilité.

Le sieur de Bordeaux vint s'entendre avec Olivier de Serres sur le moyen d'élever les vers à soie.

La terre du Pradel est située au-dessous de Villeneuve-le-Besg. Au temps d'Olivier de Serres, c'était un château fort, flanqué de hautes tours, entouré de fossés larges et profonds.

C'est là que l'illustre patriarche de l'agriculture française s'endormit dans un tranquille repos, le 2 juillet 1619; il était alors âgé de quatre-vingts ans. Il avait été marié à l'âge de vingt ans avec Mlle Marguerite d'Arcour; il en avait eu sept enfants, quatre fils et trois filles.

Le célèbre Arthur Young, voyageant en France, vint saluer ce château en 1789.

« Qu'il me soit permis, dit-il, d'honorer la mémoire d'Olivier de Serres; c'était un excellent cultivateur et un vrai patriote! »

Petit Traité du Filet.

Les filets qu'on emploie pour les différentes sortes de chasse et de pêche coûtent fort cher lorsqu'on les achète tout montés.

Rien cependant n'est moins coûteux qu'un filet, lorsqu'on peut l'exécuter soi-même.

Il y a partout du fil, de la corde et du plomb; il n'en faut pas davantage pour établir les meilleurs filets.

Il est d'ailleurs si facile d'apprendre à mailler un filet et à le monter, que cette étude est plutôt un délassement qu'un travail.

La plus grande difficulté vient de ce que les explications sont le plus souvent obscures.

Nous allons essayer de la rendre claire pour tout le monde.

Les opérations dont l'énoncé va suivre ont été décrites la navette à la main. Le lecteur devra les lire de même, et en quelques heures il en saura tout autant qu'il en faut pour construire tous les filets dont l'emploi est le plus habituel.

Instruments nécessaires pour mailler les filets.

1. On se sert, pour mailler les filets, d'une aiguille ou navette AB, terminée à l'un de

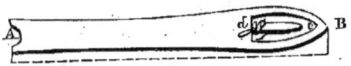

ses bouts par une entaille A de cinq ou six millimètres environ de profondeur, et de l'autre par une pointe évidée *d*B, dans l'axe de laquelle est une languette *dc*.

2. Pour couvrir la navette de fil, on fait à l'extrémité du fil un nœud simple, qu'on passe autour de la languette, et on l'y serre au point D. On fait descendre le fil derrière la navette, on l'engage dans l'entaille A, où le remonte jusqu'à la pointe C de la languette, on le fait passer derrière, et on le redescend pour le ramener sur l'entaille A. On retourne la navette, on remonte le fil, on le fait passer derrière la languette et redescendre sur l'entaille A; on retourne la navette pour faire ensuite remonter le fil; et ainsi de suite jusqu'à ce qu'elle soit suffisamment chargée.

3. Afin de donner aux mailles une grandeur uniforme et déterminée, on les travaille sur de petits morceaux de bois cylindriques ou parallélipipèdes longs de quinze à dix-

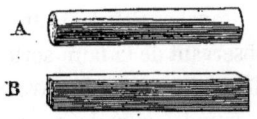

huit centimètres, A et B, et dont le diamètre varie suivant le genre et l'usage des filets.

4. Quand on maille un grand filet, on se sert, pour forcer les mailles à se présenter, comme d'elles-mêmes, vers la navette, d'un bâton pourvu d'un crochet à chacune de ses extrémités. On fait entrer l'un des deux crochets dans une maille, et l'autre s'appuie sur une corde placée à la portée de celui qui travaille. Cet instrument porte le nom de *valet*.

Du choix du fil.

Le choix du fil est très-important dans la fabrication des filets. Jamais on ne le prend simple. Le fil retors seul sert pour cet usage, et encore faut-il qu'il soit filé avec de la filasse très-fine et suffisamment rouie.

Le fil varie de grosseur suivant le genre des filets et l'emploi auquel on les destine.

Le meilleur procédé et le moins coûteux pour se procurer de bon fil, c'est de faire du fil simple et de le *retordre* soi-même en deux, trois, quatre, cinq, ou même six brins, selon la force qu'on prétend donner au filet.

Voici l'explication de quelques termes particuliers employés dans la fabrication des filets :

6. Lorsqu'un filet est tendu verticalement, on nomme *tête* le bord supérieur, et *pied* le bord inférieur.

7. On donne le nom de *levure* au premier rang de mailles ou plutôt de demi-mailles par lesquelles on commence un filet.

8. *Lever* un filet, c'est en former la levure, ou la commencer.

9. *Poursuivre* un filet, c'est continuer à former les mailles.

10. *Monter* un filet, c'est le disposer pour l'usage auquel on le destine.

11. *Border* un filet, c'est l'entourer d'une corde qu'on attache de distance en distance, le long des mailles latérales, pour en augmenter la solidité.

12. On arrive au même but, dans certains cas où la bordure serait gênante, en bordant le filet de mailles de ficelle; c'est ce qu'on appelle *enlarmer*.

Des nœuds.

13. La première chose à connaître, pour faire du filet, c'est l'exécution des nœuds.

Il y en a de deux sortes :
1° Le nœud sur le pouce ; 2° le nœud sous le petit doigt.

14. Le nœud sur le pouce se fait ainsi :

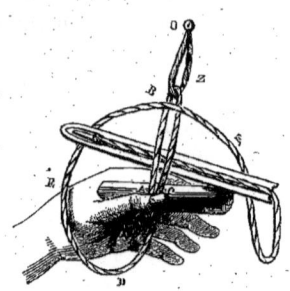

Fig. 1. — NŒUD SUR LE POUCE.

Après avoir passé l'extrémité ABC du fil de la navette dans une boucle Z, fixée à un clou à crochet O, on place le moule sous les deux branches AB et CB du fil, et on les maintient en AC avec le pouce.

On fait faire au fil BDC la révolution DEF par-dessus la main, on passe la navette sous les deux branches AB et CB et par-dessus le fil EF, on serre le nœud en le maintenant avec le pouce.

15. Quand on sait faire ce premier nœud, on peut commencer un filet, car c'est le nœud sur le pouce qui s'emploie pour le rang de demi-mailles nommées *pigeons*, qui forment ce qu'on appelle la *levure* du filet.

Voici la manière d'exécuter le rang de pigeons :

Après avoir formé un nœud simple N à l'extrémité du fil BA (fig. 1), et l'avoir passé dans la boucle Z, sur laquelle on ourdit le filet, on ramène le nœud et le fil sur le moule, tenu entre le pouce et l'index de la main gauche, et on les y maintient solidement avec le pouce. C'est le premier temps de la formation du pigeon.

Deuxième temps : on fait faire au fil BCD la révolution DEF par-dessus la main.

Troisième temps : on passe la navette par-dessous les deux branches AB et CB, en faisant bien attention de la faire sortir par-dessus le fil DEF.

Quatrième temps : on tire le fil pour serrer le nœud qui embrasse les deux branches du premier pigeon, au-dessus du nœud simple N. Ce nœud, que nous appellerons DEF (fig. 2), une fois terminé, on passe au second pigeon.

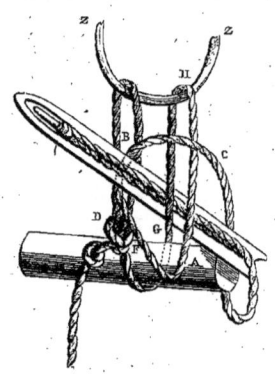

Fig. 2.

On fait passer le fil FGH par-dessous le moule, en l'entourant à demi ; on introduit la navette dans la boucle Z, on ramène le fil FGH par-dessus le moule jusqu'en A, point où on le serre sous le pouce ; puis on lui fait faire la révolution ABC par-dessus la main ; on fait passer la navette par-dessous les branches GH et AH du deuxième pigeon, observant de la faire sortir par-dessus le fil ABC ; puis on tire la navette à soi pour serrer le nœud, qui embrasse les deux branches GH et AH du deuxième pigeon. On continue de même pour faire les autres, jusqu'au dernier.

16. Les pigeons étant faits, passons au nœud *sous le petit doigt*.

On place les pigeons devant soi, de telle façon que le dernier, P (fig. 3), se trouve à la gauche du moule. On ramène le fil AB sur le moule, où on le retient avec le pouce. C'est le premier temps de l'opération.

Deuxième temps : on conduit le fil AB sous le quatrième doigt, en C, et on le remonte par derrière le moule jusque sous le pouce qui le tient ferme, en D.

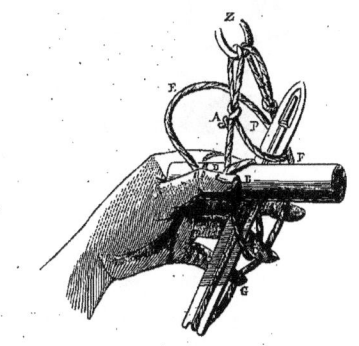

Fig. 3.

Troisième temps : on rejette le fil par-dessus la main, en haut, de manière à former la boucle DEFG qui doit envelopper le petit doigt, en G.

Quatrième temps : on fait passer la navette entre les deux fils qui entourent le quatrième doigt, c'est-à-dire sous la branche BC, sur la branche CD, derrière le moule, et de là dans le pigeon P.

Cinquième temps : on tire le fil par-dessus le moule pour serrer le nœud, en lâchant le fil du quatrième doigt et de dessous le pouce, et en observant rigoureusement de retenir le fil FG sur le petit doigt, qui doit se replier pour l'accompagner derrière le moule, au point B, et ne le quitter qu'à l'instant où l'on serre le nœud. Il faut toujours faire bien attention, en serrant le nœud, de tenir le filet tendu.

17. Quand on connaît ce nœud, ainsi que le nœud sur le pouce, on peut entreprendre un filet.

De la manière de mailler.

18. Après avoir exécuté sur l'anse de corde Z, fixée à un clou à crochet, la levure PPPP, composée d'un nombre de pigeons déterminé par le genre de filet qu'on veut mailler, et tenant le moule de la main gauche, on le placera sur le dernier pigeon, soit P^4, en retournant les pigeons de façon que P^1 soit à la droite du moule et P^4 à sa gauche, et le fil A pendant en avant du moule. On l'y maintient avec le pouce, puis on exécute la première maille, comme il est indiqué à la figure 3. Cette maille étant faite, on la laisse sur le moule, et l'on continue de mailler ainsi successivement à tous les pigeons, P^3, P^2, P^1. Arrivé au dernier, on ôte les mailles de dessus le moule, qu'on place alors sous la dernière, à une distance telle qu'il puisse toucher le bas de la maille suivante, en abaissant celle-ci dessus avec la pointe de la navette. Puis on continue à mailler en prenant successivement chaque maille du premier rang, comme on avait pris tout à l'heure chaque pigeon, et l'on continue de même jusqu'à la fin.

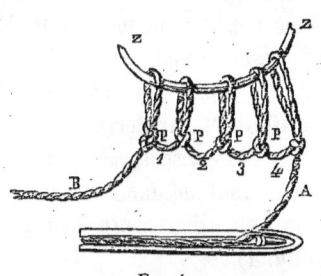

Fig. 4.

Autres manières de mailler.

19. Il y a encore d'autres manières de mailler qui sont moins usitées, mais qu'il est bon de connaître; elles peuvent paraître à quelques personnes plus expéditives ou plus faciles que la maille *sous le petit doigt*.

Elles s'exécutent au moyen du nœud sur le pouce, d'où vient qu'on leur donne le nom de mailles *sur le pouce*.

La première se fait de haut en bas, et la seconde de bas en haut.

20. *Première manière.* — Le fil AB étant sur le moule et retenu par le pouce, on le fait tourner sous le moule, suivant la ligne ponctuée CD (fig. 5). C'est le premier temps.

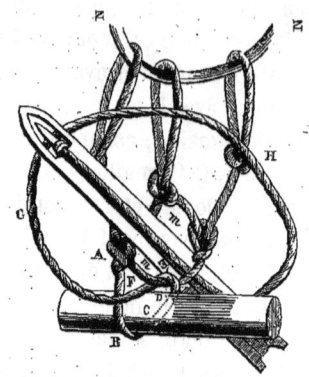

Fig. 5.

Deuxième temps : on passe la navette de haut en bas dans la maille MM, comme il est indiqué par les lettres DE, et l'on ramène le fil en F par-dessus le moule, où on le retient avec le pouce.

Troisième temps : on jette le fil EF en haut, par-dessus la main, en FGH.

Quatrième temps : on passe la navette dans la maille MM par derrière la branche de droite et par-dessus celle de gauche, comme il est indiqué dans la figure 5, et l'on achève comme dans le nœud sur le pouce (voyez la fig. 1).

21. *Deuxième manière* (fig. 6). — Le fil AB, étant sur le moule, est maintenu avec le pouce.

Premier temps : on fait passer le fil AB par-dessus le moule, suivant la ligne ponctuée BC.

Deuxième temps : on fait passer la navette de bas en haut, et par derrière, dans la maille MM, comme il est indiqué par les lettres CD.

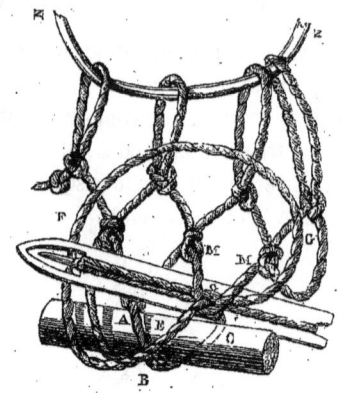

Fig. 6.

Troisième temps : on ramène le fil en E, et on l'y retient avec le pouce; on le rejette ensuite par-dessus la main, suivant EFG.

Quatrième temps : on fait passer la navette derrière les deux branches de la maille MM, et l'on achève par le nœud sur le pouce (voyez fig. 1).

Accrues et rapetissures.

Ces diverses opérations bien connues, il ne reste plus qu'à apprendre la manière de faire les *accrues* et les *rapetissures* destinées à augmenter ou à diminuer la largeur d'un filet, pour pouvoir exécuter facilement toutes les espèces de filets.

22. Une *accrue* est une maille supplémentaire qu'on prend dans un rang, en la jetant entre deux mailles du rang supérieur, afin d'augmenter la largeur du filet. Ce procédé

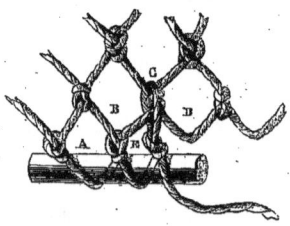

Fig. 7.

est indispensable pour tous les filets qui ne sont pas cylindriques.

Quand on a jeté la maille A sur la maille B, avant de jeter la suivante sur la maille D, on en jette d'abord une au-dessus du nœud C qui unit les mailles B et D, ce qui donne une maille de plus, E, en forme de pigeon.

23. La *rapetissure*, qu'on appelle *rétrèce* en terme de filet, consiste à prendre une maille de moins dans un rang, en jetant une maille sur deux mailles adjacentes du rang supérieur, afin de diminuer la largeur d'un filet.

Au lieu de jeter la maille C sur la maille A

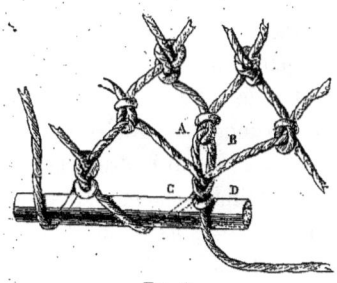

Fig. 8.

(fig. 8), pour jeter ensuite la maille suivante sur la maille B adjacente à A, on jette la maille C à la fois sur A et sur B, en passant successivement la navette dans A et dans B, et en les serrant dans un nœud commun D, ce qui donne une maille de moins que dans le rang supérieur.

Des mailles carrées et en losange.

24. Les filets se divisent en deux classes : les filets à mailles en losange et les filets à mailles carrées.

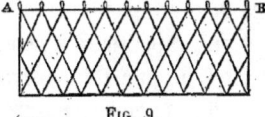

Fig. 9.

Quand les premiers sont tendus (fig. 9), toutes leurs mailles sont parallèles entre elles, mais en lignes obliques par rapport à la tête AB du filet, et forment des angles obtus dans la direction des deux extrémités latérales.

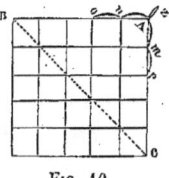

Fig. 10.

Quand les seconds sont tendus (fig. 10), toutes leurs mailles sont parallèles, mais en lignes perpendiculaires à la tête et aux côtés du filet, et forment entre elles des angles droits.

Exécution des filets à mailles en losange.

25. Les filets à mailles en losange s'exécutent en suivant les principes énoncés ci-dessus, c'est-à-dire en les commençant par une levure de pigeons, et en les continuant par un système d'accrues successives jusqu'au rang de leur plus grande largeur, et par un système de rétrèces successives dans l'ordre inverse.

Exécution des filets à mailles carrées.

26. Les filets à mailles carrées s'exécutent différemment. On prend la mesure de la longueur dont on veut faire le filet sur une ficelle, qu'on attache par un bout à un clou à crochet. On passe dans le même clou une petite anse de corde Z, d'une circonférence double à peu près du moule (fig. 10). Ce sera la première maille. On posera le moule sous cette maille pour en faire une seconde, qui sera la première du deuxième rang, et, sans l'ôter du moule, on passera une seconde fois la navette dans la maille du premier rang, et l'on fera un second

nœud. Ce sera là une accrue qui formera la deuxième maille du second rang. On ôte ces deux mailles du moule pour les poser sous la dernière, afin de commencer le troisième rang, de la même façon qu'on a fait le deuxième, et ainsi de suite, en observant de jeter une accrue à la fin de chaque rangée de mailles. De cette manière le filet se poursuit, en élargissant toujours d'une maille à chaque rang, et lorsqu'il est aussi long que la ficelle de mesure, on cesse de faire une accrue à la fin du dernier rang, et à partir du rang suivant on commence au contraire à diminuer d'une maille par rang au moyen d'une rapetissure qui embrassera les deux dernières mailles, jusqu'à ce qu'on arrive à n'avoir plus qu'une seule maille D à l'angle opposé à la maille de tête A. Le filet sera alors terminé et parfaitement carré.

Il faut remarquer que la première maille ou anse Z ne compte pas dans les mailles du filet, non plus que la première maille et la première accrue du second rang primitif. C'est la maille du milieu du troisième rang primitif qui devient la maille de l'angle A du filet, les deux mailles du second rang primitif s'allongeant sur ses branches en Am et An, tandis que les deux autres mailles de ce troisième rang s'allongent en nO et mP sur le second rang définitif.

Exécution des filets carrés longs.

27. Pour faire un filet à mailles carrées plus long que large, on attache deux ficelles à un clou à crochet : l'une marque la longueur du filet, et l'autre sa largeur. On commence, comme dans le cas précédent, par une petite anse de corde Z (fig. 11) qu'on passe dans le clou à crochet. On pose le moule sous cette anse, pour y jeter une maille et une accrue. On pose ensuite le moule sous cette accrue, on y jette une maille, puis sur la maille voisine de l'accrue une seconde maille et une accrue. On continue ainsi, ajoutant une accrue à chaque rang, jusqu'à ce qu'on ait ourdi le filet de la longueur de la ficelle qui en marque la largeur. A partir

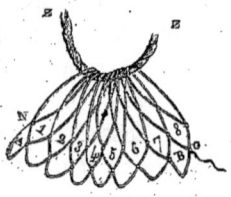

Fig. 11.

de là on fait une *accrue* après chaque dernière maille de droite, et une *rapetissure* après chaque avant-dernière maille de gauche. On opère ainsi jusqu'à ce qu'on ait ourdi le filet de la longueur de la ficelle qui en mesure la longueur. Arrivé là, on cesse de jeter une accrue sur la droite et on diminue d'une maille à chaque rang, jusqu'à ce qu'on n'en ait plus qu'une qui sera la dernière du filet à l'angle E, opposé à celui de la tête A.

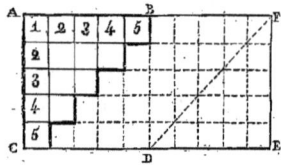

Fig. 12.

Soit AC la largeur du filet (fig. 12) haute de cinq mailles, et AF sa longueur haute de dix mailles. On opère jusqu'à ce qu'on ait cinq mailles en AC, et cinq mailles en AB. On continue alors en jetant une accrue à chaque rang de droite, de B jusqu'à F exclusivement, et une rapetissure à chaque rang de gauche, de C jusqu'à D inclusivement. A partir de là, on fait une rapetissure à la fin de chaque rang, jusqu'à l'angle E où il n'y a plus qu'une maille qui est la dernière du filet.

Exécution des filets ronds.

28. Il s'agit maintenant des filets qui, étant étendus, ont une forme arrondie sur leur longueur. Ils sont cylindriques ou coniques. Voici quelle est la manière de les travailler.

29. Quand on fait un filet en nappe, il faut à chaque rangée de mailles retourner le filet pour former une autre rangée, en revenant sur ses pas. Pour faire un filet rond, cylindrique ou conique, on joint la dernière maille du premier rang à la première par un nœud sur le pouce.

Quand on a fait le nombre de pigeons nécessaire à la levure du filet, soit de 1 à 8 (fig. 11), on joint la maille 8 à la maille 1 par un nœud sur le pouce, au-dessus du nœud N; on ramène le fil sur le moule qu'on a placé sous la maille 1, et on continue la rangée. Quand on arrive à la maille B, qui dans sa nouvelle position se trouve adjacente à la maille A, on la joint à celle-ci par un nœud sur le pouce qu'on attache au-dessus du nœud O, et ainsi de suite jusqu'au dernier rang.

30. Si le filet doit être cylindrique, on fait autant de pigeons que le filet doit avoir de mailles dans sa circonférence, et on le mène jusqu'au dernier rang sans accrues ni rapetissures.

31. Si le filet doit être conique, on le commence par un nombre de pigeons déterminé par la nature du filet, et qui varie de 12 à 24 et même plus, et on l'augmente par des accrues jusqu'à ce qu'on arrive à la grandeur voulue.

Autre mode d'exécution des filets ronds.

32. Voici une autre manière de fermer un filet pour le travailler en rond. Elle est tout aussi simple que la précédente, et a sur celle-là l'avantage de ne rien ôter de la bonne tournure du filet. Voici en quoi elle consiste :

Lorsqu'on a maillé les pigeons (fig. 13), on rapproche la maille E de la maille N, à laquelle on a eu le soin de laisser (voyez le fil B de la fig. 4) pendre en commençant une longueur suffisante de fil AB, et on rapproche le fil CD de la navette, du fil AB. Cela fait, on enlace ces deux fils EB et CD par un nœud simple (fig. 13 bis) qu'on serre jusqu'à la hauteur du bas de la maille A.

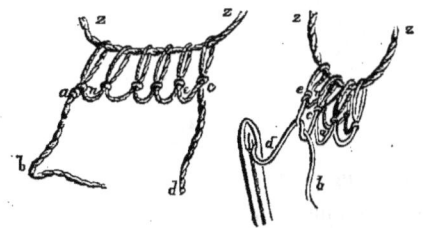

Fig. 13.   Fig. 13 bis.

Quand il est à cette hauteur, on l'arrête par un nœud sur le pouce; on place le moule sous ce nœud et on ourdit le second rang. Arrivé au bout du second rang, on ôte les mailles de dessus le moule et on noue de nouveau le fil CD de la navette au fil EB, et ainsi de suite jusqu'à la fin du filet.

Du rapport des mailles avec les moules.

33. La circonférence des mailles d'un filet est égale au double de celle du moule sur lequel on les a nouées, et la moitié du tour de ce moule égale la grandeur d'un des côtés de la maille. Supposons qu'on veuille faire un filet dont la maille ait un pouce carré, c'est-à-dire que chacun des quatre fils qui la composent ait un pouce de longueur d'un nœud à l'autre; le moule sur lequel on la fera devra avoir un diamètre de 8 lignes, et

par conséquent une circonférence de 24, dont la moitié est 12, longueur égale à la distance qu'on veut obtenir entre deux nœuds.

Manière de brider un filet.

34. Les filets à mailles en losange ont l'inconvénient de changer facilement de forme, suivant qu'on les tire dans un sens ou dans l'autre. C'est pourquoi on les borde souvent avec une corde qu'on fixe à chaque maille avec un fil.

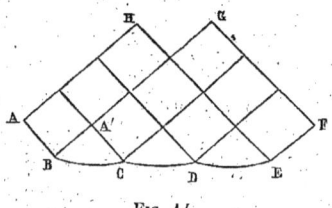

Fig. 14.

35. On peut les brider par un moyen beaucoup plus simple et plus expéditif.

Soit le fragment de filet AFGH (fig. 14) : on choisit un moule d'un diamètre tel que le développement de sa circonférence soit égal au diamètre AA de la maille. On pose ce moule sous la maille B, et on fait un rang de mailles sur ce moule jusqu'au bout du filet. Quand le moule est ôté, ces demi-mailles s'étendent et forment la ligne BCDE qui tient le filet parfaitement tendu.

Coudre ensemble deux filets.

36. En posant l'un sur l'autre deux filets du même nombre de mailles, et en faisant l'opération décrite ci-dessus, de manière à prendre dans le même nœud une maille de chaque filet, on obtient une couture solide.

37. On peut faire de même pour fermer par le bas un filet cylindrique ou conique de manière à en former une bourse ou une épuisette. Il faut seulement observer que le dernier rang de mailles donne un nombre pair, sans quoi on ne pourrait pas les coudre deux à deux.

Marie Salmon.

En 1780, un jour du mois d'août, Marie Salmon, jeune paysanne âgée d'environ dix-neuf ans, vint dans la ville de Caen pour s'y placer comme servante.

Elle avait des lettres de recommandation : à peine était-elle arrivée depuis quelques heures qu'on la fit entrer dans une maison bourgeoise où elle eut à servir sept personnes.

Cinq jours après, le chef de la famille, âgé de quatre-vingt-six ans, expira à la suite de vives douleurs qui firent supposer un empoisonnement.

Une autopsie fut ordonnée, et le procès-verbal donna lieu d'attribuer la mort à une boisson où de l'arsenic avait dû être mêlé à du vin. Le lendemain de cette opération, d'autres personnes de la famille se plaignirent d'avoir éprouvé des souffrances semblables à celles que cause ordinairement le poison.

On n'hésita plus à croire à un crime : on chercha quel en pouvait être l'auteur.

Ce fut sur Marie Salmon que les soupçons s'arrêtèrent. Aussitôt le procureur du roi près le bailliage de Caen la fit conduire en prison, ordonna qu'elle fût mise au secret, et commença à informer contre elle un procès qui, après de longs débats, se termina par une sentence condamnant Marie Salmon « à la question préalable, plus à être attachée à un poteau avec une chaîne de fer, pour être brûlée vive, son corps réduit en cendres, etc., etc. »

Le 17 mai 1782, cette sentence fut confirmée au parlement de Rouen.

C'était à Caen que Marie Salmon devait être exécutée.

Le 29 juillet 1782, on la conduisit à la chambre de la question : le bûcher était dressé. Il n'y avait plus pour elle aucune chance de salut. Il fallait se résigner à mourir.

Tout à coup arrive de Versailles un ordre du roi qui suspend l'exécution de l'arrêt.

C'était un avocat de Rouen, nommé le Cauchois, qui, ayant examiné attentivement la procédure, avait conçu des doutes et avait eu heureusement assez de crédit pour obtenir l'ordre royal.

Les protecteurs de Marie Salmon profitèrent de ce premier succès pour faire délivrer des lettres de révision qui furent adressées au parlement de Rouen. La révision dura trois ans. Pendant ce temps, Marie Salmon resta enfermée dans la prison.

Le 12 mars 1785, un arrêt du parlement de Rouen annula la sentence du bailliage de Caen et ordonna un plus ample informé. Mais le roi cassa ce nouvel arrêt et renvoya le procès au parlement de Paris.

Un des plus célèbres avocats du temps, Fournel, demanda au nom de Marie Salmon la nullité de la procédure, la décharge des accusations, et la permission de prendre à partie les officiers du bailliage de Caen. Il publia une consultation remarquable où il établit que Marie Salmon était entièrement innocente du crime dont elle avait été déclarée coupable.

Pendant trois jours, les 21, 22 et 23 mai, l'affaire fut délibérée en parlement. Le 23, un arrêt fut rendu qui mettait à néant la sentence du bailliage de Caen, ordonnait la mise en liberté de la fille Salmon et l'autorisait à poursuivre ses dénonciateurs.

La *Gazette des tribunaux* de l'année 1786 (t. 21, n° 16), après avoir rapporté le dispositif entier de l'arrêt, donne les détails suivants :

« Il est difficile d'exprimer la sensation que cet arrêt produisit dans le public qui s'était porté en foule du côté de la Tournelle. La fille Salmon, au sortir de l'interrogatoire qu'elle avait subi derrière le barreau, avait été conduite dans la chambre de Saint-Louis pour y attendre son jugement; mais aussitôt que la nouvelle de l'arrêt d'absolution eut été annoncée, un applaudissement universel manifesta la joie publique. Tout le monde voulut voir cette infortunée. Pour la soustraire à des empressements qui auraient pu lui faire courir un nouveau danger, des personnes prudentes la firent entrer dans l'intérieur du barreau, où elle se trouva défendue contre l'affluence des spectateurs qui se pressaient autour d'elle, mais dans une situation assez favorable pour n'être point dérobée aux regards du public. La satisfaction générale éclata alors de nouveau par des applaudissements et des libéralités abondantes.

» C'est un usage au Palais, qu'un prisonnier déclaré innocent est reconduit par la grande porte dite *belle porte* et qui donne sur le grand escalier de la cour du Mai. Lorsque les gardes qui devaient accompagner la fille Salmon se furent mis en devoir de la conduire, la foule qui se précipita sur sa route rendit sa marche si lente qu'il fallut plus d'une heure pour arriver au grand escalier au bas duquel on avait fait venir un carrosse de place. L'escalier et toute la cour du Palais se trouvèrent en un instant garnis d'une si grande multitude que ce ne fut qu'avec beaucoup de peine que la fille Salmon put parvenir à la voiture. Alors la cour du Palais offrit un spectacle aussi étrange que nouveau : — une jeune fille, d'une figure intéressante et modeste, descendait lentement les marches du temple de la Justice, environnée de fusiliers et d'hommes en robe, à travers un cortége nombreux. »

Nous avons encore d'autres témoignages

L'INNOCENCE JUSTIFIÉE. — 1786.

de l'émotion que causa cet événement dans toute la France. Quoique d'un prix élevé, presque tous les exemplaires de la belle gravure de Patas, représentant le moment où l'innocence de Marie Salmon avait été proclamée, furent enlevés en peu de mois. L'histoire de la pauvre servante fut fidèlement exposée au théâtre dans un drame qui attira tout Paris, et les Mémoires du temps nous apprennent cette particularité curieuse que Marie Salmon elle-même assista à l'une des représentations.

Ajoutons que dès le lendemain de l'arrêt du parlement, plusieurs jeunes enthousiastes l'avaient demandée en mariage, et que trois mois après, le 26 août 1786, elle avait épousé un nommé Savary. Fut-elle heureuse? Nous l'ignorons. Il faut un rare bon sens pour savoir retrouver, à la suite de pareils éclats et en dépit de cette sorte de persécution généreuse de la curiosité publique, le bonheur d'une vie simple et retirée. Le souvenir lui-même occupe trop de place dans la pensée. Il semble qu'il y ait eu comme un point d'arrêt dans l'existence après lequel le cours ordinaire et journalier n'offre plus rien qui ait un suffisant intérêt.

Combat d'un Bateau contre des Morses.

M. le capitaine anglais Buchanan, qui en 1818 visita les parages du Spitzberg, eut un jour à soutenir un combat contre un troupeau de morses. Sa relation est curieuse.

Les morses, dit-il, se trouvent en plus grande quantité sur la côte occidentale du Spitzberg que dans la baie de Baffin, dans le détroit de Béring ou sur les autres points des mers arctiques. Par un beau temps, on en voit quelquefois des centaines réunis sur un plateau de glace : ils sont là tantôt paresseusement couchés, tantôt jouant et faisant retentir l'air de leurs mugissements, qui ressemblent assez à celui du taureau. Puis ils finissent ordinairement par s'endormir, mais en prenant la précaution de se faire garder par une sentinelle qui les avertit s'il survient quelque danger. Je n'ai jamais rencontré un troupeau de morses, si petit qu'il fût, sans voir en même temps son gardien penché au bord de la glace et tournant de côté et d'autre son grand cou comme pour observer ce qui se passait. A la moindre apparence de péril, la sentinelle commence par se sauver elle-même; et comme tous ces animaux sont entassés l'un sur l'autre, le mouvement que fait l'un d'eux se communique à toute la troupe, qui à l'instant même se précipite dans l'eau. Lorsque le troupeau est nombreux, ce temps d'alarme amène des scènes assez grotesques. Tous les morses, surpris par la crainte, rassemblés en monceaux, cherchent à se dégager l'un de l'autre, se traînent comme ils peuvent jusqu'au bord du plateau de glace, puis plongent dans les vagues la tête la première ou roulent sur leur dos, suivant la position qu'ils occupaient et l'obstacle qu'ils ont rencontré.

Un soir, nous avions aperçu des troupeaux de morses qui se dirigeaient vers un plateau de glace. Nos bateaux furent aussitôt équipés pour les poursuivre. Le premier de ces troupeaux s'enfuit à notre approche; mais le second, malgré la vigilance de la sentinelle, se rangea sur le plateau avec une telle impétuosité qu'il dérangea notre plan de bataille et nous empêcha d'intercepter leur marche. Ils étaient en très-grand nombre, et le combat s'annonçait avec des apparences sérieuses. Aux premiers coups de feu ils s'élancèrent contre nous, ronflant, beuglant avec colère, saisissant les bords du bateau avec leurs longues dents ou le frappant avec leurs têtes. Dans cette lutte violente et périlleuse pour nous, ils étaient dirigés par un morse plus grand et plus terrible que tous les autres. Ce fut sur celui-ci principalement que nos matelots dirigèrent leurs coups; mais il recevait les atteintes de leurs massues sans fléchir, et nos lances, malheureusement peu aiguisées, ne pouvaient pénétrer dans sa rude cuirasse. Ce troupeau était si nombreux, et ses attaques si vives et si réitérées, que nous n'avions pas le temps de charger nos grosses carabines, qui seules en ce moment pouvaient nous servir. Par bonheur, le commis aux vivres avait son fusil prêt; il le dirigea adroitement vers le chef de la bande et lui lança ses balles dans les entrailles. L'animal

COMBAT DE MATELOTS CONTRE DES MORSES.

tomba sur le dos au milieu des morses qu'il conduisait. Ceux-ci abandonnèrent à l'instant même le champ de bataille, se rassemblèrent autour de leur chef et le soutinrent avec leurs longues dents à la surface de l'eau : probablement ils agissaient ainsi, par une sagacité naturelle, pour l'empêcher de suffoquer.

Rien de plus curieux à observer que l'affection des morses pour leurs petits. Un jour, un de nos bateaux attaqua un mâle et une femelle. La femelle fut blessée tandis qu'elle nourrissait son petit attaché à sa poitrine : le mâle plongea aussitôt dans la mer pour se venger de notre attaque en donnant une forte secousse au bateau. La femelle serra plus étroitement son nourrisson sous sa nageoire gauche, et se dirigea, malgré les blessures qu'elle avait reçues et en dépit de trois lances plantées dans sa poitrine, vers un plateau de glace. Arrivée là, elle y déposa son petit, qui, à l'instant même, s'en revint vers le bateau avec une telle rage qu'il l'eût fait chavirer s'il en avait eu la force. Il reçut une blessure à la tête, et s'en retourna vers sa mère qui se trainait avec peine de glaçon en glaçon. Le mâle, redoutant une nouvelle attaque, la prit avec ses dents et l'entraina dans l'eau jusqu'à ce qu'elle fût hors de notre atteinte. Nous avons vu plusieurs exemples de cette affection réciproque. Plus d'une fois, après une décharge de carabine, tous les morses en état de nager se précipitaient dans la mer; mais ils revenaient immédiatement après chercher leurs compagnons blessés, et les ramener dans l'eau, soit de vive force, soit en les soutenant avec leurs dents.

Habitude de l'Attention.

On demandait un jour à un homme remarquable par son érudition, son éloquence et sa connaissance des affaires, comment il avait acquis tous ces avantages; il répondit : « En étant tout entier à ce que je faisais dans un moment donné. » L'habitude de l'attention est, en effet, une des conditions les plus nécessaires de tout perfectionnement et de tout succès. Rien n'est plus contraire à toute étude sérieuse ou profitable que l'habitude d'abandonner son esprit à l'aventure, la disposition à n'écouter ce qu'on dit ou à ne songer à ce qu'on lit que d'une manière discontinue et, pour ainsi dire, par lambeaux; rien de plus défavorable que la vague indolence de la pensée ou son partage entre plusieurs objets qu'elle essaye de poursuivre en même temps.

Cet homme distingué que nous venons de citer notait une seconde règle qui lui avait été très-utile : « C'est, disait-il, de ne jamais manquer une occasion de s'instruire lorsqu'elle se présente. » Cette règle se rattache à la faculté et à l'habitude de l'attention. Il n'est pas rare d'entendre deux personnes qui ont visité les mêmes pays différer si complètement dans leurs souvenirs, qu'il est évident que l'une a beaucoup vu et bien observé, tandis que l'autre semble n'avoir rien vu et éprouvé que dans un rêve qui s'efface. Un jeune homme spirituel, mais habituellement inattentif, disait un jour à des hommes sérieux, pour s'excuser du vague de ses réflexions et de l'infidélité de sa mémoire : « Vous autres, vous vous plaisez à tourner autour de chaque objet et de chaque pensée jusqu'à ce que vous les compreniez parfaitement; quant à moi, j'aime à voir toutes choses illuminées par le soleil à travers un brouillard. » Ce n'est point là certainement une disposition favorable de l'esprit pour quiconque veut faire quelque progrès dans la science et dans la recherche de la vérité.

Le Pont d'Espagne
(HAUTES-PYRÉNÉES).

Le village qui donne son nom à la vallée de Cauterets est dans un site admirable. Ses maisons sont presque toutes construites en marbre et couvertes d'ardoises. Entre deux nuits passées dans l'un de ses hôtels, on peut visiter sans grande fatigue toutes les merveilles de la vallée, les bains sulfureux de la Raillère, la grotte du Mauhourat, les bains du Bois, la cascade de la Cerisaie, le pont d'Espagne, et le lac de Gaube. Les beautés sauvages du pont d'Espagne sont fidèlement représentées dans notre gravure. Le torrent se précipite avec fracas au milieu de rochers sombres et rougeâtres; les branches humides et brillantes des sapins se penchent et frissonnent sur l'abîme. D'un

VUE DU PONT D'ESPAGNE, DANS LA VALLÉE DE CAUTERETS (HAUTES-PYRÉNÉES).

côté du pont s'ouvre la paisible vallée du Clot, qui mène en Espagne; de l'autre côté, on entre dans une forêt profonde que l'on appelle la forêt des Druides. Du premier sapin, le voyageur aperçoit à ses pieds le Gave, ses cataractes, le pont, et la vallée du Clot.

Hubert Goffin, le brave Mineur.

Le vendredi 28 février 1812, vers dix heures et demie du matin, l'exploitation de mine de houille située commune d'Ans, à 2 kilomètres de Liége, fut inondée par l'effort des eaux qui pénétrèrent dans la veine du Marais que l'on exploitait dans ce moment, et où il y avait 126 ouvriers. La chute d'eau était de 78 mètres.

Au moment où le panier rempli de houille était enlevé, Matthieu Labeye, ouvrier chargeur, s'aperçut que l'eau tombait dans le puits, dont la profondeur est de 170 mètres.

Il envoya Matthieu Lardinois pour avertir le maître ouvrier, Hubert Goffin, qui était dans une tranchée à 500 mètres de distance. Celui-ci, arrivant promptement et reconnaissant bientôt que le danger était réel, s'empressa d'envoyer chercher son fils, Matthieu Goffin, âgé de douze ans.

Personne n'était encore remonté; l'eau s'était peu élevée, Goffin pouvait échapper au danger; il avait même une jambe dans le panier; son fils est auprès de lui, avec d'autres ouvriers, lorsqu'il s'écrie : « Si je monte, mes ouvriers périront; je veux sortir le dernier, les sauver tous ou mourir. »

Il dit, s'élance, met à sa place Nicolas Riga, aveugle; le panier s'élève rapidement; mais, suspendu à deux des quatre chaînes qui le soutiennent, il est sur le côté : quelques ouvriers ne pouvant se soutenir dans cette position, tombent dans l'eau, et en sont retirés par Goffin et son fils qui ne les quittent pas.

Le panier redescend; il arrive pour la deuxième fois; les ouvriers se pressent, s'entassent; la chute du coup d'eau en précipite une partie : le brave Goffin, son fils, et Jean Bernard, sont encore là pour sauver ceux que l'eau même avait garantis.

Le panier revient pour la troisième fois; les chevaux du manége sont lancés, leur course est rapide; les ouvriers n'ont qu'un instant pour saisir la machine qui doit les enlever : Goffin voit le danger, les imprudents ne l'écoutent plus; ils s'accrochent, remontent, la plupart retombent et périssent dans le bure (puits), plus profond de 2 mètres que le lieu du chargement, où l'eau était déjà parvenue à la hauteur de la poitrine.

Il n'y avait donc plus un moment à perdre; le salut par le bure devenait impraticable, l'eau allait atteindre le toit des galeries : Goffin conserve le jugement.

Le dévouement de ce père de sept enfants en bas âge avait électrisé Nicolas Bertrand, Matthieu Labeye et Melchior Clavix, qui, ayant pu remonter, étaient restés auprès de lui.

Il avait ordonné au premier (Nicolas Bertrand) de faire une ouverture au puits d'aérage, afin que les ouvriers venant de l'aval pussent tourner autour du puits et passer à travers celui d'aérage pour gagner les montées : tout autre moyen d'échapper à la mort était impossible.

Au second (Matthieu Labeye), il avait prescrit de se saisir de toutes les chandelles, et de placer celles qui étaient allumées au boisage de la galerie principale, pour que les mineurs vissent de loin qu'ils ne pouvaient plus arriver au bure.

Le troisième (Melchior Clavix), resté auprès de Goffin, l'aidait à rassembler les ouvriers et à les chasser même du côté des montées.

Précédemment, Bertrand avait exécuté l'ordre de déboucher le trou de sonde, qui, du réservoir de la machine à vapeur, communique aux travaux de l'aval pendage. Par ce moyen, les ouvriers des tailles les plus éloignées pouvaient se sauver tandis que les parties basses se remplissaient d'eau.

Ces dispositions sauvèrent en effet la vie à beaucoup d'ouvriers, qui eurent le temps de rejoindre leur brave chef. Malheureusement, quelques-uns, sourds à sa voix, restèrent près le bure dans le lieu du chargement et dans l'espoir d'atteindre le panier : ceux-là périrent victimes de leur imprudence. Le panier redescendit plusieurs fois inutilement.

Les ouvriers et les enfants étant rassemblés, Goffin leur dit : « Lambert Colson ne nous abandonnera pas. Montons vers la galerie qui traverse les montées; nous irons sur les montées, il saura où nous serons, et si nous ne pouvons sortir d'ici par Beaujonc, nous sortirons par Mamonster. »

Quelques enfants épouvantés pleurent et crient : Goffin leur impose silence et les rassure en leur promettant qu'ils échapperont tous.

Il distribue ensuite les ouvriers présents dans les différentes montées depuis la quatrième jusqu'à la septième, se communiquant toutes par la roisse.

Il réserve les plus robustes et les plus courageux, et les mène à la septième montée pour y entreprendre une chambrée et se frayer une issue, dans la persuasion où il est qu'on peut y desserrer aux travaux du bure de Mamonster.

Quoiqu'il ne fût pas possible d'employer plus de deux hommes pour ouvrir la tranchée, l'ouvrage avançait, parce que les ouvriers se relevaient successivement; les plus faibles transportaient la mine dans l'aval pendage; ils avaient déjà ouvert un chemin de 20 mètres de longueur en amont; ils espéraient être bientôt au milieu de leurs familles. Chaque coup de pic, en rendant un son plus grave, annonçait qu'on n'était pas éloigné du vide; mais quel fut leur désespoir lorsqu'ils desserrèrent à d'anciens travaux d'un bure abandonné, d'où s'échappa avec un bruit horrible un *crouin* (air inflammable) qui aurait causé leur mort si Goffin n'eût subitement fermé la communication ! Les ouvriers frappés de stupeur se laissent tomber de découragement; quelques autres veulent continuer les travaux dans le même lieu; Goffin s'y oppose et leur dit : « Lorsque nous n'aurons plus d'espérance, je vous ramènerai ici, et tout sera bientôt fini. »

Leur désespoir paraît parvenu au comble : ils s'écrient tous que leur mort est inévitable; ils poussent des cris douloureux; les enfants demandent la bénédiction à leurs pères; ceux qui n'en ont point s'adressent à Goffin et le supplient à genoux de la leur donner.

Le brave ouvrier assure qu'il y a des ressources à la cinquième montée et veut les y conduire : aucun ne se lève et ne répond; ils jettent de nouveaux cris et semblent se refuser à entreprendre de nouveaux travaux.

« Allons, s'écrie Goffin, puisque vous refusez d'obéir, mourons. »

Il prend son fils dans ses bras, ses plus fidèles amis l'environnent; ils se placent à ses côtés et s'embrassent.

Alors le fils de Goffin, à peine âgé de douze ans, prend la parole :

« Vous faites comme des enfants, dit-il; suivez les conseils de mon père. Il faut travailler et prouver à ceux qui nous survivront que nous avons eu du courage jusqu'au dernier moment : mon père ne vous a-t-il pas dit que Lambert Colson ne vous abandonnerait pas? »

Il fait un pas en avant : tous renaissent à la confiance, se lèvent et suivent Goffin à la cinquième montée; là, à peine arrivés, un bruit étrange frappe leurs oreilles; bientôt ils reconnaissent qu'on travaille à leur délivrance, et leur espoir augmente d'autant plus qu'ils distinguent les différents travaux des mineurs : on détachait la veine de son lit, on coupait et hottait la mine, on sondait et on faisait jouer la mine.

On était au samedi soir : ainsi il y avait déjà plus de trente-six heures que ces infortunés étaient descendus dans le bure Beaujonc. Épuisés de fatigue tant par les peines qu'ils s'étaient données à la septième montée que par les travaux qu'ils avaient déjà faits au moment de l'éruption des eaux, tourmentés par la faim, ils refusèrent encore de travailler en disant « qu'ils aimaient autant mourir d'une manière que d'une autre. »

Dans cette extrémité, Goffin les appelle lâches; il leur déclare qu'il va hâter sa mort et leur enlever tout espoir en se noyant avec son fils.

Tous se jettent au-devant de lui et promettent de nouveau de lui obéir.

Mais l'air ne contient plus assez d'oxygène, les deux chandelles qui éclairent les travailleurs s'éteignent d'elles-mêmes, une troisième mise en réserve dans la roisse est renversée par accident.

Dès lors une profonde obscurité détruit le peu de courage qui avait ranimé les ouvriers, et pour la troisième fois ils cessent les travaux.

Le brave Goffin seul reste de sang-froid; il répète ses encouragements, ses menaces, il prend le pic et s'ensanglante les mains; son digne fils Matthieu vient fréquemment lui tâter le pouls et lui dit dans son patois: « *Courage, mon père! lui va bien!* »

Cependant la famine torture ces malheureux; ils sont altérés, ils manquent d'air vital.

On se dispute les chandelles pour les manger; quelques-uns vont à tâtons au bord de l'eau, et en la buvant disent qu'il leur semble que ce soit le sang de leurs camarades qui ont péri en voulant remonter le bure.

Deux ouvriers se querellent, se frappent; on va les séparer :

« Laissez-les faire, dit une voix; s'il y en a un de tué, nous le mangerons. »

D'autres perdent complètement la raison: ils se plaignent de ce qu'on veut les faire périr en les laissant sans lumière et sans nourriture; ils veulent avoir de la salade et des choux; ils s'emportent contre Goffin, qui cherche à les calmer en les assurant qu'il les reconduira bientôt et leur donnera tout ce qu'ils demandent.

Tandis que ces scènes affreuses qui durèrent cinq jours et cinq nuits se passaient sous terre, à l'extérieur la ville de Liége, et l'on peut dire toute une partie de l'Europe, était en alarme sur le sort de ces pauvres ouvriers.

Voici en quels termes le *Moniteur* racontait successivement dans divers numéros les alternatives de crainte et d'espérance des Liégeois :

« MM. les ingénieurs des mines se sont rendus sur les lieux aussitôt qu'ils ont été avertis, et dès six heures du soir, le même jour, on travaillait dans le bure de Mamonster, éloigné de 160 mètres environ de celui de Beaujonc, afin d'établir une communication avec ce dernier.

» La machine à vapeur et une machine à molette, servie par 100 chevaux successivement, sont constamment en activité au bure

Beaujonc, et l'on est parvenu à maîtriser les eaux, qui n'augmentent plus.

» Pendant ce temps, on travaille dans celui de Mamonster, sous la direction des ingénieurs, à établir une communication. Il s'agit de pénétrer environ 70 mètres. Toutes les quatre heures, vingt hommes descendent dans le bure pour relever les travail-

COURAGE, MON PÈRE! LUI VA BIEN!

leurs, de sorte qu'on ne perd pas un instant.

» L'objet essentiel était de se faire entendre par les malheureux qui sont engloutis entre la terre et l'eau à 180 mètres au-dessous de sa surface, afin qu'ils ne se trompassent point et que réciproquement les travaux dans les deux bures fussent exécutés dans la direction convenable. En conséquence on a fait jouer la mine dans le bure de Mamonster, et ce matin on a éprouvé la satisfaction inexprimable d'être assuré qu'on avait été entendu, et que les ouvriers ensevelis dirigeaient leurs travaux sur Mamonster.

» Ce soir, à six heures, on avait mine douze mètres, et en supposant que les ouvriers n'aient pu en faire que la moitié, il ne faudrait plus que 48 heures pour franchir l'espace, parce qu'on fait usage de la sonde, qui a dix mètres de longueur, et qu'on pourra leur donner de l'air et même leur faire passer des aliments plusieurs heures avant de pouvoir les délivrer entièrement.

» 1er *mars, à 3 heures après midi.* — Les travaux se continuent pour la délivrance des ouvriers de l'exploitation Beaujonc, et nous annonçons qu'on entend actuellement très-distinctement le bruit des travailleurs; ainsi on croit n'être plus séparé d'eux que de 20 à 30 mètres.

» On est parvenu à maîtriser les eaux ce matin. Tous les propriétaires de mines se sont empressés de fournir les secours qu'on pourrait désirer en hommes, en chevaux, en effets, etc.

» *2 mars, à midi.* — Le jeu de la machine à vapeur a été interrompu un instant, pour raccommoder une tige du piston qui s'était décrochée; mais elle a été réparée sur-le-champ; d'ailleurs la machine à molette suffisait pour maintenir le niveau d'eau. Il baisse actuellement.

» Les ouvriers ensevelis continuent à se faire entendre de plus en plus; cependant, pour plus de sûreté, on a commencé dans le bure Mamonster une deuxième chambrée, se dirigeant directement sur eux.

» *4 mars, à dix heures du matin.* — Depuis hier, à sept heures du soir, la sonde nous a procuré une communication avec les malheureux ouvriers ensevelis dans la mine depuis cinq jours. Ils ont crié qu'aucun d'eux n'avait péri en annonçant qu'ils étaient 74. Ils devraient être 93; ainsi il y en a 19 dont on ignore le sort et qui probablement auront été noyés. Il paraît qu'ils éprouvent une chaleur cruelle; on est obligé de travailler sans lumière afin d'éviter d'enflammer l'air. Ce sera encore une opération délicate, lorsqu'on sera parvenu jusqu'à eux, de desserrer dans un espace de 2 pieds et demi sur 30 toises de longueur et d'éviter les accidents de l'air et du feu. L'ingénieur Migneron est depuis 24 heures dans le bure. M. le baron Ménoud, préfet, s'y est transporté dès le premier moment; des officiers de santé l'accompagnent. On espère que dans quelques heures ces malheureux ouvriers seront rendus à leurs familles.

» *4 mars.* — Aujourd'hui le desserrement au bure de Mamonster a eu lieu à peu près à midi, sans accident. L'équilibre qui s'est établi dans l'air n'a produit qu'une légère détonation sans feu, et les malheureux ouvriers ont été délivrés.

» Chacun d'eux a été enveloppé d'une couverture, et a reçu, dans le bure même, une tasse de bouillon et une très-petite quantité de vin.

» Après quelques moments de repos nécessaires pour accoutumer les ouvriers successivement à l'air de l'atmosphère et à la lumière, ils ont été amenés au jour. Cette opération a duré longtemps, parce qu'on n'en mettait que 5 ou 6 dans chaque panier, en les faisant accompagner de 4 ouvriers travailleurs. Hubert Goffin est sorti le dernier avec son fils et M. l'ingénieur Migneron, qui s'est véritablement distingué.

» Arrivés à l'embouchure du bure, ils ont été enveloppés d'une nouvelle couverture, couchés sur la paille et confiés aux médecins. Le curé de la paroisse était présent.

» Malgré toutes les précautions, les bâtiments de l'exploitation étaient remplis d'une foule de spectateurs. Néanmoins, le service a été fait, et nous avons la satisfaction d'annoncer qu'aucun ouvrier n'est en danger, pas même les enfants, au nombre de 15 à 18.

» Goffin est le plus exténué. Le brave homme croyait n'avoir rassemblé que 67 individus; il s'en est trouvé 74. On peut juger des acclamations lorsqu'il a paru avec son fils. »

Interrogé sur le motif qui avait pu le déterminer à exposer ainsi sa femme et ses enfants à tant de douleur et à la misère, Goffin a répondu avec simplicité : « Si j'avais eu le malheur d'abandonner mes ouvriers, je n'oserais plus voir le jour. »

Le 12 mars parut le décret suivant :

Au palais de l'Élysée, le 12 mars 1812.

« Nous avons décrété et décrétons ce qui suit :

» Art. Ier. Le sieur Goffin est nommé membre de la Légion d'honneur.

» Art. 2. Il lui est accordé sur les fonds de la Légion d'honneur une pension de 600 francs, dont il commencera à jouir à compter du 1er de ce mois.

» *Signé* NAPOLÉON.

» Par l'empereur, le ministre secrétaire d'État,

» *Signé* le comte DARU. »

Les Papillons.

A mesure que du sein des bourgeons, berceaux d'hiver, s'échappent les corolles nouvelles, les papillons, volantes fleurs, brisent leur tombe hivernale, leur chrysalide, et eux aussi s'épanouissent joyeux dans les airs. Le renouveau fait sentir ses tièdes influences, même dans le sein obscur de la vaste cité, même en ma cendreuse et sombre rue. Un lilas, sur mon étroite croisée, qu'il égaye, appelle ces hôtes des cieux, ces fils des métamorphoses, emblèmes de l'âme immortelle. Cette année, dès le mois de février, l'arbuste à peine feuillé avait reçu la visite de la *Piéride* du chou, celle dont vous voyez, au milieu de ce groupe de papillons, s'étendre les blanches ailes à sommets noirâtres. Dieu soit béni ! je ne fais pas de collections : aussi ai-je pu voir avec un plaisir sans mélange papillonner le frêle insecte qui faisait vibrer, dans cette verdure précoce, les fines nervures de ses ailes à doublure soufrée.

Vole sans crainte, blanche Piéride, j'observerai tes caprices folâtres, je chercherai ton histoire dans ton aventureuse vie, non dans ta mort. C'est aux savants de fixer sur le papier les annales colorées de l'entomologie ; suffisamment aidés par tant de lumineux travaux, n'allons pas, puisque nul intérêt de science ou de découverte ne nous y force, nous faire un odieux plaisir d'interroger cette vie qui s'échappe dans les tortures. Associons-nous à la grande pitié du poète : « La poignante angoisse de l'insecte écrasé, dit Shakspeare, n'égale-t-elle pas celle du géant qui se meurt ? »

Il me souvient d'avoir vu, il y a de longues années, arriver à l'atelier de Gros, par un beau soleil d'avril, je crois, un de nos camarades, tout fier de sa conquête. Son chapeau, posé sur l'oreille, portait, en guise de cocarde, l'insecte ailé dont vous voyez l'image à droite, au bas de la gravure. C'est le Sphinx du tithymale, un de ces papillons appelés crépusculaires, parce qu'ainsi que la chauve-souris ils fuient la lumière du jour ; un vol bruyant leur a valu aussi le nom de Papillons-Bourdons, et leur habitude de planer longtemps avant de fondre sur les fleurs, celui de Sphinx-Éperviers.

Le corps de l'insecte, cloué au chapeau par une épingle noire, était d'une riche couleur olive ; des taches vertes et une large bande de même nuance diapraient ses ailes supérieures, dont le fond était d'un gris rougeâtre ; le rose vif, bordé de velours noir, des ailes de dessous, éclatait sur le feutre, et le frémissement douloureux du pauvre papillon faisait chatoyer toutes ces teintes harmonieuses.

— C'est affreux ! s'écria Gros, livré à cette verve de cœur qui, comme son talent, s'échappait par bouffées ; c'est infâme ! Et il frappa violemment la terre avec l'appui-main de l'élève dont il corrigeait l'académie.

Croyez-vous, espérez-vous jamais devenir artiste? Otez-vous de devant mes yeux sur l'heure! L'artiste admire, adore, imite la nature en ses beautés infinies, il ne la torture point! Sortez de mon atelier! Sortez, vous dis-je, et n'y rentrez plus avec cette enseigne de bourreau!

Que les peuplades ailées dont les myriades se jouent dans le transparent espace soient décimées par le laboureur, par le jardinier : ils défendent leurs récoltes, c'est loi de guerre et de conservation; qu'elles disparaissent en laissant de nombreux échantillons sous le canif du naturaliste qui veut *connaître* (première loi de l'humanité intelligente), et dont toute la vie, toutes les facultés, toute l'ardeur de penser s'emploient à pénétrer les mystères de l'œuvre divine : celui-là a mission; mais nous, qui voulons seulement effleurer l'étude comme un plaisir, notre lot est d'admirer tant de beautés, tant de grâces divines. Nous en apprendrons davantage en suivant de l'œil ces pierreries mouvantes, en observant les allures variées de ces vivantes merveilles, qu'en alignant tristement sur le carton leurs cadavres déchiquetés.

Plus d'une fois j'ai vu dans nos jardins potagers la *Piéride* onduler, papillonner, planer, remonter, redescendre et se fixer enfin sur une feuille de chou. Les ailes étendues et frémissantes, elle y pondait un groupe d'œufs jaunes, que la loupe m'a montrés, sculptés en forme de flacon et sillonnés de quinze délicates nervures. Des milliers de fils vivaces, plus ou moins prompts à éclore, selon que le plus ou moins de chaleur de la température hâte ou retarde leur développement, sortiront de ces œufs nombreux. Une faim insatiable, à laquelle cette couvée ne se livre pourtant que la nuit, restant cachée tout le jour, fera grossir en peu de semaines chaque chenille à seize pattes, au corps semé de poils blancs, tacheté de points noirs, rayé de trois bandes jaunes longitudinales. Swammerdam, Malpighi, Réaumur, et après eux de nombreux émules, nous ont appris que ce n'était là qu'un étui dans lequel le papillon croît et se développe, comme le poulet sous la coquille de l'œuf. Seulement, à mesure qu'il progresse dans son enveloppe, l'insecte change et agrandit, par quatre mues successives, sa robe bigarrée, à douze anneaux mobiles. Toute cette amusante histoire, éclairée par les ingénieux travaux des savants, peut aujourd'hui se dérouler aux yeux du simple observateur. Voyez la chenille arrivée à toute sa croissance : elle cesse de manger, elle s'éloigne de la plante que jusqu'alors elle broutait avec tant d'énergie, elle cherche à suspendre son éphémère tombeau. Déjà l'on peut distinguer la soie qui écume autour de sa bouche. Suivons-la sous ce banc. La Piéride se serait bien gardée d'y placer ses œufs; il lui fallait la feuille du chou, du navet, du colza, d'une plante crucifère oléagineuse, où sa progéniture pût trouver en naissant le vivre et le couvert. Aujourd'hui, elle sait qu'au sortir du monument qu'elle va se construire, elle aura des ailes et pourra voltiger de fleur en fleur, et c'est un abri solide et sûr qu'il lui faut. Il vaut mieux voir que décrire l'habileté de l'insecte à tisser le câble de soie qui va l'attacher sous ce rebord de pierre; son adresse à disposer une ceinture qui le soutient par le milieu du corps est un vrai prodige. Lorsque la chenille est solidement amarrée, elle fend sa robe, s'en dépouille, et sait la faire glisser sous les liens dont elle s'est entourée sans les relâcher ou les briser.

Tandis que nous l'examinons, toute une volée d'insectes brillants appelle nos regards : ce sont les *Vanesses*, communes dans

CHOIX DE PAPILLONS.

notre climat tempéré, et que nous reconnaissons aux taches variées d'éclatantes couleurs, aux bordures festonnées de leurs ailes à éventail, au bouton ovoïde qui termine leurs antennes. Cinq espèces de ce genre entourent notre groupe de papillons. A gauche, vers le haut, la petite Tortue, qui doit son nom à cette marbrure aurore, jaune et noire, qui rappelle la disposition des couleurs de l'écaille; plus bas, en passant par-dessus une élégante Thaïs qui ne se trouve guère que dans nos départements méridionaux, encore une Vanesse, le Paon de jour, avec quatre prunelles bleues dessinées sur ses ailes pourprées; immédiatement au-dessous, la rapide Atalante, qui porte sur le velours de ses noires ailes un arc-en-ciel de feu. Les chenilles de ces trois Vanesses vivent sur l'ortie, et leurs chrysalides, assujetties par un double câble de soie, sont fréquemment dorées. Vis-à-vis l'Atalante est l'Antiope, ou Morio, d'un noir rougeâtre, aussi orné de taches bleues et festonné d'une large bande d'un jaune pâle. La petite Vanesse, en remontant à droite, doit son surnom de Robert-le-Diable à la bizarre figure de satyre qu'affecte sa chrysalide anguleuse. Toutes les chenilles de ce genre sont épineuses et de couleurs sombres; toutes leurs chrysalides, anguleuses, ont fréquemment les arêtes marquées de ces teintes métalliques qui ont fait nommer ces nymphes *Chrysalides* par les Grecs, *Aureliæ* par les Romains, mots qui signifient dorées.

Le Sylvain ou Nymphale, qui étale au-dessous du petit Robert-le-Diable de grandes ailes tachetées de blanc, se rapproche assez des Vanesses et habite les forêts de l'Est et du Nord. Laissons de côté trois papillons aux ailes repliées: l'Anthocaris-Bélie, du sommet de la planche, papillon qui ne quitte guère le Midi; l'Argus aux mille petits yeux, *poly-ommatys*, que l'on trouve dans les Alpes; plus bas, le Satyre demi-deuil, qui voltige partout sans attirer ni fixer l'attention. Mieux vaut nous occuper du plus beau papillon de nos contrées, le Papillon grand porte-queue ou Machaon, qui brille entre tous ses frères, et dont il est si facile de suivre toutes les métamorphoses.

C'est sur la carotte ou le fenouil qu'en juin vous rencontrerez sa chenille rase, d'un beau vert, qu'entourent des cercles réguliers d'un noir velouté, tacheté de quatre pois couleur aurore; le ventre de l'insecte est d'hermine. La première fois que cette chenille frappa mes yeux, une vieille jardinière me disait d'un air attendri: « J'aime cette bestiole, sa robe est juste comme le gilet de mon homme le jour de nos noces. » En effet, c'est un joli dessin d'indienne. Si, en comptant les anneaux qui se rapprochent autour du cou de la chenille, vous vous avisez de les chatouiller légèrement avec un brin de paille, soudain jaillit une corne charnue, transparente, en forme d'Y, de couleur orange, qui exhale une forte odeur de fenouil: elle sert probablement de défense à la chenille contre ses ennemis acharnés, les Ichneumons, dont la curieuse histoire nous mènerait trop loin aujourd'hui.

J'ai vu une chenille de Machaon, que j'avais nourrie dans une boîte, s'y métamorphoser. Parvenue à toute sa croissance, elle s'accrocha sens dessus dessous avec ses dix pattes membraneuses au couvercle de sa prison. Alors elle commença à promener, d'un mouvement lent et uniforme, sa tête et toute la partie antérieure de son corps, d'un côté à l'autre, se tordant avec effort. Elle dévidait, avec ses pattes écailleuses de devant, le fil de soie, d'une extrême finesse, qui sortait de sa bouche; elle le fixait à droite et à gauche, et s'entoura ainsi de plus de cinquante liens. Son câble filé, elle fendit sa robe, s'en dépouilla, la fit glisser par les mouvements répétés de la chrysalide, qui, débarrassée enfin, demeura immobile et nue, suspendue par cette ceinture. Treize jours plus tard, je vis éclore le papillon. Posé sur ma manche, il y resta près d'une heure, humide, terne, les ailes plissées. Peu à peu il les étendit au soleil, se promenant lentement sur mon bras, séchant ses petites plumes veloutées par un mouvement oscillatoire de plus en plus rapide. Enfin les couleurs se dessinèrent de plus en plus vives : le jaune se dora, les taches, les raies, les nervures noires prirent une teinte de plus en plus foncée. Les deux yeux bleus, à iris pourpre, de sa queue fourchue brillèrent de plus en plus, les antennes allongées frissonnèrent, le balancement des quatre ailes devint plus marqué; il y eut un moment d'arrêt : puis ce fut comme un éclair; je regardais encore mon bras, et, loin de moi, le Machaon faisait déjà voltiger et chatoyer sa brillante queue sur un parterre de fleurs.

Tout au bas de la planche de papillons est une phalène, la *Lichénée* bleue du frêne, dont la chenille se range parmi les Arpenteuses.

Histoire des Locomotives.

La figure 1 représente la *voiture à vapeur* de Cugnot, qu'on peut voir encore au Conservatoire des arts et métiers. Cugnot était un habile officier du génie (né en 1725, mort en 1804). C'est à lui qu'on doit les pre-

Fig. 1. — Voiture à vapeur de Cugnot (sous Louis XV).

miers essais sur l'application de la vapeur à la locomotion.

La machine de Cugnot fut essayée sur des routes ordinaires; mais la première locomotive qui ait circulé sur un chemin de fer fut construite par Trewithick et Vivian. En 1811, Blenkinsop crut apporter un perfectionnement à cette machine primitive en employant pour roues motrices des roues dentées engrenant avec des rails en forme de crémaillères (fig. 2).

Deux ans plus tard, Brunton remplaçait les engrenages par une paire de *jambes* placées à l'arrière de la machine et s'appuyant l'une après l'autre sur le sol (fig. 3).

Ces deux inventions n'étaient propres qu'à entraver les progrès de la locomotive. Mais après les travaux de Blackett, Georges Stephenson construisit, en 1815, une machine à roues couplées (fig. 4), bien supérieure aux précédentes, et fonctionnant régulièrement en vertu de la seule adhérence déter-

Fig. 2. — Locomotive à roues dentées, de Blenkinsop (1811).

Fig. 3. — Locomotive à jambes, de Brunton (1813).

Fig. 4. — Locomotive à roues couplées, de G. Stephenson (1815).

minée entre les roues et les rails par le poids de la machine.

De 1815 à 1829, la locomotive reste à peu près stationnaire.

Mais c'est en 1829 que parut la *Fusée*, sortie des ateliers de Georges et de Robert Stephenson (fig. 5). Grâce à la chaudière tubulaire et au tirage produit par l'injection de la vapeur dans la cheminée, cette machine célèbre réalisa une véritable révolution dans la locomotion sur les chemins de fer.

Toutefois, la *Fusée* nous paraîtra bien mesquine si nous la comparons aux puis-

Fig. 5. — La *Fusée*, de Georges Stephenson (1829).

santes locomotives modernes, et nos lecteurs croiront à peine que cette machine ait pu faire ses dix lieues à l'heure au concours ouvert, en 1829, sur le chemin de fer de Liverpool à Manchester.

La figure 6 est celle d'une locomotive à

Fig. 6. — Locomotive à voyageurs; moyenne vitesse.

voyageurs, en usage pour les moyennes vitesses. Les machines à marchandises présentent une disposition analogue; seulement les roues motrices ont un diamètre moindre et sont au nombre de plusieurs paires. Toutes les roues du même côté sont *couplées*,

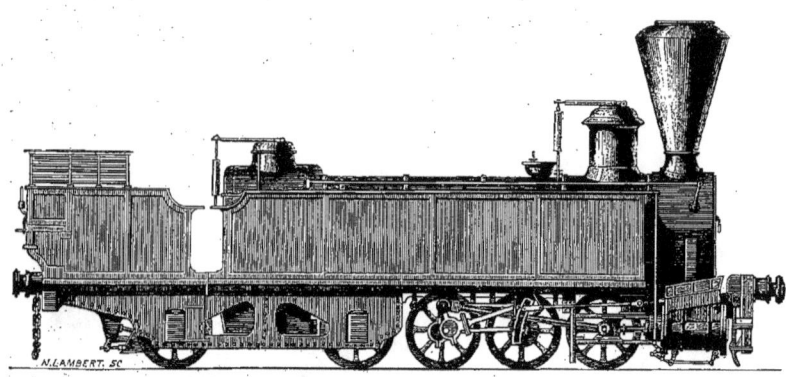

Fig. 7. — Locomotive Engerth.

c'est-à-dire réunies par une même tige qui leur communique le mouvement.

Comme type de puissantes machines à marchandises, pouvant remonter de fortes pentes et passer dans des courbes de petits rayons, nous ne pouvons rien citer de mieux que la machine Engerth (fig. 7). Cette locomotive a été construite pour le service des rampes du Sœmmering (Autriche). Sur les lignes françaises, on emploie aussi les locomotives Engerth pour les transports à grandes distances de la houille ou autres marchandises encombrantes.

Enfin la figure 8 représente la locomotive Crampton, exclusivement destinée aux grandes vitesses. Les roues motrices, de très

Fig. 8. — Locomotive Crampton; grande vitesse.

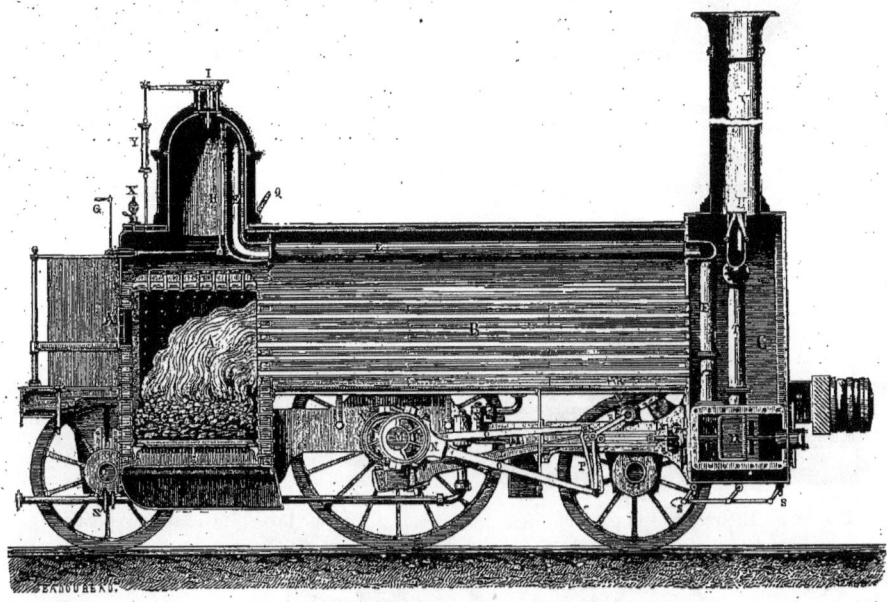

Fig. 9. — Coupe longitudinale d'une locomotive.

grand diamètre, sont placées à l'arrière de la machine.

Après avoir donné à nos lecteurs un aperçu des progrès réalisés dans la construction des machines locomotives, nous allons essayer de leur expliquer aussi clairement que possible le mécanisme d'une locomotive. Dans notre siècle, chacun doit posséder au moins quelques notions sur la construction de cet admirable moteur, que les nations modernes regardent avec raison comme étant désormais l'un des principaux éléments de leur richesse.

La figure 9 (p. 116) représente une *coupe longitudinale* de la locomotive, c'est à dire que si l'on suppose la machine coupée en deux parties égales suivant sa longueur, de manière à laisser voir les détails intérieurs,

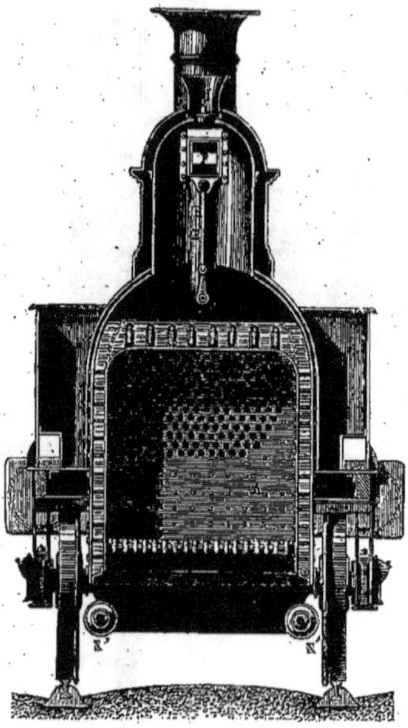

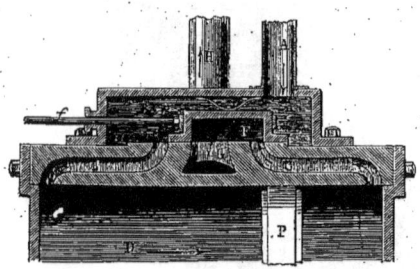

Fig. 10. — Coupe transversale par la boîte à feu.

Fig. 11. — Coupe transversale par la boîte à fumée.

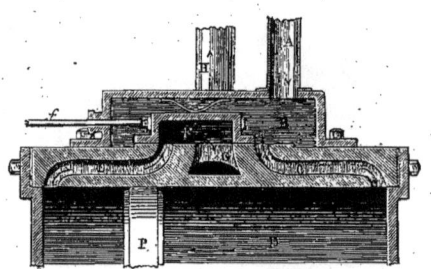

Fig. 12. — Tiroir; première position.

Fig. 13. — Tiroir; seconde position.

la figure 9 représentera l'une de ces deux moitiés.

Les figures 10 et 11 sont, au contraire, des coupes transversales. Pour bien comprendre ces figures, il suffit d'admettre qu'on a coupé la machine par le travers, à l'arrière pour la figure 10, à l'avant pour la figure 11.

C'est à l'arrière, comme chacun sait, que se trouve la *boîte à feu*, c'est-à-dire l'espace qui contient le foyer. La figure 10 représente la boîte à feu, ou le foyer.

A l'avant se trouve, au contraire, la *boîte à fumée* (fig. 11). C'est l'espace où viennent se réunir la fumée du foyer et la vapeur qui a servi à faire mouvoir la machine. La fumée, mélangée de vapeur, se rend ensuite dans la cheminée.

On distingue, dans une machine locomotive, trois parties essentielles :

1° L'*appareil producteur de la vapeur* (chaudière, foyer, pompe alimentaire, etc.);

2° Le *récepteur*, c'est-à-dire la partie qui *reçoit* l'action de la vapeur venant du producteur. Le récepteur consiste essentiellement en deux pistons auxquels la vapeur imprime un mouvement de va-et-vient;

3° L'*appareil de transmission;* c'est le mécanisme qui sert à *transmettre* aux roues le mouvement des pistons.

Nous allons décrire successivement chacune de ces trois parties.

1° *Appareil producteur de la vapeur.*

« La locomotive, c'est la chaudière », a dit Arago; et ce mot est devenu célèbre à juste titre, car il est impossible de mieux exprimer ce fait fondamental : que la puissance de la machine augmente rapidement avec la quantité de vapeur que peut produire la chaudière dans un temps donné, et que cette quantité dépend elle-même de la forme de la chaudière.

Pour produire en peu de temps la plus grande quantité de vapeur possible, il faut que la chaudière possède une très-grande *surface de chauffe*, c'est-à-dire qu'elle offre à l'action directe de la chaleur du foyer et de la flamme du combustible une surface aussi étendue que possible.

La chaudière tubulaire, inventée par notre compatriote Seguin, satisfait complètement à ces conditions; elle a été adoptée par Stephenson en 1829, et elle est devenue l'organe essentiel de la locomotive.

On peut distinguer trois parties principales dans l'appareil producteur de la vapeur.

Ces trois parties sont nettement indiquées dans la figure 9.

A est le foyer, ou la *boîte à feu*.

B est le *corps cylindrique*, ou la chaudière proprement dite.

C est la *boîte à fumée*, qui se termine par la cheminée V de la locomotive.

Le foyer A est complétement entouré d'eau sur trois de ses faces (la face supérieure, celle de droite et celle de gauche). La partie inférieure est occupée par la grille et par le combustible, qui est ordinairement le coke. Cependant, pour les trains de marchandises, on chauffe maintenant la plupart des locomotives à la houille.

Dans la partie postérieure se trouve la porte A' (prononcez A *prime*) du foyer par laquelle le chauffeur jette le combustible dans le foyer.

Vis-à-vis la porte, c'est-à-dire dans la paroi antérieure du foyer, nous trouvons les orifices des cent soixante-quinze tubes qui traversent la chaudière dans toute sa longueur. Ces orifices sont indiqués sur la figure 10.

Les tubes sont entourés de tous côtés par l'eau de la chaudière, et comme ils livrent passage à la flamme et au gaz chaud provenant du foyer, on voit qu'ils représentent une énorme surface de chauffe.

Dans la figure 11, on aperçoit les orifices antérieurs de ces cent soixante-quinze tubes de laiton qui sont très-solidement adaptés dans les plaques qui terminent le corps cylindrique à ses deux extrémités.

Au sortir des tubes, les produits de la combustion se rendent dans la boîte à fumée C, et de là dans la cheminée V.

Mais la hauteur de cette cheminée serait tout à fait insuffisante pour donner un tirage assez énergique. Pour obtenir ce tirage, on fait arriver dans la cheminée, par deux tuyaux T, T, qui viennent se réunir en U, la vapeur qui a servi à faire mouvoir la machine.

Cette méthode fort simple donne un tirage tellement puissant que le combustible brûle très-rapidement dans le foyer ; on est même souvent obligé de modérer ce tirage au moyen d'un régulateur formé de deux valves qu'on peut éloigner ou rapprocher à volonté, au moyen d'une tige U (fig. 11) placée extérieurement. On obtient ainsi un *échappement variable*, c'est-à-dire que le jet de vapeur prend une vitesse plus grande quand les deux valves sont plus rapprochées, et augmente d'autant plus le tirage.

Au sommet du dôme placé au-dessus du foyer (fig. 9 et 10) vient aboutir le tuyau de prise de vapeur EEE. Ce tuyau prend ainsi la vapeur à une grande distance du niveau de l'eau dans la chaudière, précaution nécessaire pour que la vapeur soit *sèche*, autrement dit, qu'elle ne renferme pas de gouttelettes d'eau en suspension.

Le mécanicien peut ouvrir ou fermer plus ou moins l'orifice du tuyau de prise de vapeur en tournant à droite ou à gauche une manivelle G (fig. 9) qui agit au moyen de leviers de renvoi H sur un registre F (fig. 9 et 10), lequel réduit à volonté l'ouverture du tuyau E.

La chaudière porte encore divers organes accessoires :

Une soupape de sûreté I (fig. 9 et 10), chargée par un levier qui agit par une de ses extrémités sur un ressort placé dans une boîte Y. La quantité plus ou moins grande dont fléchit ce ressort est indiquée par une aiguille ; elle fait connaître la pression de la vapeur. Si cette pression dépassait la limite réglementaire, le levier se soulèverait, et la vapeur s'échapperait par la soupape.

Un manomètre métallique placé sous les yeux du mécanicien. Cet instrument (qui n'est pas représenté sur la figure) indique la pression plus exactement que le précédent.

Un sifflet X, dans lequel le conducteur peut faire arriver un jet de vapeur en tournant un robinet placé immédiatement au-dessous. La vapeur s'échappe par une fente circulaire, et vient frapper les bords d'un timbre qu'elle fait vibrer très-énergiquement en produisant ce son strident bien connu de tous les voyageurs.

Enfin, au-dessous du foyer sont placés les tuyaux Z', Z', de la pompe alimentaire, qui vient puiser l'eau dans le tender et la refoule dans la chaudière. La pompe est mise en mouvement par la machine elle-même ; ses dimensions sont calculées de telle sorte que la quantité d'eau qui entre dans la chaudière pendant un temps donné soit à peu près égale à la quantité d'eau réduite en vapeur pendant le même temps.

Cette disposition permet de maintenir le niveau de l'eau dans la chaudière à une hauteur à peu près constante. Le conducteur peut d'ailleurs s'assurer de la position du niveau au moyen de deux robinets placés sous sa main : l'un, qui est au-dessous du niveau, doit toujours donner de l'eau ; l'autre, qui est au-dessus, doit toujours laisser échapper de la vapeur. Un tube de verre communiquant avec la chaudière indique aussi à chaque instant la position du niveau.

2° *Appareil récepteur.*

C'est à l'avant de la locomotive, à la partie inférieure de la boîte à fumée, que se trouve l'appareil récepteur, composé principalement de deux cylindres à vapeur contenant deux pistons (fig. 10 et 11).

Au bas de la boîte à fumée, le tuyau de prise de vapeur EEE se bifurque (fig. 11), et porte la vapeur tantôt dans la partie droite, tantôt dans la partie gauche du récepteur.

Ces deux parties de l'appareil récepteur étant identiques, nous allons décrire seulement l'une d'elles, celle de gauche, par exemple, et ce que nous dirons sur cette partie s'appliquera exactement à l'autre.

La vapeur arrive d'abord dans une boîte contenant un organe de distribution qu'on appelle un tiroir. Cet organe a la forme d'une cuiller munie de rebords aplatis s'appliquant exactement sur le côté du cylindre à vapeur. C'est le tiroir qui permet d'introduire la vapeur tantôt à droite, tantôt à gauche du piston, et, par conséquent, de le faire mouvoir dans un sens ou dans l'autre. Dans la figure 9, D représente le tiroir.

Comme il est très-important de se faire une idée exacte du jeu du tiroir, nous l'avons représenté dans les deux positions qu'il occupe successivement (première position, fig. 12; seconde position, fig. 13). Ce mouvement alternatif est donné au tiroir, par la machine elle-même, au moyen de la tige *f* que porte le tiroir.

Considérons d'abord le tiroir dans sa première position (fig. 12). Dans cette figure et dans la suivante, la direction que suit la vapeur est toujours indiquée par des flèches.

La vapeur arrive par le tuyau de prise de vapeur EEE, dont l'extrémité est représentée en A sur la figure 12. Elle remplit aussitôt la boîte B qui contient le tiroir F, *mais sans pénétrer à l'intérieur de ce dernier;* elle sort ensuite de la boîte du tiroir par le conduit recourbé E, et arrive dans la partie D du cylindre à vapeur qui contient le piston P.

La vapeur agira donc pour pousser le piston P de la gauche vers la droite.

Pendant ce temps, la vapeur qui se trouvait à droite du piston, et qui avait d'abord servi à le faire mouvoir en sens contraire, s'échappe par un conduit C, tout semblable à E, passe *dans l'intérieur du tiroir* F, et de là dans un conduit G qui se recourbe au-dessous du cylindre à vapeur. Enfin ce dernier conduit vient aboutir à un tuyau H qui n'est autre chose que l'un des deux tuyaux T (fig. 11) par lesquels la vapeur est lancée dans la cheminée.

En résumé, lorsque le tiroir occupe la première position (fig. 12), le piston parcourt toute la longueur du cylindre à vapeur en allant de gauche à droite, et, dans ce parcours, il chasse devant lui la vapeur qui se trouve à sa droite, et s'échappe dans la cheminée sans opposer de résistance au mouvement du piston.

A ce moment, la machine déplace le tiroir en le ramenant vers la gauche, à la position marquée par la figure 13. Tout se passe alors d'une manière exactement inverse, comme le lecteur peut s'en convaincre en suivant attentivement la marche de la vapeur au moyen des flèches indicatrices.

La vapeur arrive toujours par le tuyau A dans la boîte B qui contient le tiroir, *mais sans pénétrer dans l'intérieur de ce tiroir;* elle passe ensuite par le conduit C dans le cylindre à vapeur D, et pousse le piston P de la droite vers la gauche.

Pendant ce temps, la vapeur qui avait servi à faire mouvoir le piston de gauche à droite est chassée par le conduit E dans l'intérieur du tiroir, et de là dans le conduit G qui mène à la cheminée.

Ainsi, la vapeur qui a produit son effet pour faire mouvoir le piston soit dans un sens, soit dans l'autre, s'échappe toujours au dehors en passant par l'intérieur du tiroir, et passe dans l'un des conduits C ou E, suivant que le tiroir laisse à découvert l'une ou l'autre des ouvertures de ces deux conduits.

Cet ingénieux mécanisme du tiroir est une des plus belles inventions dues au génie du célèbre Watt.

Comme le récepteur se compose de deux cylindres et de deux pistons, chaque cylindre étant muni d'un tiroir (fig. 11), on conçoit que les tiges des deux pistons reçoivent un mouvement de va-et-vient; et le mouvement des tiroirs est réglé de telle façon que les pistons marchent toujours en sens contraires : l'un va de droite à gauche, par exemple, pendant que l'autre s'avance de gauche à droite.

Comme accessoires du récepteur, citons encore les *robinets purgeurs* S, S, que le conducteur peut manœuvrer à l'aide de leviers de renvoi. Ces robinets permettent de faire écouler l'eau qui provient de la condensation de la vapeur dans les cylindres aux premiers moments de la mise en marche, lorsque les cylindres ne sont pas suffisamment échauffés.

Ces robinets sont indiqués sur les figures 9 et 11.

3° *Appareil transmetteur.*

Le mouvement de va-et-vient des pistons se transmet à l'essieu M (fig. 9), qui porte les roues motrices. Cette transformation d'un mouvement de va-et-vient en un mouvement circulaire continu n'est pas particulière à la locomotive; on la rencontre dans une foule de machines vulgaires, telles que le rouet à filer, la meule du rémouleur, etc.

L'essieu M est doublement coudé. Les deux coudes sont en sens contraires, et chacun d'eux est entouré d'un anneau porté par une *bielle* L (fig. 9), c'est-à-dire par une tige qui reçoit le mouvement de va-et-vient de la tige d'un des deux pistons. L'essieu coudé tournera donc d'une manière continue, et entraînera dans son mouvement les roues motrices, qui font corps avec lui.

Enfin les roues, qui adhèrent fortement aux rails, puisqu'elles sont chargées d'une grande partie de l'énorme poids de la locomotive, ne peuvent tourner sur place, et font avancer la machine en se développant sur les rails : de sorte que si la roue motrice a 6 mètres de tour, à chaque tour de roue la locomotive avancera de 6 mètres le long des rails.

Par les temps de pluie et de verglas, il y a toujours du *temps perdu*, c'est-à-dire que les roues motrices tournent souvent sur place en glissant sur les rails. La même chose arrive quand la machine remorque un convoi trop lourd, ou qu'elle remonte une rampe trop inclinée. On conçoit même que si la machine était solidement attachée à un obstacle fixe, les roues tourneraient indéfiniment sur place.

Pour les machines destinées à remorquer de très-lourds convois, ou à remonter de fortes rampes (comme celle du Pecq à Saint-Germain-en-Laye), on augmente donc autant qu'on peut l'adhérence sur les rails. Dans certaines machines (locomotives Engerth), on a même réuni le tender à la locomotive, afin d'augmenter le poids de celle-ci.

L'essieu coudé qui donne le mouvement aux roues motrices porte deux *excentriques* N, N, lesquels, au moyen de deux bielles O, O, ou *barres d'excentrique*, transmettent le mouvement à la tige du tiroir. Cette dernière transmission se fait par l'intermédiaire d'un organe spécial P, nommé *coulisse*. Le conducteur peut, à volonté, marcher *en avant* ou *en arrière*, en agissant sur cette coulisse au moyen de leviers de renvoi R, R, qui se terminent par une manette Q placée sous sa main, à côté du dôme de prise de vapeur (fig. 9).

Nous ne pouvons décrire ici complètement le mécanisme de la coulisse; nous dirons seulement que ce mécanisme permet, *même pendant la marche*, de changer le sens du tiroir en mettant la tige de ce tiroir en prise avec l'une ou l'autre des deux barres O, O.

Il est, du reste, facile de comprendre que si la position du tiroir est changée, la vapeur qui agissait sur le piston pour le faire mouvoir de droite à gauche, par exemple, aura maintenant un effet contraire. Par conséquent, la bielle qui reçoit le mouvement du piston agira aussi en sens contraire sur l'essieu coudé, et donnera un mouvement inverse aux roues motrices. — Chacun des deux tiroirs est ainsi manœuvré par deux excentriques et deux barres, qu'on peut substituer l'une à l'autre au moyen d'une coulisse.

A un Voyageur.

Sous la hutte du sauvage, ou dans les palais du riche créole, partout où vous trouverez l'hospitalité, rappelez-vous, dans votre intérêt, et au nom de la mère patrie, de laisser un souvenir de ce que ses enfants offrent de bon et de bien : ainsi, en partant, chez ceux que vous quitterez vous laisserez les regrets, et vous trouverez, à la hutte prochaine, des bras tendus pour vous recevoir.

Plus tard vos successeurs, eux aussi, en suivant vos traces, béniront votre nom en récoltant sur leur route la moisson que vous aurez semée.

Le Rêve du Soldat.

La retraite a sonné; les feux du bivouac brillent; les sentinelles se renvoient le Qui vive? autour du camp; les soldats couchés sur le champ de bataille s'endorment jusqu'au lendemain.

Le jeune soldat rêve. Il voit revivre tout ce qu'il a perdu.

Il lui semble qu'il traverse des campagnes connues, qu'il entend au loin la cloche de son village, qu'il sent le parfum des blés noirs qui ondulent au penchant de la colline.

Voici le petit sentier qui conduit à l'église, la fontaine où les jeunes filles se réunissent le matin, le petit jardin du garde champêtre avec ses deux ruches et sa haie de prunelliers; puis, là-bas, plus loin, cette fumée qui monte derrière les bouleaux, ce toit qui penche, cette étroite fenêtre... c'est la cabane où il est né, où sa mère lui a enseigné à connaître Dieu, ses frères et ses sœurs à les aimer, son père à conduire la charrue! Travail, tendresse, prière, c'est là qu'il a tout appris; là il a connu la famille, ce monde en petit qui peut seul enseigner à bien vivre dans le grand.

Aussi ne peut-il contenir son émotion. Il pousse un cri de joie; il appelle par leurs noms ceux qu'il avait quittés avec larmes, et tous ont reconnu la voix aimée, tous accourent avec transport.

Voilà sa jeune sœur dans ses bras, ses petits frères à son cou! Les exclamations se confondent, les mots se croisent, les questions se multiplient sans laisser de place aux réponses. Confusion charmante! ivresse du retour que rien n'égale et à laquelle nul ne peut échapper!

Ah! dors, soldat, et prolonge ton rêve heureux! Reprends possession de toutes tes habitudes d'autrefois. Suis ta sœur aux étables; qu'elle te montre la génisse soignée par elle et qui doit enrichir la famille; va visiter avec ton père les blés qui commencent à incliner leurs épis verts; montre au frère grandi pendant ton absence comment on attend le gibier à l'affût et de quelle manière on doit lier le joug au front des bœufs de labour. Te voilà revenu dans ton royaume; c'est à toi de suppléer aux forces affaiblies du père, et de tout conduire tandis qu'il se repose au foyer.

Mais hélas! les feux du bivouac ont pâli, l'horizon s'éclaire, les tentes des chefs dessinent leurs silhouettes dans le ciel, la diane se fait entendre! Adieu la chaumière natale, les caresses de la famille, les doux et paisibles travaux qui font vivre! Te voilà redevenu l'ouvrier de guerre, dont la tâche est de tuer et de mourir! Lève-toi, jeune homme, secoue ces souvenirs du pays comme les brins d'herbe et de feuilles volantes que le sommeil a mêlés à ta chevelure! Ta famille, désormais, c'est ce régiment qui apprête ses armes; ton clocher, ce drapeau déchiré par la mitraille et dont la pique est rougie de sang.

Portefeuille d'un Allemand mort volontairement de faim.

Le 3 octobre 1818, un aubergiste traversant une forêt peu fréquentée près de Forst, à quelque distance de Ziegenkrug, entendit les sourds gémissements d'un homme étendu dans une fosse fraîchement creusée. Cet homme n'avait aucune blessure; ses vêtements, qui indiquaient plutôt l'aisance que la misère, n'étaient point déchirés comme après une lutte, mais seulement un peu usés et mal entretenus. L'aubergiste adressa la parole à ce malheureux, et chercha à lui faire reprendre connaissance; ce fut en vain: il le chargea alors sur ses épaules et le porta à son auberge, où il le réchauffa et essaya de nouveau de le rappeler à la vie; comprenant enfin à son effrayante maigreur, et aux mouvements convulsifs de ses lèvres, que sa défaillance venait d'inanition, il lui fit avaler avec beaucoup de peine une tasse de bouillon avec un jaune d'œuf; au même instant, cet homme parut se ranimer, se souleva, retomba et mourut. On trouva sur lui une bourse vide, un couteau, et un portefeuille où il avait écrit au crayon les lignes suivantes qui ont été publiées par MM. Hufeland, Marc et Falret.

1

L'homme généreux qui me trouvera un jour ici après ma mort, est invité à m'enterrer, et à conserver pour lui, en raison de ce service, mes vêtements, ma bourse, mon couteau et mon portefeuille.

J'étais, le 12 février 1812, ainsi qu'on peut le voir par le passe-port que je porte sur moi, établi négociant à S.; mais je perdis, par des malheurs, par des vols, etc., la majeure partie de ma fortune. Il me devint impossible de remplir avec exactitude mes engagements; on obtint contre moi un décret de prise de corps, et l'on vendit mes meubles et mes immeubles.

Que me restait-il à faire, sans argent dans ce monde, si ce n'était de mourir de faim? Toute ma fortune que je portais dans ma bourse consistait en 8 groschen 6 pfenning et $1/_{24}$. J'allais avec cette somme à F., où j'arrivai à 4 heures; j'y mis deux lettres à la poste, et je payai 3 groschen $1/_{24}$ pour celle qui était destinée à ma tante, laquelle ne reçoit pas de lettres sans qu'elles soient affranchies. Je dépensai pour ma nourriture 3 groschen et je quittai F. à 5 heures moins 20 minutes, avec 2 groschen 6 pfenning que je possède encore à l'heure où j'écris. La Providence me conduisit sur la grande route, par B., et je bivouaquai à la belle étoile entre L. et F., puisque, avec mes 2 groschen, je ne pouvais espérer de trouver un gîte dans une auberge.

Mais à deux heures du matin, je ne pus supporter davantage la pluie et le froid qui me frappaient dans le buisson où j'étais couché; je me levai en conséquence, je traversai P., et, toujours conduit par la Providence, je pris possession du bivouac où je suis maintenant, et où je compte attendre une mort amère, à moins que la Providence ne vienne à mon secours; car je ne puis ni ne veux mendier.

Hier, 15 de ce mois (septembre), je me suis préparé cette petite cabane, et, aujourd'hui 16, j'ai écrit ces lignes. Hélas! c'est ici que je dois mourir de faim, puisque à mon âge (trente-deux ans) on n'est plus reçu soldat, et que je me suis présenté vainement à tous les chefs militaires. Je ne veux pas non plus me présenter à mes parents éloignés et amis, car je ne connais rien de plus affreux que de dépendre des faveurs d'autrui, surtout lorsqu'on a été son propre maître et que l'on a possédé de la fortune.

Je supplie celui qui me trouvera ici après ma mort, laquelle aura probablement lieu dans quelques jours, puisque je ne puis supporter plus longtemps la faim, la soif, l'humidité, le froid et le manque total de sommeil, d'envoyer par la poste et sous cachet à mon frère N., à N., cet écrit avec un certificat de ma mort. Mon frère lui remboursera volontiers les frais que cet envoi exigera.

Près de Forst, le 16 septembre 1848.

2

Depuis six à sept semaines j'ai été malade. En portant une charge d'orge au grenier, j'ai fait une chute, et j'ai senti quelque chose se rompre dans mon ventre; j'éprouve continuellement des douleurs.

J'existe encore, mais quelle nuit j'ai passée! que j'ai été mouillé! que j'ai eu froid! grand Dieu! Quand mes tourments cesseront-ils? Aucune créature humaine ne s'est présentée à moi depuis trois jours; seulement quelques oiseaux.

Près de Forst, le 17 septembre.

3

Pendant presque toute la nuit précédente, le froid rigoureux m'a forcé de me promener, quoique la marche commence à m'être bien pénible, car je suis bien faible! Une soif ardente m'a contraint à lécher l'eau sur les champignons qui croissaient autour de moi; mais elle a un goût détestable.

18 septembre.

4

Ma situation est toujours la même. Si j'avais seulement un briquet, afin de pouvoir me faire un peu de feu la nuit! car il y a beaucoup de broussailles sèches; je manque de gants et je suis si légèrement vêtu! On s'imaginera aisément ce que je dois souffrir pendant des nuits si longues! Dieu! j'aurais pu vivre encore cinquante ans!

19 septembre.

5

Le Seigneur ne veut m'envoyer ni la mort, ni aucun secours. Pas une âme ne passe en ce lieu où je suis depuis sept jours. En attendant, il se fait dans mon estomac un vacarme terrible, et la marche me devient extrêmement pénible. Il n'a pas plu depuis trois jours; si je pouvais seulement lécher l'eau des champignons! J'espère du moins être délivré dans deux jours.

Dans le cas où mon décès serait porté sur le registre de l'église de B., je remarque que je suis né le 6 mars 1786, à R. près de N., et que je serai décédé le jour dont la date manquera sur mon journal. Mon père s'appelait M. C. N.; il était pasteur à T.; ma mère était Mme G. D. Je n'ai pas été marié.

20 septembre.

6

Afin d'apaiser légèrement la soif horrible qui me dévore depuis sept fois vingt-quatre heures, je me suis rendu au Ziegenkrug, distant d'une lieue de ma cabane : j'y ai pris une bouteille de bière, et pour ma dernière pièce de monnaie un korn ; mais j'ai été obligé d'employer plus de trois heures pour faire cette route. Comme l'aubergiste m'avait vu venir du côté de F., j'allai du côté de B., et je m'établis de nouveau près du Ziegenkrug. Cependant la bouteille de bière m'a peu soulagé ; ma soif est toujours extrême, mais au moins je trouve de l'eau près de moi, c'est-à-dire à la pompe de l'aubergiste, tandis qu'il n'y en a pas au milieu des bruyères ; j'en ferai usage ce soir quand il sera tard, si la mort ne vient pas bientôt me délivrer. Dieu ! que je me trouve maigre et défait lorsque je me regarde dans le miroir de l'aubergiste.

Près de Forst, 24 septembre.

7

Hier 22, j'ai pu à peine me remuer, et moins encore conduire le crayon. La soif la plus dévorante qu'on puisse s'imaginer me fit aller de grand matin à la pompe ; mais mon estomac vide refuse l'eau glaciale, et je l'ai non-seulement rejetée, mais j'ai en outre éprouvé des convulsions tellement violentes, qu'elles étaient à peine supportables, et elles ont duré jusqu'au soir. Alors la soif m'a conduit, comme ce matin, à la pompe. L'estomac paraît vouloir s'habituer à l'eau froide ; mais tout cela ne peut durer bien longtemps, puisque c'est déjà aujourd'hui le dixième jour que je passe sans aliments ; que dans sept jours je n'ai pris qu'un peu de bière et de l'eau, et que je n'ai pas eu un instant de sommeil. J'espère que c'est aujourd'hui le dernier jour de ma vie (c'est justement le jour de la fête de mon frère), et dans cet espoir je fais ma prière et je dis : Dieu ! je te recommande mon âme !

23 septembre.

8

Grand Dieu ! encore trois jours écoulés, et encore pas d'espoir de la mort ou de la vie. Mes jambes semblent pourtant être mortes ; il ne m'a pas été possible, depuis le 23 au soir, de me rendre à la pompe : aussi ma soif et ma faiblesse ont fort augmenté. Cela ne peut plus durer longtemps ; mais le cœur est toujours sain.

26 septembre.

9

Encore trois jours, et j'ai été tellement trempé pendant la nuit que mes vêtements ne sont pas encore secs. Personne ne croira combien cela est pénible. Pendant la forte pluie, il m'est entré de l'eau dans la bouche ; mais l'eau ne peut plus calmer ma soif ; d'ailleurs, je ne puis plus m'en procurer depuis six jours, puisque je suis incapable de changer de place.

Hier, j'ai vu, pour la première fois depuis l'éternité que je passe ici, un homme : il s'est approché de huit à dix pas de moi ; il conduisait des moutons, je l'ai salué silencieusement, et il a répondu de la même manière à mon salut. Peut-être me trouvera-t-il après ma mort !

Je termine en déclarant devant Dieu le tout-puissant que, malgré les infortunes qui m'ont accablé depuis ma jeunesse, c'est avec bien du regret que je meurs, quoique la misère m'y ait forcé impérieusement.

Cependant je prie pour obtenir la mort.

La faiblesse et les convulsions m'empêchent d'écrire davantage, et je pense que je viens d'écrire pour la dernière fois.

Près de Forst, à côté de Ziegenkrug, 27 septembre 1818.

— Les lecteurs sauront tirer eux-mêmes la morale de ce récit véridique.

Cet homme fut un suicide ; et ce qui est

encore plus triste et plus déplorable, un suicide sans courage. Il s'est laissé mourir volontairement, mais en cherchant à écarter de lui la réprobation qui s'attache à cet acte de désespoir. Pauvre homme! il a mérité plus de pitié pour la misère de son esprit que pour sa misère matérielle!

Avec quel soin il énumère les impossibilités de vivre qu'il croit de nature à légitimer sa résolution. « Il est ruiné; il ne peut pas, il ne veut pas mendier; il ne saurait demander des secours à ses parents et à ses amis; il est trop âgé pour être reçu soldat; etc. »

Avec quelle précaution il évite toute circonstance qui peut le rappeler à l'amour de la vie! Comme il craint tout secours!

Il choisit un lieu écarté; il garde plusieurs jours sa dernière monnaie sans paraître même songer à en faire usage. Il entre dans une auberge, et il craint que l'aubergiste ne le suive; un berger passe, il ne lui adresse aucune parole, il ne lui fait aucun signe.

Dans l'enchaînement des vicissitudes humaines, combien de fortunes s'écroulent, combien de citoyens sont tout à coup précipités du luxe ou de l'aisance dans une détresse extrême. Mais le sentiment des devoirs et l'amour de la vie ont d'admirables encouragements.

Rien n'est désespéré, lorsque l'on a un frère, des parents, des amis; lorsque l'on a des bras et la volonté de vivre.

Demandez autour de vous; on vous racontera cent exemples de riches dont la première mise de fonds n'a pas été beaucoup plus élevée que le prix d'une bouteille de bière; pour eux, la nécessité a été mère de l'industrie. On vous racontera aussi mille exemples d'hommes heureux qui ont été un jour accablés sous le poids des plus horribles douleurs d'âme : les premières avances que leur ait faites la société n'ont peut-être pas été beaucoup plus considérables que la pitié d'un aubergiste ou le salut d'un berger; mais ils ont eu foi dans la charité humaine, qui toujours brille sur terre au fond d'autant de regards que la lumière au ciel pendant les plus sombres nuits!

Un célèbre écrivain de la patrie de ce pauvre Allemand, Lessing, écrivait ces lignes au dernier siècle :

« Rarement un homme est longtemps délaissé entièrement parmi les hommes. S'il se mêle à ses semblables, il trouvera à la fin quelques êtres disposés à s'attacher à lui : peut-être ce ne seront pas des gens des premiers rangs, qui ont toujours leur bourse à défendre, et qui, pour cette raison, sont souvent privés du doux sentiment de la fraternité humaine; ce seront ceux des derniers rangs; peut-être ce ne seront pas des heureux du siècle, ce seront toujours des hommes. Une goutte n'a qu'à toucher la superficie de l'eau pour être reçue et s'y confondre entièrement, et il n'importe d'où cette eau vienne, du lac ou de la source, de la rivière ou de la mer, de la Baltique ou de l'Océan. »

Le Geai.

Ce voleur d'œufs a partout les mêmes inclinations malfaisantes. Il pille chaque nid qu'il rencontre, se régale des œufs, et, comme le corbeau, dévore les petits. Il attaque le faible, redoute le fort et fuit même ses égaux : le cardinal gros-bec le défie et le bat; la grive rouge, le moqueur, d'autres plus faibles que lui, ne le laissent pas approcher impunément de leur couvée, où le geai ne se glisse qu'en leur absence pour dévorer tout. J'en ai suivi un qui faisait sa ronde de nid en nid aussi régulièrement, aussi paisiblement qu'un médecin visitant

LE GEAI BLEU.

ses malades. En revanche, je fus témoin de son angoisse quand, au retour, il trouva sa femelle dans la gueule du serpent, son nid dévasté, ses œufs anéantis.

Même durant leurs migrations, les geais ne volent pas à de grandes distances d'une seule traite, et dans leurs pauses ils inspectent minutieusement bois, champs, vergers, jardins, où il est aisé de suivre ces loquaces pillards, excepté lorsqu'un faucon vient à fendre l'air : alors la troupe entière se tait spontanément, et, se glissant au plus épais d'un fourré, tous y demeurent muets et cois.

Voici la description du geai bleu :

Bec court, fort, droit, comprimé, acéré; la base des narines recouverte de poils roides et hérissés. Tête large, cou court, corps robuste. Tarses fins, réticulés et saillants en arrière, de même longueur que le doigt du milieu. Doigt antérieur plus court; ongles aigus, comprimés et tranchants. Plumage doux, soyeux, brillant. Plumes de la tête allongées et redressées en touffe. Ailes courtes; la première penne un peu écourtée; la quatrième et la cinquième plus longues que les autres. Queue allongée en forme de coin à son extrémité, et s'étalant en douze plumes arrondies. Le bec et les pieds sont d'un brun noir. Toute la partie supérieure, d'un beau bleu foncé, purpurin, brille d'un vif éclat. La queue, le bout des plumes secondaires, sont blancs, rayés transversalement de noir, ainsi que les plus larges couvertures de l'aile. Une large bande du même noir part de l'occiput, passe derrière l'œil, descend sur le cou, et s'y arrondit en collier. Les joues sont d'un bleu pâle; les parties inférieures, blanchâtres, se teignent, sur la gorge et sous les ailes, d'un brun rougeâtre. La longueur de l'oiseau est de 12 pouces, l'étendue de ses ailes de 14. La femelle, plus petite que le mâle, a le sein plus brun, les teintes supérieures d'un bleu moins riche. La plante grimpante qui tourne autour du tronc est un *Bignonia radicans*.

Les Dénicheurs d'Aiglons.

Nous revenions, quelques amis et moi, par un beau soir de février, assez las d'une pêche aux écrevisses et aux truites fort malheureuse, et qui laissait nos filets vides.

Nous longions d'abrupts escarpements, premières assises des Alpes du côté du Dauphiné, lorsque, remarquant, le long des rocs perpendiculaires, quantité de longues traînées blanches, je m'arrêtai, cherchant à deviner de quel oiseau pouvaient venir de pareilles traces crayeuses.

— Quelles nichées de hiboux logez-vous donc là ? demandai-je à mes compagnons.

— Un naturaliste tel que vous s'y devrait mieux connaître, me répondit l'un d'eux, qui demeurait à une lieue environ de l'endroit. Ce sont des læmmer-geyer qui ont bâti leur aire dans ces roches : je les ai vus plus d'une fois, ces fameux brigands; malheureusement, toujours hors de portée.

Je n'avais encore dans ma collection aucun de ces gigantesques aigles barbus, de ces gypaètes que les Abyssiniens appellent le père à longue barbe, et que les Suisses ont nommés *læmmer-geyer*, le vautour des agneaux; nulle occasion d'observer leurs mœurs et leurs habitudes ne s'était présentée à moi.

Résolu de profiter de celle-ci, je décidai mes amis à s'arrêter, et nous passâmes, blottis sous une anfractuosité du roc, un temps qui me parut long. Indépendamment des anxiétés de l'attente, mon impatience était provoquée par le bavardage incessant de mon voisin, ennemi juré de la terrible espèce, effroi des imaginations helvétiques.

Impossible de lui imposer silence, tandis qu'il me racontait dans le tympan de l'oreille tous ses griefs, non-seulement contre les habitants emplumés de cette roche, qui levaient plus d'une dîme sur sa chasse, mais contre leur race tout entière.

Il tenait de son grand-père qu'en son temps, l'enfant gros et fort, et déjà âgé de trois ans, d'un paysan du Tyrol, saisi soudain entre les serres d'un læmmer-geyer, n'avait dû son salut qu'à la difficulté qu'ont ces immenses oiseaux pour prendre leur vol sur un terrain plat. Tandis que le rapace soupesait sa proie, le père, accouru aux cris perçants de sa progéniture, tomba, son bâton à la main, sur le ravisseur. Forcé de lâcher prise pour se défendre, l'oiseau combattit opiniâtrément jusqu'au bout, et fut tué sur la place.

— Chut donc! le plus léger murmure peut l'effaroucher : il voit de loin, entend de même. Cachons-nous ; taisons-nous!

— Oh! l'ennemi n'est pas encore là, nous entendrions le bruit de ses ailes... Tenez, pas plus tard que la semaine dernière, je lisais dans mon journal qu'à Gratz, en Styrie, dans un pré aux environs de Waiz... Savez-vous où est Waiz? Est-ce en Tyrol, est-ce en Styrie?

— Qu'importe? chut donc!

— Oh! n'ayez peur! j'ai l'œil au guet, et dès qu'il le faudra je serai plus muet qu'un poisson. Je vous disais donc qu'aux environs de Waiz... c'est peut-être Waitzen que l'écrivain aura voulu dire?

Je lui mis la main sur la bouche ; un sifflement aigu se faisait entendre, très-haut, sur une petite avance du roc. Deux aiglons, les ailes frémissantes, avaient rampé au bord du rocher pour recevoir leur nourriture, et leurs funèbres cris de joie annonçaient à l'avance l'arrivée du père, point noir qui parut presque aussitôt dans l'azur foncé du ciel, et qui grandit rapidement. Ce n'était point un gypaëte. Le formidable oiseau, que j'eus tout le temps d'observer tandis qu'accroché au bord du rocher il laissait pendre ses ailes à demi déployées à la façon des hirondelles de rivage, me sembla une espèce d'aigle nouvelle, moins grande que le læmmer-geyer, mais plus nerveuse, à serres plus puissantes, au bec sombre, garni à sa base de la membrane jaunâtre que l'on nomme *cire*, au lieu du petit bouquet de plumes fines, semblables à des soies, qui ornent celui du gypaëte ; il n'avait pas non plus la petite barbe sous la gorge, et me sembla plus sombre et plus riche que le læmmer-geyer. En revanche, les aiglons, déjà emplumés jusqu'aux talons, étaient revêtus d'une livrée beaucoup plus claire, et comme j'avançais la tête pour les mieux voir, la femelle, d'un tiers plus grosse que le mâle, parut tout à coup dans l'air : son œil perçant nous découvrit à l'instant même, et, poussant un horrible cri, elle laissa choir le gros poisson qu'elle apportait. Soudain les petits disparurent dans la fente du rocher, le mâle s'éleva, battant l'air de ses ailes vigoureuses, et le couple irrité vint planer au-dessus de nos têtes en faisant entendre des hurlements de menace presque effrayants.

Nous ne quittâmes pas la place sans nous être promis de revenir avec des armes dès le lendemain matin ; mais une affreuse tempête de vent et de pluie nous claquemura au logis, et il n'y eut moyen de tenter l'expédition qu'au troisième jour. Nous arrivâmes en force, portant des fusils, des cordes, tout un attirail d'escalade. Quelques hommes se postèrent au pied du rocher, d'autres montèrent sur les plateaux au-dessus ; mais l'entière journée se passa sans rien plus découvrir des beaux et forts oiseaux sur lesquels je fondais tant d'espérances scientifiques : leur sagacité avait mis le temps à profit, et déconcerté les ravisseurs en assignant aux aiglons de nouveaux quartiers.

Mes regrets furent d'autant plus vifs, qu'en explorant le pays, et durant quelques années d'excursions et de recherches ornithologiques, je ne trouvai plus la variété à laquelle je me promettais d'imposer un nom. Cependant j'eus lieu de me convaincre de plus en plus de la confusion amenée dans les classifications par la diversité de plumage qui se manifeste entre les oiseaux d'une même espèce, suivant l'âge, le sexe et les changements de saison; je crus donc pouvoir rendre un plus grand service à la science en étudiant et déterminant ces variations, qu'en ajoutant un ou deux sujets de plus à des collections déjà si riches.

La tâche était difficile. Il fallait découvrir et observer les nids; or l'invisible prévoyance qui apporte aux petits des oiseaux la pâture, a pris soin de cacher leur berceau. Le plumage des femelles, qui couvrent longtemps le nid de leurs ailes, se confond avec le feuillage, avec le terrain, le tronc d'arbre, les rochers où elles l'attachent; la plupart sont muettes, et j'ai eu à admirer, dans mes recherches, les prodiges de leur instinct, et à élever souvent ma pensée attendrie vers Celui qui distribue les dons à proportion des besoins.

En poursuivant cette étude, qui entraîne celle de la vie et des mœurs de la gent ailée, j'ai fréquemment visité le Nord, d'où descendent ces immenses bancs de poissons, inépuisables approvisionnements que suivent des volées entières, d'entières escadres d'oiseaux divers. J'ai parcouru ces îles, étapes semées sur l'Océan, où nichent et se réfugient des armées de rapaces et de palmipèdes. Une place là m'a laissé les plus doux souvenirs, et ma pensée y retourne, comme celle du voyageur errant au loin se reporte vers le foyer où ses amis l'attendent. Cette petite île ignorée est située sur la rive occidentale du comté d'Argyle, et donne son nom, Garveloch, au petit groupe d'ilots dont elle est le plus considérable. Une mer houleuse, constamment bouillonnante, des écueils dangereux séparent du continent ce petit coin de terre où, dans une humble hutte de pêcheur, j'ai trouvé le repos, la quiétude de l'âme, et d'où j'ai ramené un jeune et cher ami qui ne me quittera plus.

Lorsque je demandai asile, il y a maintenant de longues années, dans la petite cabane, seule demeure en vue sur l'aride côte où me déposait une barque en dérive à laquelle le gros temps ne permettait plus de tenir la mer, j'avais le bras en écharpe, et j'étais malade des suites d'une chute faite en escaladant des rochers pour découvrir ces nids, objets constants de mes recherches. Je fus soigné, avec une sollicitude éclairée, ferme et douce à la fois, par la fille du logis, grande et virile créature, maigre, hâve, hâlée, qui, à vingt-six ans, paraissait presque en avoir quarante, et n'avait des charmes de la femme que la douceur pénétrante du regard et la suavité de chants, murmures inarticulés, mélodieux, qui rappelaient le gazouillement de l'oiseau endormant sa couvée. Ella, c'est son nom, était orpheline de mère; son père, infirme et vieux, ne quittait guère le coin de son feu de tourbe, et c'était elle qui allait à la pêche avec les deux plus âgés de ses frères, qu'elle avait élevés tous trois. Elle nourrissait la famille, portait le poids du jour, celui des veilles, satisfaite d'être la providence du cercle étroit qui l'entourait. L'aîné des jeunes garçons pouvait avoir dix-huit ans; le dernier, dont la naissance avait coûté la vie à sa mère, et qui semblait à peine âgé de neuf ans, en avait treize. L'étrange petite créature était le benjamin d'Ella. Inhabile aux choses de la vie, aux rudes travaux de la pêche, aux labeurs des champs, jamais il ne bêchait le petit enclos dont l'orge fournissait les gâteaux, seul pain de la famille; mais là, il cueillait, il tressait des fleurs, faisait de petits ouvrages, des sifflets, d'étroites nattes, avec les chaumes qu'il assouplissait dans l'eau; il ne creusait pas la terre pour y tailler des briques de tourbe, mais dans celles que préparaient ses frères il découvrait de petits morceaux de jais, et en arrangeait des colliers pour sa sœur; il ne ramassait pas le varech pour le brûler et en tirer la soude, mais, assis des heures entières sur un récif, au bas de l'inaccessible rocher pyramidal qu'on appelle le Storr, et que sépare de l'île un étroit banc de sable recouvert deux fois le jour par la marée, il contemplait le courant qui tourbillonne autour de la base rugueuse du roc, tourne par derrière, et va mourir sur la plage la plus abordable de Garveloch, au pied même de la cabane. Armé d'une longue baguette, l'enfant attirait de tous les côtés, en se jouant, les goëmons, les ulves, les espèces variées d'algues que les vagues furieuses de ces contrées arrachent sans cesse du sein de l'Océan et poussent vers ses rives. La petite cargaison de plantes marines, appareillée en façon de flotte par *l'Innocent* (ceux des rares habitants de l'île qui le connaissaient le nommaient ainsi), suivait la direction du courant, tournoyait, doublait le roc avec lui, et se venait entasser au pied de la hutte d'Ella; puis la ménagère et ses frères n'avaient qu'à recueillir. Mais travailler assidûment pour vivre, gagner de l'argent, vendre, acheter, toutes ces idées compliquées ne pouvaient trouver place dans la tête envolée du jeune garçon; il vivait avec les oiseaux du ciel et les poissons de l'abîme en amicale communication, s'ébattait avec eux, et, affectueux et bon autant qu'on le peut être lorsqu'on ne comprend qu'imparfaitement, il était cher à ceux auxquels son absence presque complète de mémoire et de persévérance le rendait, à peu de chose près, inutile.

Mais si le sens intérieur dont la conscience s'alimente lui manquait, en revanche il avait un instinct merveilleux, celui que nous admirons dans les animaux, et qui semble une sorte toute particulière d'intelligence. Dès l'abord, il m'avait pris à gré, quoique, dans sa nature timide et sauvage, il s'effarouchât à l'aspect de tout inconnu. Quelques boîtes d'oiseaux empaillés, apportées dans mon bagage, contribuèrent à resserrer nos relations. Chaque fois que le mauvais temps le retenait au logis, il contemplait mes collections et me les regardait arranger avec une admiration enfantine. Bientôt il m'aida, et lorsque je pus sortir, il devint non-seulement mon compagnon, mais un utile guide. Je lui découvris alors de précieux talents; il connaissait les gîtes des oiseaux, grimpait comme un chat sur d'abruptes roches qui semblaient à pic, mettait les mains sur le pingouin accroupi sur son œuf, sans le faire fuir; où j'avais fait la guerre, il nouait des amitiés. Dès le grand matin, lorsque le soleil pointe au-dessus des montagnes de Lorn, Arkie (affectueux diminutif d'Arkibald) était déjà grimpé sur le haut du Storr. Si je me hasardais de bonne heure hors de la cabane, je le voyais, debout sur le sommet de crêtes où j'aurais cru impossible de parvenir, veiller, en leur vol matinal vers le sud, les longues files de *fous de Bassan*, ainsi qu'on nomme ces *boubies*, qui ne pondent qu'un œuf, mais le pondent trois fois quand on le leur dérobe. Il ne revenait de ces excursions que le bonnet

LES DÉNICHEURS D'AIGLONS.

plein d'œufs, les poches gonflées de duvet, et souvent tenant des oiseaux cachés sous son plaid. Quand il m'apercevait au bas de son immense piédestal, il bondissait, poussait des cris de joie aigus, jetait son bonnet en l'air en agitant ses bras au-dessus de sa tête, et des nuées d'oiseaux de mer, sternes et hirondelles criant, pétrels de Saint-Kilda croassant, macareux vociférant, mouettes riant, pingouins sifflant, tourbillonnaient autour de lui comme les feuilles dans l'orage.

Plusieurs fois j'exprimai en sa présence le désir d'avoir de jeunes oiseaux de proie, entre autres des petits d'aigles pêcheurs. Il levait les sourcils, fixait sur moi des yeux effarés, les détournait soudain, et prenait un certain air narquois, rare chez lui, mais que pourtant je lui connaissais. J'étais enfin assez rétabli pour entreprendre des excursions dans l'île, lorsqu'un matin, de fort bonne heure, voulant profiter d'un beau jour et faire une longue course, je demandai mon petit compagnon. Point d'Arkie, ni alentour de la cabane, ni près du récif où d'ordinaire il veillait les goëmons; et je braquai vainement ma longue-vue sur le Storr. Résolu, faute de mieux, à une promenade solitaire, je chargeai d'un fusil mon épaule si longtemps endolorie, et je n'eus pas fait vingt pas que je sentis combien *l'Innocent* me manquait. Accoutumés à le voir franchir l'espace d'un écueil à l'autre, aller, revenir comme un jeune chien, poursuivre l'oie sauvage comme d'autres enfants poursuivent le papillon, mes yeux le cherchaient toujours. Découragé, je souffrais de l'isolement. Continuant néanmoins ma route, je traversai des bruyères, de tristes et marécageux déserts, et, chose étrange, comme si, en me séparant de mon jeune guide, j'eusse quitté tout à fait la région des oiseaux, je n'en vis pas un à portée. Enfin je me dirigeai vers un groupe de roches à formes bizarres qui se rapprochent de la mer, et, tâchant de retrouver mon pied de chasseur, je m'exerçai à grimper, me gourmandant moi-même de perdre, faute d'usage, mon ancienne intrépidité.

Tout à coup le silence de ces solitudes fut brisé par un cri lamentable, une sorte de hurlement furieux, aigu et plaintif tout à la fois, qui me rappela celui de l'aigle des Alpes dont le nid jadis m'était échappé; je tournai rapidement un angle saillant, et demeurai frappé de stupeur du spectacle qui s'offrit à moi. Au bout d'un câble tourné deux fois autour du tronc rabougri d'un vieil arbre, pendait, au-dessus de l'abîme, le petit Arkie, et un aigle formidable, ses talons tranchants repliés sous lui, son bec acéré à demi ouvert, les ailes étendues, l'œil rouge et farouche, menaçait l'enfant qui oscillait au bout de la corde.

Dans le premier moment, je n'aperçus pas même trois autres petits insulaires complices de la témérité d'Arkie, deux desquels s'efforçaient de remonter l'enfant sur le plateau, tandis que le plus hardi, le bâton levé, menaçait l'aigle, mais de trop loin. Impossible de tirer, de peur d'atteindre Arkie; je n'avais plus ni mouvement ni souffle. Sous son bras, il tenait deux aiglons, ces aiglons qu'il savait que j'avais désirés ! Pauvre enfant! le bec de l'aigle allait déchirer sa face lorsqu'il se décida à en lâcher un. J'étais en proie à une angoisse sans nom que je n'aurais pu supporter un moment de plus. L'aigle se précipita pour arrêter dans sa chute son petit qui voletait. Je respirai : les deux petits garçons tiraient de leur mieux. Arkie approchait du bord. Prompt comme la foudre, l'aigle reparut. A l'aspect du bec effroyable qui s'ouvrait de nouveau, Arkie lâcha le dernier oiseau, et put prendre pied sur le roc.

Quelques secondes plus tard, je serrais dans mes bras le téméraire petit chasseur. A quoi bon dire que, sans retard, nous revînmes au rocher avec un attirail plus solide et de plus forts auxiliaires bien armés? Je descendis moi-même dans cette crevasse entre deux rocs découverte par Arkie, et je pus examiner l'aire à loisir. Ce plancher presque plat, formé, par couches successives, de bâtons, de roseaux, de bruyères, puis de roseaux encore, pouvait avoir de cinq à six pieds de longueur, et, vrai charnier, était entouré d'ossements blanchis. J'avais à empailler une famille entière de rapaces, sur lesquels j'étudiai à mon aise les nombreuses différences qui se trouvent entre la robe des adultes, celle du mâle et de la femelle, et entre leur plumage sombre et le duvet fauve des petits.

J'avais mieux que cela : j'avais, dans le petit dénicheur d'aigles, un ami. *L'Innocent* avait trouvé sa vocation, et sa digne sœur consentait à me le confier, sous condition qu'une fois au moins tous les deux ans nous visiterions les aigles et les gannets de l'île de Garveloch.

Explication de quelques Joujoux.

Les cabrioles du pantin. — La fig. 1 représente le pantin dans sa cage de verre. Il suffit de faire tourner lentement de droite à gau-

Fig. 1.

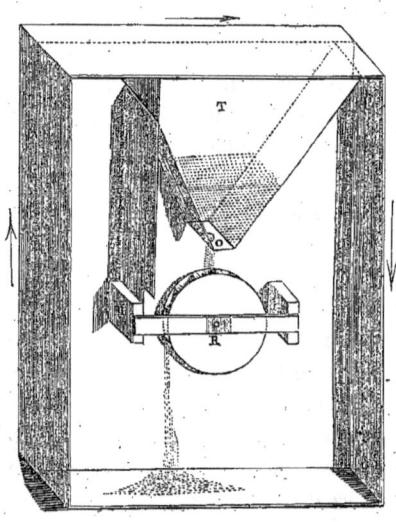

Fig. 2.

che, dans le sens indiqué par les flèches, et de poser d'aplomb la boîte qui renferme tout le mécanisme, pour voir le pantin effectuer sa rotation autour de l'axe horizontal qu'il entoure de ses deux mains. Les articulations qui réunissent ses membres donnent lieu à divers incidents. La rotation s'opère tantôt dans un sens, tantôt dans un autre; les jambes vont l'une de ci, l'autre de là; les culbutes alternent; tout le corps se disloque et se rassemble alternativement, avec force contorsions comiques.

La fig. 2, qui représente l'intérieur de la boîte vu du côté opposé à celui de la fig. 1, donne le secret des ces mouvements, dus à une chute de sable. On connaissait depuis longtemps des jouets de cette espèce, où le sable, placé dans un réservoir supérieur, met en mouvement, par la force du choc, certaines parties mobiles d'une scène d'intérieur, d'un paysage, etc. Ce qu'il y a d'ingénieux dans notre joujou, c'est que la cloison AB est disposée de telle sorte que la révolution complète opérée dans le sens des flèches des fig. 1 et 2 amène successivement le sable fin, cause du mouvement, dans la trémie T. Cette trémie est munie d'une petite ouverture au-dessus de A, pour recevoir le sable; une seconde ouverture beaucoup plus petite O, placée à la partie inférieure de la trémie, laisse tomber le sable sur une roue à augets, directement au-dessus de l'axe de rotation de la roue : l'axe de rotation fait corps avec la roue; c'est un fil de fer dont les extrémités tournent dans de petits trous percés au milieu de plaques métalliques. C'est sur cet axe, prolongé de l'autre côté d'une cloison qui dérobe le mécanisme à la vue du spectateur, que sont fixés les poignets du pantin. La position symétrique de la trémie des deux côtés d'un plan vertical passant par le centre de la roue et perpendiculaire à cette roue, fait concevoir que, suivant le côté vers lequel le sable tombe en plus grande abondance, la rotation s'opère tantôt dans un sens, tantôt dans un autre. Lorsque la trémie est presque vide, les augets supérieurs de la roue sont encore poussés par le poids du sable qu'ils contiennent déjà : de là un état d'équilibre instable, qui produit les mouvements de rotation alternatifs et les contorsions comiques du personnage.

Les promenades de la souris. — Voici un jouet d'un effet vraiment curieux, et qui a certainement amusé des enfants de tout âge; ce qui, soit dit en passant, a lieu pour beaucoup d'autres joujoux.

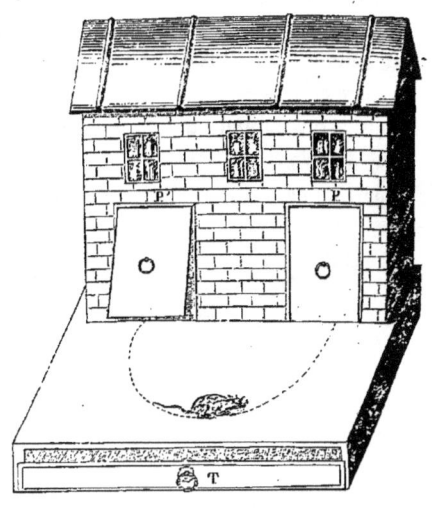

Fig. 3.

On voit dans la fig. 3 une souris de carton placée sur une petite plate-forme au-devant d'une maison. Cette souris, assise sur une plaque en fer ou en acier détrempé, n'est que posée sur la plate-forme. Aucune rainure, aucun rouage n'existe là pour établir communication directe entre la souris et la main de l'opérateur. Cependant, dès que l'on fait avancer ou reculer le tiroir T dans sa coulisse, la souris s'agite, et, avec des mouvements saccadés qui rappellent à s'y méprendre ceux de l'animal vivant, elle se meut circulairement sous l'influence du tiroir, entre par une des portes P dans la maisonnette placée au bout de la plate-forme, sort par l'autre porte P', et ne cesse de remuer que lorsque le tiroir lui-même est en repos dans sa coulisse.

Le secret n'est pas encore compliqué dans ce cas : on se doute bien qu'il s'agit d'attraction magnétique. En effet, si nous enlevons la plate-forme qui cache l'intérieur du soubassement, nous y verrons (fig. 4 et 5) un aimant M, fixé sur un disque de bois D. Ce disque est mobile autour d'un axe vertical, et fait corps avec un petit tambour ou cylindre C. L'axe commun au disque et au tambour est un simple clou fixé au fond de la boîte en F. Une ficelle *ff*, attachée par ses bouts à des taquets qui font corps avec le fond du tiroir, est enroulée autour du tambour, comme le représente, à une plus grande

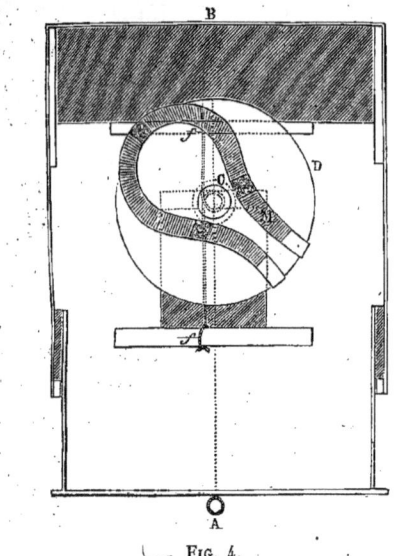

Fig. 4.

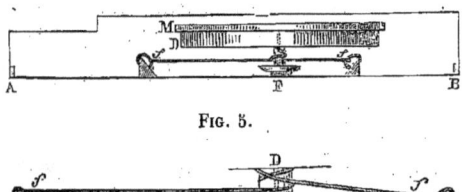

Fig. 5.

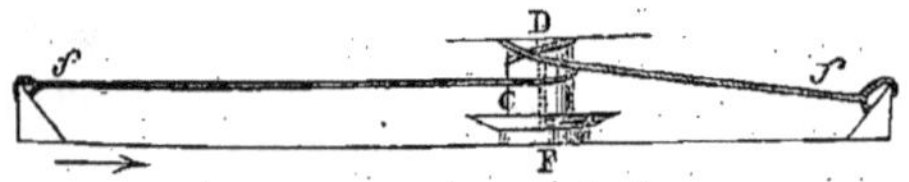

Fig. 6.

échelle, la fig. 6; de manière que le mouvement de va-et-vient du tiroir se transforme en un mouvement circulaire alternatif pour le disque D et pour l'aimant M qu'il porte. Or on sait que l'influence magnétique s'exerce à distance. La souris, posée sur le plateau, suivra donc, en glissant, les pôles de l'aimant qui l'attire, et tournera tantôt dans un sens, tantôt dans l'autre.

Le sautriaut. — Ce jouet n'est pas nouveau. Montucla l'a décrit en 1778 dans ses *Récréations mathématiques*, en annonçant qu'on avait apporté des Indes, quelques années auparavant, cette petite machine qu'il trouve fort ingénieusement imaginée.

La fig. 7 représente, au quart de grandeur naturelle, une coupe verticale de la boîte dans laquelle est contenu tout l'appareil. Lorsqu'on veut s'en amuser, on sort le tiroir T de sa coulisse, on prend le personnage qui y est couché, on place ce tiroir de

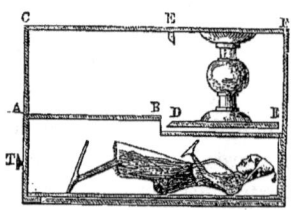

Fig. 7.

manière que la partie AB soit en dehors de la paroi verticale AC, on retourne la portion mobile du couvercle EF, de manière que DE soit placé à l'extérieur de la boîte au lieu d'être à l'intérieur. En un mot, on dispose la boîte de telle sorte que ses différentes parties forment trois échelons successifs, comme le représente la figure 8. Plaçant alors les pieds du sautriaut entre deux repères fixés sur le degré supérieur DE, et la face tournée vers le haut, on le lâche, et on le voit immédiatement basculer, prendre diverses positions dont notre figure 8 représente quelques-unes, et ne s'arrêter qu'au moment où il n'a plus d'échelons à descendre.

Tout le secret consiste ici dans la structure du corps du personnage. La figure 9 représente la coupe de ce corps. C'est une boîte en bois léger, aux deux extrémités de laquelle sont deux réceptacles f et g, communiquant entre eux par deux canaux fF, Gg, dont les origines sont placées respectivement

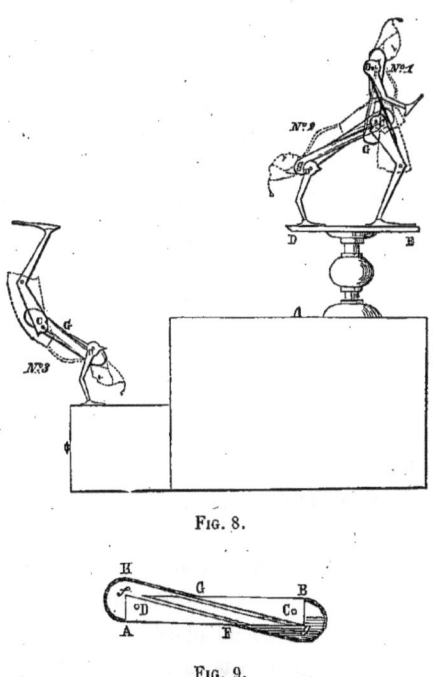

Fig. 8.

Fig. 9.

au-dessus et au-dessous des centres des réceptacles. C et D sont deux axes autour desquels doivent tourner les bras et les jambes. Un des réceptacles étant à peu près rempli de vif-argent (mercure liquide), on bouche l'ouverture par laquelle ce métal a été introduit, on articule les bras et les jambes autour des chevillettes D et C, on fixe une tête en carton creux, et on achève l'habillement du mannequin.

Cela posé, concevons d'abord le personnage posé debout sur ses jambes, comme on le voit dans le haut de la figure 8. Le mercure étant descendu dans le réceptacle G, et étant placé à gauche de l'axe de rotation des jambes, tendra à se placer dans le plan vertical qui passe par cet axe. Il y aura donc mouvement de gauche à droite dans le bas de la figure, et, par conséquent, de droite à gauche dans le haut. Le mannequin trébuche donc et se renverse en arrière; mais ses bras restent verticaux, et quand ils sont appuyés, comme ils sont plus courts que les jambes, le mercure coule du réceptacle G dans le réceptacle D. Il joue là le même rôle que tout à l'heure, c'est-à-dire que, se trouvant placé à gauche de l'axe de rotation, il fait basculer la partie D de gauche à droite, et détermine une révolution complète, au bout de laquelle le mannequin se trouve sur le deuxième échelon, précisément dans la position où il était sur le premier.

Pour que le jeu de l'appareil soit tout à fait satisfaisant, il y a plusieurs conditions à remplir. D'abord le poids de la partie inférieure du corps doit être peu considérable relativement à celui du mercure, sans quoi, dans la seconde position, le mercure n'agirait pas avec assez de force pour vaincre l'inertie de la masse qu'il doit soulever; ensuite, puisqu'il doit exister une certaine différence de longueur entre les bras et les jambes, les échelons sont aussi assujettis à une certaine hauteur minimum, afin que les canaux qui font passer le mercure d'un compartiment dans un autre soient suffisamment inclinés. Si cette hauteur était précisément égale à la différence de longueur dont nous venons de parler, les canaux par lesquels se fait l'écoulement seraient horizontaux dans la troisième position du sautriaut. Pour qu'ils prennent, dans cette position, une inclinaison égale à celle qu'ils ont dans la seconde, il faut que la hauteur des échelons soit précisément double de la différence de longueur entre les jambes et les bras.

Il y a encore quelques petits détails de construction auxquels il faut prendre garde. Premièrement, il faut que les jambes rencontrent un arrêt qui ne leur permette pas de tourner davantage lorsqu'elles sont arrivées au point où la figure, après s'être renversée, repose sur elles, ce qui se fait au moyen de deux petites chevilles qui rencontrent la partie supérieure de ces jambes; il faut ensuite que, tandis que la figure se relève sur ses jambes, les bras fassent sur leur axe une demi-révolution, pour se présenter perpendiculairement à l'horizon, et d'une manière stable, lorsque la figure est renversée en arrière. On remplit cette condition en garnissant les bras de la figure de deux petites poulies concentriques à l'axe du mouvement de ces bras, alentour desquelles s'enroulent deux fils de soie qui se réunissent sous le ventre de la figure et vont s'attacher à une petite traverse qui joint la cuisse vers le milieu, ce qui contribue à leur stabilité. On allonge ou on raccourcit ces fils jusqu'à ce que cette demi-révolution des bras s'accomplisse exactement et que la figure posée sur les quatre supports, la face en haut ou en bas, ne vacille point, ce qu'elle ferait si ces supports n'étaient pas liés ensemble de cette manière et si les grands ne rencontraient pas un arrêt qui les empêche de s'incliner davantage.

Les Avalanches.

Les avalanches sont un des plus terribles fléaux qui menacent les habitants et les voyageurs dans les pays de montagnes.

Quand les volcans veulent faire éruption, ils avertissent du moins les habitants de leur voisinage : la terre mugit, elle tremble, et le plus souvent les malheureux qu'ils menacent ont le temps de leur échapper.

L'avalanche, incessamment suspendue sur la tête du pauvre berger, est presque toujours trop soudaine pour qu'on la puisse éviter. Il est vrai que son tonnerre gronde aussi et la précède; mais elle frappe presque en même temps, et n'est guère moins rapide que la foudre céleste.

Si terrible que soit ce phénomène, il n'est pourtant que la conséquence fortuite d'un immense et fidèle bienfait de la nature : ces provisions de neige, qu'elle amasse sur les montagnes, alimentent nos fleuves et nos rivières pendant toute l'année.

Nous plaindrons-nous de ce que ces greniers de réserve fléchissent quelquefois sous le fardeau? C'est la loi universelle.

Point de bien si précieux dont il ne puisse résulter quelque mal.

Contre l'avalanche, l'homme a les avis de l'expérience, et il peut, le plus souvent, se garantir. On connaît assez exactement les localités menacées; on a des abris naturels dans les forêts : il ne s'agit que de les respecter.

Le montagnard prudent bâtit sa cabane au pied d'un rocher protecteur, ou sur une arête favorablement placée.

Le voyageur évite la saison, la température ou l'heure dangereuse. S'il est pressé, il prend des guides expérimentés; il observe scrupuleusement les précautions que les gens du pays lui suggèrent; il ôte les sonnettes des bêtes de somme; il évite de pousser des cris. Souvent, au contraire, avant de s'engager dans un passage dangereux, il tire un coup de pistolet, pour déterminer la chute des neiges qui étaient près de se détacher. Si la compagnie est nombreuse, on se divise en groupes qui cheminent à distance les uns des autres, afin que, si un accident arrive, ceux qui sont épargnés puissent venir en aide aux autres.

Si, dans le cours de l'hiver, il s'est amassé une quantité considérable de neige qui couvre les rochers, lorsque les premiers vents printaniers la fondent, elle tombe par masses sur les pentes inférieures, augmente de volume en roulant, et se précipite au fond des vallées avec une épouvantable violence. Plus forte que les torrents, elle déracine jusqu'aux rochers, et entraîne tout avec elle, laissant sur sa trace des ruines et une désolation souvent irréparable. Les objets mêmes qu'elle n'a pas frappés, mais qui étaient voisins de son passage, en éprouvent parfois l'effet désastreux. On a vu des cabanes renversées, et les plus gros arbres couchés à terre ou brisés par le souffle de l'avalanche.

On sait assez exactement quels sont les lieux les plus exposés à ces avalanches qu'on appelle les *lavanges de printemps;* mais on est plus exposé aux chances du hasard quand il s'agit des lavanges que les montagnards des Alpes appellent *froides* ou *venteuses*, parce que c'est le vent qui les occasionne. S'il vient à souffler sur les rochers couverts d'une neige fraîchement tombée, ou sur des forêts qui ne sont pas encore délivrées de leur fardeau, il suffit de quelques flocons emportés sur les pentes rapides pour déterminer la formation d'une avalanche. Celles de cette espèce offrent du moins ce caractère que la neige n'en est pas aussi compacte; de sorte qu'il est plus souvent possible aux malheureux qui en sont atteints de se dégager eux-mêmes, ou de recevoir assez tôt les secours que leur détresse réclame.

Les *avalanches d'été* ne se forment que sur les plus hautes cimes, et ne roulent guère que dans des ravins inhabités. Il est rare que vous parcouriez les vallées des hautes Alpes sans jouir de ce grand spectacle. Il s'annonce par des roulements semblables à celui du tonnerre. Votre guide expérimenté vous signale un filet d'argent qui glisse le long des parois de la montagne, bondit, se brise, et se résout en poussière. Ce tonnerre, au milieu d'un ciel serein, répété par les échos de la vallée, est souvent salué par les cris d'admiration des spectateurs. Cependant, avec cette masse brisée, le Rhin, le Rhône, l'Adige, ont reçu un nouveau tribut. Ce sont les neiges d'*antan* qui font les rivières de l'année. Ces neiges reviendront bientôt, sous la forme de nuages, autour des cimes qui les attirent. C'est le cercle éternel tracé par la main du Créateur.

Les voyageurs s'étonnent de trouver quelquefois au fond des vallées, jusque vers la fin de l'été, des amas de neige que la saison ne suffira pas à fondre. Ce sont les restes d'une avalanche, entourée de rochers et d'arbres en débris, comme un guerrier mourant environné des vaincus immolés par son dernier effort. Si cette masse est tombée dans un torrent, elle en arrête le cours jusqu'à ce que les eaux soient parvenues à s'y frayer un passage. Alors elle reste suspendue au-dessus comme une belle arcade à plein cintre, et les voyageurs ne craignent pas d'en profiter pour franchir le torrent sur ce pont de hasard.

Les annales des pays de montagnes sont remplies de récits qui rappellent des catastrophes causées par les avalanches.

En 1477, une de ces masses terribles engloutit soixante soldats suisses, avec plusieurs chevaux, au passage du Saint-Gothard.

En 1501, une centaine d'hommes périrent de la même manière, en franchissant le Saint-Bernard.

Le 25 janvier 1689, presque tout le village de Saas, dans le Pretigau, au pays des Grisons, fut écrasé par une lavange qui tua cinquante-sept personnes.

En me promenant dans la vallée de Bellegarde, dit l'auteur du *Conservateur suisse*, je vis le long d'un pré superbe des tas de troncs d'arbres et des blocs de rocailles, et j'appris que ce pré, unique propriété d'une veuve et de sa famille, avait été dévasté par une avalanche le 25 décembre 1788 ; une grange

UNE AVALANCHE.

avait été entraînée, et deux personnes avaient péri. Quand le printemps revint, il semblait que ce terrain fût condamné à une éternelle stérilité, si épaisse était la couche de pierres, de graviers et d'autres débris qui le couvraient ; mais la commune de Bellegarde se leva en masse ; hommes, femmes, enfants, tous accoururent pour nettoyer l'héritage de la veuve et des orphelins, et bientôt les traces du ravage disparurent ; la croûte étrangère fut enlevée, et cette même année on y faucha une herbe épaisse.

Le chevalier Gaspard de Brandenbourg de Zoug, lieutenant-colonel au service d'Espagne, descendait du Saint-Gothard dans la vallée Lévantine, avec un domestique : c'était au printemps. Ils approchaient d'Airolo, quand ils furent ensevelis l'un et l'autre sous une avalanche énorme, descendue des Alpes qui bordaient le chemin. Un petit chien qui les suivait, et qui était dans ce moment à quelque distance, ne partagea pas leur triste sort. Inquiet de ne plus les voir, il s'arrêta d'abord sur la place ; il hurla, il gratta la neige, puis, voyant ses efforts inutiles, il retourna à l'hospice du Saint-Gothard, où son maître avait logé en passant. Il aboie autour des habitants de cette maison, comme pour les prier de le suivre, et reprend ensuite le chemin de la vallée. On n'y prit pas garde d'abord. Ce ne fut que le lendemain, après qu'il eut poursuivi ses courses et ses instances, que les gens de l'hospice, le voyant toujours revenir sans les voyageurs avec lesquels il avait passé d'abord, soupçonnèrent quelque événement fâcheux, et suivirent le pauvre chien qui les conduisit à l'endroit où son maître avait disparu. A la vue de cette avalanche toute récente, la conduite de cet animal ne fut plus une énigme pour eux. Ils coururent chercher les instruments nécessaires, et, après un travail très-long et très-pénible, ils découvrirent ces deux infortunés qui avaient passé trente-six heures sous cette neige, et qui avouèrent qu'après Dieu ils étaient redevables de la vie à ce chien fidèle. Ils attendaient dans ce froid cachot, avec une angoisse qui ne peut se décrire, une mort aussi lente que douloureuse, et n'avaient eu quelque espérance de salut que quand ils avaient entendu les voix et les outils des travailleurs. Car la neige, assez compacte pour leur ôter tout pouvoir de remuer, laissait arriver jusqu'à eux le bruit de ceux qui étaient venus à leur secours. On peut voir à Zoug, dans l'église de Saint-Oswald, ce chevalier sculpté sur sa tombe avec son épagneul à ses pieds.

La vertu pardonne au méchant, comme l'arbre sandal parfume la hache même qui l'a frappé. *Pensée indienne.*

Le Pont-Aqueduc de Roquefavour.

Roquefavour n'est pas une ville, ce n'est point un village, ni même un hameau : c'est un endroit isolé, agreste, sauvage, à six lieues de Salon, à deux lieues d'Aix, à six lieues de Marseille.

Dans cette vallée coule la petite rivière d'Arc.

La ville de Marseille avait besoin d'eau pour arroser ses jardins brûlés par le soleil du midi, pour alimenter ses fontaines publiques.

Un jour elle prit la résolution de faire une forte saignée à la Durance, près de Pertuis, et d'amener une petite rivière dans ses promenades.

Que d'obstacles à franchir ! que de montagnes à percer ! que de remblais à faire !

Mais Marseille est riche.

On a fouillé 78 tunnels sous les montagnes, dans une longueur de 20 kilomètres ; puis on s'est trouvé en face des rochers de Roquefavour, traversés par une vallée de 400 mètres de large.

M. de Mont-Richer, l'ingénieur du canal de Marseille, a fait un pont ou plutôt trois ponts superposés qui joignent les deux masses de rocs.

VUE DU PONT-AQUEDUC DE ROQUEFAVOUR.

Le premier pont a douze arches élevées à 34^m.10 au-dessus de l'étiage de la rivière; le second, placé sur le premier, en a quinze, à 38 mètres de hauteur au-dessus du plain-pied de couronnement du premier rang; le troisième enfin, placé sur le second, en a cinquante-trois, à 10^m.90 de hauteur au-dessus du deuxième rang.

L'aqueduc a 400 mètres de long et 83 en hauteur moyenne, non compris les fondations, qui ont de 9 a 10 mètres de profondeur ; dans la partie posée sur la rivière d'Arc, il a 86 mètres de haut, c'est-à-dire deux fois la hauteur de la colonne Vendôme, 19 mètres de plus que les tours de Notre-Dame à Paris !

A présent, laissez travailler votre imagination, et figurez-vous, si c'est possible, la magnificence de cet ouvrage ; vous resterez en arrière. Il faut voir ; on ne peut croire qu'en voyant.

Espacés de 21 mètres d'axe en axe, les piliers supportent des voûtes à plein cintre de 15 mètres d'ouverture et arasées à $2^m.50$ au-dessus de la clef, qui a $1^m,20$ d'épaisseur. Pour diminuer le poids de l'édifice, on a conservé vides les reins de ces voûtes en les recouvrant d'une petite voûte longitudinale de $3^m.30$ de largeur à plein cintre, sur laquelle est obtenu le passage de plain-pied sur le premier rang. Ce passage, d'une largeur de 5 mètres sur les voûtes, franchit les piliers par une ouverture de 1 mètre de largeur et de 2 de hauteur, que l'on a ménagée à chacun d'eux. Formée de blocs énormes posés en plates-bandes, cette allée produit l'effet le plus pittoresque, et se répète sur le deuxième rang d'arcades.

Si le pont du Gard, d'ailleurs si admirable, était placé en face de celui de Roquefavour, il semblerait une miniature. Il a 40 mètres environ de moins en hauteur.

La longueur du canal de Marseille, depuis sa prise d'eau à Pertuis, est de $157\,273^m.65$, dont $20\,411^m.57$ sont en tunnels ; on a construit sept cent soixante-quatorze ouvrages d'art, dont deux cent trente-sept aqueducs et cinq cent trente-sept ponts ou passerelles. On a creusé trois bassins d'épuration où l'eau de la Durance viendra se décharger du limon qu'elle charrie. Ces bassins contiennent chacun environ 250 000 mètres cubes d'eau. Les déblais exécutés s'élèvent à 1 765 719 mètres cubes, dont 924 286 en terre et 849 172 en roc. On a employé pendant huit ans et moyennement trois mille ouvriers par jour. L'aqueduc de Roquefavour a employé 50 000 mètres cubes de pierres de taille ; il a fallu bâtir des maisons pour loger les ouvriers, les bureaux, un poste de gendarmerie, construire une prison ; car il faut tout cela dans une colonie improvisée.

Ce canal, amenant 7 mètres cubes d'eau par seconde, tombe sur Marseille avec une pente de 150 mètres. Que l'on se figure combien d'usines, de fabriques, il fait mouvoir ! que de bassins il alimente !

Voilà des millions bien dépensés, voilà des conquêtes dignes d'un peuple intelligent.

Les Deux Fermes.

Depuis quelques années, l'agriculture française a fait de notables progrès. Les méthodes, les procédés, les assolements, les machines, les outils, les constructions elles-mêmes, plus difficiles à changer que tout le reste, se sont considérablement perfectionnés.

Malheureusement, si dans certains arrondissements on cultive mieux qu'autrefois, de manière que la terre y rapporte plus à celui qui la travaille, c'est encore, en France, l'exception. La routine persiste à exercer son influence malheureuse sur le plus grand nombre des exploitations rurales de notre pays.

L'ignorance explique cet asservissement à l'esprit de routine, si elle ne le justifie pas. Mais que dire des gens instruits qui, en haine de tout ce qui est nouveauté, par amour du paradoxe, par orgueil mal placé, ou par un calcul d'économie qui les ruine, persistent dans les erreurs de leurs ancêtres et laissent dans le sein de la terre une si grande partie des richesses qu'elle contient ?

Nous avons un sol excellent, un climat tempéré, très-favorable à presque toutes les productions agricoles. Lorsque la disette se fait sentir, si on allait bien au fond des choses, on verrait que les récoltes périssent la plupart du temps par la faute des hommes, et non par la faute du ciel.

Tous les industriels étudient, raisonnent leur industrie. Seuls la plupart des agriculteurs, dédaignant l'étude et le raisonnement, s'abandonnent à de folles inspirations ou se laissent conduire par une tradition empruntée aux siècles d'ignorance.

C'est afin de rendre plus saisissante l'erreur déplorable des cultivateurs qui repoussent les améliorations, que nous avons entrepris de décrire parallèlement deux fermes : la ferme de la routine et la ferme du progrès. Les dessins que nous donnons parlent aux yeux. Les constructions ne sont point les productions de l'artiste. L'une d'elles a été dessinée dans un village du Berry ; l'autre appartient à M. D..., qui a obtenu la prime d'honneur de 8 000 francs au concours régional de Melun, en 1857.

La ferme du Berry est un type que l'on rencontre encore partout. Les toits sont en chaume, une étincelle peut les enflammer ; les étables du bétail, basses, mal aérées, ont une aire placée au-dessous du niveau de la cour, de sorte que les liquides ne peuvent s'écouler et que l'eau de la pluie vient délayer la litière ; elles sont humides, privées d'air, froides l'hiver, chaudes l'été. Les animaux sont placés sous la provision de foin : la poussière du fenil leur donne des maladies de la peau et attaque leurs poumons, tandis que les exhalaisons putrides de l'étable corrompent les couches inférieures du foin.

Le fumier, cette source de toute richesse, négligemment amoncelé au milieu de la cour, est lavé par la pluie, remué sans cesse par les volailles, desséché, brûlé par le soleil. Les sels ammoniacaux qui constituent sa puissance s'évaporent, les jus se perdent dans le sol, sans profit pour personne. La maison d'habitation, si on peut appeler ainsi cette masure, ouvre sa porte et son unique fenêtre mal close sur la basse-cour où s'étalent le fumier, les déjections des porcs et toutes les immondices de la ferme. Le voisinage de la mare qui entoure le fumier, les exhalaisons pestilentielles qui se dégagent de ce marécage infect, sont la source intarissable de ces fièvres qui déciment nos campagnes.

Ces instruments barbares, ces lourds chariots exposés à toutes les intempéries, pourrissent et se détériorent avant d'avoir fourni leur pauvre carrière. Ce sont autant de pièges qui font trébucher les animaux et causent fréquemment des accidents irréparables.

Les conséquences de cette incurie traditionnelle se résument en deux mots : misère et maladie.

Voyez, au contraire, cette ferme bien tenue : tout y respire l'aisance. Les cours sont propres ; les fumiers, bien aménagés, concentrent leurs richesses fécondantes. Les étables, vastes, bien aérées, sont construites de façon à faciliter l'écoulement des liquides, qui sont ensuite répandus sur le fumier, dont elles accélèrent la décomposition et dont elles doublent la puissance. Il y a un abreuvoir et point de mares infectes. La maison d'habitation est à l'abri de toutes les exhalaisons malsaines. — On jouit, en général, d'une meilleure santé dans cette ferme, et c'est déjà quelque chose. — Les instruments, les machines, rangés sous des hangars spéciaux, sont parfaitement abrités. Les fourrages sont éloignés des étables ; les greniers, situés aux étages supérieurs, ont de bons planchers ; ils sont bien clos, bien secs. Les tas de blé, d'avoine, d'orge, sont espacés suffisamment, de manière à ce que l'on puisse les pelleter facilement au besoin. Dans d'autres fermes, en Angleterre particu-

UNE FERME DU BERRY.

lièrement, les récoltes de foin, de paille, etc., sont formées en meules placées sur des espèces de trépieds en fonte qui les isolent du sol, couvertes de toitures de paille ou de simples couvertures en toile à voile goudronnée, supportées par deux immenses perches qui s'abaissent à mesure que la meule diminue.

Dans la ferme nouvelle, tout est en ordre parfait. Chaque serviteur a sa fonction, cha- que chose a sa place, chaque service se fait à des heures précises. Des livres tenus jour par jour, comme dans toutes les industries, conservent la trace de tous les travaux et de toutes les dépenses, afin que le maître puisse savoir, à la fin de l'année, où en est au juste son exploitation, si telle culture est plus profitable que telle autre, si tels animaux ont consommé plus qu'ils ne valent, et par conséquent quels sont les changements à apporter dans la direction de l'exploitation pour en augmenter le produit net.

Trouve-t-on beaucoup de cultivateurs qui puissent dire, à un jour donné, s'ils ont gagné ou perdu de l'argent?

— « Nous vivons, et cela nous suffit », me disait un agriculteur. Si ses bœufs avaient su parler, ils auraient pu m'en dire autant.

Quand on vous parlera de la misère des campagnes, de l'émigration des paysans, de l'impuissance de l'agriculture, rappelez-vous ces deux fermes, et vous aurez bientôt l'une des explications les plus générales de la misère des campagnes, de l'émigration des paysans, de l'impuissance de l'agriculture, et de bien d'autres maux que l'humanité déplore.

FERME D'ÉPRUNES (Seine-et-Oise).

LES CHARRUES D'AUTREFOIS.

Labour vient du mot *Labor*, qui veut dire travail.

La terre livrée à elle-même produit des plantes sauvages, âcres au goût, pauvres en principes nutritifs, et difficilement assimilables. Les fruits sauvages ne sont pas mangeables ; il faut donc cultiver la terre, c'est-à-dire l'amender, la labourer, la fumer et l'ensemencer.

On amende le sol en changeant ses conditions physiques, en ajoutant de la marne au terrain siliceux, sablonneux, dépourvu de principes calcaires ; en mêlant des sables, des graviers aux terres trop compactes ; en drainant les terres humides, etc.

Après les amendements qui modifient particulièrement la nature physique du sol, viennent les labours.

Les labours ont pour objet de détruire les mauvaises herbes et de restituer au sol les éléments constitutifs qui lui ont été enlevés par la végétation.

Un illustre chimiste, Lavoisier, a dit : « Rien ne se perd dans la nature, tout se réduit à des transformations. »

L'agriculture progressive est tout entière contenue dans ce grand principe, la raison suprême des assolements, des fumures et des labours.

Malheureusement, dans une grande partie de la France, dans le midi, dans le centre et dans plusieurs contrées de l'ouest, on la-

CHARRUE DU CENTRE DE LA FRANCE.

boure d'une manière incomplète parce qu'on ne se rend pas parfaitement compte du rôle et de l'effet des labours, et que par suite on se contente d'instruments très-imparfaits.

La charrue du centre de la France, dont nous donnons un spécimen, n'est autre chose que la charrue de Triptolème et de Cincinnatus, que l'on retrouve encore aujourd'hui en Asie, en Afrique, chez les peuplades sauvages de l'archipel Indien, et en Italie. Une grande pièce de bois, allant s'attacher au joug, forme l'age; un soc barbare en fer et deux oreilles en bois de cormier constituent l'araire primitif, employé sur toute la surface du sol français lorsque Matthieu de Dombasle inventa la charrue qui a servi de base à tous les perfectionnements ou plutôt à toutes les modifications imaginées depuis cette époque.

Pour que l'on puisse bien apprécier le

mérite de la charrue nouvelle, il faut rappeler sommairement les effets généraux que l'on cherche à obtenir par les labours; nous analyserons plus tard les différents organes qui constituent la charrue.

Les labours ont pour but : de diviser la

CHARRUE BASQUE.

terre; d'exposer le plus grand nombre possible de points de sa surface au contact de l'atmosphère; de la rendre plus poreuse, c'est-à-dire de lui donner les propriétés de l'éponge; de permettre à l'atmosphère et à la pluie de pénétrer également, de faire entrer dans toute la masse de la couche végétale les engrais que l'on répand sur le sol; de mettre les matières qui doivent se dissoudre ou fermenter dans les conditions les plus favorables pour qu'elles puissent se dissoudre dans l'eau ou se décomposer en se mêlant au gaz oxygène que l'air contient; de permettre aux racines de se développer librement et de puiser dans le sol la nourriture épandue autour d'elles; enfin, de détruire les mauvaises herbes, qu'on appelle aussi avec raison plantes parasites, parce qu'elles prennent la place et la nourriture des bonnes herbes. Pour détruire ces mauvaises herbes, il faut un instrument qui les retourne et les enfouisse la racine en l'air, afin de les priver de l'air, de la lumière et des sucs nourriciers sans lesquels tout végétal périt et se décompose.

On n'a qu'à jeter un regard sur la charrue du centre de la France pour s'assurer qu'il est impossible à un laboureur de produire avec un instrument pareil les effets que nous venons d'énumérer. Il est probable que, dans quelques années, l'araire romain, quoi qu'en disent ses rares et derniers partisans, sera relégué dans les musées, avec les arbalètes et les arquebuses à rouet, comme un objet de simple curiosité.

On doit reconnaître cependant que dans les pays de médiocre culture, où l'outillage est aussi pauvre que le sol, cet araire rend quelques services relatifs, mais dont l'utilité tend à disparaître avec l'état de misère qui l'a fait naître. Parmi les objets dignes d'attirer l'attention plutôt des archéologues que des agronomes, nous citerons aussi le singulier instrument que l'on rencontre dans les montagnes du pays basque. C'est une charrue qui se subdivise en deux appareils distincts, appliqués à deux opérations également distinctes.

L'une de ces deux charrues est formée d'un age, d'un *coutre* (grand couteau destiné à fendre le sol dans le sens vertical) et d'un mancheron. L'autre se compose d'un age, d'un mancheron et d'un *soc* (pointe en fer qui a pour but de trancher horizontalement la bande de terre du sillon). On attelle quelquefois une paire de petits bœufs à chaque instrument; la charrue du coutre passe devant, la charrue du soc la suit immédiatement. Le plus souvent, le laboureur juxtapose les deux charrues, tient les deux mancherons des deux mains, en ayant soin de placer le coutre un peu en avant du soc,
et produit à peu près ainsi l'effet d'une charrue ordinaire.

Cette machine barbare remonte à la plus haute antiquité. Elle est peu à peu remplacée, ainsi que l'araire romain, par des instruments plus rationnels, plus puissants et mieux disposés pour produire l'effet qu'on attend de leur emploi.

LES CHARRUES NOUVELLES.

Nous avons déjà dit que Matthieu de Dombasle transforma l'araire romain et en fit la charrue employée aujourd'hui, avec ou sans modifications, dans toutes les fermes bien tenues. Cet illustre agronome, après s'être rendu compte des effets que l'on cherche à obtenir par les labours, imagina un instrument qui pût produire les résultats désirés avec le moins de travail possible. Il inventa la charrue à laquelle on a donné son nom.

La charrue Dombasle se compose du *soc*, du *coutre*, du *versoir*, du *régulateur*, des *mancherons*, du *sep*, et de l'*age* ou *haye*.

Voici la description de chacune de ces parties :

Le *soc* est une pièce en fer forgé, qui a ordinairement la forme d'un fer de lance ou d'un demi-fer de lance, et qui est placée à la base de la charrue, à plat, la pointe en avant; il sert à séparer, par une coupure horizontale, la couche arable de la couche inférieure, appelée sous-sol.

Le *coutre* est un long couteau attaché obliquement à l'age; son extrémité inférieure vient un peu en avant de la pointe du soc; il est destiné à trancher verticalement la terre et à séparer la partie du champ non labourée de la bande étroite que le soc a coupée en dessous.

Le *versoir*, lame de fonte disposée selon une courbure habilement calculée, et placée à droite du soc, saisit cette bande de

LA CHARRUE DOMBASLE MODIFIÉE.

terre et la renverse sur le côté du sillon. Le *régulateur* a pour fonction de modifier l'*entrure* du soc dans le sol, en déplaçant la ligne du tirage, et par conséquent de régler

LA CHARRUE HOWARD.

la profondeur de la *raie* ou sillon. Il sert aussi à grandir ou à rétrécir la largeur de la raie ouverte par le soc. Le régulateur est ordinairement placé à l'extrémité antérieure de l'age.

Dans la charrue Dombasle, c'est une boîte en fer qu'embrasse un châssis sur lequel elle peut glisser indistinctement à gauche ou à droite ; cette boîte est traversée par une tige à crans qui se meut de haut en bas. Une tringle de fer attachée à un point de l'age vient aboutir à l'extrémité inférieure de la tige.

Le mouvement de bas en haut ou de haut en bas règle la profondeur du sillon ; celui de droite à gauche ou de gauche à droite en règle la largeur. La profondeur et la largeur relatives des sillons sont très-importantes à considérer, car ce sont elles qui déterminent la quantité du sol arable soumise pas le labour à l'action fécondante de l'air.

Les *mancherons* sont deux tiges qui s'élèvent à l'arrière de la charrue et au moyen desquelles le laboureur peut la diriger.

Le *sep* est la base de la charrue ; à l'avant du sep est placé le soc, à l'arrière sont les mancherons ; le sep est quelquefois réuni à l'age par deux *étançons* ou *montants*, en fonte ou en bois.

L'*age* est la pièce principale sur laquelle sont attachés les divers organes de la charrue. A son extrémité antérieure est placé l'*anneau d'attelage*, auquel on accroche les *palonniers* pour le tirage des chevaux.

La charrue représentée à la page précédente est une modification de la charrue Dombasle. Elle a un avant-train. L'avant-train a pour but principal de rendre beaucoup plus facile et plus sûr le maniement de la charrue. Avec un araire Dombasle, ou charrue sans avant-train, un laboureur vigoureux est obligé d'employer souvent toute sa force pour maintenir sa charrue convenablement. Deux chevaux bien dressés attelés à une charrue Dombasle à avant-train laissent au charretier peu de chose à faire, surtout quand la terre n'est pas difficile.

Si le lecteur veut bien se reporter à ce que nous avons dit plus haut sur le résultat qu'on attend des labours donnés à la terre, il sera facile de déterminer quelles conditions doit remplir l'instrument destiné à faire un bon labour.

Une bonne charrue doit fouiller le sol à la profondeur voulue ; donner au sillon la largeur nécessaire ; retourner la bande de terre de manière à enfouir les plantes la racine en l'air ; briser la motte de terre autant que possible, afin de permettre aux influences atmosphériques de la pénétrer ; enfin opérer ce travail en dépensant le moins de force possible.

Les charrues modernes remplissent plus ou moins parfaitement ces différents objets. Comme l'homme est toujours assez disposé à critiquer l'œuvre d'autrui, et qu'il est toujours facile de modifier une charrue en bien ou en mal, on a, sous le prétexte de perfectionner, inventé une foule de charrues variées. Mais elles reposent toutes sur le principe de la charrue Dombasle, en s'éloignant plus ou moins de cet excellent modèle.

Les Anglais n'ont pas longtemps hésité pour choisir le type de charrue qu'ils devaient adopter. Leurs modèles ont rapidement atteint la perfection. La charrue Howard, qui a remporté les premiers prix à l'Exposition universelle, pourra donner une idée de la légèreté, de la force et de la puissance des charrues anglaises.

Cette charrue est entièrement en fer. La courbure de l'age lui donne une force égale à sa solidité, car elle peut être appliquée aux labours profonds. La longueur des mancherons facilite le maniement de l'instrument en augmentant la longueur des bras de levier. Tous les organes de la charrue sont disposés de façon à diminuer considérablement la force de tirage nécessaire pour obtenir le résultat désiré.

Les charrues américaines ont beaucoup d'analogie avec les charrues anglaises. Elles sont aussi construites en fer.

En France, nos charrues sont moins légères et durent moins parce qu'elles sont en bois ; elles sont en bois parce que le prix du fer est trop élevé.

Néanmoins, les charrues de Bella (Grignon), de Bodin (Rennes), etc., sont de bons instruments.

LES SEMAILLES.

*Bon temps, bon laboureur avec bonne semence,
Donnent du grain en abondance,*

dit un vieux proverbe allemand, cité par Olivier de Serres. Bon temps, bon labour, bonne semence, sont, en effet, les trois conditions nécessaires pour assurer le succès de la récolte ; mais nous y ajouterons, avec l'agriculture moderne, bon assolement et bon engrais.

L'ensemencement est une des opérations les plus importantes de l'agriculture. Il faut, pour un bon ensemencement, observer trois circonstances principales : l'époque des semailles, la qualité de la semence, et la manière d'opérer.

Pour ce qui touche l'époque des semailles, les livres et les leçons des professeurs ne peuvent donner que des indications approximatives. Il est impossible de dire à un cultivateur : Tel jour, à telle heure, vous sèmerez telle ou telle sole. Les Anglais, qui s'entendent à cultiver la terre rationnellement, ont à ce sujet un adage d'une remarquable sagesse : « Quand il s'agit de semer, disent-ils, soyez plutôt hors du temps que de la température. » Et ils ont bien raison : que vous semiez vos céréales de printemps en mars ou en février, cela est peu important ; mais si vous semez avec un mauvais temps, vous avez de grandes chances pour avoir une mauvaise récolte.

Encore ne suffit-il pas de semer au bon moment, il faut aussi ne confier à la terre que de bonnes graines. Si vous semez de bon blé, il poussera de bon blé ; si vous semez de l'ivraie, il poussera de l'ivraie ; on n'a jamais vu la graine de l'ivraie produire du blé, ni le froment de qualité inférieure devenir, d'une année à l'autre, un froment de première qualité.

Donc, si le cultivateur veut bien faire, il choisira sa semence dans ses plus beaux échantillons ; s'il veut faire mieux, il demandera à son voisin quelques hectolitres de semence, si le blé de son voisin est plus beau que le sien ; et enfin, s'il veut être un agriculteur progressif et faire progresser sa bourse en même temps que sa culture, il fera sagement et économiquement des essais sur les différents blés connus, pour rechercher celui qui conviendra le mieux à sa terre comme qualité et comme produit.

Les cultivateurs arriérés, c'est-à-dire l'immense majorité de nos paysans, prennent au tas la semence de l'année, donnant moins de soins aux grains qu'ils mettent dans la terre qu'à l'avoine qu'ils font manger à leurs chevaux.

Il y a trois manières de distribuer la semence sur le sol : à la volée, au plantoir et au semoir. La première manière est encore la plus répandue pour les céréales, quoiqu'elle ne soit pas, à notre avis, la meilleure, tant s'en faut ; mais c'est celle que l'on a pratiquée de tout temps, dans tous les pays.

Le semeur porte la graine dans un sac ou dans un long tablier suspendu à son cou; s'il se sert d'un tablier, il en roule fortement l'extrémité inférieure autour de son bras gauche, et jette les poignées de semence devant lui en leur faisant décrire une demi-circonférence de droite à gauche. Le contraire a lieu s'il sème de la main gauche. C'est

SEMAILLES. — ANCIENNE MÉTHODE.

cette opération élémentaire que représente notre gravure.

Une graine, pour pouvoir germer, est soumise à deux conditions : absence de la lumière et présence de l'oxygène. C'est pour cela qu'une herse attelée d'un cheval suit ordinairement le semeur et recouvre la graine d'une couche de terre assez épaisse pour arrêter les rayons lumineux, assez légère pour permettre à l'oxygène de l'air de pénétrer jusqu'à elle.

On sème encore à la main en répandant derrière la charrue la graine dans le sillon; le second trait de labour recouvre tant bien que mal la graine répandue.

Les bons semeurs à la volée sont rares; quand on n'en a pas chez soi, il faut les payer cher. Mais, quels que soient l'habileté du semeur et le calme de l'air, la graine est souvent inégalement répartie; elle est enterrée d'une manière incomplète ou recouverte d'une couche trop épaisse de terre; le grain qui n'est pas enterré dans le sol est fréquemment mangé par les oiseaux. Il en résulte en certains endroits de grandes places vides au moment où la plante se développe, tandis que, dans d'autres endroits, les semences trop agglomérées se nuisent mutuellement.

L'ensemencement au plantoir, qui consiste à faire un trou dans le sol pour y loger la graine, est généralement abandonné pour le blé, le seigle, et il est plus particulièrement restreint à la culture du maïs, de la betterave, etc. C'est un mode d'ensemencement long et coûteux.

Reste le semoir, qui répand la semence en lignes, et même à la volée si l'on veut.

De tous les semoirs, le semoir en lignes est le plus répandu. L'usage du semoir commence à se propager dans les bonnes fermes. Nous en avons fabriqué de très-bons en

SEMOIR MÉCANIQUE DE HORNSBY.

France, mais nous marchons après les Anglais. Nous donnons le dessin d'un semoir anglais qui est le plus compliqué, mais en même temps l'instrument de ce genre le plus parfait que nous connaissions.

L'inconvénient d'une certaine complication de rouages est plutôt apparent que réel.

Le semoir le plus simple, c'est la main de l'homme; mais il est beaucoup plus coûteux, beaucoup plus imparfait, quoi qu'on en dise, que le plus coûteux et le moins parfait des semoirs.

Le semoir à toutes graines, de Hornsby, répand en même temps la semence et l'engrais. Il consiste en une caisse divisée en deux compartiments ou trémies et portée sur deux roues. Dans un compartiment on place la graine, dans l'autre l'engrais pulvérulent; une tige tournante, sur laquelle sont attachés des disques, traverse le compartiment de la graine. Ces disques sont garnis de cuillers ou de godets qui, en plongeant dans la masse de la graine, se remplissent d'une quantité voulue, et, pendant leur révolution, rejettent cette graine dans un tube en caoutchouc, aboutissant à une gorge pratiquée dans l'intérieur des socs.

L'engrais, distribué par un cylindre garni de saillies, tombe également en quantité déterminée dans une série d'entonnoirs engagés les uns dans les autres, et qui conduisent l'engrais, au moyen d'une gorge que portent des socs placés en avant des premiers. — La révolution des roues fait marcher tout le mécanisme.

Voici maintenant ce qui se passe lorsqu'on met le semoir en marche, en y attachant un ou deux chevaux, selon la force et la grandeur de l'instrument.

Le tube ou plutôt le soc de l'engrais trace un sillon assez profond; à mesure qu'il entr'ouvre le sol, l'engrais tombe par quantités égales dans le sillon ouvert. Après le tube de l'engrais vient un griffon qui comble le sillon.

Le tube ou plutôt le soc de la semence, qui suit immédiatement, mais qui entre moins profondément dans le sol que celui de l'engrais, trace, à son tour, un sillon dans la couche nouvellement remuée où est enfoui l'engrais, et y dépose la graine, qui se trouve ainsi enveloppée dans un mélange de terre et de matière fécondante.

L'emploi du semoir en lignes a plusieurs avantages : il produit avec moins de graine un meilleur résultat; le sarclage au moyen des houes à cheval, qui ne serait pas possible dans un champ ensemencé à la volée, est pratiqué avec plus d'économie, chose importante, surtout au moment où les bras manquent de plus en plus à notre agriculture. La graine, répandue avec une régularité mécanique, se développe plus normalement, et donne des produits supérieurs en quantité et en qualité. Ce résultat est dû aussi à l'engrais pulvérulent qui, mélangé à la terre, active la végétation en augmentant la fertilité du sol. Enfin, le travail se fait à meilleur marché et surtout plus rapidement à une époque de l'année où le temps est si précieux.

Les semoirs se multiplient depuis quelques années dans les fermes françaises, parce que nos cultivateurs apprennent tous les jours à reconnaître la vérité de ces paroles : « Qui ne sème rien n'a rien, qui sème mal récolte mal. »

LA RÉCOLTE DU FOIN.

Un proverbe agricole dit : « Qui a du foin a du pain. » Le foin nourrit le bétail, le bétail produit le fumier, le fumier fait pousser le blé. Il est donc de la plus haute importance pour le cultivateur de soigner la récolte du foin. Le succès de cette récolte est soumis à deux conditions : couper l'herbe au moment de sa pleine maturité; rentrer la récolte ou la mettre en meules sans l'exposer aux avaries que peut causer l'inclémence du temps.

A quelle époque le foin est-il mûr? Voilà la grande question.

D'abord, en thèse générale, si vous destinez votre foin à des bêtes à cornes, coupez-le plus tôt possible; s'il doit être donné à des chevaux, c'est le contraire qu'il faut faire. Les bêtes bovines aiment le foin qui a été fauché de bonne heure; les chevaux aiment un foin sec et fibreux.

Il y a des prairies artificielles et des prairies naturelles; les éléments des prairies artificielles sont homogènes, et l'époque de la fauchaison est plus facile à déterminer : c'est le trèfle, la luzerne, le sainfoin, le ray-grass, la jarrosse, le farouche, etc. On choisit pour les faucher l'époque où les fleurs commencent à tomber. Pour faucher les prairies artificielles, on se sert de la faux simple, comme pour les prairies naturelles, mais la récolte ne se fait pas de la même façon. Cette différence tient à la nature des plantes qui forment les prairies artificielles. Ces plantes, annuelles, bisannuelles ou vivaces, ont des feuilles qui constituent une partie importante du fourrage ; or, si l'on avait recours à l'étendage, ordinairement employé pour les foins naturels, on s'exposerait à voir les feuilles de ces plantes, rapidement desséchées, se séparer des tiges et joncher le sol.

Voici la meilleure manière de faner les prairies artificielles. Tout ce qui a été fauché le matin est laissé en *andains*, tels que les a faits le fauchage. Vers midi, on retourne les andains sans les éparpiller ; cette opération a seulement pour but de les faire ressuyer des deux côtés. Ce qui est fauché le soir est laissé intact. Le lendemain matin, aussitôt que la chaleur du soleil a fait évaporer la rosée, on met en petits tas de 10 à 15 kilogrammes tout ce qui a été fauché la veille indistinctement. On a soin de les soulever le plus possible, afin que la chaleur et le vent les pénètrent dans tous les sens. On les retourne le jour même et les jours suivants jusqu'à ce qu'ils soient secs, mais toujours sans les épandre. Aussitôt qu'on les croit assez secs, on apporte des liens de paille et on fait les bottes, en ayant soin d'éviter de secouer le foin. Aussitôt le bottelage terminé, on met le tout en *dizeaux* ou petites meules de 25 à 50 bottes. Le bottelage sur place a pour but de conserver au fourrage la majeure partie des feuilles lors du chargement et du déchargement dans les granges ou dans les cours.

On a besoin de prendre moins de précautions pour faire sécher et pour rentrer la récolte des prairies naturelles ; mais le moment du fanage est bien plus difficile à déterminer. Il est surtout subordonné à la nature des plantes qui composent la prairie, et on sait que les prairies naturelles sont souvent composées d'un grand nombre de graminées d'espèces différentes, qui ne sont point soumises aux mêmes conditions physiologiques et viennent à maturité à des époques différentes.

Les cultivateurs, qui ne considèrent la valeur du fourrage que par son poids brut, attendent pour faucher que la plupart des graminées aient amené leurs grains à maturité. C'est une faute. Si le foin gagne en poids, il perd souvent en qualité. « Il serait plus judicieux, dit avec raison un agronome, de prendre pour base de sa détermination la quantité de matières nutritives que contient la plante aux diverses époques de sa croissance. »

Il convient de faucher un grand nombre de plantes à l'époque de la floraison plutôt qu'à l'époque de la maturité des grains. Je citerai les suivantes : fétuque élevée, fétuque roseau, brome stérile, houlque molle, brome à plusieurs fleurs, phalaris roseau, fétuque dure, poa à petites feuilles, houlque laineuse, fétuque des prés, alopécure des prés, avoine pubescente, brome des toits, paturin des prés, avoine jaunâtre, avoine des prés, etc.

Il est préférable d'attendre l'époque de la maturité des grains pour les prairies qui sont principalement composées de fléole des prés, dactyle pelotonné, agrostis traçant, fétuque rouge, ivraie vivace, brize tremblante, cynosure à crête, flouve odorante, poa commun, etc.

Connaître l'époque de la floraison, cela ne suffit pas ; il faut aussi choisir un moment favorable, faucher et faner rapidement, afin de profiter du soleil et de soustraire le foin sec aux pluies si fréquentes à l'époque de la fauchaison.

On a essayé de substituer la machine à

faucher à la faux traditionnelle, et, quoiqu'on n'ait pas encore appliqué ce moyen dans la pratique de nos fermes les plus progressives, on assure qu'en Angleterre certaines faucheuses ont mieux réussi que les machines à moissonner; on applique généralement aux prairies la moissonneuse, rapidement transformée en faucheuse par la privation de quelques organes de l'instrument.

LA FENAISON.

Nous en parlerons au temps de la moisson.

Le foin coupé, il faut le retourner, le faner et le réunir en andains pour former le tas. On a inventé, pour ces deux opérations, des instruments fort ingénieux et qui se sont rapidement propagés en France dans les exploitations importantes.

Le râteau à cheval de M. Howard se substitue au râteau de nos faneurs, comme la machine à faner de M. Smith se substitue à la fourche à deux branches. Le râteau à cheval est composé de dents d'acier, indépendantes, articulées, qui permettent au râteau de suivre toutes les ondulations du terrain. Un mécanisme fort ingénieux est destiné à débourrer le râteau quand les dents ont ramassé une quantité suffisante pour former l'andain.

Cet instrument est fort simple, et on s'en servira bientôt partout. Nous l'avons vu fonctionner, à la suite de la faneuse, dans les vastes prairies des environs de Londres, et c'était vraiment d'un effet merveilleux.

La machine à faner de M. Smith a été inventée, en 1816, par M. Robert Salmon, de Woburn. On l'appelait alors *râteau tournant*, et c'était, en effet, une série de râteaux disposés autour d'une carcasse cylindrique ayant pour axe un essieu porté sur deux roues. Ce barbare instrument fut bientôt abandonné.

M. Smith, et d'autres après lui, l'ont notablement perfectionné, et en ont fait la machine parfaite dont on se sert aujour-

MACHINE A FANER DE SMITH.

d'hui. La charpente cylindrique qui supporte les râteaux est divisée en deux parties d'un mètre de long, qui ont chacune un mouvement indépendant ; une roue d'engrenage placée contre le moyeu des roues, communique le mouvement de rotation aux deux cylindres ; chaque cylindre a huit traverses, sur lesquelles sont fixées, à l'aide de ressorts, des râteaux qui ont cinq dents : ce qui fait en tout seize râteaux portant ensemble quatre-vingts dents. Les ressorts cèdent lorsque le terrain présente des inégalités. On peut régler à volonté la distance des dents par rapport à la terre. Les moyeux communiquant à l'appareil en marche un mouvement en sens contraire de celui des roues, les roues rasent le sol d'avant en arrière, étendent et séparent les brins de fourrage après les avoir vivement soulevés. En deux heures, cette machine retourne le fourrage d'un hectare et fait l'ouvrage de vingt personnes ; seulement, son action est trop rude pour les fourrages artificiels, dont elle séparait violemment les feuilles. La première faneuse qui ait paru en France a fonctionné aux expériences de Trappes, en 1855. « La faneuse de Smith a clos dignement les opérations, écrivait-on à cette époque; elle a obtenu un vrai triomphe. En voyant approcher rapidement cette machine légère, répandant autour d'elle une pluie de verdure, le public étonné se demandait ce que cela voulait dire. Mais, au bout de quelques secondes, on a vu derrière la faneuse le foin lestement retourné et uniformément répandu sur le sol; chacun s'extasiait alors sur la perfection du travail, sur la simplicité et l'utilité immense d'une machine qui permet de faire sécher et de rentrer toute une récolte en un jour. »

LA MOISSON.

On a employé, jusqu'à ce jour, trois instruments pour faire la moisson, la *faucille*, la *serpe* et la *faux*. Le plus ancien, le plus répandu et le plus pénible, est celui qui est encore en usage dans le centre et dans le midi de la France, et que représente notre dessin. Il remonte à la plus haute antiquité, et s'est conservé dans sa simplicité ou plutôt dans sa rusticité primitive.

L'usage de la faucille est meurtrier. Les ouvriers, courbés sous un soleil ardent, aspirent les exhalaisons malsaines dégagées de la terre par la chaleur et sont souvent asphyxiés dans le sillon qu'ils arrosent de leur sueur. Dans les pays où l'on moissonne à la faucille, à chaque campagne quelques victimes tombent ainsi foudroyées.

On emploie la faucille de deux manières; la plus généralement usitée est celle-ci : le moissonneur s'avance la tête tournée vis-à-vis le grain qu'il veut abattre; il saisit le chaume de la main gauche en tournant la paume de la main en dedans; en même temps, il engage le croissant de la faucille dans la moisson, l'appuie contre le grain saisi par la main gauche, et, tirant brusquement à lui le tranchant de l'instrument, la poignée de tiges se trouve coupée.

Les Anglais ont une méthode préférable, qui est aussi en usage dans certaines parties de la Bretagne. On appelle cette façon d'opérer, *crépeler* ou *crételer*. Le moissonneur se place de manière à avoir le blé à couper à sa gauche; la main gauche saisit les chaumes à 50 centimètres au-dessus du sol, la paume de la main tournée en dehors, puis, manœuvrant la faucille de la main droite, il s'en sert comme d'une faux pour couper le grain qui est dans la gauche. Il fait un pas en arrière, pousse le grain coupé contre celui qui ne l'est pas pour l'empêcher de tomber, et recommence l'opération jusqu'à ce qu'il ait coupé assez de tiges pour former une javelle.

L'autre moyen, connu sous le nom de la *sape*, est employé particulièrement dans les Flandres. Il a beaucoup de rapport avec la méthode dont nous venons de parler. Seulement, au lieu de la main gauche, le moissonneur maintient les tiges à couper avec un crochet emmanché à un petit bâton, et au lieu de la faucille il emploie une sorte de faux à lame un peu recourbée et à manche court.

C'est jusqu'ici l'instrument le plus parfait que l'on ait imaginé, aussi bien sous le rapport de la rapidité et de la perfection du travail qu'au point de vue de l'hygiène du travailleur.

On se sert aussi, dans quelques contrées, de la faux proprement dite. Lorsqu'on fauche *en dedans*, ce qui se fait pour les céréales dont les chaumes ont une certaine hauteur, l'ouvrier a le grain à sa gauche, et dirige, par conséquent, la lame de sa faux de droite à gauche. Les tiges coupées s'appuient na-

MOISSONNEURS A LA FAUCILLE.

MACHINE A MOISSONNER DE BURGESS ET KEY.

turellement sur celles qui ne le sont pas encore ; une femme armée d'une faucille suit le travailleur et forme les javelles. La faux, pour cette opération, est garnie d'un accessoire nommé *playon*, qui consiste en deux baguettes d'osier formant un demi-cercle à l'extrémité inférieure du manche de la faux. Le playon est destiné à empêcher les tiges de tomber au delà du manche.

On fauche *en dehors* les céréales qui ont peu de hauteur. L'instrument est armé de manière que la pointe, au lieu d'être vers le grain, est placée dans un sens opposé. Le moissonneur fait alors mouvoir sa faux de gauche à droite. A la place du playon est disposée une espèce de râteau élevé perpendiculairement à la lame de la faux et formé de quatre baguettes parallèles à cette lame. Chaque coup de faux abat un faisceau qui tombe sur le râteau et que le moissonneur couche à terre par un coup de poignet.

De tous les procédés, le plus imparfait, le plus barbare et le plus coûteux, c'est sans contredit la faucille, et malheureusement c'est le plus généralement adopté dans notre pays.

La machine à moissonner, qui sera supérieure à tous les autres procédés lorsqu'elle sera devenue pratique, n'a pas été inventée en France. La faucille nous suffisait. C'est le manque de bras, dans les vastes champs de blé de l'Amérique, qui a sollicité les mécaniciens à chercher un moyen rapide de couper les blés. On assure, d'après Pline, que les Gaulois, nos ancêtres, avaient inventé une machine à moissonner qui avait le grave défaut de ne couper que les épis et de laisser les tiges debout. Quand on voit quelles difficultés ont éprouvées ou éprouvent encore les inventeurs de moissonneuses, on peut supposer que la machine de nos pères devait manquer de précision.

Les premières machines, qui datent bien d'une trentaine d'années au moins, étaient composées des mêmes organes que la plupart de celles que l'on construit aujourd'hui : un bâti supportant au niveau du sol une rangée de piques qui pénétraient dans la moisson ; une lame de scie à grandes dents, à laquelle les roues qui supportent l'instrument impriment un mouvement de va-et-vient, traverse horizontalement chaque fer de pique et coupe en passant les tiges qui sont engagées entre les fers de pique. Un quadruple volant, qui rabat les tiges sur les piques et sur la scie, couche les chaumes coupés sur la plate-forme de la machine. Une toile sans fin en fait tomber les tiges sur le sol et forme tant bien que mal la javelle.

Toutes les nouvelles moissonneuses sont à peu près construites de la même façon. Seulement, il y a trente ans, on avait attelé les chevaux derrière l'instrument ; aujourd'hui, ils ont repris leur place habituelle en avant. On a remplacé la toile sans fin par un homme armé d'un râteau, qui rejetait les tiges en arrière. Puis on a remplacé l'homme et le râteau, comme dans notre dessin, par des cylindres à hélice, ayant la forme d'une vis sans fin, tournant par le mouvement des roues. Un Américain a inventé un râteau automatique représentant le mouvement d'un bras humain armé d'un râteau. C'est une combinaison fort ingénieuse ; mais cette combinaison n'en était pas moins une complication nouvelle dans une machine déjà fort compliquée pour une machine agricole.

Il est certain que les machines à moissonner sont destinées, dans un temps rapproché, à être substituées en France à la faucille barbare, à la sape et à la faux ; mais les expériences qui ont été faites jusqu'ici, tout en donnant des résultats très-satisfaisants, n'ont point offert le caractère pratique que l'on a droit d'attendre de ces instruments. On espère qu'avant peu ce dernier perfectionnement sera atteint. Les moissonneuses feront plus rapidement, plus économiquement, un travail qui veut être fait vite et à bon marché.

Mais alors il faudra batailler pour décider certains cultivateurs à abandonner l'instrument traditionnel qui les ruine pour la machine nouvelle qui doit les enrichir.

LE BATTAGE DES GRAINS.

Le battage des grains au fléau tend heureusement chaque jour à disparaître pour faire place à des procédés plus parfaits, plus expéditifs et plus économiques.

Depuis les temps les plus reculés, on se sert du fléau pour battre les gerbes; c'est seulement depuis quelques années qu'on a songé à substituer à cet instrument barbare une machine puissante, et à remplacer les bras de l'homme par les moteurs animaux ou par les moteurs à vapeur.

Le battage au fléau présentait de nombreux inconvénients qui peuvent se résumer ainsi :

1° Le battage était incomplet; on a calculé que le fléau laissait en moyenne un dixième des grains dans la gerbe. On s'est assuré de ce fait en repassant à la machine des gerbes battues au fléau et en mesurant exactement le grain qui résultait de ce second battage.

2° L'opération du battage au fléau est lente : il faut des granges immenses pour recevoir les gerbes dans les pays où l'on ne sait pas faire les meules; les bras manquent souvent au moment où on en a le plus grand besoin, et il n'est pas toujours possible au cultivateur attentif de profiter des fluctuations du marché pour vendre ses grains avec profit.

3° Si l'opération est plus lente qu'avec la machine, elle est aussi plus coûteuse.

4° Enfin le battage au fléau, et surtout le battage en grange pendant les journées d'hiver, est une opération malsaine, à cause de la poussière délétère qui se dégage des gerbes et attaque les poumons des travailleurs.

Ce sont ces diverses raisons qui ont engagé les constructeurs de machines agricoles à chercher un moyen mécanique de battre la moisson.

Les intrépides défenseurs des vieux procédés, qu'ils décorent du nom de tradition, n'ont pu contester les inconvénients que je viens d'énumérer; mais ils ont essayé de discuter les avantages de la machine. Cependant on bat à la machine des gerbes déjà battues au fléau, comme je l'ai vu faire chez M. Lecouteux, à Creteil : on en retire du grain; il faut bien que le fléau l'y ait laissé. Quant à la rapidité de l'opération, elle ne se discute pas.

En désespoir de cause, on s'est rabattu sur le prix de revient, et en a soutenu que le battage à la machine revenait aussi cher que le battage au fléau. La question du prix de revient est moins facile à résoudre que les autres; c'est un problème économique dont on peut faire varier à l'infini la solution en modifiant à l'infini les éléments de la question.

Cependant ce problème a été résolu d'une manière positive par M. Pepin-Lehalleur, dans son rapport au jury de l'Exposition universelle de 1855.

Je me contenterai de donner un extrait de cet excellent travail, qui est le résultat des longues études faites par le jury. C'est une comparaison entre le battage au fléau et le battage à l'aide de la machine battant en travers.

« Admettons, dit M. Pepin-Lehalleur, des gerbes d'un poids moyen de 11 kilogrammes, rendant au battage convenablement fait 34 pour 100 de leur poids en grain, l'hectolitre de blé résultera de 225 kilogrammes environ de ces gerbes; admettons aussi

BATTAGE ANCIEN.

le salaire et les prix suivants : 0^f.275 l'heure pour le batteur au fléau et pour l'égreneur de la machine à battre (ce qui fait 2^f.75 pour une journée de 10 heures); 0^f.25 pour les manœuvres alimentaires ou botteleurs (2^f.50 par jour); 0^f.125 pour la femme déliant les gerbes et les passant à l'engreneur (1^f.25 par jour); enfin 0^f.50 pour chaque collier, la journée de travail étant de 10 heures (5 francs par jour). »

Ces bases établies, le rapporteur recherche le prix de revient de l'hectolitre de blé obtenu par le battage au fléau.

Dans les meilleures conditions, un homme robuste et expérimenté bat au fléau 46 kilogrammes de gerbes par heure de travail, dont le quart environ a été absorbé par les opérations successives de délier les gerbes, étaler, retourner, secouer et lier la paille; il lui faudra donc 4^h.89 pour battre un hectolitre de grain; le prix de l'hectolitre de blé obtenu par le battage sera donc (au minimum) dans les conditions de salaire ci-dessus admises, $0^f.275 \times 4^h.89 = 1^f.34$.

Donc un hectolitre de blé battu par le fléau revient à $1^f.34$.

Dans les épreuves qui ont eu lieu devant le jury de l'Exposition, les meilleures machines à battre en travers n'ont pas mis plus de 12 à 15 minutes pour battre vingt gerbes et rendre le grain à demi vanné. On suppose, afin de rester dans la vérité pratique, que la machine met 20 minutes pour vingt gerbes, ce qui fait soixante gerbes à l'heure. L'ensemble de ces gerbes pesant 660 kilogrammes, il en résulte que pour battre 225 kilo-

BATTAGE A LA VAPEUR.

grammes de gerbes rendant un hectolitre de grain, la machine devra travailler pendant 34 minutes.

Examinons maintenant la main-d'œuvre.

Pour alimenter convenablement une machine à battre en travers, battant de 25 à 30 hectolitres par jour, quatre hommes et une femme suffisent : un manœuvre pour rapprocher les gerbes, une femme pour les délier, un engreneur, et deux manœuvres pour botteler la paille.

M. Pepin-Lehalleur établit ainsi, sur ces données, le prix de revient de l'hectolitre :

Un engreneur	$0^h.34 \times 1 \times 0^f.275 = 0^f.093$
Trois manœuvres...	$0^h.34 \times 3 \times 0^f.25 = 0^f.255$
Une femme......	$0^h.34 \times 1 \times 0^f.125 = 0^f.042$
Deux chevaux	$0^h.34 \times 2 \times 0^f.50 = 0^f.34$
	$0^f.730$

Ce qui réduit le prix du battage de 1 hectolitre à $0^f.73$. Maintenant ajoutez à ce chiffre l'intérêt du capital employé à acheter la machine, et l'amortissement, vous n'approchez encore guère de 1f.34, prix de revient du battage au fléau.

On a dû remarquer que le travail de M. Pepin-Lehalleur portait spécialement sur une machine battant en travers. Il y a aussi des machines qui battent la paille en long, et ce sont même les plus répandues.

La différence qui existe entre les machines qui battent en long et celles qui battent en travers, c'est que les premières, dans lesquelles la gerbe est introduite par l'épi, rendent la paille brisée en deux ou trois endroits et la rejettent un peu en désordre. Les secondes, au contraire, qui reçoivent la gerbe dans toute sa longueur, rendent la paille intacte et toute prête à être bottelée.

Pour les contrées où on ne tient pas à avoir la paille entière, la machine qui bat en long est préférable, parce qu'elle est plus expéditive et offre sur l'autre une économie de 25 pour 100 environ.

C'est pour cela que le jury et M. Pepin-Lehalleur établirent d'abord la comparaison entre le travail au fléau et le travail de la machine battant en travers, afin de pouvoir raisonner ensuite *à fortiori* pour la batteuse en long, dont le travail est plus économique.

On adjoint aussi souvent, comme moteur de la machine à battre, une machine à vapeur locomobile au lieu d'un manége. Il y a généralement économie à employer la vapeur; mais, pour cela, il faut opérer dans une grande ferme ou entreprendre le battage à façon, comme on fait dans les environs de Paris et dans l'ouest de la France.

La machine locomobile que représente le dessin de la page 165 est unie à une machine à battre en long. La machine et le moteur de MM. Renaud et Lotz, de Nantes, sont surtout très-répandus dans les provinces de l'ouest de la France, où ils ont rendu de grands services.

LES PRESSOIRS.

La question des anciens et des nouveaux pressoirs est parfaitement tranchée pour ceux qui s'occupent de mécanique; mais il n'en est pas de même pour les praticiens. L'ancien pressoir est encore employé par l'immense majorité des vignerons; beaucoup de gens qui ne sont pas vignerons sourient aux tentatives d'innovation, et ne croient pas que l'on puisse jamais faire mieux que ce qui a été fait par nos pères.

Ces mots « nos pères » nous reportent à la plus haute antiquité.

On voit par notre dessin ce que sont encore la plupart de nos pressoirs : un cadre formé d'énormes pièces de charpente, une vis en bois armée d'une rustique poulie, et un treuil élémentaire uni à la poulie par un câble. On place la grappe sur le plateau inférieur qu'on appelle la *maie;* sur le tas de grappes on établit un plateau formé de petits madriers et de planches; la vis de bois appuie sur cette plate-forme; le jus coule sur la maie, et de la maie dans le vase destiné à transporter le vin dans les tonneaux.

A cet appareil, quand il est parfaitement établi, — ce qui est rare, — on peut reprocher des inconvénients de deux sortes.

Il occupe un emplacement quatre fois aussi grand que les nouveaux pressoirs. Sa manœuvre demande un espace considérable dans un local ordinairement embarrassé par les cuves et les tonneaux. Mais, à la campagne, on n'y regarde pas de si près, et la place manque rarement. Le second inconvénient est plus grave. Ces pressoirs exigent, pour obtenir la même pression, une dépense de forces quadruple, à cause de la hauteur exagérée et inévitable du pas de vis en bois, et de l'imperfection des surfaces en contact.

PRESSOIR ANCIEN.

PRESSOIR DEZAUNAY.

M. Amédée Durand, un de nos ingénieurs mécaniciens les plus distingués, explique ainsi cette cause d'infériorité : « Une cause d'emploi et de perte de force se trouve dans la forme aiguë des filets de leur vis, qui les met à l'égard de leur écrou dans la condition qu'on recherche aujourd'hui dans les embrayages coniques, c'est-à-dire dans la résistance avec glissement que l'on procure à deux cônes dont l'un pénètre dans l'autre, résistance qui augmente proportionnellement à la pression qui les met en contact. Malheureusement, cette forme du filet est une des obligations imposées par la nature de la matière employée (le bois); et cette force qui sert à comprimer transversalement la vis, à l'étreindre, a aussi pour effet utile d'augmenter la cohésion des fibres du bois entre elles, et de préserver le filet de la vis de se détacher en éclats. Si après on examine les vis en fer à pas carré, on voit qu'elles sont préservées de ces deux causes de résistance, et que d'ailleurs leur pas, pouvant n'avoir qu'une hauteur beaucoup moindre, permet aussi l'application d'une action moins considérable, à la condition, toutefois, d'être plus prolongée ou d'opérer avec plus de temps et moins de bras, ce qui a son importance dans des circonstances données. »

La vis en fer est donc l'élément essentiel du perfectionnement des pressoirs.

Le pressoir de M. Dezaunay, de Nantes, est un des nouveaux appareils de ce genre qui ont eu le plus de succès. Une description succincte en fera ressortir tous les avantages.

Ce pressoir est double. Une vis solide est placée au centre de chacun des deux pressoirs et maintenue immobile par un fort scellement au-dessous de la poutre qui soutient transversalement les plateaux des deux appareils. Ces plateaux sont appuyés, du reste, sur quatre coins en maçonnerie.

Un écrou, fixé dans la roue à engrenage horizontal, monte et descend sur la vis verticale. Cette roue, en descendant, presse le support et le *blin* (sorte de triangle en bois) qui se trouvent immédiatement au-dessous d'elle. Le blin appuie à son tour sur un double plancher de madriers et de planches mobiles sous lesquels est pressée la grappe.

Le mécanisme qui fait tourner cette roue horizontale est fixé sur un support. Il se compose de deux appareils parfaitement identiques, et placés l'un à droite et l'autre à gauche. Ces appareils sont très-simples : ils consistent en un pignon d'angle conique lié à la roue verticale garnie de poignées. En agissant sur cette roue, on fait monter ou descendre l'écrou fixé à la roue horizontale. Deux leviers en encliquetage, — ce qui permet d'agir sans que l'ouvrier change de place ou tourne autour du pressoir, — commandent aussi le pignon d'angle dont nous venons de parler.

On se sert de ces leviers à la fin de l'opération, pour donner la dernière pression; leur travail est vertical alternatif.

Il est facile de comprendre qu'en faisant tourner les deux roues verticales, au moyen de poignées dont leur périmètre est muni, on imprimera aux deux pignons d'angle conique un mouvement qu'ils communiqueront à leur tour à la roue horizontale. Celle-ci descendra, entraînant avec elle le support et le blin, qui viendront s'appuyer sur les madriers et exercer une pression sur la grappe.

Le mécanisme permet d'employer trois vitesses différentes, selon le nombre d'hommes qu'on emploie; mais, quelle que soit la vitesse du mouvement, on obtient toujours le même degré de pression.

« Désormais accessibles de toutes parts, ajoute M. Durand, les nouveaux pressoirs offrent à la manipulation des marcs des facilités inconnues avant eux; débarrassés de masses pesantes et volumineuses, ils ont acquis une mobilité qui multiplie leurs services en les rendant portatifs. La pression s'y exerce sans choc, dès lors sans perte de force et sans secousse pour les hommes qui la fournissent. »

L'existence des pressoirs nouveaux, et de celui de M. Dezaunay en particulier, repose, en somme, sur une idée bien simple et qui s'est fait longtemps attendre, comme toutes les choses excellentes : « Faire que l'écrou puisse être mis en mouvement sur la vis par un levier prenant son point d'appui sur cette même vis. »

C'est ce qu'a fait M. Dezaunay au moyen d'une directrice inflexible creusée à travers les filets, et suivant l'une des génératrices du cylindre : il est résulté de cette disposition que ce point d'appui a été assez rapproché de la résistance, suivant l'axe de la vis, pour que les risques d'une flexion résultant de l'inégalité de compressibilité de la masse aient été à peu près annihilés. Le problème a été ainsi heureusement résolu.

Il y a bien encore beaucoup de personnes qui vantent l'excellence des énormes pressoirs à vis de bois et à charpente colossale, à l'encontre des appareils nouveaux; mais il faut espérer que, dans quelques siècles d'ici, on ne parlera plus de ces appareils imparfaits.

Saint Louis.

Saint Louis, né le 25 avril 1215, ne prit point possession du trône sans difficulté.

Les seigneurs tentèrent de l'enlever, ainsi que sa mère Blanche, et tous deux furent obligés de se réfugier dans la tour de Montlhéry, où les bourgeois de Paris vinrent les délivrer. Mais la faction qui troublait le royaume fut bientôt vaincue, et lorsque le jeune roi atteignit sa majorité, il put enfin, dit Joinville, « aller sûrement par son pays. »

Ce fut en 1244, pendant une maladie où l'on désespéra de ses jours, qu'il promit de prendre la croix s'il guérissait et de tout essayer pour la délivrance du saint Sépulcre. Lorsqu'il revint à la santé, sa mère, les seigneurs et les prélats eux-mêmes épuisèrent les remontrances pour le détourner de l'accomplissement d'un pareil vœu; mais les croyances du roi étaient trop vives, son respect au serment prononcé trop sincère, pour qu'il acceptât les transactions qui lui étaient proposées.

Les chrétiens de la terre sainte se trouvaient d'ailleurs menacés d'une ruine prochaine. Presque tout l'ordre des Templiers avait péri à Gaza; les infidèles étaient partout victorieux. Saint Louis confia la régence du royaume à sa mère Blanche, et se disposa, non pas précisément à une croisade, mais à une conquête durable.

On avait toujours pensé que la possession de l'Égypte était indispensable à qui voulait conserver la terre sainte. Le roi de France résolut, en conséquence, d'y fixer la domination chrétienne, et embarqua, dans ce but, des instruments de labourage, des outils, des semences, en un mot tout ce qui pouvait servir à un établissement définitif.

Il avait fait d'abord creuser un port à Aigues-Mortes, et il s'y embarqua le 25 août 1248.

Sa flotte relâcha d'abord à Chypre. Le vice de toutes les expéditions de cette époque était la lenteur dans les mouvements, le manque de connaissances suffisantes pour l'exécution. L'armée des croisés fut arrêtée tout l'hiver, attendant les renseignements indispensables pour son débarquement en

Égypte. Au printemps, il fallut renouveler les approvisionnements, et traiter avec les Pisans, les Vénitiens et les Génois, qui possédaient seuls des navires pour transporter les troupes. Enfin, le vendredi d'avant la Pentecôte (1249), le roi repartit avec son armée et aborda devant Damiette. Les Sarrasins ne s'opposèrent point à la descente; la vue des croisés bardés de fer les avait tellement épouvantés, qu'ils s'enfuirent et firent dix lieues tout d'une traite sans regarder derrière eux.

Il eût fallu profiter de cet effroi et continuer sur-le-champ la conquête de la basse Égypte. Au lieu de cela, on demeura cinq mois à Damiette, et on laissa ainsi aux Égyptiens le temps de se rassurer et de se fortifier. Lorsque l'armée se mit enfin en marche, elle fut un mois à faire dix lieues, de Damiette à Mansourah. Les Sarrasins ne cessèrent point de la harceler, employant surtout contre elle le feu grégeois, qui épouvantait les plus braves. Toutes les fois que saint Louis le voyait lancer, dit Joinville, « il se jetait à terre, tendait ses mains, la face levée au ciel, et criait à haute voix : « Beau sire Dieu Jésus-Christ, garde-moi et » toute ma gent! »

Arrivé devant Mansourah, le roi demeura arrêté par un canal. Enfin un Bédouin fit connaître un gué; le frère du roi, le comte d'Artois, le passa avec l'avant-garde; mais, au lieu d'attendre le reste de l'armée, il poursuivit les Sarrasins dans Mansourah où il fut enveloppé. Lorsque saint Louis arriva, il ne trouva plus son avant-garde et essaya en vain de la rejoindre; le soir, on lui annonça qu'elle était perdue.

Attaqués dès le lendemain, les chrétiens soutinrent pendant quatre jours l'effort des ennemis. Le roi fit des prodiges; il était tellement couvert de feu grégeois qu'à plusieurs reprises on le crut étouffé dans son armure. Les Sarrasins, découragés par une pareille résistance, s'éloignèrent.

Mais on ne pouvait songer à pousser plus loin : il fallait faire retraite vers Damiette; tout le monde en reconnut la nécessité, et cependant l'armée passa tout le carême à la même place. La famine devenait chaque jour plus rigoureuse; les cadavres entassés dans les canaux répandaient des miasmes mortels : on eut l'étrange idée de remuer cette pourriture humaine pour distinguer les Sarrasins des chrétiens et rendre les honneurs funèbres seulement aux derniers; la peste se déclara aussitôt dans le camp.

On se décida enfin à s'embarquer sur le Nil; mais il était trop tard, les Mamelucks avaient coupé la retraite. Ils massacrèrent tout ce qui voulut résister et forcèrent le reste à se laisser prendre. Le roi fut obligé de rendre Damiette et de payer rançon.

Il s'embarqua ensuite pour Saint-Jean-d'Acre avec les débris de l'armée. Telle était la consternation, que l'on fit une lieue de mer sans qu'une seule parole fût échangée. Le roi ne possédait que deux robes pour tout vêtement, et n'avait point de lit.

Il retrouva à Acre la reine Marguerite, qui était devenue folle en apprenant sa captivité, et qui accoucha, trois jours après, d'un fils qu'on nomma *Tristan*.

Tant d'épreuves ne purent décourager saint Louis. Il demeura encore quatre années dans la terre sainte, occupé à fortifier les places. Enfin on lui apprit la mort de Blanche, qui laissait la France privée de gouvernement. Il en fut si douloureusement frappé, qu'il demeura deux jours sans vouloir parler à personne; lorsque, le troisième jour, Joinville arriva jusqu'à lui, il ne put que tendre les bras et s'écrier, en fondant en larmes : « J'ai perdu ma mère! »

STATUE DE SAINT LOUIS, A AIGUES-MORTES (GARD).

Il ordonna aussitôt de faire tous les préparatifs de retour, et il débarqua à Hyères le 10 juillet 1254.

Il trouva le royaume affaibli et déchiré.

Les *Pastoureaux* avaient commis des cruautés horribles, punies par d'autres cruautés. La tristesse du roi en parut augmentée. A partir de son retour, on ne le vit plus « ni sourire, ni porter vêtement de prix. » Il se retirait des heures entières dans son oratoire, où il s'abandonnait aux larmes.

Une seule occupation semblait encore lui plaire, celle de rendre la justice. « Maintes fois, dit Joinville, avint que, en été, il allait seoir au bois de Vincennes après sa messe, et se accostait à un chêne et nous faisait seoir entour lui, et tous ceux qui avaient affaire venaient parler à lui, sans destourbier de huissier ni autre..... Je le vis aucunes fois en été que, pour délivrer sa gent, il venait au jardin de Paris, une cotte de camelot vêtue, un surcot de tiretaine sans manches, un mantel de santal noir entour son col, moult bien peigné et sans coiffe, et un chapel de paon blanc sur sa tête; et faisait étendre tapis pour nous seoir autour de lui; et tout le peuple qui avait affaire par-devant lui était entour lui en estant (debout), et lors il les faisait délivrer en la manière que je vous ai dit, devant, du bois de Vincennes. »

Ce fut lui qui abolit les combats judiciaires, qui établit la preuve testimoniale, et commença à prendre le parti des clercs contre les seigneurs, c'est-à-dire de la loi écrite contre la tyrannie capricieuse. Son amour pour son peuple était sincère :

« Biau fils, disait-il à celui qui devait lui succéder, je te prie que tu te fasses aimer au peuple de ton royaume; car vraiment je aimerais mieux que un Escot vînt d'Écosse et gouvernât le peuple bien et loyalement, que tu le gouvernasses mal à point et en reproche. »

Mais ses yeux se retournaient toujours vers la terre sainte. Les désastres des chrétiens s'y multipliaient : ils avaient perdu Césarée, Arzuf, Saphet, Jaffa, Belfort, Antioche. Dans cette dernière ville, dix-sept mille habitants avaient été égorgés, cent mille vendus comme esclaves. Malgré l'épuisement de la France

et sa propre maladie, saint Louis voulut faire une dernière tentative pour le Christ. Il annonça une nouvelle croisade le 25 mai 1267. Trois ans furent employés à la préparer; enfin il laissa la direction des affaires à Simon de Nesle et à Matthieu, abbé de Saint-Denis, et il s'embarqua à Aigues-Mortes, le 1er juillet 1270.

La flotte était mal fournie de vivres, l'armée sans discipline; le roi, déjà mourant, ne pouvait porter une armure, ni se tenir à cheval. Aucun plan n'avait été arrêté. On avait parlé de cingler vers l'Égypte; les maladies qui se déclarèrent parmi les soldats, et l'avidité de Charles d'Anjou, qui cherchait surtout le butin, firent changer de route; on alla vers Tunis.

L'armée fut débarquée sur une terre brûlante, sans ombrage et sans eau; elle manquait de tout. La mortalité devint effrayante; le roi lui-même fut atteint, languit vingt-deux jours, et mourut. Ses dernières recommandations furent sublimes. A son fils Philippe, qui allait régner, il dit : « Aie le cœur doux et piteux aux pauvres; maintiens les bonnes coutumes dans ton royaume et corrige les mauvaises; aime ton honneur et fais justice à chacun. » Pour sa fille il ne prononça que ces mots : « Chère fille, la mesure par laquelle nous devons Dieu aimer, est aimer-le sans mesure. »

Avant de rendre le dernier soupir sur le lit de cendres où il s'était fait porter, il prononça cette prière : « Seigneur Dieu, aie merci de ce peuple qui ci demeure, et le conduis en son pays; que il ne tombe en la main de ses ennemis, et que il ne soit contraint de renier ton saint nom. » Ses derniers mots furent : « O Jérusalem! ô Jérusalem! »

Le Chalumeau.

Cet instrument, dont l'invention est très-ancienne, est encore un des plus simples, des plus utiles et des plus ingénieux que la chimie possède. Il ne le cède peut-être pas à la pile voltaïque elle-même pour la multiplicité extraordinaire des effets de toute nature qu'il peut produire entre des mains habiles.

Avec un chalumeau et ses accessoires, une lame de platine et quelques atomes de sel destinés à servir de fondant, un ouvrier est en mesure de répéter un nombre prodigieux de réactions importantes.

Le chalumeau, réduit à sa partie essentielle, se compose d'un tube terminé par un trou très-fin, dans lequel l'opérateur souffle pour produire un courant continu destiné à activer la combustion d'une lampe ou d'une chandelle. C'est, sur une échelle microscopique, ce qui se passe dans nos usines métallurgiques. La bouche remplit le même rôle que les immenses machines soufflantes au moyen desquelles on projette de prodigieuses quantités d'air dans l'intérieur de nos hauts fourneaux.

L'appareil a été disposé de manière à concentrer les faibles ressources dont le souffleur dispose sur un très-petit point incandescent, où la température peut alors s'élever très-haut. Les réactions qui, provoquées par cette chaleur extrême, se passent dans l'intérieur d'une perle vitrifiable, suffisent pour donner les indications que réclame la science, et déterminer la composition des roches les plus compliquées.

L'appareil dont nous donnons le dessin (fig. 1) renferme, outre ce tube indispensable, une chambre destinée à recevoir l'humidité provenant de l'air expulsé (B). Sans cette importante adjonction, l'eau accumulée dans le tube boucherait rapidement l'orifice et nuirait considérablement à la rapidité du jet. Le tube très-fin, implanté à angle droit dans la chambre et qui représente la tuyère du chalumeau, est terminé

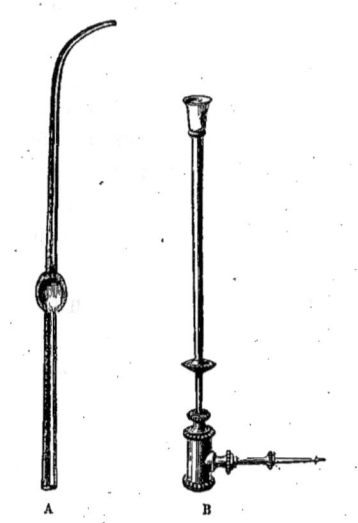

FIG. 1. — A, chalumeau des ateliers. — B, chalumeau des laboratoires.

par un ajutage en platine. Rien n'est plus facile que de démonter ce petit appendice qui, destiné à être mis en contact avec la flamme, peut se montrer souillé par des matières charbonneuses. Si l'on veut lui rendre sa teinte naturelle, qui est celle d'un beau blanc d'argent, il suffit de l'enlever, de le placer au-dessus d'une lampe, et de souffler pour activer la flamme jusqu'à ce qu'il ait pris une teinte rouge de feu.

Les personnes qui auront occasion d'examiner de près ce petit bout de platine, qui ne coûte pas plus de deux francs, seront frappées du parti qu'on est arrivé à tirer de quelques grammes de métal; elles admireront incontestablement la ténuité extrême que les constructeurs sont parvenus à donner aux parois de l'ajutage, tout en lui conservant une résistance suffisante pour les services qu'il est appelé à rendre.

Il est vrai qu'on voit encore confirmer ici cet adage : « On n'obtient rien sans peine »; car l'usage du chalumeau offre aux débutants quelques légères difficultés; mais nous les engagerons vivement à ne pas reculer devant un petit apprentissage qui n'a rien d'insurmontable. En effet, à moins d'être affecté d'une conformation vicieuse très-rare, chaque amateur peut acquérir très-rapidement une habileté suffisante pour être amplement récompensé de ses peines. Nul ne regrettera ses efforts quand il saura former, au bout d'un fil imperceptible de platine, ces petites sphères dont la couleur suffit pour lire beaucoup de secrets de la nature. Combien de découvertes de la plus haute importance n'eussent pas enrichi la métallurgie et leurs auteurs, si les explorateurs qui parcourent les pays éloignés eussent été plus familiers avec la manœuvre d'un instrument qui leur eût donné, pour ainsi dire, un nouveau sens!

Les organes respiratoires ne pouvant soutenir le travail d'une insufflation prolongée pendant quelques minutes, comme celle qui est indispensable pour opérer une analyse chimique, l'expérimentateur est obligé d'avoir recours à une espèce d'artifice, afin de ne pas s'interrompre à chaque instant.

Quoiqu'il soit difficile de donner des préceptes suffisamment précis pour tenir lieu d'exemple, voici comment on peut résumer la théorie du chalumeau. La première chose est de s'exercer à tenir la bouche pleine d'air pendant qu'on continue à se livrer à des mouvements d'aspiration et d'expiration. Une fois cette manœuvre préliminaire effectuée, on aura accompli une bonne partie de la tâche.

Quand l'opérateur sait faire agir les muscles buccinateurs, qui, comme on le sait, forment le tissu musculaire des joues, il peut aisément remplir sa bouche d'air et le lancer dans le chalumeau par un mouvement de contraction.

Fig. 2. — Chalumeau d'atelier.

En effet, pour remplacer l'air qui s'épuise naturellement dès qu'on souffle d'une manière continue, il suffit de connaître le moyen de renouveler sa petite provision sans interrompre le jet qui sort des lèvres.

On parviendra très-facilement à résoudre ce problème de gymnastique respiratoire si on prend soin d'ouvrir la communication de l'arrière-bouche et des voies aériennes au moment où les muscles de la poitrine chassent l'air des poumons, c'est-à-dire dans la période de l'expiration. Sortant de la poitrine avec une certaine tension, l'air se précipite par l'orifice qu'on lui ouvre dans l'arrière-bouche, et augmentera la provision de fluide élastique que renferme la cavité buccale. Si on ouvrait, au contraire, la communication lorsque la poitrine se dilate, il est évident que l'air de la bouche en sortirait et se précipiterait dans les poumons.

Au bout de quelques jours d'exercice, la pratique des préceptes précédents deviendra plus facile; bientôt la manœuvre s'opère d'elle-même, sans que l'opérateur ait besoin d'y faire attention.

Les opérations que le chalumeau peut servir à faire se rangent en deux classes bien distinctes, car elles sont pour ainsi dire opposées l'une à l'autre. La première, celle des oxydations, consiste à combiner des métaux avec l'oxygène; au contraire, la seconde a pour but de ramener à l'état métallique des corps qui ont déjà été combinés avec ce gaz.

L'artifice qui permet de produire à volonté l'un ou l'autre de ces effets consiste à diriger le jet sur une partie convenable de la flamme d'une lampe ou d'une bougie, car les différentes régions de ce cône lumineux offrent des propriétés bien différentes.

L'oxydation aura évidemment lieu sans difficulté si l'on porte le corps au contact de l'air, près de la pointe, à l'endroit où, comme on le sait, se développe une chaleur très-intense.

La réduction ne sera pas moins aisée si l'on chauffe le corps au milieu d'une flamme avide d'oxygène. L'amateur ne doit se considérer comme suffisamment habile qu'au moment où, soufflant pour ainsi dire à volonté le froid et le chaud, il peut produire alternativement l'un et l'autre de ces phénomènes.

La meilleure manière de reconnaître si on a acquis un degré d'habileté suffisant consiste à prendre un petit grain d'étain, à le fondre sur du charbon, et à le tenir au rouge blanc sans qu'il cesse de conserver sa couleur métallique. L'expérimentateur doit manier assez bien sa flamme pour contre-balancer la tendance énorme de l'étain, qui demande à s'oxyder chaque fois qu'il est en contact avec des gaz oxydants possédant une haute température.

Le corps qu'on veut exposer à la flamme du chalumeau doit reposer sur quelque chose ou être fixé d'une manière quelconque, car il est certain qu'on ne peut pas le tenir avec les doigts. Le support qui convient sans contredit le mieux, c'est le charbon de bois parfaitement bien cuit; mais, dans quelques cas, il est facile de comprendre que la faculté réductrice du charbon peut empêcher la réaction qu'on cherche à produire : on se sert donc aussi d'un support en platine ayant la forme tantôt d'une petite cuiller, tantôt d'une feuille mince, tantôt d'un fil d'une ténuité extrême.

Il est intéressant de suivre le détail des opérations que le chimiste doit exécuter sur les atomes qu'il soumet à l'analyse de son chalumeau, et d'observer les métamorphoses qui s'opèrent dans le sein d'une goutte incandescente de borax ou de sel de phosphore.

Ce n'est pas seulement dans les laboratoires qu'on se sert du chalumeau, instrument aussi indispensable à l'industrie qu'à la science elle-même.

Les bijoutiers, et généralement les ouvriers qui travaillent les métaux, ont adopté une forme plus simple que les chimistes, et se servent presque toujours d'un chalumeau en verre d'un prix insignifiant. Toutefois, comme ils ont généralement besoin de développer une plus grande quantité de chaleur, ils ont remplacé la lampe à l'alcool ou la modeste chandelle par une lampe à gaz, comme on voit dans la figure 3. Ils placent les objets à souder sur un charbon convenablement taillé; puis avec un chalumeau ils dirigent la flamme vers les parties dont ils veulent opérer le rapprochement au moyen d'une soudure.

Les chimistes ont souvent besoin de produire en dehors de leurs fourneaux une chaleur beaucoup plus considérable que celle qu'ils peuvent concentrer sur un point donné au moyen du chalumeau ordinaire. Il leur serait impossible de courber des tubes d'une certaine dimension s'ils devaient se contenter de renforcer la flamme d'une lampe à alcool avec la faible quantité d'air qui peut passer par leur cavité buccale. Combien leurs analyses scientifiques deviendraient lentes s'ils étaient obligés d'avoir recours à

Fig. 3. — Chalumeau et lampe à gaz.

la main des ouvriers verriers toutes les fois qu'ils désirent modifier la forme de leurs instruments en verre! Que de délais mortels pour l'inspiration scientifique s'il fallait appeler un secours étranger pour souffler une boule, souder l'orifice d'une ampoule, courber un tube de verre! Aussi les opérateurs ont-ils inventé depuis longtemps, pour les besoins spéciaux des laboratoires, un instrument fondé sur les mêmes principes que le chalumeau ordinaire, mais beaucoup plus puissant.

Cet appareil, indispensable pour le chimiste du dix-neuvième siècle, se compose d'un tube métallique monté sur une table garnie d'une lampe de forme particulière, qui porte le nom de lampe d'émailleur.

Comme on le voit par la figure que nous donnons à la page suivante, la flamme peut, à l'aide de cette lampe, atteindre des dimensions considérables et posséder par conséquent un pouvoir échauffant très-intense, parce que le manipulateur, dirigeant en conséquence son soufflet, projette une quantité notable d'air au-dessus de la mèche.

Le souffle, au lieu d'être produit par la respiration, est donné par le jeu d'un soufflet à double courant d'air que l'opérateur agite avec une pédale. Il peut ainsi disposer de toute la force du pied et avoir les mains entièrement libres. Ce soufflet communique, comme on le voit dans notre gravure, avec un tuyau qui vient ressortir au-dessus de la table et qui se termine par un bec effilé. Le bec entre à frottement dans le tuyau et peut être dirigé à volonté dans différents sens. Évidemment son ouverture doit être plus grande que celle du chalumeau ordinaire, puisqu'il doit agir sur une flamme plus considérable; mais, dans les deux cas, c'est de l'oxygène qui vient accélérer la combustion.

Fig. 4. — Chalumeau et lampe d'émailleur.

Avec une bonne lampe à émailleur, un manipulateur habile peut façonner le verre plus facilement qu'un métal ordinaire. Courber des tubes, souffler des boules, joindre et souder, toutes les opérations du verrier ne sont pour lui qu'un véritable jeu. Il peut pétrir la matière incandescente comme un sculpteur modèle un morceau de terre glaise au gré de son imagination.

Le principe de la lampe d'émailleur est absolument le même que celui du chalumeau ordinaire; seulement, les poumons étant représentés par une machine soufflante, il n'est pas nécessaire d'avoir une chambre pour servir de réceptacle à l'eau provenant de l'air insufflé, et le tube de cuivre ne possède pas ce renflement qu'on remarque dans le chalumeau ordinaire.

Comme la lampe d'émailleur est d'un prix assez élevé, et qu'il est incommode d'avoir à remuer la pédale pendant toute la durée de la manipulation, on a inventé un appareil qui produit, sans qu'on ait besoin d'y toucher, une flamme d'une intensité énorme pendant un temps assez long pour effectuer les opérations courantes du laboratoire et des arts.

Comme on le voit à la figure 5, cet appareil, qui est connu sous le nom d'éolipyle, se compose d'une chaudière pourvue d'une soupape, dans laquelle on a renfermé de l'essence de térébenthine ou mieux de l'alcool. Cette matière volatile, étant chauffée, donne naissance à un torrent de gaz inflammable qui vient se projeter à la hauteur de la flamme et qui en augmente les dimensions dans une proportion fort notable. Quoique, par la nature de l'office auquel il est destiné, cet appareil se rapporte au chalumeau ordinaire, il en diffère essentiellement par les principes de la construction. En effet, la flamme y est renforcée parce qu'on lui apporte un surcroît de gaz combustible, tandis que dans le chalumeau véritable on lui apporte un surcroît de gaz comburant; mais dans les deux cas le résultat est identique.

Au moyen de ce procédé fort simple, la quantité de chaleur qu'on accumule sur un point donné est accrue dans des proportions assez considérables pour produire les effets les plus difficiles à réaliser.

On se sert aussi de cet appareil pour produire commodément des réactions chimi=

ques dans un creuset qu'on enveloppe complétement par les gaz incandescents. La flamme qui échauffe l'enveloppe réfractaire dans laquelle sont contenues les substances qu'on fait réagir les unes sur les autres s'oppose en même temps à son refroidissement par voie de rayonnement extérieur, et sert, pour ainsi dire, d'écran lumineux, en concentrant elle-même la chaleur qu'elle produit.

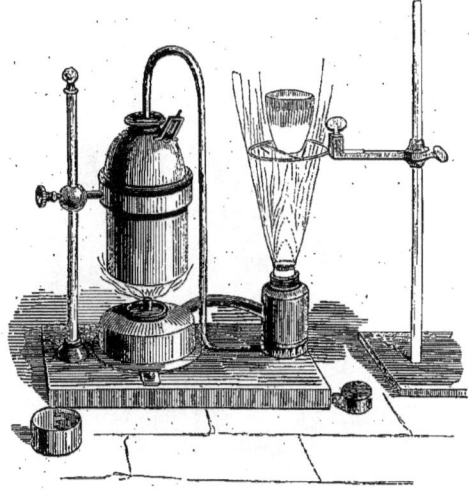

Fig. 5. — Éolipyle.

L'éolipyle est également employé avec succès dans les arts; il se recommande par son bon marché et par la facilité de sa manœuvre : aussi on le voit souvent figurer dans les étalages des quincailliers, parmi les objets les plus accessibles à toutes les bourses; mais il est bien loin de suffire dans tous les cas qui se présentent, car on ne pourrait lui donner des proportions considérables sans le transformer en appareil dangereux à manier, même avec sa soupape de sûreté.

Les ouvriers ont souvent besoin d'opérer sur une masse notable de matière fondue. La rapidité des opérations techniques serait notablement accélérée si on n'était pas obligé de placer les creusets dans les fours à réverbère, moufles, etc., appareils dont la manœuvre entraîne une perte de temps fort dispendieuse, mais les seuls dont on puisse se servir quand les appareils précédemment décrits deviennent insuffisants. Dans ce cas, les ouvriers se servent d'un véritable chalumeau à gaz, comme celui qui est représenté dans la figure 6, et qui est bien plus énergique que tous les appareils précédents; car un double tube projette à la fois sur la flamme le gaz combustible et l'oxygène destiné à rendre la combustion possible. On prend comme gaz combustible le gaz d'éclairage, et on demande l'oxygène à l'air atmosphérique qu'on projette avec un soufflet. Deux causes différentes contribuent ainsi à rendre la température de la flamme très-élevée : d'un côté la grande quantité de gaz combustible, et de l'autre l'afflux énorme d'oxygène.

Cet appareil à double effet réunit donc à la fois les avantages de la lampe d'émailleur et de l'éolipyle. Mais quelque considérable que soit la quantité de chaleur produite au moyen de cet appareil, elle ne suffit pas encore pour certaines opérations métallurgiques du genre de celles que MM. Sainte-Claire Deville et Debray ont exécutées sur platine.

La figure 7 nous représente un appareil construit d'après les principes de ces deux chimistes pour des travaux exceptionnels. Le four qui est figuré dans notre gravure a été construit en chaux cerclée avec des fils de fer. La voûte a été prise dans un morceau de chaux cylindrique légèrement cintré à sa partie inférieure et percé d'un trou conique par où pénètre le chalumeau. Le combustible, qui peut être du gaz ordinaire d'éclairage ou de l'hydrogène, arrive dans le fourneau par le tuyau. Quant à l'oxygène, il est admis par le tuyau supérieur.

Pour manœuvrer l'appareil de la manière la plus avantageuse, on donne un faible courant d'hydrogène ou de gaz combustible, et on fournit de l'oxygène en ouvrant progressivement le robinet jusqu'à ce que la combustion soit complète. Le gaz oxygène

Fig. 6. — Chalumeau à gaz en usage dans les grands ateliers.

doit être recueilli dans un gazomètre où la pression soit de 4 à 10 centimètres de mercure, de manière qu'on ne soit pas exposé à voir faiblir le courant de gaz.

Grâce à ce puissant appareil, MM. Sainte-Claire Deville et Debray sont parvenus à fondre jusqu'à 12 et 15 kilogrammes de platine. Le bout du robinet à l'oxygène avait alors 2 millimètres de diamètre; le robinet du gaz d'éclairage avait au moins un centimètre carré de section.

Les perfectionnements remarquables dont la préparation du gaz oxygène a été l'objet rendront incontestablement plus fréquent l'usage de cet ingénieux appareil, dont la première application a été si brillante, et au moyen duquel les deux chimistes sont parvenus à produire commodément une chaleur qu'on peut hardiment comparer à celle de l'arc voltaïque lui-même.

Nous avons vu le chalumeau débuter modestement par fondre quelques atomes; il finit par produire une température à laquelle rien ne résiste, sans que les principes essentiels de sa construction aient été altérés. Le chalumeau donne aussi un exemple de la fécondité des inventions réellement ingénieuses, qui s'adaptent sans aucune difficulté aux besoins les plus variés de la civilisation moderne, et dont les applications grandissent avec les besoins des arts.

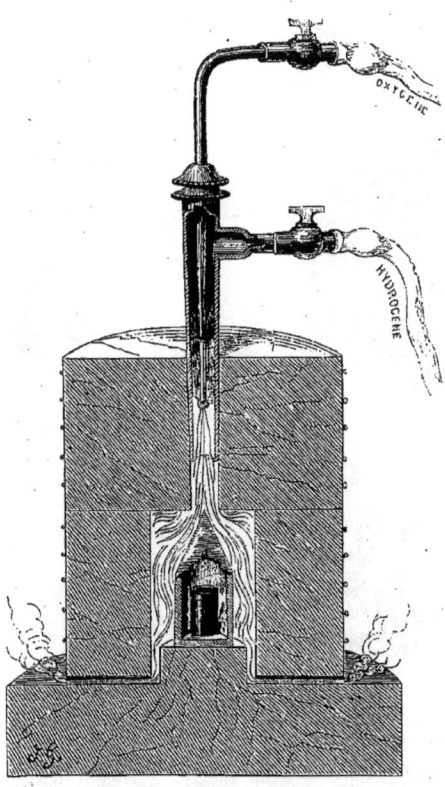

Fig. 7. — Chalumeau à gaz hydrogène et oxygène.

Chasse au Gorille.

Il n'y a guère que douze ou quinze ans que l'on parle de ce singe découvert en Afrique, au Gabon. Un gorille envoyé au Muséum en janvier 1852, et conservé dans l'alcool, a de hauteur 1^m.67. Il y en a, dit-on, de plus grands.

En ces derniers temps, on a fait au sujet de cet animal des récits extraordinaires. Le gorille se construit, dit-on, des espèces d'habitations sur les arbres; il se bat à la manière des hommes, en lançant des pierres et des bâtons à ceux qui lui donnent la chasse. Il attend l'homme, et l'attaque dans l'attitude d'un boxeur, en faisant résonner sa poitrine comme un tambour.

On saura bientôt toute la vérité sur ces animaux. Un Français nommé du Chaillou, Parisien d'origine, mais qui s'est fait naturaliser Américain, a publié la relation curieuse d'un voyage sur la côte occidentale d'Afrique et d'une exploration à l'intérieur qui lui a permis d'étudier les mœurs des gorilles. Mais jusqu'ici on n'ajoute foi qu'avec beaucoup de réserve aux assertions de ce voyageur.

Son livre, cependant, a excité une vive émulation. D'autres personnes sont parties d'Angleterre pour aller vérifier l'exactitude du journal de M. du Chaillou, qui lui-même vient d'entreprendre un second voyage en se promettant, cette fois, de faire ses observations avec une attention et un scrupule tels qu'on ne puisse plus le soupçonner d'aucune exagération.

Un Anglais a écrit de Loanda (ville de la Guinée méridionale), le 7 septembre 1862 :

« Je viens de passer cinq mois dans le pays des gorilles, et voici les renseignements que j'ai glanés.

» Le gorille habite au plus profond des forêts, ne se nourrit que de végétaux, au point qu'on peut conclure sa présence ou son absence de la présence ou de l'absence de certaines plantes.

» Dans l'après-midi ou vers le soir, il s'approche des plantations pour les ravager, en poussant un cri sauvage qui ressemble, quand l'animal est furieux, à un aboiement aigu. Le jour, il erre à quatre pattes (qu'on me croie, car j'ai suivi la bête pendant des heures entières); parfois il se met à grimper sur les arbres. De nuit, il dort

LE GORILLE.

sur un grand arbre; il est très-rusé, d'odorat perçant. Quand sa femelle est pleine, il bâtit, comme le chimpanzé et le koulou-kambo, une espèce de nid où elle fait ses petits et qu'elle abandonne aussitôt après. Ces nids, — j'en ai vu plusieurs, — sont tout bonnement faits de morceaux de bois sec et de petites branches arrachées évidemment à la main.

» Blessé ou manqué, le gorille s'élance à quatre pattes sur l'ennemi; mais les naturels du pays, lestes eux-mêmes comme des singes, échappent souvent à sa course fougueuse. Etia, dont la main a été rudement déchirée par l'un d'eux, me racontait que le gorille auquel il avait eu affaire lui avait saisi le poignet avec sa patte de derrière et le lui avait broyé dans sa bouche. Un fait me paraît indiscutable, c'est que le gorille est moins redouté que le léopard. »

Hannon, voyageur carthaginois qui explora la côte occidentale d'Afrique cinq siècles avant l'ère chrétienne, écrit dans sa relation :

« ... Nous arrivâmes à un cap formant l'entrée d'un golfe nommé *Corne du Midi* (on croit qu'il s'agit du *Rio do Ouro*). Au fond de ce golfe gisait une île, avec un lac et un îlot. Ayant touché à cette île, nous la trouvâmes habitée par des sauvages tout velus, que nos interprètes appelèrent gorilles (ou *gorgades*). Nous les poursuivîmes : ils fuyaient à travers les précipices avec une étonnante agilité, en nous jetant des pierres. Nous réussîmes à prendre trois femmes; mais comme elles brisaient leurs liens, nous mordaient et nous déchiraient avec fureur, nous fûmes obligés de les tuer. Nous en avons conservé les peaux. »

Il paraît probable qu'Hannon avait pris des singes pour des sauvages.

Le gorille est le plus grand des singes connus. Ses dimensions sont extraordinaires : sa hauteur n'est que celle d'un homme de moyenne stature; mais, les membres postérieurs étant relativement très-courts, son corps est beaucoup plus long. Voici ses dimensions exactes, d'après les mesures prises en Afrique :

Hauteur 1m,67
Circonférence au cou 0m,75
Circonférence à la poitrine 1m,35
Envergure 2m,18

Le Spectre du Pambamarca.

Le spectre du Pambamarca, au Pérou, a été observé et décrit, vers le milieu du dernier siècle, par Bouguer, membre de l'Académie des sciences.

Le savant Antonio Ulloa, qui a vu ce singulier phénomène atmosphérique, a consigné ses observations dans son ouvrage intitulé : *Relacion del viage á la América meridional.*

« Il se trouvait, dit-il, au point du jour sur le Pambamarca avec six compagnons de voyage; le sommet de la montagne était entièrement couvert de nuages épais; le soleil, en se levant, dissipa ces nuages; il ne resta à leur place que des vapeurs si légères, qu'il était presque impossible de les distinguer.

» Tout à coup, au côté opposé à celui où se levait le soleil, chacun des voyageurs aperçut, à une douzaine de toises de la place qu'il occupait, son image réfléchie dans l'air comme dans un miroir; l'image était au centre de trois arcs-en-ciel nuancés de diverses couleurs et entourés à une certaine distance par un quatrième arc d'une seule couleur. La couleur la plus extérieure de chaque arc était incarnat ou rouge; la nuance voisine était orangée; la troisième était jaune, la quatrième paille, la dernière verte. Tous ces arcs étaient perpendiculaires à l'horizon; ils se mouvaient et suivaient dans toutes les directions la personne dont ils enveloppaient l'image comme une gloire. Ce qu'il y avait de plus remarquable, c'est que, bien que les sept voyageurs fussent réunis en un seul groupe, chacun d'eux ne voyait le phénomène que relativement à lui, et était disposé à nier qu'il fût répété pour les autres. L'étendue des arcs augmenta progressivement en proportion avec la hauteur du soleil; en même temps, les couleurs des arcs s'évanouirent, les spectres devinrent de plus en plus pâles et vagues, et enfin le phénomène disparut

PHÉNOMÈNE ATMOSPHÉRIQUE DANS L'AMÉRIQUE MÉRIDIONALE.

entièrement. Au commencement de l'apparition, la figure des arcs était ovale; vers la fin, elle était parfaitement circulaire. »

Le Quinquina.

Il n'est personne qui n'ait entendu vanter les effets bienfaisants et presque merveilleux du quinquina ; personne qui n'ait eu l'occasion de voir employer ce précieux antidote contre les fièvres intermittentes, qu'il arrête avec tant d'efficacité qu'on a coutume de dire qu'il coupe la fièvre. Ce médicament est l'écorce d'un arbre de moyenne grandeur qui ne se trouve qu'au Pérou.

L'histoire du quinquina, nommé dans les pharmacopées *cortex peruvianus febrifugus*, et qu'en Amérique on appelle *palo de calenturas* (bois des fièvres), est extrêmement curieuse.

Les naturels du Pérou, instruits sans doute par quelque circonstance fortuite, ou, comme on le croit, parce que les habitants d'un village qui buvaient l'eau d'une mare où avaient séjourné des quinquinas avaient été à l'abri des fièvres endémiques si fréquentes dans ce pays; les Indiens, disons-nous, connaissaient les vertus du quinquina et en faisaient usage depuis un temps immémorial lors de l'arrivée des Espagnols. Mais ces malheureux Indiens, mus par un sentiment de haine bien explicable, cachèrent aux conquérants, pendant un siècle et demi, le remède contre la fièvre. Ce fut en 1638 qu'un Indien auquel le gouverneur de Loxa, au Pérou, avait rendu de grands services, donna à cet Espagnol une certaine quantité d'écorce de quinquina, dont il fit connaître l'usage.

Peu de temps après, le gouverneur de Loxa, ayant appris que la femme du vice-roi, la comtesse de Cinchon, était sur le point de succomber à une fièvre tierce qui avait résisté à tous les remèdes connus, envoya au vice-roi, comme un remède secret et infaillible, une partie de son écorce réduite en poudre. Ce quinquina, essayé d'abord avec un plein succès par plusieurs malheureux atteints de la même maladie, fut bientôt administré à la comtesse de Cinchon qu'il rappela à la vie.

La réputation du quinquina, nommé dès lors la *poudre à la comtesse*, se répandit promptement dans toute l'Amérique espagnole. La comtesse en fit venir chaque année de Loxa une grande quantité pour le distribuer aux pauvres de Lima; puis elle chargea les jésuites de continuer ces distributions.

Lorsque, à l'expiration de sa vice-royauté, le comte de Cinchon revint en Espagne en 1640, il vanta beaucoup la poudre à laquelle il devait la conservation des jours de sa femme, et son médecin, qui en avait apporté une grande provision, la vendit jusqu'à cent réaux la livre. Neuf ans après, en 1649, le procureur général des jésuites d'Amérique, ayant été mandé à Rome avec les autres chefs de son ordre, apporta un chargement considérable de quinquina, qu'il distribua en grande partie à ses confrères pour le répandre dans toute l'Europe. Le quinquina quitta alors le nom de poudre à la comtesse pour prendre le nom de *poudre des jésuites*; et encore aujourd'hui, en Angleterre, on l'appelle *the jesuit's powder*.

Dans toute l'Europe on paraissait d'accord pour vanter les propriétés miraculeuses du nouveau remède; mais beaucoup de médecins célèbres, offusqués sans doute par cette célébrité de fraîche date, s'efforcèrent de discréditer la poudre des jésuites, en disant qu'elle ne pouvait guérir si promptement la fièvre sans reporter les humeurs vers d'autres parties du corps, d'où devait résulter une série effrayante de maladies. Bientôt on mit sur le compte de la poudre des jésuites tous les accidents, toutes les rechutes, et le pauvre médicament fut presque aussi généralement honni qu'il avait été vanté. Il avait pourtant encore des partisans, même dans le docte corps des médecins; mais on ne pouvait l'acheter qu'en secret chez les moines.

Cependant ceux-là mêmes qui l'avaient introduit en Europe contribuaient grandement à faire tomber en discrédit le quinquina. En effet, au lieu d'imiter le désintéressement de Poivre, qui, aux dépens de sa fortune et de sa vie, conquit sur les Hollandais les plantes à épices pour en doter nos colonies, les jésuites firent de la vente du quinquina un objet de spéculation, et maintinrent son prix si élevé, que dans une foule de cas on fut réduit à n'employer que des doses trop faibles de ce médicament, et par conséquent il demeura sans effet et cessa de mériter la confiance.

Ce fut un Anglais, le chevalier Talbot, qui le remit en vogue; mais, redoutant l'influence d'un nom déjà décrié, il le donna comme un remède secret, et l'administra, non point par drachmes, mais par onces, de sorte qu'il obtint les mêmes effets prodigieux qui avaient valu à la poudre des jésuites sa réputation première. En 1679, on recommença à l'employer en France sous le nom de *remède anglais*, et Talbot, qui faisait un secret de sa préparation, consentit à la vendre au roi Louis XIV. L'usage du quinquina s'étant répandu de nouveau, on en fit venir du Pérou des quantités énormes. Les environs de Loxa ne suffisant plus alors à la consommation, on substitua, toujours sous le nom de quinquina, d'autres écorces jouissant aussi de propriétés fébrifuges, telles que celles du croton cascarille et du myriosperme pédicellé; ce dernier, qui est le *quina-quina* des Péruviens, diffère beaucoup du cinchona, qui est leur *cascara de Loxa*. Cette confusion de noms provient de ce que le quina-quina des Péruviens a été de bonne heure remplacé chez eux-mêmes par le cinchona.

L'analyse chimique de l'écorce du quinquina a montré qu'il doit sa vertu fébrifuge à un principe particulier, cristallisable en petites aiguilles blanches, et qu'on a nommé la quinine. Cette substance, comme les alcalis, s'unit aux acides pour former des sels cristallisables : c'est sa combinaison avec l'acide sulfurique, nommée le sulfate de quinine, qu'on emploie aujourd'hui de préférence en médecine, parce qu'elle est plus facile à doser, et que, représentant sous un très-petit volume une grande quantité d'écorce, elle est aussi bien plus facilement prise par le malade.

Dans certains quinquinas, la quinine est associée avec un autre principe fébrifuge, également cristallisable, et qu'on appelle *cinchonine*. Le quinquina gris, provenant du *cinchona condaminea*, ne contient presque que de la cinchonine, et comme ce principe est moins actif que la quinine, cette espèce de quinquina est beaucoup moins chère.

Le genre des quinquinas, que les botanistes nomment en latin *cinchona*, fait partie de la famille des rubiacées, dans le sous-ordre des plantes dicotylédones à fleurs monopétales. Il comprend un grand nombre d'arbrisseaux qui ont les feuilles entières, opposées, munies de stipules. Leur fleur est complète; la corolle et le calice sont d'une seule pièce, à cinq divisions, insérées sur l'ovaire; cet ovaire se compose de deux loges, qui se séparent à l'époque de la maturité, et renferment plusieurs graines aplaties et bordées d'une large membrane.

On connaît une trentaine d'espèces de cinchona, mais il n'y en a que vingt dont l'écorce soit employée en médecine. Les unes ont l'intérieur de la corolle velu; d'autres ont l'intérieur de la corolle glabre.

Les Oiseaux en Hiver.

Sitôt que se font sentir les premiers froids et lorsque la neige a recouvert le sol, j'émiette du pain sur mon large balcon, où je vois s'abattre de suite de vieux moineaux que l'habitude de jouir de mes largesses a rendus effrontés au dernier point : à peine attendent-ils que ma porte soit close pour se jeter sur la nourriture offerte, s'en emparer et la dévorer en me tournant le dos; viennent ensuite des moineaux moins expérimentés, moins accoutumés à mes dons, et qui ne se hasardent à approcher que lorsque les temps rigoureux ont rendu leurs besoins plus pressants; encore sont-ils gênés, inquiets : ils se pressent, s'étouffent en mangeant, tournent et retournent la tête pour s'assurer qu'aucun péril ne les menace, et, leur faim une fois assouvie, s'enfuient comme des gens qui auraient commis une mauvaise action et se sentiraient la maréchaussée aux trousses.

Enfin apparaissent des moineaux plus jeunes encore, couvées du printemps dernier, à qui l'hiver et ma galerie sont également inconnus ; ils observent longtemps leurs aînés avant de se hasarder à venir partager mon pain, puis ils fondent impétueusement sur le morceau qu'ils convoitent, le saisissent, et s'envolent sur le toit voisin pour le manger en sûreté.

Mais si les moineaux sont les premiers oiseaux qui répondent à mon appel, ils ne sont pourtant pas les seuls, et voici les autres dans l'ordre de leur arrivée.

C'est le pinson, au maintien grave, à la marche magistrale, qui ne saute point comme le moineau, et qui, dans sa timidité réservée, choisit discrètement les plus petites bribes de pain, laissant aux gloutons qui l'entourent les gros morceaux qui effrayent son bec effilé et son modeste appétit.

Voici la mésange, vive, élégante, légère, qui, désireuse de savourer en paix et sans importun voisinage les charmes de son repas, saisit sa nourriture, la porte sur l'arbre voisin, la tient dans ses griffes et la déchiquète avec une pétulante avidité.

Le charmant rouge-gorge fait aussi de brèves apparitions sur ma galerie ; mais, alarmé par les cris et les violences jalouses des paresseux, mal à l'aise loin de ses buissons bien-aimés, il se tient à l'écart de ses remuants voisins et ne jouit qu'à peine du vivre et du couvert que je lui offre.

Enfin, j'ai vu parfois, se glissant furtivement parmi mes visiteurs emplumés, un petit oiseau brun, aux allures pétulantes, au vol prompt et direct ; on l'appelle, en langage vulgaire, *troglodyte* ou *compte-fascines* ; ce dernier nom lui vient, sans doute, de ce qu'il affectionne pour sa demeure habituelle les ramures sèches ou les haies dépouillées, d'où il part comme un trait ; son corps est si exigu qu'on est tenté de le prendre pour une grosse mouche, et qu'on s'imagine l'entendre bourdonner en volant ; il semblait mal à l'aise auprès des autres oiseaux, vrais Patagons à ses yeux, et disparaissait vite, emportant la miette la plus mince, trop volumineuse encore pour lui.

Au moyen de cette petite subvention alimentaire accordée à ces malheureux habitants de l'air, ma galerie m'offre en hiver un spectacle animé où les acteurs se renouvellent sans cesse. Que d'observations ne peut-on pas faire sur eux ! Ah ! sans doute, elles ne sont pas toutes à leur avantage. Hélas ! trop semblables à nous, ces oiseaux ne m'ont paru ni bien touchés, ni fort reconnaissants de mes attentions pour eux ; mais afin de me soustraire à l'envie qu'il me prenait souvent de les taxer d'ingratitude, je me suis figuré, lorsque la belle saison les ramène sur les branches d'un tilleul placé devant ma galerie, où ils se livrent à leurs joyeux ébats, qu'ils me rendent le témoin de leur gaieté présente pour me remercier d'avoir été le soutien de leur misère.

Tahiti.

On voit à Tahiti des paysages si ravissants qu'ils charment le marin le plus grossier, et qu'ils lassent l'enthousiasme du voyageur et du poëte.

La nature semble avoir tout fait pour l'existence des O-Tahitiens ; elle leur a prodigué les substances alimentaires sous toutes sortes de formes ; elle y a joint un sol fécond et productif, couvert de végétaux usuels. Sous un ciel tempéré, entourés de fruits savoureux, de racines nutritives, les Tahitiens devaient recevoir, dans leurs habitudes, cette mollesse et cette douceur de mœurs qui est le fond de leur caractère indolent.

Les Européens ont introduit dans l'île des arbres utiles, entre autres, l'oranger et le citronnier, qu'on nomme *anani* et *demené*, et qui prennent, sans culture, un grand accroissement. L'ananas est désigné par le nom de *fara des étrangers*, et se cultive partout autour des cabanes. Le tabac se nomme *varé*. Il fut importé par Cook. Les Tahitiens ont eu le

UN PAYSAGE A TAHITI.

bon esprit de ne pas user avec passion de cette plante, comme le font presque tous les peuples sauvages et même les peuples civilisés. Le coton est cultivé à Tahiti depuis l'année 1817.

Apologue en Action.

Hérode nous apprend qu'Amasis, roi d'Égypte, voyant dans les premiers jours de son règne que ses sujets ne faisaient pas grand cas de sa personne, parce qu'il était né dans la classe du peuple et d'une famille obscure et inconnue jusqu'à lui, employa un moyen ingénieux pour ramener les Égyptiens au respect qu'il prétendait lui être dû.

Parmi un grand nombre de meubles magnifiques, il possédait une cuvette d'or dans laquelle lui et quinze convives avaient l'habitude de se laver les pieds. Il ordonna de la briser et d'en faire la statue d'un dieu, qu'il plaça dans le lieu le plus fréquenté de la ville.

Les Égyptiens s'empressèrent aussitôt autour de cette statue et lui donnèrent les marques de la plus grande vénération.

Amasis, instruit de ce qui se passait, assembla les Égyptiens, et leur apprit d'où venait l'idole qu'ils adoraient.

— Cette statue, leur dit-il, a été faite avec une cuvette qui servait à laver les pieds, et que l'on a souvent employée à des usages plus vils ; cependant elle est l'objet de vos adorations. Il en est de moi comme de ce bassin : j'étais dans l'origine un simple plébéien ; depuis, si j'ai mérité d'être votre roi, comme tel j'ai droit aux respects et aux hommages.

Oberkampf.

Christophe-Philippe Oberkampf, fondateur de la fabrication des toiles peintes en France, était né à Wiesembach, le 11 juin 1738. Son père, son grand-père et son aïeul avaient été teinturiers.

Il fit son apprentissage à Bâle, où son père avait été appelé à diriger une grande fabrique. Il suivit plus tard son père à Schafisheim et à Arau, où il devint contre-maître.

A l'âge de dix-neuf ans, il entra comme ouvrier graveur dans la fabrique de Samuel Kœchlin et H. Dollfus, à Mulhouse.

En octobre 1758, il partit, le sac sur le dos, pour Paris, où un M. Cottin l'appelait pour travailler dans un nouvel établissement de teinture et d'impression, fondé à l'Arsenal.

Le jeune Oberkampf devint l'âme de cette entreprise. Habile, laborieux, actif, ingénieux, il suffisait à tout.

« Il vivait, dit M. H. de Triqueti, avec une sobriété extrême, prenant chez un aubergiste du faubourg Saint-Marcel ses repas, qui lui coûtaient dix-huit sous par jour. Il avait pour appointements vingt-quatre francs par semaine ; sa gravure lui était payée à part, et chaque mois il trouvait moyen d'économiser de trente à trente-six francs, à force d'ordre et de travail. »

On voulait employer un faux teint ; certains commerçants croyaient y trouver plus d'avantages : il s'y opposa, quelles que fussent les offres qu'on pût lui faire. Le but devait être, selon lui, de donner le teint vrai à bon marché : il lui répugnait d'appliquer son art à faire du faux.

M. Cottin administrait mal. Il cessa de pouvoir payer ses ouvriers. Oberkampf, persuadé de l'utilité de sa fabrication, ne se laissa pas gagner par le découragement de la plupart de ses compagnons : il persévéra à travailler sans salaire.

Le 2 janvier 1760, il entra comme associé dans un autre établissement, fondé par M. Tavanne, et qui passa de la rue Saint-Marcel à la vallée de Jouy, dans une petite maison louée 300 francs par an, et qui existe encore sous le nom de « Maison du pont de pierre. »

Mme Jules Mallet, fille d'Oberkampf, a eu la pieuse pensée de transformer cette maison en salle d'asile pour l'enfance.

Bientôt Oberkampf en vint à fabriquer, chaque année, 80 000 mètres d'étoffes d'indienne.

Il eut beaucoup à souffrir des procédés de son premier associé. Au contraire, il n'eut qu'à se louer du second, M. Demaraise.

Sa renommée s'accrut rapidement avec sa fortune.

Grâce à lui et à ceux qui l'imitèrent, la France était désormais en possession d'une industrie nouvelle.

Louis XVI lui accorda des titres de noblesse, et donna à l'établissement de Jouy le titre de manufacture royale.

En 1790, le conseil général du département de Seine-et-Oise décida qu'une statue lui serait élevée sur la place principale de Jouy; mais Oberkampf refusa très-résolûment cet honneur.

OBERKAMPF.

Napoléon voulut le faire sénateur; il refusa de même.

Il mourut riche, honoré, entouré du respect universel, le 4 octobre 1815.

A quoi doit servir l'Intelligence.

La culture intellectuelle ne consiste pas principalement, comme beaucoup seraient disposés à le croire, à accumuler de l'instruction, bien que cela soit important; elle consiste surtout à acquérir une force de pensée que nous puissions diriger à notre gré vers tout sujet sur lequel il nous faut prendre une décision.

Ce qui indique cette force, c'est de pouvoir concentrer notre attention, d'observer avec soin et pénétration, de ramener les sujets complexes à leurs éléments, de remonter de l'effet à la cause, de découvrir les moindres différences aussi bien que les moindres ressemblances des choses, de lire l'avenir dans le présent, et surtout de remonter des faits particuliers aux lois générales ou aux vérités universelles.

Ce dernier effort de l'intelligence qui s'élève aux vues larges et aux grands principes, constitue ce qu'on nomme l'esprit philosophique et mérite qu'on s'y attache tout particulièrement.

Quel en est le but? Votre propre observation a dû vous l'apprendre.

Vous avez dû remarquer deux espèces d'hommes, les uns toujours occupés de détails, et les autres qui font de ces observations particulières le fondement de vérités plus élevées et plus larges.

Par exemple, pendant des siècles on avait vu tomber à terre des morceaux de bois, des pierres, des métaux : Newton s'empara de ces faits particuliers et s'éleva à l'idée que toute matière tend ou est attirée vers toute matière, et puis il définit la loi suivant laquelle cette attraction ou cette force agit à différentes distances, nous donnant ainsi un grand principe qui, nous avons raison de le croire, s'étend à toute la création extérieure et la régit.

Un homme lit une histoire et peut vous en raconter tous les événements, puis il s'arrête là. Un autre combine ces événements, les place sous un seul point de vue, et apprend sous quelle influence vit une nation, quels sont ses principaux penchants, vers la liberté ou vers le despotisme, vers une forme de civilisation ou vers une autre.

Celui-ci s'occupera continuellement des actions particulières de tel ou tel voisin, tandis que cet autre, regardant plus loin que les actions, et remontant jusqu'au principe intérieur d'où elles émanent, en tirera une vue plus étendue de la nature humaine.

En un mot, les uns voient toutes choses par parties, par fragments, tandis que les autres s'efforcent de découvrir l'harmonie, la liaison, l'unité du tout.

Un des grands malheurs de la société, c'est que la plupart des hommes s'occupent constamment de minces détails et manquent d'idées générales, de principes larges et fixes. Aussi beaucoup qui ne sont pas méchants sont irrésolus et presque toujours inconstants, comme s'ils étaient de grands enfants plutôt que des hommes.

Donner cette force d'esprit qui saisit les vérités universelles et s'y attache, c'est la plus noble éducation de l'intelligence.

Perfectionner l'homme, c'est le *libéraliser*, agrandir sa pensée, ses sentiments et sa volonté. Étroitesse d'intelligence et de cœur, telle est la dégradation dont toute éducation tend à sauver les hommes.

La Fosse aux Ours, au Jardin des Plantes de Paris.

Au jardin des Plantes de Paris, on voit presque toujours une foule de curieux pressée devant trois fosses profondes entourées de murs et de balcons de fer, le long de la grande allée des Marronniers.

Les premiers animaux qu'on y plaça furent des sangliers. Depuis, on y enferma des ours noirs d'Amérique, des ours bruns d'Europe, et autres.

Un arbre mort s'élève au milieu de la cour de chaque fosse, pour servir aux exercices gymnastiques des animaux.

A droite et à gauche sont des espèces de niches destinées à servir de logement aux ours pendant les nuits orageuses, et d'abri contre le soleil et la pluie pendant le jour.

Ces loges sont munies de forts barreaux de fer et d'une solide porte à coulisse que les gardiens ferment à volonté de dessus les murs de séparation, sans être obligés d'entrer dans les fosses. Ils peuvent renfermer les ours et descendre sans danger pour nettoyer et faire les réparations nécessaires.

Enfin les trois fosses communiquent en-

MUSÉUM D'HISTOIRE NATURELLE, A PARIS. — LA FOSSE AUX OURS.

semble au moyen de portes basses qui permettent de faire passer les animaux de l'une dans l'autre, quand on le trouve convenable.

On a vu pendant deux ans, dans la première fosse, un ours blanc fort beau. Cet ours ne paraissait ni plus farouche, ni plus féroce, ni plus carnassier que nos ours des Pyrénées.

Un jour, j'ai vu un curieux jeter un petit

chat de deux ou trois mois dans sa fosse. Le pauvre chat courut se tapir dans un angle des murs, et eut grand peur quand il vit le monstrueux animal s'approcher de lui à grands pas. Dans sa frayeur mortelle, il se hérissa, fit le gros dos, et se mit à montrer les dents et jouer des griffes au moment où son ennemi avançait le museau. Surpris par cette attaque imprévue, l'ours fit un bond en arrière, gagna lestement l'autre côté de la cour, et n'osa plus s'approcher du malheureux chat, que l'on parvint à retirer sain et sauf.

Aujourd'hui, ce sont de jeunes ours bruns qui habitent cette fosse. Trois paraissent être frères et ont été pris dans le Nord. Ils ont un pelage jaunâtre, et ne paraissent pas devoir atteindre une très-grande taille. Le quatrième est d'une couleur beaucoup plus foncée.

Les quatre oursons de cette fosse sont très-vifs, joueurs, pleins de gaieté et presque de gentillesse. Quand ils jouent ensemble, on ne peut s'empêcher d'être frappé de la ressemblance de leurs gestes et de leurs attitudes avec ceux de deux jeunes enfants.

Quelquefois, dans les luttes, le vaincu se relève, s'éclipse doucement, puis d'un bond se place sur l'auge et attend son antagoniste dans une posture souvent très-grotesque.

Si celui-ci approche, avec sa large patte il lui lance aussitôt une nappe d'eau à la figure : alors il faut voir la triste figure du pauvre inondé et ses grimaces comiques.

Souvent l'ourson le plus faible à la lutte est le plus habile dans les autres exercices gymnastiques. Il n'attend pas son adversaire sur l'arène, mais, après s'être approché de lui en sournois, il lui donne une tape pour l'exciter, s'élance vers l'arbre et y grimpe avec agilité; il s'établit solidement sur une forte branche, et là, une patte en l'air, la gueule ouverte et une expression narquoise dans l'œil, il attend une attaque qu'il est prêt à repousser avec tous les avantages de sa position.

Un jour un enfant laissa tomber sa poupée dans la fosse. La curiosité des oursons fut aussitôt attirée par le joujou, qui leur parut d'autant plus extraordinaire que peut-être ils lui reconnurent quelque ressemblance avec une figure humaine : aussi s'en approchèrent-ils d'abord avec beaucoup de méfiance.

Après avoir dix fois tourné autour, voyant que l'objet ne remuait pas, ils commencèrent à s'enhardir, puis les gambades et les culbutes allèrent leur train.

Le plus hardi allongea doucement la patte, la posa sur la poupée et la retira aussitôt avec vivacité, comme effrayé de l'énormité de son action; ensuite il la considéra, la flaira plusieurs fois et y reporta une seconde fois la patte, mais sans frayeur.

Il la prit alors, la tourna, la retourna, et se mit à jouer avec elle sans trop la briser dans le premier moment.

Mais ses frères vinrent prendre part au jeu, et bientôt la poupée sauta de patte en patte, de gueule en gueule, laissant là un bras, ici une jambe, son beau tablier de soie accroché à une griffe, sa robe de velours à une dent, son chapeau de paille sur un museau noir, tant et tant qu'à la fin il n'en resta plus que quelques bribes.

Dans la seconde et la troisième fosse étaient des ours bruns adultes d'une très-forte taille, et dont les deux plus gros étaient nés dans la ménagerie.

Leur mère était moitié moins grande qu'eux, d'un pelage jaunâtre, et il lui manquait un œil qu'elle avait perdu dans un combat avec un animal de son espèce. Elle eut trois petits dont elle prit les plus tendres soins. Sans cesse elle était occupée à les lécher, à les nettoyer, et quand le temps lui paraissait favorable, elle les prenait dans ses bras et les portait au soleil pour les faire jouer.

Quoiqu'elle fût excellente mère pour tous trois, il était cependant très-visible qu'elle en préférait un, et c'est par celui-là qu'elle commençait à distribuer ses soins et ses caresses.

Quand les petits devinrent un peu forts et commencèrent à jouer, ils se mordaient

MUSÉUM D'HISTOIRE NATURELLE, A PARIS. — LA FOSSE AUX OURS.

ou s'égratignaient jusqu'à se faire crier, et le jeu finissait presque toujours par une bataille.

Aussitôt elle accourait pour séparer les combattants; mais j'ai constamment remarqué qu'à tort ou à raison elle commençait toujours par battre les deux frères de son favori, et que, dans sa plus grande colère, elle se bornait à grogner un peu contre ce dernier.

Cependant ses trois enfants, à part ces petits débats, se témoignaient une affection mutuelle qui aurait pu faire honte à certains hommes.

Un jour j'en ai vu une preuve des plus curieuses.

La mère, je ne sais pourquoi, ne voulait pas qu'un de ses enfants sortît de la loge où elle le tenait prisonnier. Elle s'était placée devant la porte, et chaque fois que le petit faisait mine de vouloir sortir, elle le repoussait dedans avec la patte, et le mordait même quand il avait l'air d'insister. Son favori s'aperçut de cette petite tyrannie, et résolut de délivrer son frère.

Il s'approcha de la mère qui barrait la porte avec son corps, et lui fit quelques-unes de ces petites agaceries auxquelles elle avait l'habitude de toujours répondre par quelques caresses.

Pendant ce temps, le prisonnier cherchait à s'évader, mais en vain; car l'œil courroucé de la mère ne le quittait pas, et elle interrompait toujours ses jeux avec son favori assez à temps pour repousser l'autre dans le fond de la loge.

Alors le bon frère, désespérant un moment de libérer son camarade, faisait deux ou trois tours dans la fosse, puis revenait à la charge avec la même manœuvre, mais toujours sans succès.

Ce manége eut lieu cinq ou six fois.

Enfin, il imagina, en jouant avec sa mère, d'entrer le derrière de son corps dans la loge, de manière à occuper la porte avec elle; puis tout à coup, et toujours en jouant, il s'appuya contre elle de toutes ses forces, la serra contre un des côtés, fit un vide de l'autre, et le prisonnier, profitant lestement du petit espace que l'autre lui ménageait, s'élança dehors et fut libre.

Aussitôt le favori quitta la mère pour caresser son frère.

Tout ceci fut fait avec une foule de petits détails qu'il est impossible de raconter, mais qui ne me laissèrent aucun doute sur les intentions et l'intelligence que chacun des trois mit dans cette petite scène de famille.

Il est fort remarquable que jamais la mère, tant qu'elle a vécu, n'a perdu son autorité maternelle, même quand ses enfants furent devenus beaucoup plus grands qu'elle.

Les deux grands ours sont aujourd'hui de véritables mendiants, sans cesse occupés à demander au public quelques friandises; un morceau de gâteau, de pain d'épice, une pomme, tout leur est bon.

Il n'est pas de posture suppliante et grotesque qu'ils ne prennent.

Vous les voyez grimper à l'arbre, s'allonger debout contre la muraille en ouvrant une gueule armée d'énormes dents, se coucher sur le dos, s'asseoir et gesticuler avec leurs pattes de devant; mais lorsque, par mille bassesses, ils ont obtenu de vous ce qu'ils convoitaient, l'attitude change.

Ils se retirent avec la plus grande indifférence, ou même en vous jetant un regard sournois et méchant, trahissant le désir de vous traiter comme ils ont fait de votre gâteau.

N'est-ce pas là une scène de la vie humaine?

Les ours ont aussi leurs parasites qui vivent à leurs dépens, et ces parasites sont des moineaux effrontés s'il en fut jamais. Sans cesse en embuscade sur les arbres voisins, ils sont aux aguets pour exercer leur industrie. Jette-t-on un morceau de gâteau dans la cour, les pierrots fondent dessus, l'enlèvent sous le nez de l'ours qui s'approchait lourdement pour s'en emparer; ou bien, si le morceau est trop lourd, ils ont l'audace de saisir les fragments qu'ils peuvent en détacher jusque sous les pattes du monstrueux animal.

Il arrive parfois qu'un enfant, pour s'amuser aux dépens de la gourmandise de nos lourds acteurs, attache un gâteau à une longue ficelle, et le jette de manière à ce que la ficelle reste appuyée sur la plus haute branche fourchue de l'arbre : il fait ensuite descendre le gâteau jusque près de terre, le long du tronc de l'arbre.

L'ours aussitôt s'en approche ; mais au moment où il va le saisir, l'enfant tire la ficelle et le gâteau remonte.

L'animal se met à grimper, monte et se croit à chaque instant sur le point de saisir la friandise qui lui échappe toujours. Bientôt il redescend pour ne plus remonter, malgré les invitations pressantes du public.

On lâche la ficelle, et voilà le gâteau redescendu.

L'animal fait encore une ou deux tentatives, mais c'est tout ; il renonce à son projet et n'y pense plus : il s'éloigne, et commence à se promener de long en large avec la plus grande insouciance.

Attendez, cependant : le voilà qui, toujours allant et venant, se rapproche de l'arbre ; mais c'est par hasard, car il ne jette pas même un regard de côté sur la proie alléchante. L'enfant a beau remuer la ficelle, faire sautiller le gâteau, l'ours n'en veut plus et n'y fait pas la moindre attention, quoiqu'il le touche presque en passant.

Mais tout à coup, au moment où l'enfant désespère et va renoncer à son jeu, une large patte s'allonge avec la rapidité de l'éclair, la ficelle est rompue et le gâteau saisi et avalé avant que le public ait eu le temps de s'en apercevoir.

Malgré tout, les ours ne s'humanisent guère. Le caractère de ces animaux, sans être absolument féroce, est indomptable, et résiste à l'influence de la captivité.

Ils obéissent jusqu'à un certain point à leurs gardiens ; mais ce n'est qu'à contre-cœur et en murmurant.

La contrariété les irrite, et leur colère est toujours dangereuse : aussi prend-on les plus grandes précautions pour éviter de funestes accidents toutes les fois que l'on descend dans leur fosse. On les nourrit avec du pain bis dont ils commencent toujours par manger la mie, et, plutôt pour les amuser que pour les nourrir, on leur jette des os à ronger, après en avoir ôté la chair pour la donner à d'autres animaux.

Il y a quelque temps qu'on eut besoin d'en tuer un pour le disséquer. Ce ne fut pas une opération aussi facile qu'on se l'imaginait : on employa d'abord différents poisons qui n'eurent aucun effet. L'animal les vomissait. On en vint au plus terrible de tous, à l'acide prussique, et l'on vit avec un profond étonnement qu'on n'obtenait pas plus de résultat. Cet animal, dont l'air paraît si stupide, avait la finesse d'aller laver dans son auge le pain imbibé du perfide acide, et il le mangeait ensuite sans le moindre danger. Définitivement, on fut obligé de l'étrangler, et plusieurs hommes eurent beaucoup de peine à y parvenir.

Souvenirs d'un Esclave américain.

Ces souvenirs, qu'un noir fugitif a écrits lui-même, et qui présentent un tableau touchant de la servitude dans les États de l'Amérique du Nord où l'esclavage avait été maintenu, et aujourd'hui encore au Brésil ou à Cuba, furent imprimés à Boston au mois de mai 1845.

L'auteur, Frédéric Bailey, est né dans le comté de Talbot, État du Maryland. Séparé très-jeune de sa mère, selon les usages du pays, qui tendent à empêcher la consolidation du lien de famille entre les esclaves, il ne la vit que rarement et seulement quelques heures. La malheureuse mère, occupée à la culture des champs, dans une ferme éloignée de douze milles, était obligée de faire cette route la nuit, après son travail, de venir embrasser son enfant, et de repartir à la hâte afin de se trouver à l'habitation avant la reprise des travaux. Frédéric avait à peine sept ans lorsqu'elle mourut; on ne lui permit ni de la voir pendant sa maladie, ni d'assister à son enterrement.

Resté seul, le petit noir vécut de la vie des enfants esclaves encore trop jeunes pour être appliqués à un labeur. Ne rapportant rien au maître, ils n'en reçoivent presque rien (1). On donne à l'esclave travailleur huit livres de porc par mois avec un boisseau de farine, deux chemises de toile par an, deux pantalons, une veste, une paire de bas et une paire de souliers. Mais l'enfant ne reçoit que deux chemises : hiver comme été, c'est tout son vêtement, il couche ainsi sur la terre, exposé aux intempéries; et Frédéric Bailey raconte que, par les temps de gelée, ses mains étaient souvent sillonnées de gerçures dans lesquelles on aurait pu *cacher le tuyau d'une plume!* Quand à la nourriture, elle se compose d'une bouillie appelée *mush;* on la verse dans une auge de bois posée à terre, et les enfants accourent la manger, les uns à pleines mains, les autres avec une pierre ou une coquille en guise de cuiller. L'insuffisance de l'alimentation et des vêtements pousse chaque jour les petits noirs à des vols que l'on punit par un certain nombre de coups de lanière de peau de vache.

Aucun acte authentique ne constatant la naissance d'un noir, nul ne connaît au juste son âge. Frédéric Bailey suppose pourtant qu'il pouvait avoir de sept à neuf ans lorsque son maître le prêta à un de ses parents qui habitait Baltimore. On l'avertit qu'il fallait se faire propre s'il voulait être bien reçu de son nouveau maître, et il passa trois jours sur la grève, uniquement occupé à enlever de ses pieds, de ses mains, de ses genoux, les ordures et les peaux mortes dont ils étaient couverts.

Les nouveaux maîtres de Frédéric se montrèrent d'abord doux et humains. Mistriss Auld surtout lui témoigna une véritable tendresse. Elle n'avait jamais eu d'esclave, et, avant son mariage, elle avait vécu de son travail : aussi ne voyait-elle pas dans un noir l'animal humain destiné à rendre le blanc oisif. Elle s'occupa du petit nègre comme elle eût fait d'un enfant de sa race, et commença même à lui montrer l'alphabet; mais quand son mari le sut, il coupa court aux leçons, en déclarant qu'instruire un esclave c'était le gâter. Mistriss Auld comprit ses raisons, et changea tellement avec Frédéric qu'elle entrait en fureur dès qu'elle l'apercevait un livre à la main. Mais le petit esclave avait mordu au fruit de la science; sa raison s'était éveillée; il commençait déjà à discuter en lui-même sa position servile, et, par cela même que l'ignorance lui était imposée par ses maîtres, il prit goût à l'instruction. Il avait aperçu, comme il l'écrit, «le sentier qui mène de l'esclavage à la liberté.»

En conséquence, tous ses moments de loisir furent employés à continuer seul les études qu'il avait commencées avec mistriss Auld. « Le plan que j'adoptai, dit-il dans ses Souvenirs, et qui me réussit le mieux, fut de me faire des amis de tous les petits garçons blancs que je rencontrais dans les rues; je faisais des instructeurs de tous ceux que je pouvais. Lorsqu'on m'envoyait en commission, je prenais toujours mon livre, et, en courant une partie de ma route, je trouvais le temps de prendre une leçon avant mon retour. En outre, j'avais l'habitude d'emporter du pain avec moi, car il y en avait tou-

---

(1) Le lecteur ne doit pas oublier que ces souvenirs sont antérieurs à la grande guerre des États du Nord contre les États du Sud.

jours assez dans la maison, et on ne m'en refusait jamais; sous ce rapport, je me trouvais beaucoup mieux traité que bien des pauvres enfants blancs du voisinage. Ce pain, je le donnais à ces pauvres petits affamés, qui, en récompense, me donnaient le pain plus précieux de l'instruction. J'éprouve une forte tentation de faire connaître le nom de deux ou trois de ces petits garçons, comme preuve de l'affection et de la reconnaissance que je leur garde; mais la prudence me le défend, car c'est un crime presque impardonnable, dans ce pays chrétien, que d'enseigner à lire à des esclaves. »

Dès qu'il sut lire, Frédéric chercha tous les moyens de se procurer des livres. Il lut *l'Orateur colombien*, renfermant des fragments de divers auteurs, parmi lesquels se trouvait le beau discours de Sheridan en faveur de l'émancipation des catholiques, et il détourna au profit de l'affranchissement des noirs tous les arguments développés par l'orateur anglais. Il entendait prononcer depuis longtemps le mot d'*abolitioniste* sans en comprendre le sens, lorsque la lecture d'un journal finit par le lui révéler. Dès lors il fut à l'affût de tout ce qui pouvait se rapporter, de près ou de loin, à cette grande affaire de l'abolition de l'esclavage. Le dégoût de la servitude et la résolution de tout faire pour y échapper croissaient en même temps dans son esprit; la prédiction de son maître s'accomplissait : « l'esclave était gâté. »

Mais il voulait continuer à conquérir les instruments d'émancipation intellectuelle dont il sentait mieux le prix chaque jour; la lecture ne suffisait pas, il fallait apprendre à écrire. « Lorsque j'étais dans le chantier de Durgin et Bailey, dit-il, je voyais souvent les charpentiers, après avoir taillé et préparé un morceau de bois, le marquer en y inscrivant le nom de la partie du vaisseau à laquelle il était destiné. Lorsqu'il était préparé pour le bâbord, on le marquait ainsi, B; pour le tribord, T; pour le bâbord d'avant, BA; et ainsi de suite. Je me mis à copier ces lettres, et en bien peu de temps je parvins à les imiter. Ensuite, quand je rencontrais un enfant blanc, je lui disais que je savais écrire aussi bien que lui. La réponse immanquable était : « Je ne te crois pas; que je te voie essayer.» J'écrivais alors les lettres que j'avais eu le bonheur d'apprendre à former, en le défiant de surpasser cela; et il se mettait à écrire tout ce qu'il savait, me donnant ainsi une excellente leçon. Pour ces études, mes cahiers étaient une palissade, un mur de brique, un pavé; un morceau de craie me tenait lieu d'encre et de plume. Je m'appliquai à copier les lettres italiques dans l'Abécédaire de Webster; enfin mon jeune maître Thomas étant allé en pension, on lui fit apporter à la maison ses cahiers d'écriture pour les montrer à quelques voisins : je m'en emparai, et je pus copier dans les entre-lignes tout ce qu'il avait écrit. Cette étude dura plusieurs années. »

Une mort arrivée dans la famille de ses maîtres obligea Frédéric à rejoindre les autres esclaves, pour que les héritiers pussent procéder au partage. Les parents, les amis se trouvent ainsi séparés chaque fois qu'une succession est ouverte : chacun suit son nouveau maître, ou est vendu à un inconnu. Frédéric eut le bonheur de tomber dans le lot du parent de son patron de Baltimore, et de retourner dans cette ville. Ce fut seulement deux ans après que, rappelé par son maître, il fut employé sur sa plantation.

Là, il fallut s'accoutumer aux coups, à la fatigue et à la faim. Frédéric Bailey montrait naturellement peu de zèle, et son maître, désespérant de le rendre *meilleur noir*, le livra à un M. Covey, qui avait dans le pays la réputation d'un excellent *dresseur d'esclaves*. Il entra chez lui le 1ᵉʳ janvier 1833. Ici la fatigue et les coups augmentèrent. Covey employait mille ruses de sauvage pour surprendre ses nègres en faute : il feignait de partir, revenait en rampant, se cachait des heures entières derrière des buissons, et châtiait impitoyablement tout esclave qui s'était relâché un seul instant de son travail. Cette éducation qu'il savait donner aux noirs lui faisait le plus grand honneur : on lui abandonnait des esclaves gratuitement pour une année entière, et dans le seul but de leur faire prendre de bonnes habitudes. Une pareille vie poussa Frédéric Bailey au désespoir. Il exprime d'une manière poétique et touchante, dans ses Souvenirs, les tristesses et les aspirations de sa dure servitude : « Notre maison, dit-il, était située à quelques verges de la baie de Chesapeake, dont la vaste surface est toujours blanchie par les voiles des bâtiments venus de tous les points du globe. Ces beaux navires avec leurs ailes blanches, objets d'admiration pour les autres hommes, étaient pour moi comme des revenants enveloppés de linceuls funèbres et chargés de me rappeler ma misérable destinée. Souvent, pendant la profonde tranquillité d'un dimanche d'été, je suis resté seul sur les hautes rives de la baie, suivant d'un cœur triste et d'un œil mouillé de larmes les voiles qui fuyaient vers le vaste océan. Alors j'apostrophais en moi-même la multitude des vaisseaux en mouvement : « Les câbles qui » vous retenaient sont détachés, leur disais-» je; vous voilà libres, et moi je reste esclave! » Vous vous avancez gaiement au gré de la » douce brise; moi je me traîne tristement » sous le fouet sanglant! Oh! je voudrais » être libre sur un de vos ponts et sous la » protection de vos ailes! Éloignez-vous! » avancez! Oh! que ne puis-je vous imiter! » Si je pouvais nager! si je pouvais voler! » Pourquoi suis-je esclave? Je m'enfuirai! » j'aime autant être tué en courant que de » mourir debout. »

Ces idées de délivrance rendirent les mauvais traitements de M. Covey plus insupportables à Frédéric. Un nègre nommé Sandy, qu'il consulta, lui donna une racine mystérieuse qu'il lui recommanda de porter toujours du côté droit, l'assurant que tant qu'il l'aurait, aucun blanc ne pourrait le battre. Cependant M. Covey essaya de le faire; mais, pour la première fois, Frédéric résista, et le fermier, qui ne voulait pas avouer que lui, le grand *dompteur d'esclaves*, avait été obligé de céder à un noir, garda le silence sur cette rébellion, et cessa de battre le jeune homme, de peur d'amener une nouvelle révolte.

Bailey le quitta bientôt pour être loué à un M. Freeland, chez lequel il trouva une vie plus supportable. Il employa ses loisirs à faire l'école aux nègres de son nouveau maître : il les amena à ses idées, et quatre d'entre eux se décidèrent à s'enfuir avec lui; mais ils furent trahis et traînés en prison.

Frédéric Bailey n'en sortit que pour entrer chez M. Hughes. Celui-ci le plaça dans un chantier où il devait apprendre le métier de calfat; mais les ouvriers blancs ne voulurent point souffrir un noir à leurs côtés, et le maltraitèrent. Son maître voulut en vain avoir raison de ces violences; la déclaration d'un noir n'étant point admise contre les blancs, il ne put obtenir justice, et se décida à garder Frédéric dans son propre chantier.

Ce fut là que Bailey apprit à calfater les navires. Il arriva à gagner jusqu'à huit et neuf dollars par semaine (environ 48 fr.), qu'il devait remettre fidèlement à son maître. Mais, le 3 septembre 1838, il se décida à prendre la fuite, et il arriva à New-York sans obstacle. Quant aux moyens qu'il employa pour échapper ainsi à l'esclavage, Frédéric Bailey se garde de les indiquer, dans la crainte que sa révélation ne rende la délivrance plus difficile à ses anciens compagnons de malheur.

Un M. Ruggles le recueillit à New-York, et il y fut rejoint par sa fiancée Anna, négresse libre, qu'il épousa. Tous deux partirent ensuite pour New-Bedford, où Frédéric se fit portefaix, n'ayant pu obtenir que les ouvriers blancs le laissassent travailler parmi eux comme calfat.

Il avait plusieurs fois changé de nom pendant sa fuite, afin d'échapper plus sûrement aux recherches; il s'agissait d'en prendre un définitif : son protecteur, M. Johnson, qui venait de lire *la Dame du lac* de Walter Scott, lui proposa celui de Douglass, et, depuis lors, on l'a appelé Frédéric Douglass. C'est sous ce nom que ses Souvenirs ont été publiés.

Le récit de l'impression que produisit sur le fugitif la vue de New-Bedford est d'autant plus intéressant qu'il nous fait connaître ces villes de l'Amérique du Nord, où le travail et la liberté ont porté à un si haut degré le bien-être de toutes les classes. « J'apercevais des deux côtés des rues de vastes magasins bâtis en granit et remplis non-seulement de ce qui est nécessaire aux besoins de la vie, mais encore de tous les articles de luxe. En outre, tout le monde semblait occupé sans faire de bruit. On n'entendait point ici, comme à Baltimore, les chansons de ceux qui déchargeaient les navires; point de blasphèmes, point de malédictions lancées contre les ouvriers, point de malheureux déchirés à coups de fouet. Tout semblait se faire avec une activité paisible : chacun paraissait comprendre son ouvrage et s'y livrer avec une application calme, mais joyeuse. Les habitants avaient un air de force, de santé et de bonheur que je n'avais point remarqué parmi ceux du Maryland. Pour la première fois de ma vie, il m'arrivait de pouvoir contempler avec plaisir le spectacle de richesses immenses, sans être attristé en même temps par la vue d'une extrême pauvreté. La chose la plus étonnante et la plus intéressante pour moi, c'était l'état des hommes de couleur, dont beaucoup s'y étaient réfugiés, comme moi, après avoir échappé à ceux qui les poursuivaient. J'en trouvai plusieurs qui n'étaient pas sortis de l'esclavage depuis plus de sept ans, et qui semblaient plus à l'aise que les propriétaires de noirs du Maryland. Je ne crois pas me tromper en affirmant que mon ami Nathan Johnson tenait une meilleure table, recevait, payait et lisait plus de journaux, comprenait mieux le caractère moral, politique et religieux de la nation, que les neuf dixièmes des maîtres du comté de Talbot. Ce n'était pourtant qu'un ouvrier dont les mains s'endurcissaient dans le travail, et il en était de même de la femme qui portait son nom. »

Dans un pareil milieu, Frédéric acheva de cultiver un esprit qui ne demandait qu'à s'éclairer et à s'étendre. Devenu un des lecteurs les plus assidus du journal *le Libérateur,* il étudia à fond la question de l'esclavage, et ne tarda pas à prendre part aux réunions des abolitionistes. Il s'y fit remarquer sur-le-champ par une éloquence noble, vive et pleine d'expansion. M. William Lloyd Garrisson, ayant eu occasion de l'entendre, en 1841, à une réunion de Nantucket, en fut si frappé qu'il l'engagea à se consacrer tout entier à un apostolat abolitioniste, et il réussit à en faire l'agent le plus actif de la société américaine connue sous le nom de *Société contre l'esclavage.* « Ses efforts, dit M. Garrisson, ont été infatigables : son succès à combattre les préjugés, à faire des prosélytes, à intéresser l'esprit des masses, a surpassé de beaucoup les espérances qu'avait fait naître l'éclat de son début. Il s'est toujours comporté avec douceur et humilité ; mais cependant il a déployé un caractère véritablement ferme et courageux. Comme orateur, il brille surtout par la beauté des sentiments, la vivacité de l'esprit, la justesse des comparaisons, la vigueur du raisonnement et la facilité de l'élocution. »

Frédéric Bailey ou Douglass s'embarqua pour l'Angleterre, et n'y éveilla pas de moins vives sympathies qu'en Amérique. Une souscription faite en sa faveur permit de régulariser sa liberté, en payant à son ancien maître la somme de 150 livres sterling (environ 3 750 fr.). Ses protecteurs voulurent le retenir en Angleterre ; mais, jugeant que ses devoirs le rappelaient aux États-Unis, il refusa toutes leurs offres, et adressa un adieu solennel à l'Europe dans une réunion très-nombreuse qui eut lieu à Bristol le 1er avril 1847. Il partit ensuite pour Liverpool, où il arrêta sa place sur le bateau à vapeur *Cambria*. Il avait payé le prix de passage dans la première chambre ; mais, au moment de s'embarquer, il apprit qu'un certain nombre de voyageurs avaient refusé de le recevoir parmi eux, et qu'il devait se résigner à loger et à manger à part !

Lorsque les *abolitionistes* d'Angleterre eurent connaissance de cette injurieuse exclusion, ils adressèrent à Frédéric Douglass une lettre collective où ils témoignaient leur indignation, et y joignirent le montant d'une nouvelle souscription de 450 livres sterling (environ 11 250 fr.). Grâce à cette somme, l'esclave affranchi a pu acheter une presse et s'établir à Rochester (État de New-York), où il publie chaque semaine un journal abolitioniste intitulé *l'Astre du Nord*.

Ainsi, parti de plus bas que Franklin, Frédéric Douglass est arrivé comme lui à l'aisance, à la gloire et à un rôle public par sa persévérance. Il a prouvé une fois de plus ce que vaut l'instruction et ce que peut la volonté.

Entre Ciel et Terre.

Sa vie terrestre vient de s'éteindre dans une dernière prière. Quatre envoyés célestes sont descendus vers elle ; ils l'ont soulevée dans leurs bras, comme une sœur endormie ; et voilà qu'ils l'emportent doucement vers leur patrie.

La terre est déjà loin ! on n'aperçoit plus que les palmiers les plus élevés et les lignes jaunâtres du désert. Le groupe céleste nage dans l'océan éthéré, monte toujours, et va bientôt se perdre dans l'infini des cieux.

Quelles sont les visions de l'âme dans cette ascension merveilleuse ? Garde-t-elle les derniers souvenirs des épreuves de la terre ? Entrevoit-elle les premières joies de son nouveau séjour, ou bien flotte-t-elle entre ces deux vies, dont l'une vient de finir sans que l'autre soit encore commencée ? L'œil cherche en vain à le deviner sur ces traits où l'extase se confond avec la placidité de la mort. Nous pouvons alternativement tout imaginer ou tout croire. Mystère ravissant de l'art, qui ouvre un champ sans limite à la pensée, et qui permet à tous nos rêves de se glisser sous une forme flottante ! Une œuvre empreinte de poésie nous charme moins par les choses qu'elle nous fait comprendre que par celles qu'elle nous fait supposer : comprendre, c'est seulement recevoir ce qui nous vient d'ailleurs ; supposer, c'est répandre au dehors ce que nous avons en nous-même. Tout ce que l'art produit a deux aspects : l'un visible pour tout le monde, l'autre que lui crée notre imagination. C'est ainsi qu'entre les lignes de chaque poëme naît un autre poëme inédit qui change selon le lecteur; sous l'expression de chaque image, une autre expression aperçue seulement de celui qui regarde; au fond de chaque mélodie, un chant inconnu que chacun entend et interprète selon son âme.

En contemplant cette céleste ascension, nous aussi nous avons fait notre rêve.

Cet ange, dont le regard caresse, s'appelle la Charité; près de lui est l'Espérance, à la robe étoilée; plus bas, la Justice, portant l'épée avec l'ange de la Persévérance, revêtu de la tunique des voyageurs; et tous quatre, réunis dans un fraternel effort, em-

ASCENSION D'UNE SAINTE. — D'après H. Mücke.

portent une âme choisie loin des arides déserts de l'égoïsme, vers les hautes régions du dévouement et de l'amour!

Les Renardeaux.

On a observé que, dans les lieux où l'on fait une guerre active aux renards, les renardeaux, avant d'avoir pu acquérir aucune expérience, se montrent dès leur première sortie du terrier plus précautionnés, plus rusés, plus défiants, que ne le sont les vieux renards dans les cantons où on ne leur tend pas de piéges.

Chers enfants, faites comme les renardeaux. Profitez de l'expérience de vos parents.

La Chambre claire.

La *chambre claire* est l'instrument le plus commode et le plus parfait qu'on ait imaginé jusqu'ici pour tracer avec fidélité sur le papier, sans savoir dessiner, les contours d'un monument, d'une figure, etc.

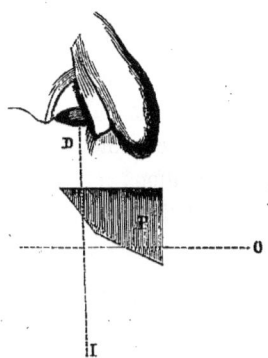

Fig. 1.

Cet instrument entre dans la poche comme le ferait un étui à crayon, et si ce n'était la planchette pour appuyer une feuille de papier et un trépied pour supporter cette planchette, il ne serait d'aucun embarras.

Son effet est produit par un prisme quadrangulaire P (fig. 1), dans lequel les rayons venus de l'objet O se brisent de manière à arriver dans la pupille et à paraître dans la direction DI.

Ainsi le dessinateur aperçoit sur sa planchette toutes les images, tous les objets qu'il verrait devant lui s'il portait son regard dans une direction horizontale (voy. la fig. 2).

Or, attendu qu'il peut, tout en voyant ces objets, apercevoir également le crayon que tient sa main, il s'ensuit qu'il n'a qu'à calquer pour ainsi dire la nature.

Pour un exposé plus complet de la construction de la chambre claire et pour la théorie de ses effets, on pourra consulter un traité de physique moderne quelconque.

Il faut généralement un certain temps pour se rendre l'instrument familier, tellement que plusieurs de ceux qui essayent de l'adopter se découragent et renoncent à l'employer.

Tantôt on ne se met pas la pupille dans le rapport voulu avec l'angle du prisme, et, dans ce cas, on ne voit rien, ni image, ni crayon; tantôt, parce que l'on est placé dans un lieu peu éclairé, on voit l'image du modèle très-brillante, mais on ne voit plus le crayon qui doit en tracer les formes; une autre fois ces images semblent se déplacer et vaciller; enfin, par une inattention dans la position de la planchette, on obtient des croquis d'une inexactitude frappante.

Heureusement, d'habiles opticiens ont perfectionné cette invention de Wollaston de manière à faire disparaître quelques-uns de ces inconvénients, et on surmonte les autres avec un peu d'intelligence, de pratique et de patience.

La chambre claire est très-utile à l'amateur pour prendre avec exactitude dans la campagne les contours principaux d'un site, les coupures exactes d'un rocher, les proportions et les diverses parties d'un monument, la finesse et le nombre des détails d'ornementation; dans le cabinet, on peut s'en servir pour copier des tableaux, des gravu-

Fig. 2.

res, en un mot toute espèce d'images qu'il serait trop difficile de dessiner à vue d'œil. Par ce moyen, non-seulement les contours qu'on trace sont exacts, mais la touche a de plus la fermeté que peut donner une main exercée.

La *chambre claire* donne aux artistes, pour ainsi dire, sur la planchette, le tableau qu'ils veulent faire, et ils peuvent ainsi bien juger de la manière dont ils doivent disposer les principales lignes du tableau.

Enfin la chambre claire est un instrument précieux toutes les fois qu'il s'agit de faire une réduction; elle remplace avec grand avantage les opérations longues du pantographe ou du carrelage.

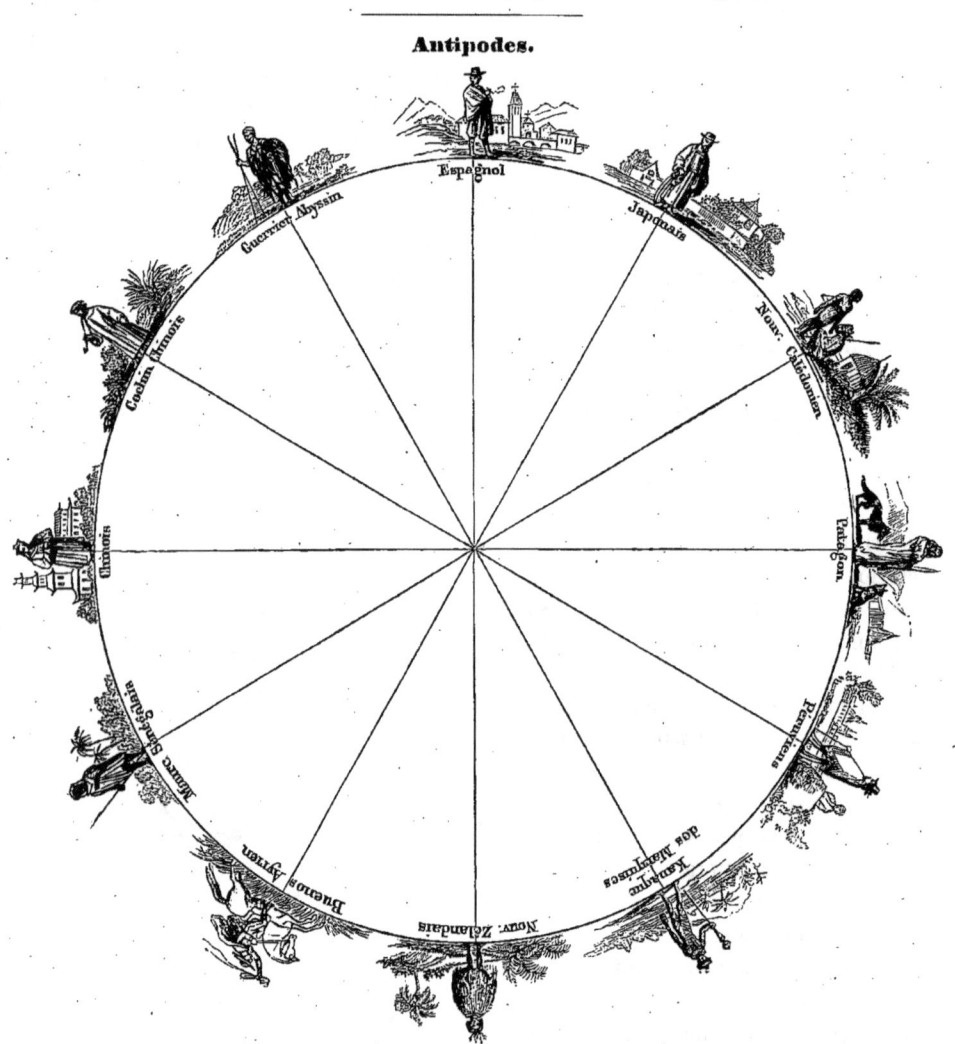

Si l'on suppose une ligne partant des pieds d'un Espagnol et traversant directement toute la terre, elle toucherait par une extrémité à un Nouveau-Zélandais. Appliquez cette règle à chacun des autres personnages.

Choix de Verres rares et curieux de la Collection Sauvageot,
AU MUSÉE DU LOUVRE.

Première planche (supérieure).

1 (de gauche à droite). — Verre uni, octogone, très-bas, à cannelures ; le bas est orné de mascarons bleus et blancs. (Vénitien.) Hauteur, $0^m.102$.

2. — Vase de pharmacie, verre bleu à goulot pointu, forme de mandoline napolitaine. (Vénitien.) Hauteur, $0^m.215$.

3. — Coupe à pied, forme très-évasée, à huit filets et goulettes en saillie. (Allemand.) Hauteur, $0^m.145$.

4. — Verre en verre blanc uni, forme carrée de chaque côté, une anse pleine en verre blanc. (Allemand.) Hauteur, $0^m.135$.

5. — Coupe à pied rond, fond plat, décorée de stries circulaires, terminée par une rangée de perles ; la tige dorée représente deux têtes de lion accolées par une guirlande. (Vénitien.) Hauteur, $0^m.155$; diamètre, $0^m.182$.

6. — Burette verre blanc, anse et goulot avec ornements saillants dorés ; sur la panse, deux boutons en verre bleu ; le goulot est décoré d'une torsade de verre de même couleur. (Vénitien.) Hauteur, $0^m.195$.

7. — Verre à pied verre blanc, à huit pans évasés ; pied cannelé. (Vénitien.) Hauteur, $0^m.129$.

8. — Bouteille verre opalisé, filigrané d'émail blanc ; sur la panse, le lion de Venise et l'aigle impériale. (Vénitien.) Haut., $0^m.169$.

9. — Bouteille en verre bleu, cloisonnée, à deux goulots courbés en sens contraires ; chaque goulot est décoré d'ornements en verre bleu dentelé. (Allemand.) Hauteur, $0^m.083$.

Deuxième planche (au milieu).

1. — Bouteille à pied verre blanc, panse forme coquille, deux anses tordues en verre blanc ; la partie supérieure de l'orifice octogone est ornée de filets verre bleu clair. (Allemand.) Hauteur, $0^m.210$.

2. — Bouteille de pharmacie à vis, long col courbé, verre blanc tourné ; l'extrémité du col est en verre vert. (Cette bouteille est une espèce de *guttus*, le contenant ne pouvant tomber que goutte à goutte. (Allemand.) Hauteur, $0^m.255$.

3. — Coupe fond bleu à zones blanches horizontales ; sur la tige une fleur bleue et blanche à six pétales, entourée de cinq grandes feuilles jaunes. (Allemand.) Hauteur, $0^m.219$.

4. — Grande bouteille à long col, panse aplatie, petites anses dorées ; sur le goulot et sur le pied, émaux et entrelacs émaillés bleu, blanc, rouge et jaune ; sur la panse, grand dessin oriental. (Vénitien.) Hauteur, $0^m.238$.

5. — Verre à pied uni, forme de calice ; sur le couvercle et sur le bas de la tige, quatre ailerons en verre bleu. (Allemand.) Hauteur, $0^m.218$.

6. — Bouteille verre blanc, panse forme coquille, goulot élancé ; du côté opposé au goulot, deux ailes en verre bleu ; au bas du goulot, un ornement en verre bleu. (Allemand.) Hauteur, $0^m.181$.

7. — Burette verre blanc, orifice forme de trèfle décoré de deux bandes en verre bleu ; petit goulot contourné, terminé par un ornement de verre de même couleur ; la panse est décorée de deux mufles de lion formant anses et de quatre boutons verre bleu. (Vénitien.)

Troisième planche (inférieure).

1. — Grand verre à pied, forme de clo-

VASES RARES ET CURIEUX DE LA COLLECTION SAUVAGEOT, AU MUSÉE DU LOUVRE.

chette évasée ; la tige est formée de deux corps de dragons enlacés, en émaux blancs, jaunes et rouges ; les deux têtes de dragons sont couronnées par une grande crête en verre bleu. (Allemand.) Hauteur, 0^m.350.

2. — Présentoir représentant un guerrier avec casaque et coiffure dorées, bottes grises avec éperons ; il tient de la main gauche un verre évasé de couleur verte, la main droite est appuyée sur son poignard ; le pied est en cuivre ciselé et doré. (Allemand.) Hauteur, 0^m.236.

3. — Verre à pied, tige élancée, entièrement quadrillé d'émaux bleus et blancs. (Vénitien.) Hauteur, 0^m.330.

4. — Grand verre à pied, forme de gondole avec ses agrès, mascarons et ornements dorés : les agrès sont surmontés d'un dragon enroulé avec filets en verre bleu. Dans l'Histoire comique de Francion, par Charles Sorel, historiographe de France, on lit (IIe partie, liv. XI, p. 868 de l'édition in-12 de 1630) : « Encore qu'il fust pour lors avec des gens qui tenoient leur sérieux, il (Hortensius) se voulut mettre un petit sur la débauche, et, ayant en main un verre de Venise fait en gondole, il dit... » Hauteur, 0^m.335.

5. — Petite coupe évasée, verre blanc uni à godrons, deux anses terminées par un bouton verre bleu. (Venise.) Hauteur, 0^m.070.

6. — Verre à pied verre blanc, forme de cloche évasée, formée par cinq godrons d'inégales grandeurs ; le pied est formé de deux dragons enlacés, à corps émaillés en blanc. (Allemand.) Hauteur, 0^m.200.

7. — Grand verre blanc à pied en spirale ; le haut du pied est décoré de deux corps de dragons enlacés ; une partie du corps et les crêtes sont en verre bleu. (Vénitien.) Hauteur, 0^m.360.

On fabriquait des vases à boire en verre dans les célèbres verreries de l'antiquité, à Thèbes, à Memphis, à Tyr, à Sidon, dans les îles de l'Archipel, en Sicile et dans l'Étrurie.

Néron paya 6 000 sesterces deux coupes de verre. De son temps, on préférait les vases de verre à ceux d'or et d'argent.

Le moine Théophile, qui vivait probablement au douzième siècle, traite, dans son livre sur les arts industriels, de la confection et de la décoration des vases en verre. Il parle des coupes faites par les Grecs du Bas-Empire en verre opaque, couleur de saphir, et qui recevait diverses sortes d'ornements. Il dit aussi que les Français étaient très-habiles dans l'art de fabriquer de petits vases en verres de couleur.

Alger.

LES FÊTES DU BAÏRAM.

Quel bruit ! quel tumulte dans la ville ! quel bonheur sur tous ces visages ! Est-ce bien là ce peuple qu'on nous disait si grave et si impassible ?

On s'aborde, on se félicite, on s'embrasse dans les rues : on dirait des Parisiens au premier jour de l'an !

Comme ces enfants bondissent sous leurs petites vestes brodées, avec ce petit fez tout neuf qui couvre à peine le sommet de leurs têtes fraîchement rasées !

Sont-ce bien là les fils du Prophète ?

Par ici, auprès de cette grande mosquée, un groupe de jeunes espiègles aux visages épanouis jettent, avec de longues burettes d'argent, de l'eau de rose ou de jasmin qui retombe en léger brouillard sur les passants : ceux-ci se retournent en souriant et leur donnent quelques pièces de monnaie.

C'est que nous sommes aux fêtes du Baïram ; le mois de rhamadan vient de finir, et avec lui le long jeûne imposé par la loi de Mahomet à tout fidèle croyant.

Hier encore cette population, aujourd'hui si gaie et si heureuse, était morne et triste; ces hommes étaient accroupis, silencieux, pâles, sans pipe, sans café, sur le seuil de

LE THÉATRE DES OMBRES CHINOISES, A ALGER.

leurs boutiques. Mais une salve de coups de canon a annoncé à la ville enthousiasmée la fin des privations; les cafés sont pleins, les bazars sont encombrés; le narguilé et le tchibouck ont repris leurs droits; partout, dans les rues, sur les places, des marchands ambulants vendent des sucreries, des petits gâteaux, des sorbets, des fèves grillées, des pâtés d'amandes et de figues, des sardines et des piments rôtis. Dans les plus pauvres maisons on cuit le kouskoussou national et une pâtisserie assaisonnée de cannelle et de miel.

Avec le soir commencent d'autres plaisirs.

Le plus populaire est le théâtre des ombres chinoises : le directeur peut compter sur une abondante recette, et il n'épargnera rien pour charmer ses spectateurs.

Déjà la foule assiége la porte : entrez avec elle dans cette longue salle voûtée; ne cherchez ni loges, ni galeries, ni stalles, ni bancs. Le public, peu difficile, s'assied sur le sol; les conversations s'engagent à demi-voix. Une demi-heure, une heure s'écoulent : le parterre est grave et patient; on n'entend ni trépignements, ni sifflets.

Mais enfin l'assemblée est assez nombreuse au gré du directeur, et tout est prêt sur la scène.

Silence! le lustre s'éteint.

Le factotum du *Séraphin* arabe est venu souffler deux chandelles dont la mèche fumante laisse échapper longtemps un parfum peu oriental; et maintenant, écoutez et surtout regardez.

Voici la légende des Sept Dormeurs, naïve et touchante histoire populaire. Vient ensuite le magnifique sultan Saladin entouré de toute sa cour. Scheherazade passe en racontant à son époux attendri ces contes qu'elle conte si bien. Et ce jeune homme, terrifié à l'aspect d'un génie fantastique qu'un pouvoir inconnu vient d'évoquer, c'est Aladin et sa lampe merveilleuse. Mais c'est là de la haute poésie.

Voici à présent la comédie et le pamphlet.

D'abord, à tout seigneur tout honneur. Le diable, oui! le diable lui-même joue le premier rôle dans cette seconde partie du spectacle : il paraît subitement, grotesquement affublé d'un habit à la française, et portant une croix blanche sur la poitrine, comme nos anciens croisés.

Après le diable, on voit s'élancer sur la scène Caragheuse, le grand, l'incomparable bouffon de l'Orient : il a je ne sais quelle conversation railleuse et fort ridicule avec une juive qui se balance mollement : c'est une juive mariée, comme le prouve son long sarmat, lourde coiffure en filigrane d'argent.

A Caragheuse succède un pauvre barbier que le sultan Shahabaam vient d'élever à la dignité de grand vizir; un chaouch (bourreau), armé d'un yatagan formidable, a coupé la tête à l'ancien dignitaire dont le barbier vient de prendre la place, et les spectateurs d'applaudir à outrance. Bravo! bravo!

Voilà un juif à qui on donne la bastonnade. Bravo!

Voici un *roumi* (chrétien) à qui on va couper les oreilles. Bravo!

Le meselmin (musulman) triomphe toujours à peu près, est-il permis de le dire? comme l'armée française au Cirque Olympique.

Attention! voici le bouquet! C'est un combat naval : d'un côté sont les vaisseaux musulmans, de l'autre côté la flotte espagnole. Entendez-vous le bruit de la grosse caisse? Ce sont les coups de canon! Quel désordre, quel combat acharné! Courage, feu sur les chrétiens! Allah est pour les vrais croyants! Encore un effort, et tout est fini! les vaisseaux espagnols désemparés coulent bas, et la flotte musulmane victorieuse défile au bruit de la grosse caisse et du tambour de basque, aux applaudissements et aux bravos de la foule, pendant que vers le haut du tableau se détache une inscription lumineuse en caractères arabes : *Il n'y a pas d'autre Dieu que Dieu, et notre seigneur Mahomet est son prophète.*

On vient rallumer les deux chandelles, et la foule se retire émerveillée.

Couvoir Perfectionné.

Ce couvoir, dont l'on se sert avec succès au jardin des Plantes, est en bois.

Il se compose d'un corps principal (MM) et d'un appendice ou tambour (H).

Le corps principal a 50 centimètres de largeur sur 40 de profondeur et 52 de hauteur; il est divisé en trois chambres ou compartiments :

L'un (D), sous forme de tiroir, sert à contenir les œufs que l'on soumet à l'incubation;

L'autre (B), au-dessus du précédent, peut

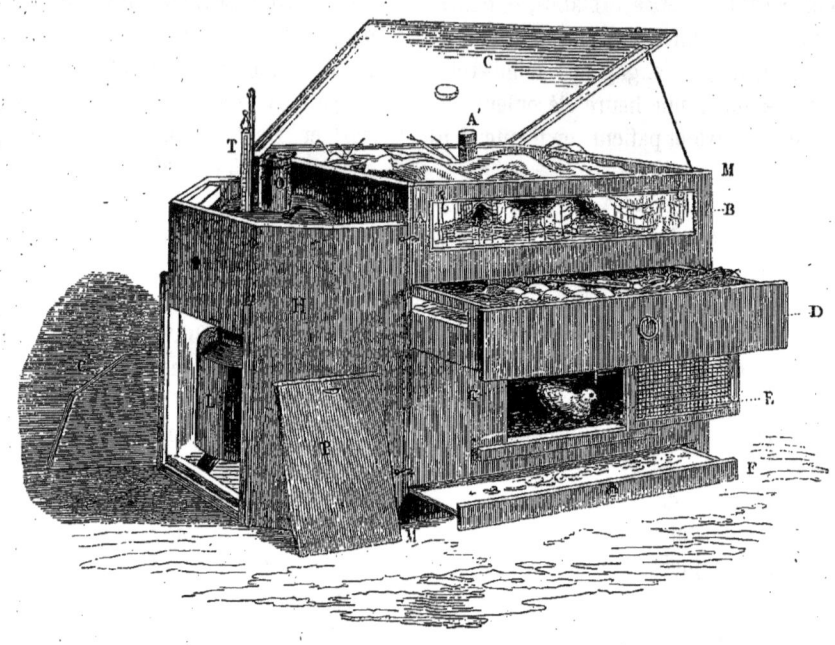

COUVOIR DU MUSÉUM D'HISTOIRE NATURELLE, A PARIS.
C', couvercle du tambour. — P, porte à coulisse.

servir au même usage, mais l'on y reçoit ordinairement les petits immédiatement après l'éclosion; il est muni d'un couvercle qui s'ouvre en tabatière au moyen de charnières placées derrière, et il est vitré sur le devant;

La troisième chambre (E), au bas du couvoir, sous forme de cage, sert au coucher des poulets quelque temps après l'éclosion et pendant les quinze premiers jours de leur naissance.

Un châssis grillé mobile s'étend sur un tiers de la largeur.

En F est un plancher à coulisse.

Le tambour a la même profondeur que le corps principal, et au moyen de quatre crochets (deux sur chaque façade), il s'agrafe hermétiquement et fait un seul corps avec lui; sa plus grande largeur est de 20 centimètres.

Ce tambour sert à loger l'appareil de chauffage du couvoir, qui consiste en un cylindre (L) que l'on remplit d'eau et en une lampe que l'on place au-dessous pour maintenir cette eau à une température convenable; il est coupé verticalement sur ses angles par deux pans entre lesquels est pratiquée une porte à coulisse (P) qui établit une communication avec la lampe.

La lampe s'alimente d'huile et comporte des becs et des mèches suivant le système Locatelli ; elle contient l'huile nécessaire pour trente heures.

Le cylindre est en zinc ; il peut contenir dix litres d'eau.

Deux thermomètres sont nécessaires à l'appareil : l'un (T) plonge dans le cylindre et ressort par un trou à côté de la cheminée (O) de ce cylindre ; l'autre est placé dans le tiroir principal de l'incubation, au-dessus des œufs.

L'appareil est ainsi chauffé par la circulation de l'eau. Le feu de la lampe élève la température de l'eau du cylindre ; la couche liquide profonde passe à la surface à mesure qu'elle s'échauffe ; là elle se trouve en rapport avec l'ouverture d'un tuyau en zinc qui la conduit dans une sorte de bassin étalé entre les deux chambres moyenne et supérieure, où elle forme nappe ; de là, elle redescend par un autre tuyau qui la reçoit vers l'extrémité droite sur le même plan ; elle arrive dans la chambre inférieure qu'elle traverse par le moyen du même tuyau, dans toute sa longueur de droite à gauche, et elle rentre définitivement dans la partie la plus inférieure du cylindre, où elle s'échauffe de nouveau pour remonter encore à la surface, et continuer indéfiniment le même trajet. On voit que ce premier système de tuyaux sert à chauffer à la fois les trois compartiments du corps principal.

La chambre supérieure est de plus traversée verticalement dans son milieu par un autre tuyau dont l'extrémité supérieure forme cheminée (A') excédant le couvercle de l'appareil, et dont l'extrémité inférieure descend jusqu'au niveau du tiroir principal (D).

Cette cheminée sert lorsque la chaleur du tiroir est trop élevée, ou lorsqu'il paraît nécessaire d'en renouveler l'air ; on peut la fermer ou l'ouvrir à volonté au moyen d'un bouchon ordinaire.

Enfin d'autres tuyaux encore remplis d'air, partant de la chambre qui loge l'appareil de chauffage, traversant dans sa longueur la cage (E), et coudés à leur extrémité opposée, de bas en haut, introduisent dans le tiroir principal (D) l'air chaud produit par le cylindre.

Sur chacun des côtés de l'appareil sont pratiquées, en outre, huit ouvertures circulaires, ayant chacune 15 millimètres de diamètre, dont quatre à la partie supérieure de la chambre vitrée, et les quatre autres à la partie supérieure du tiroir principal. Les ouvertures latérales gauches servent à l'introduction de l'air chaud, et les ouvertures latérales droites servent à l'introduction de l'air froid.

Ces ouvertures s'ouvrent ou se ferment au moyen d'un bouton que l'on pousse ou que l'on tire à volonté.

Les courants alternatifs d'air chaud et d'air froid, auxquels ces trous donnent passage, sont indispensables pour le renouvellement complet de l'air dans les deux chambres moyenne et supérieure.

Malgré ses petites dimensions, le couvoir de M. Vallée peut contenir jusqu'à cent vingt œufs de poule ordinaire. Il fonctionne au jardin des Plantes, sous la direction de son inventeur, qui en a déjà obtenu différentes espèces, non-seulement d'oiseaux, mais encore de reptiles.

Les expériences ont commencé en 1845 ; la première éclosion qu'il a fait réussir a été celle d'une couleuvre.

Les oiseaux qu'il a fait éclore sont : le faisan, la perdrix, la poule, le canard commun, le canard de Barbarie, le paon, l'oie, la pintade.

Parmi les reptiles, il a fait éclore : la couleuvre à collier, la couleuvre vipérine, la couleuvre d'Esculape, la couleuvre verte et jaune, et tout récemment la tortue moresque. C'est la première fois qu'on obtient ce dernier reptile par incubation artificielle. Six œufs de cette espèce avaient été trouvés dans le parc aux tortues; trois on été mis dans le couvoir, un seul est éclos.

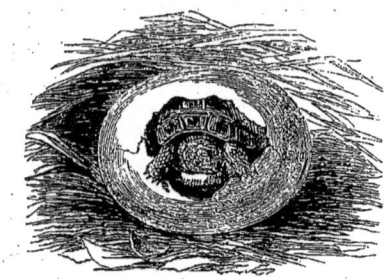

ŒUF DE TORTUE MORESQUE AU MOMENT DE L'ÉCLOSION.
Grandeur naturelle.

Nous donnons la figure de la tortue, de grandeur naturelle, telle qu'elle est sortie de l'œuf lui-même, également de grandeur naturelle, ouvert dans son milieu et laissant voir dans l'intérieur le jeune reptile tout prêt à sortir, le corps dirigé en travers de l'œuf, au lieu d'être dirigé longitudinalement.

Ce dernier fait a une certaine importance zoologique, car, à lui seul, il peut assez bien distinguer les reptiles des oiseaux.

Dans les œufs d'oiseaux, le petit se montre toujours dirigé dans le sens de la longueur. L'œuf de tortue moresque a mis soixante jours à éclore; introduit dans la couveuse le 14 juillet, il a été trouvé éclos le 14 septembre.

Des œufs de couleuvre à collier, placés dans le tiroir le 25 juin 1846, cachés en terre dans ce tiroir, et recouverts de linge ou d'éponge mouillés, chauffés ensuite de 35 à 40 degrés centigrades, sont éclos le 26 juillet suivant; ce qui fait en tout trente et un jours. Une autre fois, des œufs de la même espèce, mis dans le couvoir le 30 juin, sont éclos le 2 août.

On voit ici une légère différence, provenant sans doute de la conduite de l'appareil, qui n'aura pas été identiquement la même dans les deux opérations.

Nous trouvons dans les notes de l'inventeur la liste suivante :

Faisan	25 jours.
Perdrix	24
Poule	21
Canard commun	28
Canard de Barbarie	30
Paon	28
Oie	30
Pintade	25

On voit ici que les œufs de poule mettent à peu près le même temps à éclore dans le couvoir que sous la mère.

L'utilité de cet appareil promet d'être très-grande dans l'économie rurale, en four-

TORTUE MORESQUE ÉCLOSE PAR INCUBATION ARTIFICIELLE.
Grandeur naturelle.

nissant les moyens de multiplier l'un des produits les plus importants de nos campagnes; car, comme l'on sait, les poules abandonnent souvent leurs œufs à moitié couvés, ou les écrasent, ou meurent dessus, ou quelquefois même tuent leurs petits dès qu'ils sont nés.

De plus, le temps qu'elles passent à couver et à élever leurs petits, temps qui varie de trois à quatre mois, suivant la saison ou suivant les individus, est un temps perdu pour la ponte. Par le couvoir, dont on pourrait, au besoin, augmenter les dimensions, on obvierait à ces inconvénients.

Ne pourrait-on pas aussi, par le même procédé, tirer profit des œufs de perdrix, de caille ou autres, que l'on trouve quelquefois en si grand nombre dans la moisson, surtout lorsque celle-ci a été précoce?

Instruction sur la manière de se servir du couvoir artificiel.

En premier lieu, il est essentiel que le couvoir soit placé bien d'aplomb, afin que l'eau puisse circuler librement dans son intérieur.

Cette eau, que l'on introduit dans le cylindre au commencement de l'opération, doit marquer à ce moment 50 degrés centigrades, ou à peu près, pour les couvaisons ordinaires, telles que celles des espèces communes de nos oiseaux de basse-cour.

Aussitôt l'eau introduite, on allume les deux mèches de la lampe, et on ferme soigneusement toutes les issues, sauf la cheminée qui doit toujours rester ouverte plus ou moins.

Les deux thermomètres ne tardent pas à rendre compte du degré de chaleur : si celle-ci est trop forte, on supprime une mèche; mais si une seule mèche ne suffit pas pour maintenir le degré voulu, on la remplace par deux demi-mèches, une demie dans chaque bec.

Lorsque la chaleur est convenablement réglée, c'est-à-dire lorsque les thermomètres marquent 35 à 38 degrés centigrades, on introduit les œufs dans les tiroirs; on les place sur une couche de foin, le plus fin que l'on puisse trouver, de 4 à 5 centimètres d'épais-seur; puis on les recouvre d'une seconde couche de foin.

Il arrive quelquefois que les œufs font descendre la chaleur du tiroir; mais il ne faut pas en tenir compte tant que l'eau du réservoir ne diminue pas de degré : la chaleur du tiroir reprendra aussitôt que les œufs se réchaufferont.

Plus le tiroir sera garni d'œufs, plus la chaleur se maintiendra élevée; lorsqu'elle dépassera le degré voulu, on donnera de l'air à l'intérieur de l'appareil par les trous que nous avons indiqués sur le côté à droite, ou bien en ôtant pour un moment le bouchon de dessus.

Il faut retourner les œufs tous les jours une fois, mais sans les déranger de place. Il est bon aussi de les mirer de temps en temps au travers de la lumière, à partir du cinquième jour de l'incubation, afin de s'assurer si quelques-uns ne sont pas clairs; car ceux-ci devront être retirés immédiatement; du reste, ils ne seront pas devenus complétement inutiles : ils pourront être cuits durs pour servir de pâtée aux jeunes poulets.

Dans le courant de l'incubation, il arrive quelquefois que les œufs paraissent bons, et que cependant les petits meurent dans leur intérieur au bout de huit ou dix jours; ces œufs sont ceux qui ont été fécondés par un jeune coq, ou pondus par une jeune poule, ou en des temps de gelée ou de pluie, ou pendant la mue. On les reconnaît, en les regardant à la chandelle, à un point noir qui reste fixé dans l'œuf si le germe est mort, et qui au contraire varie de place s'il est vivant. Évidemment ces œufs doivent être immédiatement écartés.

La lampe qui sert à chauffer l'eau du cylindre doit être nettoyée tous les jours avec beaucoup de soin, et l'huile qu'elle consomme doit être épurée et de la meilleure qualité possible. Ces deux conditions sont indispensables pour que l'appareil ne fume pas ; car autrement les œufs ne tarderaient pas à être noircis, ce qui compromettrait le succès de l'opération.

Le dessous de la cheminée s'ouvre plus ou moins pour fournir de l'air à l'alimentation de la flamme ; on peut l'ouvrir totalement dans le cas d'une trop grande chaleur.

Il faut avoir soin de remplir le réservoir d'eau tous les quatre ou cinq jours, pour remplacer celle qui a disparu par l'évaporation, et qui est environ de la valeur d'un verre pendant cet intervalle de temps.

Enfin, les petits que l'on dépose dans le compartiment supérieur aussitôt après leur éclosion, ou même les œufs qu'on peut y faire couver, doivent être recouverts d'une étoffe de laine qui conserve la chaleur dans cette portion de l'appareil, plus exposée que les autres au refroidissement.

Parmi les observations qui précèdent, celles qui concernent le degré de température moyenne à donner à l'instrument pendant toute la durée de l'incubation, température que M. Vallée porte à 37 degrés environ, s'appliquent surtout à l'incubation de nos espèces les plus communes d'oiseaux domestiques, et surtout à celles de basse-cour ; mais évidemment cette moyenne température ne devra pas être la même pour toutes les autres espèces d'oiseaux, et encore moins pour les reptiles.

Il faudra graduer différemment l'appareil dans les différents cas : pour cela l'eau pourra être introduite à une autre température ; le nombre ou la grosseur des mèches pourront être modifiés ; et les ouvertures latérales, ainsi que l'ouverture supérieure du tuyau qui communique avec le tiroir moyen, pourront être plus ou moins larges.

Le praticien s'aidera autant que possible des conditions diverses dans lesquelles l'éclosion a lieu sous les couveuses naturelles, c'est-à-dire des conditions de température, de sécheresse, d'humidité, et des milieux dans lesquels les œufs sont déposés, etc.

Une Nouvelle Ruche.

Lorsqu'une ruche du nouveau modèle est construite en bois blanc, en peuplier ou en sapin par un menuisier, elle coûte de cinq à six francs. On peut en confectionner à un prix inférieur, d'après le même système, soit en bois, soit en paille.

Un essaim coûte à peu près autant ; mais dès la seconde année la ruche produit un autre essaim, et la récolte du miel et de la cire excède de beaucoup la dépense première.

Le revenu annuel moyen d'une ruche bien établie et bien surveillée ne paraît pas devoir être moindre de vingt francs, soit en miel, soit en cire.

Certains propriétaires de l'ouest payent leurs impôts avec le seul produit de leurs ruches.

Quant aux soins qu'une ruche exige, ils sont très-simples et ne prennent que bien peu de temps.

Il suffit de quatre visites par an : en mars, en mai, lors des essaims ; en juillet ou en septembre pour les récoltes ; à la fin d'octobre pour assurer aux abeilles les provisions d'hiver qui leur sont indispensables.

La construction de la ruche nouvelle a pour caractère particulier d'être à cadres ou châssis verticaux.

Les avantages qui résultent de cette innovation sont que l'apiculteur peut :

— Cueillir le miel frais, sans mélange de matière qui le fasse fermenter ou qui en altère la qualité, et sans faire sortir les abeilles de la ruche;

— Ajouter facilement du miel à la place convenable pour la nourriture des abeilles

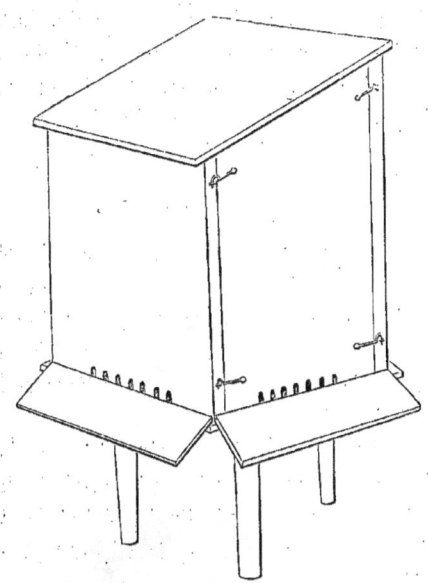

Ruche à cadres ou à châssis verticaux. — Vue extérieure.

Ruche à cadres ou à châssis verticaux. — Vue intérieure.

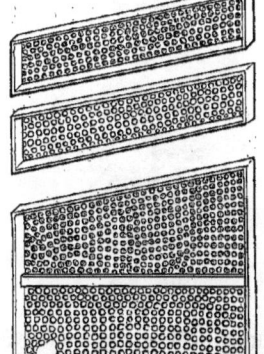

Châssis à deux parties séparées.

Cadre ou châssis vertical.

Ruche ronde horizontale.

Cadre rond.

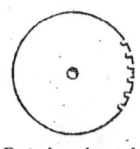

Porte de ruche ronde.

Ruche-chalet.

Cadre de ruche-chalet.

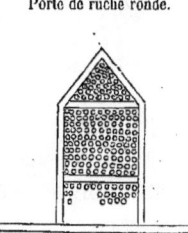

dans les années calamiteuses, durant les hivers doux et longs;

— Forcer les abeilles à travailler en cire, et obtenir toujours la cire fraîche et pure;

— Remettre les cadres les uns après les autres sans détruire d'abeilles ;

— Rétrécir ou grandir la ruche suivant la force ou la faiblesse de l'essaim ;

— Détruire les fausses teignes, cause principale de la ruine des ruches ;

— Renouveler la mère abeille lorsque celle-ci ne soutient plus la ruche par une ponte d'ouvrières en quantité suffisante ;

— L'empêcher d'en jeter un trop grand nombre, ce qui l'épuise et ne produit que de faibles essaims ;

— Voir et suivre les abeilles dans tous leurs travaux sans les tourmenter.

Le costume qu'il convient de revêtir lorsque l'on veut travailler à une ruche sans

Récolte d'un essaim.

Costume d'apiculteur.

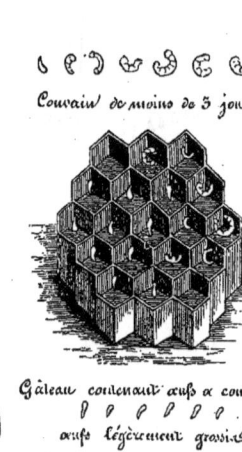

Couvain de moins de 3 jours

Gâteau contenant œufs et couvain

œufs légèrement grossis

Mellitome ou Cératome.

Abeille ouvrière.

Reine ou mère abeille.

Abeille mâle.

être piqué par les abeilles est une blouse commune, non fendue au milieu, sans ouvertures sur les côtés, d'un tissu assez serré, et ne s'appliquant pas trop à juste sur le dos et sur les épaules.

Il faut coudre au col un tulle de coton noir, ayant 50 centimètre de hauteur et 60 ou 70 de largeur à sa partie supérieure lorsqu'il est doublé sur lui-même, de manière à former une sorte de sac ouvert au col de la blouse et nanti d'une coulisse à sa partie supérieure, dans laquelle est passé un cordon, afin de le serrer autour du chapeau immédiatement au-dessus du rebord.

Ce rebord est assez large pour éloigner du visage et de la tête le voile.

Sous ce camail, on respire parfaitement bien, et l'on distingue tous les objets, sans qu'aucun miroitage vienne forcer de prendre une autre position.

Pour garantir les mains, il suffit de deux sacs en calicot, de forme carrée, afin que le pouce et le petit doigt aient où se poser tout à leur aise ; ces sacs ont une coulisse dont les cordons s'attachent par-dessus la blouse, au-dessus du poignet.

Quelques personnes les doublent en taffetas ciré en dedans, ce qui les rend tout à fait impénétrables à l'aiguillon.

Enfin il est utile d'avoir un large pantalon de toile terminé par des savates bien cousues, ou une coulisse pour le serrer sur les bottes.

La blouse est serrée sur le ventre, soit avec la cravate, soit avec un cordon.

« Ainsi affublé, dit M. Debeauvoys, l'apiculteur ne redoute rien et n'a que modérément plus chaud que dans ses habits ordinaires, et le plus timoré peut visiter ses abeilles avec la plus grande sécurité. Plusieurs personnes se sont également servies de cet affublement, et ont toujours été à l'abri des nombreuses et incessantes attaques des abeilles. Mais il ne faut pas perdre de vue que, soit par besoin, soit par instinct, les abeilles profitent de la plus petite ouverture pour se mettre à l'ombre. Les coulisses du voile, des gants et du pantalon devront donc être attachées avec beaucoup de soin. Si, malgré toutes les précautions, il en entre sous l'affublement et s'il en pénètre sur la peau, il faut se retirer doucement dans un lieu froid et obscur, ne pas en frapper une seule, quelque chatouillement ou piqûre qu'elle fasse, et bientôt elles retrouvent l'endroit par où elles sont entrées et quittent la place sans avoir fait aucun mal. »

Divers instruments et outils sont nécessaires pour travailler dans l'intérieur des ruches.

L'enfumoir a des inconvénients : la fumée chasse parfois les abeilles, mais le plus souvent elle les met à l'état de bruissement, et alors elles ne quittent pas la place, ce qui est fort gênant si l'on veut visiter les gâteaux. M. Debeauvoys se contente d'une simple plume avec les barbes de laquelle il les chasse aisément.

Lorsqu'un essaim vient à se fixer sur quelques branches, ou partout ailleurs, on place ordinairement une ruche au-dessus, après avoir répandu un peu de miel à son intérieur, ou toute autre substance réputée devoir les attirer.

Les plus pressés des apiculteurs les tourmentent avec des bouquets de plantes fortement aromatiques, pour les forcer de monter dans la ruche.

D'autres les abritent par un drap pour les garantir du soleil, attendant que la fraîcheur du soir les oblige de profiter du bon domicile qui leur est présenté.

Cette pratique expose à beaucoup de déceptions.

La méthode suivante est plus sûre.

Aussitôt que l'essaim est assis, on visite avec le plus grand soin la ruche dont on doit se servir, tant pour voir si les cadres sont en bon état, s'ils s'adaptent facilement dans la boîte, que pour détruire les insectes qui auraient pu s'y établir. Puis, au cadre qui occupe le milieu, on attache une portion de gâteaux qui sert de la manière la plus efficace à la direction des autres.

Ensuite, bien affublé du costume que nous avons décrit, on se dirige vers l'essaim fixé, par exemple, à une branche d'arbre peu élevée du sol.

On couvre la terre ou l'herbe avec un drap ; on y met la ruche dont on doit se servir, on en ôte une porte, et, s'approchant de l'essaim, on pose la ruche dessous et le plus près possible, la soutenant d'une main, pendant qu'avec l'autre on prend la branche en dehors du point où l'essaim est fixé, et on lui imprime une violente secousse qui, le détachant brusquement de la branche, le fait tomber dans la ruche.

On se retire sans la retourner, et, après quelques instants qui ont permis aux abeilles de s'attacher soit aux planches, soit aux barreaux, on la retourne tout doucement, on place sa partie ouverte sur le drap, dont on la tient séparée par une ou plusieurs cales ; il faut avoir le soin de tourner vers l'ombre la porte ouverte de la ruche carrée. Pendant que les abeilles tombées sur le drap gagnent la ruche, on s'occupe de recueillir celles qui peuvent être restées sur l'arbre, ce que l'on obtient en les faisant tomber avec une plume dans un plat quelconque et les jetant ensuite auprès de la ruche.

Lorsque le plus grand nombre est rentré et qu'il n'en reste plus que quelques-unes à voltiger, on remet la porte qu'on avait enlevée ; puis on porte au rucher la ruche enveloppée dans le drap, et l'on peut la laisser ainsi couverte jusqu'au lendemain.

Si l'essaim est au haut d'un arbre et que la branche ne soit pas trop grosse, on peut la couper, la descendre et précipiter l'essaim dans la ruche.

Si cela ne se peut, on monte la ruche et l'on tâche d'opérer comme à terre; mais le plus souvent il faut se faire aider.

Si l'essaim est à terre ou sur un mur, on met la ruche dessus, et l'on tourmente les abeilles avec les barbes d'une plume pour les y faire entrer; ou bien, si elles s'obstinent à rester, on les couvre avec soin et on ne les enlève que pendant la nuit ou de grand matin avant le jour.

Le long d'un mur, elles sont plus difficiles à recueillir. Il faut, dans ce cas, tâcher de découvrir la reine, s'en emparer à l'aide d'un petit bâtonnet au bout duquel on a mis du miel ; puis on la fixe dans la ruche, et avec une plume on force les abeilles de se diriger vers elle.

Lorsque les abeilles se fixent dans une souche ou dans quelque cavité de vieux mur, l'opération est difficile.

Après avoir inutilement essayé de faire passer les abeilles dans une ruche provisoire en frappant sur l'arbre comme lors du transvasement des abeilles des ruches ordinaires, on coupe plusieurs baguettes bien flexibles et de longueur suffisante, on entortille autour d'elles de la filasse ou des guenilles ; puis, les trempant dans de l'eau fortement miellée, on les introduit les unes après les autres dans la cavité où se trouvent les abeilles.

On retire tout doucement la baguette qu'on a enfoncée, on la remet à un aide, puis on en enfonce une autre, et ainsi de suite jusqu'à ce qu'on ait le plus grand nombre des abeilles ; à chaque baguette on fait la plus grande attention, afin d'y découvrir la reine.

Quand on la possède, il faut la mettre en lieu de sûreté, de manière qu'elle ne puisse échapper et soit cependant sentie et reconnue par ses ouvrières.

Un morceau de tulle, dont on ferait un sac, conviendrait parfaitement ; puis, l'attachant à une des baguettes, on pourrait l'enfoncer un peu dans la ruche naturelle, et bientôt probablement toute la famille viendrait se grouper autour d'elle.

L'aide dépose les abeilles dans une ruche définitive, bien emmiellée, dans laquelle on a mis un gâteau régulateur; les abeilles y étant réunies, on la porte au rucher.

Lorsqu'on est devenu propriétaire d'une ruche commune et que l'on veut jouir de suite des avantages que présentent les ruches à cadres, on a une opération de transvasement longue et minutieuse à faire.

Il faut être muni d'une sorte de couteau que M. Debeauvoys appelle mellitome ou cératome, lequel consiste en une tige de fer de 66 centimètres de longueur sur une grosseur de 8 à 9 millimètres. Chacune de ses extrémités est recourbée à angle droit, pour former une lame de 3 à 4 centimètres de longueur sur 9 millimètres de largeur, tranchante des deux côtés, lesquels sont disposés horizontalement à l'une de ces lames et verticalement à l'autre. Leur épaisseur est proportionnée à leur largeur, et elle doit être assez forte. L'extrémité de la tige est taillée carrément pour servir de repoussoir ou de marteau, en même temps que l'une des lames sert de crochet pour attirer les cadres.

On brise cet outil par le milieu pour le rendre plus portatif, et les deux parties se réunissent par quelques pas de vis.

Il faut un ou plusieurs couteaux ordinaires, une paire de tenailles, un sécateur assez fort et à longues tiges, des plumes, de larges plats ou une pièce de taffetas ciré, du fil de fer bien recuit et très-fin, enfin une ou deux ruches suivant la saison, et surtout une ruche de remplacement et une provisoire, qu'un boisseau ou un paillon peuvent d'ailleurs remplacer.

Un drap ou un encherrier est également indispensable.

M. Debeauvoys donne, dans son Guide de l'apiculteur, des indications minutieuses sur l'emploi de ces divers instruments.

Il décrit aussi de la manière la plus claire et la plus précise tous les soins à donner aux ruches dans les quatre visites annuelles nécessaires, de même que les meilleurs procédés pour la taille des gâteaux, pour la récolte du miel et de la cire, et, ce qui n'est pas moins important, pour empêcher l'essaimage, faire les essaims artificiels, reconnaître la reine, la remplacer lorsqu'elle est morte ou vieille, nourrir les abeilles, leur donner des soins hygiéniques, éloigner leurs ennemis, mettre à leur portée l'eau et les plantes nécessaires.

La Sainte Chapelle, à Paris.

La sainte Chapelle du Palais, à Paris, élevée de 1245 à 1248, par ordre de saint Louis, pour recevoir les saintes reliques rapportées d'Orient, est un des types les plus purs et les plus riches de l'architecture du treizième siècle. C'est l'œuvre de Pierre de Montereau.

On évalue à huit cent mille livres la dépense de la construction, et à deux millions les sommes employées, soit pour l'acquisition des reliques, soit pour la confection des châsses où elles furent déposées.

La construction de cet édifice a été exécutée avec la plus exquise recherche et en même temps avec toutes les conditions nécessaires à sa solidité.

Dans les colonnettes, dans les contre-forts et jusque dans les murs, on retrouve l'emploi de la plus belle pierre de liais. Des crampons de fer enveloppés de plomb relient toutes les assises entre elles : il est probable que le monument serait parvenu intact jusqu'à nous si le feu, les restaurations mal entendues, puis un long abandon, ne l'avaient en partie ruiné.

Mais, en 1837, la restauration de ce monument unique a été confiée à M. Duban; après douze années employées aux travaux les plus urgents, M. Lassus, qui lui avait

VUE INTÉRIEURE DE LA SAINTE CHAPELLE, A PARIS.

été d'abord adjoint, resta seul chargé de l'œuvre, et aujourd'hui la sainte Chapelle est aussi admirable qu'elle l'était au treizième siècle.

On peut juger par notre gravure de la légèreté, de la grâce, de la richesse de cette nef où tout est vraiment art et lumière.

L'Égalité dans le Ciel.

— Je suis prête, disait une dame aux personnes qui l'entouraient à ses derniers moments, et je ne veux plus désormais songer qu'au ciel; mais une pensée me tourmente, c'est que la domestique qui me sert y sera peut-être placée à côté de moi.

— Soyez sans inquiétude, lui répondit-on, car tant que vous garderez dans le cœur une semblable pensée, vous n'entrerez point au royaume de Dieu.

Jacquart.

Joseph-Marie Jacquart était né à Lyon, le 7 juillet 1752. Son père, Jean-Charles Jacquart, était maître ouvrier en étoffes d'or, d'argent et de soie; sa mère, Antoinette Rive, *liseuse* de dessins; son aïeul, Isaac-Charles Jacquart, tailleur de pierre à Couzon.

« Cette humble généalogie, dit M. Léon Faucher, vaut bien un titre de noblesse; elle montre d'où partit Jacquart pour s'élever, sans autre secours que la persévérance de son caractère, au rang des bienfaiteurs de son pays. »

Jacquart était originairement fabricant de chapeaux de paille, et ce ne fut qu'à l'époque de la paix d'Amiens qu'il commença à s'occuper de mécanique. Les communications entre la France et l'Angleterre étant alors ouvertes, un journal anglais lui tomba dans les mains. Il y lut l'annonce d'un prix proposé pour la construction d'une machine à fabriquer la dentelle. Cette lecture éveilla en lui le goût de la mécanique, et l'engagea à rechercher les moyens de remplir les conditions proposées. Il y réussit parfaitement; mais la satisfaction qu'il éprouva de son succès fut la seule récompense qu'il voulut en retirer; car aussitôt le résultat obtenu, il n'y songea plus, et se borna à donner à un ami une pièce de la dentelle qu'il avait fabriquée. Cet ami la montra à plusieurs personnes, comme objet de curiosité; elle passa successivement de mains en mains, et fut enfin envoyée à Paris par les soins des autorités lyonnaises.

Il s'écoula alors quelque temps, pendant lequel Jacquart a déclaré avoir entièrement oublié son invention, lorsqu'il fut appelé devant le préfet de Lyon, qui lui demanda s'il n'avait pas dirigé son attention sur les moyens de fabriquer la dentelle à la mécanique.

Jacquart ne se rappela pas immédiatement les circonstances auxquelles le préfet faisait allusion, et ce ne fut qu'en lui montrant la pièce de dentelle que le souvenir lui en revint.

Le préfet lui demanda alors à voir la machine qui avait fait cet ouvrage; et Jacquart obtint trois semaines pour la remettre en état et y ajouter les perfectionnements convenables.

Au bout de ce temps, il transporta son appareil chez le préfet; et, le priant de poser le pied sur une pièce qu'il lui indiqua, un nouveau nœud fut ajouté à la pièce de dentelle montée sur le métier.

La machine fut transportée à Paris, et peu après l'ordre arriva d'y envoyer Jacquart. Suivant M. Bowring, ce fut un ordre d'arrestation, et de transfert par la gendarmerie. Nous avons lieu de croire que ce ne fut que le résultat d'un malentendu, et que les autorités lyonnaises, en recevant l'ordre d'envoyer Jacquart à Paris, le prirent pour un conspirateur, et le traitèrent en conséquence. Quoi qu'il en soit, on ne lui donna pas le temps d'aller faire chez lui les préparatifs de ce voyage subit, et il fut conduit à Paris en toute hâte. A son arrivée, sa machine fut examinée, au Conservatoire des arts et métiers, par une commission nommée *ad hoc*. Après cette épreuve, il fut présenté à Napoléon et à Carnot, qui lui demanda s'il n'avait pas prétendu faire l'impossible : « un nœud avec un fil tendu. » Pour toute réponse, la machine fut mise en jeu, et l'impossibilité démontrée possible.

C'est de cette étrange manière que les premiers essais de Jacquart furent connus et commencèrent sa réputation.

Plus tard, vers 1800, sur la demande du gouvernement français, il s'occupa du perfectionnement du métier qui porte son nom, et il y parvint en combinant deux principes dus, l'un à Vaucanson, l'autre à Falcon. Employés séparément, ces deux moyens concouraient au même but, mais ne l'atteignaient pas. Avant lui, tous les fils qui doivent se lever ensemble pour former les dessins des étoffes brochées, étaient levés par des cordes que tirait un enfant auquel le tisseur était obligé de les indiquer. On sent quelle complication cette disposition amenait dans le métier, pour peu que le dessin fût varié. L'appareil Jacquart soumet cette manœuvre à un procédé mécanique régulier, qui tire son mouvement d'une simple pédale que l'ouvrier fait jouer lui-même.

Une pension fut alors accordée, par le gouvernement, à l'homme ingénieux qui avait fait une découverte aussi utile ; mais à Lyon, où il retourna quelque temps après, son invention fut loin d'être accueillie avec la même faveur. L'opposition qu'y éprouva l'introduction de ses métiers, la haine que souleva contre lui sa découverte, fut si violente que trois fois sa vie fut en danger. Le *conseil des prud'hommes*, chargé des intérêts

JACQUART.

du commerce lyonnais, fit briser le métier sur la place publique. Le fer, pour nous servir de ses propres expressions, fut vendu comme vieux fer, et le bois, comme bois à brûler.

Les préjugés qui engagèrent les tisseurs de Lyon à détruire une machine qui, en diminuant les fatigues de leurs travaux, pouvait être pour eux la source de grands bénéfices, ne furent enfin dissipés que lorsque la France commença à éprouver les effets de la concurrence étrangère. Ils adoptèrent alors le métier à la Jacquart, et c'est encore le seul dont les ouvriers lyonnais fassent usage aujourd'hui, malgré les perfectionnements importants que les Anglais y ont apportés.

Le résultat suivant montre bien qu'en définitive l'introduction d'une machine finit par tourner au bénéfice de la classe ouvrière à laquelle d'abord elle a causé le dommage d'une interruption de travail :

L'industrie française a toujours été d'une supériorité réelle dans les étoffes de luxe, où le goût et l'art du dessin ont une si grande part. Or, le métier Jacquart pour les étoffes façonnées ou de luxe est aujourd'hui répandu au nombre de plus de 20 000, sur 32 000 métiers qu'emploie Lyon ; tandis qu'en 1788, sur 14 782 métiers, on n'en comptait que 240 pour les étoffes façonnées. L'industrie française lui doit donc d'avoir étendu ses produits dans un genre où elle excelle et surpasse tous ses concurrents.

Jacquart est mort le 7 août 1834, à quelques lieues de Lyon, dans une petite maisonnette d'Oullins, où il s'était retiré à l'arrivée de la vieillesse, et où plus d'une fois il avait reçu des voyageurs de renom, des savants, des hommes d'État, empressés de visiter en son humble retraite le modeste mécanicien.

Le Colporteur et les Singes.

C'est une histoire bien connue que celle de ce colporteur dont notre gravure reproduit la mésaventure.

Essayons cependant de voir s'il n'y aurait rien de nouveau à en dire. Il n'est pas de vieux conte qu'on ne puisse rajeunir. Les plus populaires sont ceux-là mêmes qui offrent ordinairement le plus de prise à l'imagination ; car s'ils se sont si fort répandus, c'est que l'auteur y avait caché à son insu quelque vérité utile ou quelque sentiment élevé.

C'était un jeune Breton ; il portait de longs cheveux et une large veste, à la manière des campagnards de son pays. Il s'appelait Robert.

Il s'ennuya de vivre dans la chaumière où son père avait vécu heureux. Chaque fois qu'il s'avançait sur les bords de la mer, son regard curieux semblait chercher, au delà de l'immense horizon qu'elle lui présentait, je ne sais quel bien qu'il enviait sans le connaître.

Tout petit il avait pris l'habitude de s'asseoir sur la grève ; et il y demeurait plongé, pendant de grandes heures, dans des contemplations mystérieuses dont son esprit ne gardait plus la trace aussitôt qu'il en était sorti. Il lui en restait cependant toujours de vagues désirs, que son pays natal ne pouvait plus satisfaire.

Souvent il marchait des jours entiers sur le rivage, se trouvant malheureux d'y être attaché, et regardant d'un œil jaloux les vaisseaux qui ouvraient leurs voiles comme des ailes pour s'envoler vers d'autres régions.

Lorsque ses parents, à qui ses longues absences avaient plusieurs fois donné de l'inquiétude, le retrouvaient après bien des recherches et le ramenaient chez eux, l'enfant, revenu dans leur habitation, ne pouvait s'y souffrir ; la terre lui paraissait monotone en comparaison de cette vaste plaine de l'Océan, toujours agitée par son propre mouvement, et teinte, sous les différents rayons du jour, de mille couleurs diverses.

La forêt à l'ombre de laquelle la cabane de ses parents était cachée ne lui semblait guère moins triste ; son oreille, accoutumée aux bruits de l'Océan, trouvait que les grands chênes étaient sans voix, et que les oiseaux et les vents n'y faisaient que des concerts indignes de lui.

Ces dispositions grandirent avec lui ; l'envie de gagner de l'argent et de devenir riche s'y joignit encore.

Les dimanches, lorsqu'il allait à la messe au village voisin, il écoutait avec passion les récits que les vieux marins faisaient de leurs expéditions; et il voulait voyager comme

LE COLPORTEUR ET LES SINGES.

eux, et visiter les pays merveilleux situés au delà de cette mer sur les bords de laquelle il avait tant rêvé.

Ses parents finirent par croire à sa vocation; lorsqu'il eut atteint l'âge de dix-sept ans, ils le conduisirent à Brest.

Son père avait fait quelques économies; il en redemanda une bonne partie au notaire chez qui il les avait placées. Voulant adoucir autant qu'il était en lui les difficiles commencements de la carrière dans laquelle son fils voulait entrer, il remit cette somme au capitaine de vaisseau à qui il le confia : la moitié devait subvenir aux frais de la traversée ; le reste devait être remis à Robert lorsque le navire, qui allait à la Nouvelle-Orléans, serait arrivé à sa destination.

Puis le père et la mère donnèrent à leur fils l'adresse d'un de leurs parents qui avait fait fortune en Amérique, embrassèrent leur fils, et le vaisseau partit.

Durant la traversée, le capitaine eut l'occasion de remarquer la bonne volonté du jeune homme qu'on avait remis à sa garde, et cette sorte d'ardeur aventureuse qui le possédait. Il le prit en amitié, et lorsque le vaisseau aborda au Fort-Saint-Louis, il lui proposa de le recommander à un de ses amis qui était fort riche, et qui pouvait l'employer dans ses fabriques.

Robert accepta l'offre du capitaine. Celui-ci devait voir son ami le jour même du débarquement ; et il fut convenu que le lendemain notre jeune Breton se présenterait dans la maison qui lui fut indiquée ; puis le capitaine lui compta la somme qu'il avait reçue, et sur laquelle il ne voulut rien prélever.

Cependant la vue de ce pays inconnu, qu'il avait tant désiré voir, agissait fortement sur l'esprit de Robert ; la nature lui en parut plus grande que tout ce qu'il avait rêvé.

Son imagination, exaltée par la traversée, trouva dans les côtes fertiles, dans le grand fleuve qui descendait à l'Océan comme une mer dans une autre, dans les hautes montagnes couvertes de forêts jaunissantes qui couronnaient la perspective, une majesté à laquelle il ne s'était pas attendu.

Mais lorsqu'il eut mis pied à terre, il fut étonné de ne trouver dans la ville que des colons qui, avec leurs pantalons blancs et leurs chapeaux de paille, ressemblaient à des matelots endimanchés.

La première chose à laquelle il songea fut de demander où étaient les sauvages ; il était tout étonné de ne rencontrer que des Européens au milieu de cette nature extraordinaire.

Les personnes à qui il s'adressa lui montrèrent du doigt les montagnes qui dominaient la baie, et lui dirent que depuis longtemps les blancs avaient chassé les indigènes au delà de ces grands remparts.

Notre jeune homme resta tout le soir en contemplation devant ces montagnes, comme autrefois il avait fait devant la mer. Les bornes de l'inconnu étaient reculées pour lui, mais elles n'avaient pas disparu.

Le lendemain, il alla, comme il en était convenu, chez le fabricant que le capitaine lui avait indiqué ; mais cet honnête homme venait de faire des pertes considérables par suite de la confiance qu'il avait maladroitement accordée à un armateur. Il venait d'apprendre le coup qui le frappait au moment même où Robert se présenta chez lui : il le reçut néanmoins avec bonté ; mais, peu capable de songer à autre chose qu'à son infortune, il le pria de repasser dans quelques jours, promettant de lui être utile.

Livré à lui-même, notre jeune homme parcourut la ville en quelques heures, et se hasarda bientôt à en sortir. Ses pas le portaient naturellement du côté des montagnes, où il apercevait tous les signes d'une végétation plus riche et plus puissante que tout ce qu'il avait jamais vu.

Un matin, comme il suivait une grande allée de bananiers qui menait de ce côté-là, il se prit à songer que ces montagnes, dont il désirait si fort d'atteindre la cime et de voir de plus près les merveilles, recélaient sans doute aussi la source de sa fortune. Il se figura que les indigènes qui habitaient au delà de leurs sommets devaient avoir conservé quelques parcelles de cet or qui avait tenté les navigateurs et les aventuriers du seizième siècle.

En même temps sa main, qui tomba comme par hasard sur le gousset de sa veste, y fit résonner une douzaine de louis de France; le bruit fin et précieux qu'ils jetèrent à travers l'enveloppe dont ils étaient recouverts fut pour lui comme une révélation.

Il rentra précipitamment dans la ville, se présenta chez un marchand de pacotilles, fit une provision de toutes sortes d'instruments, de meubles et de vêtements à l'usage des Européens, paya le tout comptant, acheta une valise dans laquelle il plaça ses marchandises, mit sa valise sur ses épaules, prit un bâton à la main, et, sifflant un noël de son pays, s'achemina au hasard vers l'intérieur des terres.

Tout en s'avançant dans ce pays inconnu, il se faisait de beaux raisonnements pour s'encourager dans son entreprise et justifier sa témérité.

« Les gens qui ont fait jusqu'à présent fortune en Amérique, se disait-il, sont demeurés sur le rivage, dont la fertilité a suffi pendant deux siècles à leur cupidité. Voici le temps venu où la terre des côtes sera moins fertile; c'est en pénétrant dans ces contrées plus avant que ceux qui les ont occupées jusqu'à ce jour, que nous pourrons devenir aussi riches qu'eux. »

Puis il énumérait le profit qu'il pourrait faire de toutes les nippes qu'il avait achetées; il supputait la valeur de tous les bonnets de coton, de tous les bas, des miroirs, des lunettes, des colliers, des trompettes qu'il allait vendre aux sauvages.

« C'est un service à leur rendre, pensait-il, que de leur porter les bienfaits de la civilisation; et tout en faisant ma fortune, il sera agréable de servir le progrès des lumières. »

Puis il comptait encore tout l'argent qu'il retirerait de son expédition; il songeait déjà à le placer; il en laissait accumuler les revenus, il en triplait toutes les années le capital : comme la Perrette de la fable, il se voyait devenir riche, grâce à la quincaillerie qui remplissait sa valise; enfin il retournait en imagination dans sa Bretagne, et il se faisait bâtir un château à la place de la chaumière de son père.

Cependant le soleil montait au zénith, et devenait d'une ardeur accablante; notre colporteur, qui traversait en cet instant de grandes plaines découvertes dans lesquelles on cultivait le café, suait de tous ses membres. Son chapeau noir de matelot, qu'il avait conservé, et qui absorbait tous les rayons du soleil, concentrait sur sa tête un foyer de chaleur qui devint bientôt insupportable.

Robert fut obligé d'ôter son chapeau et de l'attacher derrière sa valise; mais ne pouvant laisser sa tête exposée aux rayons brûlants du soleil, il prit dans sa valise un bonnet de coton et s'en couvrit. Cependant l'atmosphère était tellement embrasée, qu'à peine eut-il fait quelques pas qu'il fut forcé de s'arrêter. Aucune habitation ne se faisait voir autour de lui, et il avait encore plus d'une heure de marche pour atteindre les premiers arbres de la forêt.

Vaincu par la fatigue, il se coucha dans un fossé creusé au bord d'un champ de maïs.

A peine y était-il étendu, qu'il sentit autour de sa jambe les froides étreintes d'un serpent.

Il contint son effroi de son mieux, et, après s'être levé peu à peu sur son séant, et avoir mesuré, non sans peur, la dimension de son ennemi, il mit la main dans sa pacotille pour y chercher une arme défensive.

Le serpent, qu'il ne cessait d'observer, comme s'il eût été attiré par son regard, tendit le cou au-devant de la main du jeune homme, qui fut assez habile pour le lui trancher avec une paire de ciseaux qu'il venait de tirer de sa valise.

Débarrassé de ce danger, Robert se remit en route, malgré la chaleur qui semblait augmenter encore; il n'avait d'autre ressource pour se rafraîchir que de mâcher de temps en temps les plantes qui se rencontraient sur son passage, et qu'il ne connaissait pas assez pour n'avoir pas à redouter de trouver la mort dans leurs sucs.

Haletant et défait, il parvint enfin à la limite de cette grande forêt qu'il apercevait depuis si longtemps, et qui garnissait le pied des montagnes.

En sentant tomber sur sa figure la fraîcheur des premiers ombrages, il crut entrer en paradis. Il ôta son bonnet de coton, le mit dans sa poche, essuya tout son corps qui ruisselait de sueur, et chercha un abri favorable sous l'un des arbres séculaires qui le couvraient.

Il en aperçut un dont le pied était garni d'un banc naturel de mousse, et dont l'immense tronc lui offrait un vaste dossier.

A peine se fut-il assis en cet endroit qu'il se sentit gagné par un sommeil irrésistible : il fit la chasse tout autour de lui pour voir s'il ne découvrirait pas quelque nouveau serpent; et quoiqu'il n'en eût pas vu de trace, il voulut se tenir en garde, et laissa par précaution sa valise ouverte, de manière à pouvoir, au besoin, y retrouver des instruments de défense.

Il avait éprouvé une fatigue si grande qu'il ne tarda pas à s'endormir profondément.

Aussitôt qu'il eut fermé les yeux, une troupe de singes qui étaient nichés sur les arbres voisins s'abattit autour de lui.

L'un de ces animaux, plus hardi que les autres, vint en sautillant jusque sous le nez du colporteur, dont la tête s'était affaissée sur elle-même. Quand il eut vu qu'il était bien endormi, il sauta sur la valise et en tira tous les effets qui y étaient renfermés.

A la vue de ces dépouilles de toutes les formes et de toutes les couleurs qu'il étalait par terre, les autres singes accoururent, et chacun en saisit un morceau. Celui-ci avait pris une paire de bas qu'il essayait d'ajuster à sa jambe grêle et velue; celui-là se mirait dans une petite glace; un troisième mettait des lunettes sur son nez camard; un autre s'était emparé d'une trompette, et, prenant sans doute cet instrument pour une lunette, il l'approchait de ses yeux.

Celui qui avait fouillé la valise l'avait laissée à moitié dévastée, et d'une patte subtile il cherchait à s'insinuer doucement dans la poche de Robert, qui n'entendait et ne sentait rien.

Cependant un autre singe avait pris sa place auprès de la valise, et, après en avoir tiré une foule d'ustensiles dont il ne comprenait pas l'utilité, il trouva un gros paquet de bonnets de coton, qui composait la plus grande partie de la pacotille du colporteur. Il en mit un sur sa tête, et fit avec ce couvre-chef une contenance si singulière, que tous ses compagnons voulurent l'imiter sur-le-champ : ils coururent aux bonnets et s'en affublèrent, à l'exception d'un seul, qui, toujours perché sur sa branche, avait fini par approcher de sa bouche la trompette qu'il tenait dans sa main; il en tira un son aigu et étrange qui réveilla le colporteur en sursaut.

Au bruit de la trompette et au mouvement

que fit Robert, les singes furent pris d'une frayeur soudaine, et grimpèrent aux arbres, du haut desquels ils secouaient, comme par dérision, leurs têtes grimaçantes, couvertes des bonnets du pauvre colporteur.

Celui-ci, se voyant dévalisé, resta confondu quelque temps ; puis il se mit à vociférer des menaces contre les singes, qui, s'apercevant de sa fureur, commencèrent à gambader d'un arbre à l'autre et à faire mille espiègleries.

Sa colère redoubla d'abord ; et bientôt il tomba dans un violent désespoir en songeant qu'il était dans un pays inconnu, et qu'il venait de perdre les seules ressources qui lui restassent, sans avoir l'espoir de les recouvrer.

Morne et désolé, il se rassit pour penser à ce qu'il lui fallait faire. Le jour tirait à sa fin avant qu'il eût pu prendre un parti ; les singes n'en continuaient pas moins leurs grimaces, et ils sautaient d'une branche à l'autre en poussant de petits cris moqueurs.

L'idée vint enfin à Robert que ces singes ne s'étaient affublés de ses marchandises que parce que les hommes des villes voisines qui venaient travailler dans la forêt leur en avaient appris l'usage. Pensant que tout était imitation chez ces animaux, il voulut les contraindre par elle à lui rendre ce qu'ils lui avaient pris.

Il chercha donc un bonnet de coton dans sa valise, mais il n'y en trouva plus ; la bande des singes, qui était nombreuse, les avait tous enlevés.

Il allait retomber dans son désespoir, lorsqu'il se souvint du bonnet dont il avait fait usage pendant la journée, et qu'il avait ensuite mis dans sa poche ; s'il l'y retrouva, ce ne fut pas de la faute du singe qui avait essayé de le vider pendant son sommeil. Il le mit sur sa tête, l'enfonça bien avant, et le releva ensuite par devant : il observa avec une joie extrême que les singes faisaient comme lui.

Comptant alors sur la réussite de son projet, il resta quelque temps immobile ; puis, au moment où tous les singes avaient les yeux sur lui, il tira son bonnet d'une main résolue et le jeta par terre avec violence.

Dans le même instant, tous les singes l'imitèrent, et il vit tous ses bonnets retomber en pluie du haut des arbres.

Il s'empressa de les ramasser et de les mettre dans sa valise.

Comme s'ils se sentaient mystifiés, les singes allèrent prendre plus loin leurs ébats.

Cependant le jour s'était écoulé dans ces embarras, et la nuit approchait. Robert fut obligé de la passer dans la forêt : il grimpa avec sa valise, du mieux qu'il put, au tronc de l'arbre sous lequel il s'était assis, et s'attacha au milieu des branches.

Ce fut là qu'il passa la nuit.

Il dormit peu et réfléchit beaucoup : frappé de terreur en songeant à l'isolement dans lequel il se trouvait, au milieu d'un pays entièrement inconnu, il vit tomber en quelques instants tous les désirs sur la foi desquels il s'y était aventuré.

Avant le jour il avait repris le chemin de la ville ; il se représenta chez le négociant à qui le capitaine de vaisseau l'avait recommandé, et qui, remis de son infortune par une faveur inespérée du sort, le reçut avec bonté et le plaça dans ses fabriques.

Il y vécut longtemps, modeste, médiocre et content, comme il aurait pu faire dans un magasin de la ville la plus voisine de sa cabane.

L'homme a été doué par la nature de l'intelligence qui le met au-dessus du reste de la création ; mais ce don qu'il a reçu pour assurer son bonheur, il l'emploie trop souvent en recherches inutiles et en aventures dangereuses. Notre but est plus près de nous que nous ne pensons.

Pensées Nocturnes.

LE GARDE DE NUIT, *dans la rue.*
Écoutez ce que j'ai à vous dire ! Dix heures viennent de sonner.

LE VIEILLARD, *dans sa chambre.*
Dix heures ! Allons, priez Dieu, et allez à votre lit. Que ceux dont la conscience est tranquille dorment bien et doucement. Dans le ciel, toute la nuit, un œil serein veille sur vous.

LE GARDE DE NUIT.
Écoutez ce que j'ai à vous dire ! Onze heures viennent de sonner.

LE VIEILLARD.
Pour ceux qui se fatiguent encore près de leur métier, pour ceux qui prolongent leurs veilles sur les livres, j'ai à leur dire une dernière fois : Il est bien temps d'aller au repos. Que Dieu vous accorde un bon sommeil !

LE GARDE DE NUIT.
Écoutez ce que j'ai à vous dire ! La cloche vient de sonner minuit !

LE VIEILLARD.
Vous que dans le calme de la nuit éveille un cœur plein de souci et d'amertume, Dieu vous rende des heures tranquilles ! Dieu vous fasse sains et contents !

LE GARDE DE NUIT.
Écoutez ce que j'ai à vous dire ! Une heure vient de sonner !

LE VIEILLARD.
Si, à cette heure, entraîné par l'Esprit de ténèbres, quelque malfaiteur marche dans les sentiers de l'iniquité (plaise à Dieu qu'il n'en soit rien ! mais la chose est possible), rentre chez toi, malheureux ! le Juge suprême t'a vu.

LE GARDE DE NUIT.
Écoutez ce que j'ai à vous dire ! Deux heures viennent de sonner.

LE VIEILLARD.
Toi dont, bien avant le jour, la pressante inquiétude soulève et fatigue l'esprit, infortuné ! le sommeil a quitté ta couche ! Mais pourquoi t'alarmer de la sorte ? Dieu ne pensait-il pas pour toi ?

LE GARDE DE NUIT.
Écoutez ce que j'ai à vous dire ! Trois heures viennent de sonner !

LE VIEILLARD.
L'heure matinale frappe aux portes du ciel. Vous tous qui verrez en paix luire la nouvelle journée, remerciez Dieu et prenez bon courage ! Retournez au travail et portez-vous bien !
HEBEL.

La Mort du Cerf.

Le noble animal a longtemps déjoué la meute. Il a traversé les bruyères, franchi les forêts, gravi les collines ; ses pieds se sont lassés parmi tous les halliers de la montagne et de la plaine ; enfin, à bout de forces, il s'est élancé dans le lac qu'il tâche de traverser.

Mais de la meute dispersée deux chiens se sont acharnés à sa poursuite ; tous deux, suspendus à sa chair, le couvrent de leurs morsures.

Le cerf relève la tête encore une fois et frappe : un des chiens roule dans la vague, mortellement atteint ; mais l'autre s'obstine avec rage.

L'animal vaincu sent la vie qui lui échappe.

Ses pieds ne battent plus l'eau qu'au hasard et par un reste de mouvement convulsif; son œil se retourne et s'éteint; le courant l'emporte vers la cascade sans qu'il s'en aperçoive et sans qu'il songe à prolonger son agonie.

Déjà le flot grondant l'enveloppe, le ro-

LA MORT DU CERF.

cher déchire son flanc; encore un instant, et il va disparaître dans le gouffre avec ses deux ennemis ensevelis dans leur funeste triomphe !

Visite aux Cités ouvrières de Mulhouse.

Un dimanche d'été, je me trouvais à Mulhouse, plus désœuvré que ne le fut jamais un Parisien en province.

Je sortis de la ville, et je m'avançai vers une famille d'ouvriers assis devant une maison de coquette apparence; je demandai où étaient les cités ouvrières.

« C'est ici, me répond en allemand le chef de la famille. Monsieur est étranger; je vais le conduire près du surveillant, qui lui fera voir en détail *nos établissements* et quelques-unes de nos maisons. »

Nous traversons plusieurs rues bien alignées, bien pavées, éclairées au gaz et pourvues de fontaines. Toutes les constructions qui bordent ces rues sont établies sur le même plan. Ce sont de jolies maisons entourées de jardins fort bien cultivés.

Les habitants sont tous endimanchés. Décidément ce sont bien là les cités ouvrières, ce que j'avais peine à croire, car je m'attendais à voir d'immenses casernes à quatre ou cinq étages, pressées l'une contre l'autre, avec de petites cours semblables à des puits.

Nous arrivons à la maison du surveillant, située sur la place principale. A côté se trouvent l'école, la salle d'asile et la chapelle. Ces bâtiments plus élevés que les maisons de la cité et construits en encoignures sur la place, ce sont les bains publics, le lavoir, la boulangerie, le restaurant, et les magasins de denrées, meubles et ustensiles de première nécessité que la Société des cités ouvrières achète en gros et revend au plus bas prix possible.

La boulangerie, qui fonctionne à l'aide d'appareils mécaniques perfectionnés, livre le pain au-dessous du prix courant. Non-seulement l'ouvrier paye moins cher, mais il est sûr de ne pas être trompé sur le poids du pain et sur la manière dont il est cuit; car chacun sait que le pain vendu au poids est souvent trop peu cuit et retient par conséquent trop d'eau.

Mais l'homme ne vit pas seulement de pain, et voici un restaurant fort bien tenu, avec place pour deux cent cinquante personnes. Ici, l'habitant de la cité peut faire un repas convenable pour la somme incroyable de 30 à 35 centimes.

Voici, du reste, quelques-uns des prix de cet établissement, moins somptueux, mais plus utile que le café Anglais ou la Maison-Dorée :

Une portion de pain	05 cent.
Soupe grasse ou maigre (respectable assiettée).	10
Bœuf	10
Légumes.	10
Veau rôti (ou autre viande rôtie)	15
Un demi-verre de vin	10

Le plus grand nombre des ouvriers dîne avec soupe, bœuf, légumes et pain; total, 35 centimes.

Je lis avec attention le règlement du restaurant, et je constate par mes propres yeux que les bonnes dispositions qu'il renferme sont suivies de point en point; qualité essentielle qui manque à la plupart des règlements, lesquels seraient presque tous parfaits s'ils étaient seulement exécutés.

Depuis plusieurs années, le restaurant des cités ouvrières fonctionne à la satisfaction de tous.

C'est dans les bâtiments du restaurant que se trouvent les magasins d'épicerie, de mercerie, de chaussures, d'habillements confectionnés, de literie, de meubles et d'ustensiles de ménage, où l'ouvrier peut trouver aux meilleures conditions tout ce qui est nécessaire à la vie. Le combustible est aussi livré pour le prix coûtant aux ouvriers habitants de la cité.

En face du restaurant se trouvent les bains et le lavoir. Ces deux établissements offrent les mêmes conditions de bon marché incroyables.

L'eau chaude est fournie par une des machines à vapeur d'une filature voisine. On sait que dans une machine fixe, il y a production d'une grande quantité d'eau chaude qui reste inutile, et l'on peut voir dans les faubourgs de Paris plus d'un lavoir improvisé dans le ruisseau, à la porte d'une usine à vapeur.

A l'établissement de bains de la cité ouvrière, un bain, linge compris, se paye 20 centimes.

Au lavoir, on est admis à laver à l'eau chaude, pendant deux heures, pour 5 centimes. On ne paye rien pour le séchage du linge. Chaque heure de lavage en plus des deux heures se paye 5 centimes; mais il est rare qu'une femme d'ouvrier ait besoin de rester plus de deux heures au lavoir.

Pour lessiver 10 kilogrammes de linge, on paye 15 centimes. Il y a dans le bâtiment du lavoir un atelier de repassage où chaque femme peut repasser son linge gratuitement. Bien plus, la femme qui désire laver en même temps tout le linge qu'elle porte sur elle, trouve au lavoir des effets d'habillement qu'on lui prête sans aucune rétribution, et qu'elle laisse en reprenant son linge et ses vêtements lavés, séchés et repassés.

En hiver, cent cinquante femmes fréquentent journellement le lavoir. L'usage des bains a pris aussi beaucoup de développement; on a souvent donné jusqu'à cent vingt bains par jour.

J'étais curieux de pénétrer dans la vie intime d'une population qui prend si à cœur les habitudes de propreté : mon guide m'offrit alors de choisir moi-même la maison que je désirais visiter, m'assurant que les habitants se feraient un plaisir de me montrer les moindres détails.

Je continuai donc ma promenade, tout en admirant la culture des petits jardins, qui ne sont séparés de la rue que par une palissade à hauteur d'appui, plantée en avant d'une haie de troëne qui doit plus tard remplacer la clôture de bois.

J'entrai sans façon dans un des jardins, où toute une famille paraissait fort occupée au soin des fleurs et à la récolte des légumes.

A peine entré, je félicite le chef de la famille sur la bonne apparence de son jardin, aussi bien entretenu que s'il en était le propriétaire.

— C'est que nous sommes en effet propriétaires de la maison et du jardin, me répond-il avec une satisfaction visible; ou du moins nous le serons bientôt tout à fait, car j'ai déjà payé plus de la moitié du prix de la maison ; et comme l'ouvrage ne manque pas, j'espère m'acquitter tout à fait d'ici à deux ou trois ans.

— Bien ! dis-je en moi-même, je ne m'étonne plus de l'aspect si propre et si régulier du jardin. Ce brave homme est possédé de l'amour du jardinage, comme tous les propriétaires de campagne aux environs des grandes villes; son jardin lui rapporte sans doute autant que tel jardinet d'Auteuil ou de Passy qui, si nous en croyons le *Charivari*, produit grande abondance de haricots à 3 francs la douzaine, et de melons à 100 fr. la pièce (dans les bonnes années).

Je veux absolument apprendre de lui si le jardinage, qui remplace si avantageusement le cabaret, n'est pas aussi coûteux. Je lui dis :

— Je vous approuve fort de vous délasser des travaux de la semaine par la culture de votre jardin ; il reste à savoir si cela vous rapporte quelque chose. Voilà certainement des choux, des haricots, et même quelques arbres fruitiers; mais est-ce que ces légumes et ces fruits ne vous coûtent pas en réalité plus cher que si vous les achetiez au marché?

— Tout compte fait, ce petit jardin nous rapporte environ pour 36 francs de légumes par an ; c'est-à-dire qu'en y ajoutant peu de chose nous en avons pour notre subsistance. Du reste, comme le jardin n'est pas grand, nous l'entretenons facilement en n'y travaillant qu'aux heures perdues, le soir, après la journée, et puis le dimanche. Il serait seulement un peu plus grand que nous n'aurions pas le temps de le cultiver tout entier.

Cette dernière réflexion me parut très-sensée; j'aurais eu peine à voir une partie du jardin inculte faisant contraste avec ces allées si bien sablées, ces bordures si nettement alignées, et ces petites plates-bandes ornées de fleurs. Car les horticulteurs de la cité ouvrière ne négligent pas la partie agréable, et c'est même à qui d'entre eux, sous ce rapport, surpassera son voisin.

Après le jardin, on me montra la maison dans ses moindres détails. Elle forme juste le quart du pavillon représenté dans la figure ci-dessous, et qui est entouré de quatre jardins, séparés par des clôtures de bois.

CITÉS OUVRIÈRES DE MULHOUSE. — Boulangerie, Restaurant, Bains et Lavoir public.

Comme la plupart des maisons de la cité, chacune des quatre divisions de celle-ci se compose de trois chambres, une cave (ou cellier) et un grenier. La propreté de l'intérieur m'a paru ne rien laisser à désirer. Des personnes bien renseignées m'ont affirmé que ces habitudes de propreté sont générales dans toute la cité.

Construites sur les dessins de M. Émile Muller, sans aucun luxe, mais non sans élégance, ces maisons réunissent les meilleures conditions d'économie, de solidité et de salubrité.

La plus grande ambition de l'ouvrier père de famille est de devenir propriétaire de sa maison : aussi la Société des cités ouvrières lui donne-t-elle toute facilité pour cette acquisition tant désirée.

Depuis 1853, date de la fondation de cette société, cinq cent soixante maisons ont été construites, et trois cent soixante ont été vendues aux ouvriers, moyennant quatorze ou quinze ans de terme pour le payement complet. On demande seulement 300 à 400 francs comptant, et il est peu d'ouvriers laborieux et rangés qui ne puissent arriver à posséder cette somme après quelques années de travail. Pour le reste du prix d'achat, le futur propriétaire donne de 23 à 25 francs par mois.

Le prix des constructions ayant augmenté dans une forte proportion, le prix d'une maison varie maintenant de 2 600 à 3 500 francs.

La plupart des ouvriers n'usent pas de tous les termes accordés pour le payement ;

CITÉS OUVRIÈRES DE MULHOUSE. — Pavillon pour quatre ménages.

ils se libèrent beaucoup plus tôt, poussés par le désir bien naturel d'être logés chez eux et de ne plus payer d'intérêts. En moyenne, les acquéreurs des maisons ont payé, dans les cinq premières années, près de la moitié du prix d'achat.

Le prix du loyer d'une maison complète, avec jardin, est de 19 francs par mois, soit 210 francs par an, tandis que, pour le même prix, l'ouvrier ne peut trouver dans l'intérieur de la ville qu'un logement trop petit, et souvent malsain.

Quelques-unes des maisons ont été disposées de manière à servir de logements aux célibataires. Le prix d'une chambre meublée est de 8 francs par mois.

Pour procurer un tel bien-être aux ouvriers, la Société a-t-elle dû s'imposer de très-grands sacrifices ? La plupart de nos lecteurs croiront sans doute que ces sacrifices sont énormes, et possibles seulement pour les riches industriels de l'Alsace, qui ne regardent pas à quelques centaines de mille francs pour préserver leurs ouvriers de la misère.

Ce serait là une grave erreur. Depuis sa fondation, la Société a dépensé environ deux millions, y compris 300 000 francs de subvention accordés par l'État à la condition que les travaux exécutés atteindraient au moins le triple de cette somme, soit 900 000 francs.

Il ne faudrait pas croire que de telles entreprises aient besoin de l'aide du gouvernement. La subvention donnée à l'œuvre mulhousienne s'est trouvée complétement absorbée par les travaux nécessaires à l'établissement des rues, des places, des plantations d'arbres, et par la construction des bains et lavoirs.

Tout compte fait, chacun des actionnaires de la Société touche 4 pour 100 d'intérêts par an. Ce revenu paraît suffisant, si l'on considère qu'aucun mode de placement ne présente plus de garanties que celui-là. Ne doit-on pas s'estimer d'ailleurs très-heureux de contribuer à une œuvre vraiment philanthropique, tout en plaçant sûrement ses fonds à 4 pour 100 ?

Ce qui a fait avant tout le succès de l'œuvre mulhousienne, c'est que la Société, formée sous le patronage des principaux industriels du pays, s'est formellement interdit toute spéculation, tout bénéfice au delà de cet intérêt de 4 pour 100.

Supposons, au contraire, sur le terrain des cités ouvrières de Mulhouse, un propriétaire, ou une société de propriétaires n'ayant d'autre but que la spéculation. Les voyez-vous à l'œuvre, supprimant les jardins, entassant maisons sur maisons, étages sur étages ? Voilà dix chambres à chaque étage ; il y en a jusque sous le faîte du toit. C'est ainsi que l'on utilise le terrain, lorsqu'on veut retirer 15 ou 20 pour 100 de son capital.

Cette supposition n'est pas tout à fait gratuite ; telle cité ouvrière que l'on avait entreprise avec une intention philanthropique s'est transformée pendant la construction, et, malgré les protestations de l'architecte, est devenue une immense maison découpée en une infinité de trop petits logements.

Pour élever des constructions où les ouvriers puissent trouver des logements salubres à des prix modérés, est-il donc nécessaire qu'une puissante société s'organise et dépense quelques millions? Pas le moins du monde ; tout propriétaire d'une fabrique un peu importante trouve le plus souvent avantage à loger ses propres ouvriers, sans s'imposer de grands sacrifices.

On a prouvé ce fait de la manière la plus évidente.

Un propriétaire de fabrique, qui consacre une somme de 20 000 francs à la construction d'habitations qu'il revend à ses ouvriers avec quinze ans de terme, peut établir, dans l'espace de vingt ou trente ans, quarante à cinquante maisons, tout en retrouvant un intérêt suffisant de son capital. Il est d'ailleurs si préférable pour le fabricant d'employer des ouvriers *propriétaires*, qu'il ne saurait faire un meilleur placement de ce faible capital, tiré sans inconvénient du fonds ordinaire de roulement.

Ajoutons qu'aux portes de Paris même, quelques personnes animées des plus louables intentions s'occupent avec succès de faire bâtir des maisons pour les ouvriers. On les vend à longs termes, ou bien on les loue à des prix modérés, qui de même représentent l'intérêt à 4 ou 5 pour 100 du capital engagé dans l'achat du terrain et dans la construction.

Saute, Jan de Kramer.

Tu as froid, tu es pauvre, tu es vieux ; saute, Jan de Kramer.

Dans ton enfance tu as aidé ton père, dans ta jeunesse tu as nourri ta mère, dans ton âge mûr tu as été la providence de ta femme et de tes enfants ; toute ta vie tu as travaillé. Quel homme a la conscience plus légère que toi? Saute, Jan de Kramer.

Ton vêtement est léger et quelque peu délabré comme ta chaumière. La bise glacée qui gémit en passant s'engouffre dans plus d'un accroc de ton habit, dans plus d'un trou de ton toit. Tandis que les riches lui ferment soigneusement leur porte, tu lui donnes asile chez toi et sur toi, pauvre homme. Saute avec la bise, saute, Jan de Kramer.

JAN DE KRAMER.

Ta femme est parfois grondeuse, tes enfants crient et se battent ; tu rentres, et avec quelques mots de bonne humeur tu apaises ta bonne femme, avec quelques gambades tu réjouis tes enfants. La gaieté entre avec toi ; saute, saute, mon bon Jan de Kramer.

Il y a des gens qui en te voyant prennent un air de compassion et semblent penser : « Vivre comme cela, est-ce vivre ? » Ton vieil œil malin les comprend, et tu dis : « Béni soit Dieu ! J'ai eu mes plaisirs et mes peines ainsi que toute créature sous le ciel. En hiver, la glace frémit agréablement sous le patin, et un brasier de tourbe a bien son mérite. En été, le soleil est chaud, les campagnes sont vertes, les oiseaux chantent. L'hiver sera bientôt passé. Le printemps n'est pas loin ; saute, Jan de Kramer.

Il n'y a personne au monde qui ait la moindre haine contre toi, et tu aimes tout l'univers. Il est vrai que ton univers n'est pas grand et qu'il est peuplé de bonnes gens qui, du plus loin qu'ils t'aperçoivent, se prennent à sourire et à se dire entre eux : Voici Jan de Kramer. Tu te hâtes vers eux en préparant un joyeux bonjour qu'ils attendent, car tu n'es pas le moins spirituel du village. Double le pas ; saute, honnête Jan de Kramer.

Tu es un modèle de bonté et de patience, tu as conservé la candeur de l'enfance dans le vieil âge. Il y a bien des jeunes gens tristes et de riches vieillards goutteux qui voudraient sauter comme toi, ô mon bon, mon cher Jan de Kramer.

Nœuds.

Les nœuds dont l'on fait continuellement usage, soit pour réunir des cordages entre eux, soit pour relier divers objets et consolider leur assemblage, sont plus ou moins compliqués et assujettis à des conditions qui dépendent du but qu'on se propose et de l'espèce de cordage employée.

Les figures détaillées que nous donnons plus loin des nœuds les plus usités suffiront, à l'aide d'une légende explicative, pour les rendre intelligibles à nos lecteurs.

Nœuds simples.

Fig. 1. — Ganse. On commence presque tous les nœuds par une ganse.

Fig. 2. — Nœud simple commencé.

Fig. 3. — Nœud simple fini.

Fig. 4. — Nœud double commencé.

Fig. 5. — Le même fini.

On peut faire ce nœud triple, quadruple, sextuple, en passant la corde dans la ganse trois, quatre ou six fois, suivant la longueur qu'on veut donner au nœud.

Fig. 6. — Nœud en lacs commencé. Pour le finir, on le serre en tirant les deux bouts en même temps.

Fig. 7. — Nœud de galère. La corde ne passe pas dans la ganse; elle est retenue par un billot en bois. On peut faire ce nœud sans que les bouts de la corde soient libres, et il peut être considéré comme un des nœuds de raccourcissement dont nous parlerons plus bas.

Nœuds de jointures.

Fig. 8. — Nœud de tisserand ouvert.

Fig. 9. — Le même fini.

Pour serrer ce nœud, connu sous le nom de nœud de filet, il faut tenir dans la même main les bouts a et b, et tirer le bout c; sans cette précaution, il se déferait.

Fig. 10. — Nœud anglais ou de pêcheur commencé.

Fig. 11. — Le même serré.

Ce joint est extrêmement solide.

Fig. 12. — Nœud droit. On le nomme aussi nœud marin ou nœud plat. Il est très-bon fait avec de petites cordes; mais, fait avec de grosses cordes, il n'est solide qu'autant que les bouts sont liés aux cordes dont ils font partie. Il se défait facilement en tirant à la fois les bouts a et b, qui lui font prendre la forme indiquée fig. 13, dans laquelle la corde tendue peut facilement glisser dans les deux ganses c et d.

Fig. 14. — Jonction au moyen d'un nœud simple.

Sur le bout d'une des cordes, on fait un nœud simple (fig. 2) non serré, dans lequel on fait passer le bout de l'autre corde en sens contraire du premier. Cet enlacement fait, on tire les deux cordes pour serrer le nœud. Il est très-solide, facile à faire, et a l'avantage de maintenir les deux cordes sur le même axe pendant la tension, ce qui diminue les chances de rupture.

Fig. 15. — On peut faire le même genre de jonction en employant le nœud en lacs (fig. 6).

Les liens.

Fig. 16. — Nœud simple commencé.

Fig. 17. — Le même achevé.

Ce nœud est le même que celui de la figure 12; seulement, il est fait ici avec la même corde qui entoure l'objet à lier. Pour qu'il se maintienne bien serré, il faut produire une pression sur le nœud simple (fig. 16).

Fig. 18. — Nœud coulant sur double clef. On appelle *clef* une boucle tordue sur elle-même. La clef est double ou triple quand elle est tordue deux ou trois fois. Cette torsion retient fortement le bout engagé sous la corde, et d'autant plus que le nœud coulant produit une forte pression sur les tours de la clef.

Fig. 19. — Ligature dite nœud d'artificier.

Ce nœud ne peut se desserrer, et son nom vient de ce qu'il est fréquemment employé par les artificiers. La figure 20 le représente commencé.

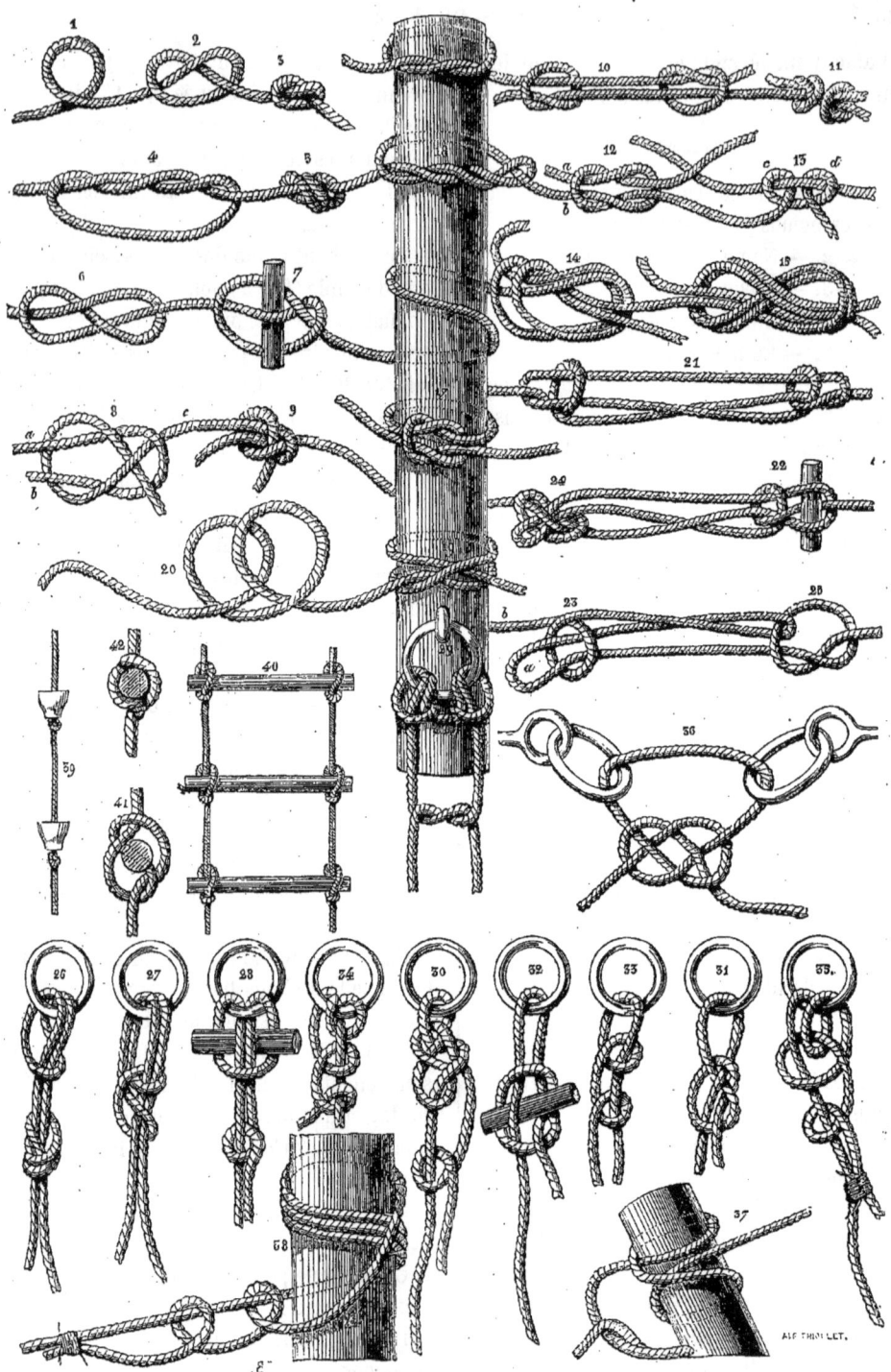

Raccourcissement.

Les nœuds de raccourcissement sont employés pour reproduire la longueur d'une corde que l'on ne veut pas couper. Nous ne donnerons pas ici le dessin de l'un des nœuds de ce genre, nommé nœud de chaînette, parce qu'il est généralement connu. Il est composé d'une suite de boucles passées l'une dans l'autre.

Fig. 21. — Raccourcissement à boucles et à ganses.

Pour faire ce nœud, il faut qu'un des bouts du cordage soit libre.

Fig. 22. — Raccourcissement à nœud de galère (voir la fig. 7).

On peut l'exécuter quoique aucun des deux bouts du cordage ne soit libre.

Fig. 23. — Raccourcissement à jambes de chien.

On peut le faire quoique les bouts ne soient pas libres; mais il n'est solide qu'autant qu'on fixe la boucle *a* après la corde *b*, au moyen d'une ligature faite avec de la ficelle.

Fig. 24. — Le même raccourcissement arrêté en galère; ce qui dispense de faire des ligatures.

Fig. 25. — Raccourcissement par double boucle passant dans des nœuds.

Ce raccourcissement ne peut être fait que si l'un des bouts est libre.

Amarrages sur organeaux.

Les organeaux sont de gros anneaux en fer, après lesquels on attache ou *amarre* les cordages par un bout pour retenir les objets auxquels ils sont fixés par l'autre.

Fig. 26. — Amarre en tête d'alouette.

Fig. 27. — Amarre en tête d'alouette à double ganse.

Fig. 28. — Amarre en tête d'alouette sur boucle de galère.

On peut par ce moyen désamarrer subitement en enlevant le billot qui arrête le nœud.

Fig. 29. — Tête d'alouette triple.

Fig. 30. — Amarre par nœuds croisés.

Fig. 31. — Amarre par nœud coulant.

Fig. 32. — Amarre en boucle simple à nœud de galère.

Fig. 33. — Nœud de marine.

Fig. 34. — Nœud de réverbère.

Fig. 35. — Nœud de cabestan à clef. Il faut l'assurer au moyen d'une ligature.

Fig. 36. — Nœud pour amarrer sur deux organeaux. Il est connu dans l'artillerie sous le nom de nœud de prolonge.

Amarrages sur pieux.

Ce genre d'amarrage est employé pour arrêter des bateaux au moyen de pieux enfoncés sur le bord des quais ou des rivières.

Fig. 37. — Nœud de batelier.

Fig. 38. — Amarrage à clef.

Échelles de corde.

Fig. 39. — Échelle à un seul brin. On fait sur la corde des nœuds simples (fig. 3), et entre chaque nœud on place un billot qui tient lieu d'échelon.

Fig. 40. — Fragment d'une échelle à deux brins. Les échelons sont fixés par un nœud nommé nœud d'échelon.

La figure 41 le représente avant d'être serré, et la figure 42 vu de profil.

Le Liége.

L'ARBRE. — L'ÉCORCE. — FABRICATION DES BOUCHONS.

Le chêne-liége est toujours vert; il croît dans les lieux secs, montueux, et se plaît surtout sur les sols granitique, gneissique, schisteux; il ne prospère point sur un sol calcaire.

La limite supérieure à laquelle on le trouve est à peu près celle de la vigne, c'est-à-dire environ 500 mètres au-dessus du niveau de la mer.

On le rencontre rarement au delà du 45ᵉ degré de latitude nord.

Il est très-répandu dans certaines contrées méridionales de l'Europe.

LE CHÊNE-LIÉGE D'ESPAGNE.

En France, il croît spontanément dans six ou sept des départements du midi.

Il existe en Corse, en Algérie, et en abondance sur le revers espagnol des Pyrénées orientales, dans le royaume de Valence, dans l'Estramadure, surtout dans la Catalogne, où il forme de véritables forêts. Il est connu dans cette dernière province sous le nom de *Suro;* les Espagnols, en général, lui donnent celui d'*Alcornoque*. C'est principalement en Catalogne que ses produits sont utilisés en grand; et c'est de ce pays qu'ils se répandent dans le commerce de l'Europe entière.

Nos lecteurs savent que dans la tige d'un arbre adulte, une section en travers fait voir successivement, du centre à la circonférence :

1° Un canal rempli de moelle, *canal médullaire;*

2° Une série de couches de nature ligneuse, le *bois;*

3° Une enveloppe extérieure, l'*écorce.*

L'écorce se divise en plusieurs systèmes :

On trouve dans sa partie profonde le *liber,* ou suite de couches très-minces superposées en feuillets;

Dans sa partie moyenne, le parenchyme cortical ou *suber,* amas de cellules gorgées de sucs;

Et enfin, dans sa partie extérieure, l'*épiderme,* mince pellicule qui couvre l'ensemble.

Les couches ligneuses se forment annuellement par la transformation du *cambium,* sorte de matière visqueuse qui se répand entre le bois et l'écorce, et fournit chaque année deux couches, une au bois extérieurement et une à l'écorce intérieurement.

Le liége n'est autre chose que le parenchyme cortical du chêne qui porte son nom.

Dans les jeunes sujets, ce parenchyme est encore peu développé, il est rempli de sucs verts, sa surface épidermique est lisse, et l'on n'y voit aucune trace de solution de continuité.

Mais avec l'âge il augmente en épaisseur, il se fendille en long, en large, plus ou moins profondément, et se couvre de rugosités saillantes à sa surface.

Ces fendillements et rugosités sont dus à l'accroissement intérieur du végétal, à l'addition successive des couches, soit au bois, soit à l'écorce; ces couches ont repoussé au dehors celles qui avaient été formées pendant les années antérieures, et les ont forcées pour ainsi dire à céder et à se rompre jusqu'au liber.

Dès lors le liége est devenu propre à être extrait.

Voici comment se fait cette opération :

On pratique d'abord dans l'écorce, jusqu'à la profondeur du liber exclusivement, deux incisions longitudinales et parallèles l'une à l'autre, puis on fait deux autres incisions perpendiculaires aux précédentes et à leurs deux extrémités; on passe avec précaution la lame d'un instrument tranchant au-dessous du parenchyme par une des incisions horizontales, en ayant soin de ne pas entamer le liber, et l'on soulève doucement une plaque dans toute la longueur; d'autres incisions faites avec les mêmes précautions donnent successivement d'autres plaques, et ainsi de suite jusqu'au dépouillement complet du tronc et des plus grosses branches.

L'opération est facilitée par l'existence d'une matière liquide semblable à de la cire ramollie qui coule entre le liber et le parenchyme, et permet la séparation prompte de celui-ci.

Toutefois cette opération ne saurait être pratiquée avant que l'arbre ait atteint l'âge de quinze ou vingt ans, car avant cet âge le liége n'aurait pas les qualités requises, et même après cet âge le produit du premier écorçage doit être rejeté.

Un arbre, à quarante ans, a acquis une valeur commerciale assurée. Il peut produire en moyenne 40 ou 50 kilogrammes de liége brut par chaque écorçage; un arbre séculaire peut en produire jusqu'à 100 kilogrammes.

La hauteur d'un chêne donnant ces produits varie suivant les pays : en moyenne, elle est de 8 à 10 mètres; mais elle atteint quelquefois jusqu'à 20 mètres pour $1^m.50$ de large.

Après son dépouillement plus ou moins complet, le chêne-liége ne reste pas longtemps avant de reproduire la portion qui lui a été enlevée : une matière visqueuse commence presque aussitôt par suinter des pores du liber, se répand à sa surface, se durcit, s'organise peu à peu, et finit par produire un nouveau parenchyme recouvert d'un nouvel épiderme.

Ce nouveau parenchyme met huit à dix ans à se développer; après cet intervalle de temps, il devient encore une fois propre à être extrait, et l'on procède à un second dépouillement. Ces sortes d'opérations se font ordinairement du 15 juillet au 15 septembre : à cette époque, la sève circule encore pleinement dans les différentes parties du végétal, et le détachement du parenchyme cortical se fait facilement. Toutefois on se garde de le pratiquer par un temps froid, changeant, ou des pluies trop abondantes ; l'arbre en souffrirait beaucoup et ne donnerait par la suite que de faibles ou de mauvais produits.

Il nous reste à rappeler quelques détails sur la fabrication des bouchons.

Les plaques, extraites par le procédé que nous avons indiqué ci-dessus, sont entassées en carré dans un lieu sec et bien aéré, où elles se dessèchent en perdant un cinquième de leur poids.

Elles restent ainsi exposées deux ou trois mois.

Pour les employer, on les trempe dans de l'eau, ce qui a pour but de ramollir l'épiderme; on les retire quand elles ont été suffisamment humectées, et, avec une large doloire bien tranchante, on racle la croûte extérieure, celle qui dans le végétal était exposée à l'air, et qui par conséquent avait plus ou moins noirci sous l'influence des agents atmosphériques, de la gelée, des vents, de la pluie, de la chaleur, etc.

Après cette opération préliminaire, on trempe de nouveau la plaque, mais cette fois-ci dans de l'eau bouillante, pendant environ un quart d'heure, afin de rendre le liège plus doux, plus élastique, plus pénétrable au couteau de l'ouvrier ; pour compléter l'effet de l'eau, on laisse les plaques entassées pendant plusieurs jours dans un lieu frais.

On les reprend ensuite pour les débiter, dans le sens de la longueur de la plaque, en petits parallélipipèdes rectangulaires auxquels on donne à peu près les dimensions des bouchons.

Ce ne sont guère que les bouchons pour bondes que l'on prend dans le sens de l'épaisseur.

Les parallélipipèdes ou carrés longs sont à leur tour plongés dans l'eau chaude, au moyen de filets, pour pouvoir être plus facilement taillés.

Alors commence la fabrication définitive.

Au moyen de couteaux tranchants, l'ouvrier abat d'abord les quatre côtés du solide, puis les deux extrémités qui devront constituer la base et le sommet; il en obtient ainsi un prisme à huit côtés. Si dans cette opération il met à découvert un vide intérieur, ou tare, il renouvelle la taille jusqu'à ce qu'il ait obtenu des surfaces polies et exemptes de vides. Cela fait, il s'occupe d'arrondir latéralement le bouchon : l'extrémité d'une lame de couteau est placée dans l'entaille d'une cheville de fer fixée sur une table, et l'ouvrier, prenant le liège entre ses deux mains, le fait tourner adroitement contre le tranchant de la lame ; une révolution et demie du morceau de liège suffit pour dégager le bouchon et lui donner latéralement la forme cylindrique.

Ainsi fabriqués, les bouchons sont triés par grosseurs et par qualités, puis disposés dans des ballots jusqu'au nombre de vingt-cinq à trente mille par chaque ballot. Il sort annuellement des ateliers de Catalogne jusqu'à quinze ou vingt mille de ces ballots, produisant de trois à quatre millions de francs.

Le prix du liége est, en Catalogne, de 15 à 30 fr. le quintal; il est de 22 fr., terme moyen, pour les qualités ordinaires; mais ce prix peut monter jusqu'à 80 fr. le quintal métrique pour les qualités supérieures, auxquelles les Catalans donnent le nom de *trasfi*. Avec 40 kilogrammes de liége de première qualité, on fabrique jusqu'à sept mille bouchons; on en fabrique seulement quatre mille avec le liége ordinaire.

Autrefois les bouchons de Catalogne n'avaient en France qu'un seul débouché, la foire de Beaucaire. Aujourd'hui ils sont expédiés directement dans toutes les places où ils sont demandés; le droit d'entrée à la frontière de France est de 65 fr. par quintal métrique.

La Vierge de Nuremberg.

La Vierge de fer était une machine en fer de sept pieds de haut : elle représentait une femme costumée comme l'étaient les bourgeoises de Nuremberg au seizième siècle.

L'ensemble se composait de barres et de cercles de fer recouverts d'une feuille de tôle peinte.

On ouvrait la machine sur le devant, au moyen de deux battants ou volets roulant sur des gonds placés aux deux côtés.

A l'intérieur de ces battants et dans le creux de la tête, dont la partie antérieure attenait au volet gauche, étaient des pointes très-aiguës ou poignards quadrangulaires. Il y en avait treize à la hauteur du sein droit, huit de l'autre côté, et deux à la tête; ces derniers semblaient destinés à percer les yeux de la victime. Des traces de sang souillaient encore la poitrine et une partie du piédestal.

La Vierge de fer était placée dans un cachot de Nuremberg, au-dessus d'un trou d'où le corps de la victime tombait sur des armes tranchantes, et de là dans un cours d'eau.

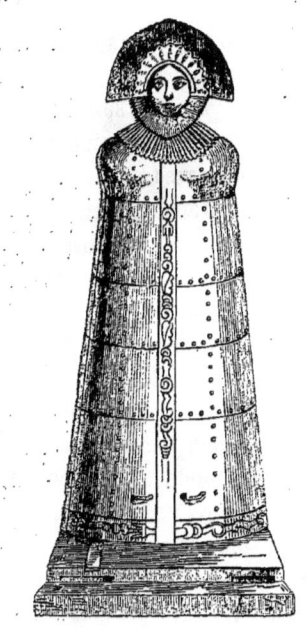

LA VIERGE DE FER, INSTRUMENT DE SUPPLICE
EN USAGE AUTREFOIS A NUREMBERG.

Il existait d'horribles instruments de supplice ayant cette même forme en différents endroits, notamment à Prague, au château d'Ambrass, près d'Inspruck, dans le château royal de Berlin, et dans le château de Schwerin.

Un Français attaché autrefois au service de Joseph Bonaparte avait aussi vu une machine entièrement semblable dans une salle occupée par l'Inquisition, à Madrid : elle était faite, disait-il, partie de bois, partie de fer; on l'appelait *Mater dolorosa*; elle était, de même, placée au-dessus d'une oubliette.

On croit que la Vierge de fer dut être inventée en Espagne, et importée en Allemagne sous le règne de Charles-Quint. Dans une romance espagnole de la première moitié du seizième siècle il est fait mention de cette monstrueuse statue.

Quelques Faits relatifs au Nez.

Les plus grands physionomistes ont regardé le nez comme un des traits les plus importants du visage : susceptible seulement, en effet, de mouvements modérés pendant que les autres traits, sous l'influence des passions, se transforment, se modifient, s'agitent avec une merveilleuse aisance, le nez est peut-être par cela même plus typique et plus en harmonie avec le caractère moyen et ordinaire de l'individu qui le porte. Il y avait un proverbe chez les anciens qui disait : *Non cuique datum est habere nasum*, voulant sans doute marquer par cela qu'il n'est pas donné à tout le monde d'avoir une individualité tranchée et précise, de même qu'il n'est pas donné à tout le monde d'avoir un nez significatif. Cicéron était appelé *orateur au nez équivoque*, à cause que son nez tenait le milieu entre le nez *long et carré au bout*, que les anciens préféraient, et le nez *petit et relevé en crochet*, dont les anciens se défiaient.

C'est probablement à cause de cette relation entre le nez et le caractère de l'individu qu'une foule de proverbes et de dictons populaires se sont emparés de ce trait du visage, pour lui appliquer ce qui conviendrait au personnage lui-même. — Ainsi, on dit d'un homme prudent qu'il a *bon nez*; d'un homme adroit, qu'il a le *nez fin*; d'un homme orgueilleux, qu'il porte le *nez haut*; et d'un indiscret, qu'il *fourre son nez partout*. L'importun *met son nez où il n'a que faire*; le gourmand *a toujours son nez dans son assiette*, comme le savant *dans ses livres*.

On dit d'un homme déconcerté qu'il a *un pan de nez* ou un *pied de nez* : c'est que le nez, en ce cas, s'amincit, se resserre ou s'allonge. — Il existe surtout dans le midi un proverbe opposé pour indiquer une idée analogue; on dit souvent d'un homme désappointé, qu'*il resta tout camus*; c'est une autre tournure de cette locution, *il s'est cassé le nez*.

Il y a des gens qui ont une grande habileté pour dérober ce que vous voudriez leur cacher; *ils vous tirent les vers du nez*; c'est ordinairement en *plaidant le faux* pour *savoir le vrai* qu'ils viennent à bout de leur dessein. Méfiez-vous d'eux; si vous avez le naturel un peu franc et irritable, ils vous feront des contes bleus; ils prétendront qu'ils ont entendu dire ceci, ou bien cela; ils auront une foule de locutions particulières derrière lesquelles ils mettront à couvert leurs récits mensongers : *dans le monde on assure que… le bruit court que…* Vous finirez par être impatienté de ces sornettes, la *moutarde vous montera au nez*, et dans votre bonhomie vous laisserez échapper les faits réels que votre interlocuteur veut savoir. Que de gens, sans s'en douter, *se laissent mener par le bout du nez !*

Mon enfant, vous mentez, votre nez rougit, votre nez branle, dit-on souvent au marmot que l'on veut intimider; c'est l'analogue de cet autre dicton : Dites-moi la vérité, car je sais tout, *mon petit doigt me l'a dit*. — Mon petit bonhomme, ajoute-t-on souvent, il est fort malhonnête de venir *rire au nez* des gens; si vous continuez, *je vous donnerai sur le nez*. — *Donner sur le nez*, au figuré, veut dire gronder quelqu'un, l'humilier; mais ce sens figuré vient certainement de ce que rien n'est plus humiliant comme de *recevoir une chiquenaude* ou *un coup sur le nez*. Dans certaines localités, où des duellistes avaient fait une sorte d'échelle comparative pour les insultes, l'individu qui, frappé d'un soufflet, avait donné une chiquenaude *au nez* de son adversaire, où lui avait *pincé le nez*, était considéré comme demeurant en reste ; l'insulte était *au nez pincé*. En Angleterre, pour bafouer quelqu'un, on lui crie : *To nose, to nose; Au nez, au nez;* semblablement dans la basse Saxe... *Nasen, ab nasen*.

Du reste, le code pénal de plusieurs nations a classé parmi les châtiments la perte du nez.

Les musulmans *coupaient les nez* des chrétiens, les salaient et les envoyaient au sultan par boisseaux. Le pape Sixte-Quint faisait couper le nez à tous les voleurs qu'il pouvait capturer.

Chez les Hébreux, il était défendu de recevoir pour le service de l'autel un homme qui aurait eu le nez *trop petit, trop grand* ou *tortu;* quant aux nez tortus, à ces *nez de perroquet*, cela se conçoit ; cela se conçoit aussi à la rigueur pour les *petits nez*, car il est probable que le Lévitique entendait par là les *nez camards* (ce qui pouvait constituer une différence de race) ; mais on ne conçoit guère la défense pour les *grands nez : jamais un grand nez ne gâta beau visage*.

Les artistes, en effet, sont presque d'accord en cela avec les anciens, qui ne trouvaient jamais un grand nez difforme, mais nourrissaient au contraire une aversion prononcée contre les petits nez. — Le nez est le point fixe autour duquel s'assemblent et se composent les autres parties du visage ; il en est en quelque sorte le régulateur, et plusieurs célèbres artistes estiment que sa longueur doit être le tiers de la hauteur du visage, depuis le menton jusqu'à la naissance des cheveux. En se servant d'un cheveu ployé de manière à ce qu'il puisse, sans qu'on reconnaisse le moyen, élever ou baisser sensiblement la pointe du nez, chacun peut voir combien l'altération de sa forme en apporte à celle du visage.

Platon nomme par excellence le nez aquilin *un nez royal*. Aspasie, Achille, Pâris, Cyrus, avaient des nez aquilins. Au contraire, les Kalmouks regardent le nez camard comme la perle des nez, et la célèbre beauté que Genghis avait pour femme n'offrait, au rapport de Rubruquis, que deux narines au lieu de nez. Les Hottentots pressent le nez des enfants pour l'aplatir, tandis que les Perses travaillaient le nez de leurs jeunes princes pour le rendre semblable au nez aquilin de Cyrus. — Qu'inférer de là ? *Que la beauté est relative ?* Oui, pour ceux à qui manque le sens *du beau;* mais quoi qu'en puissent dire les logiciens, je préfère le nez de l'Apollon du Belvédère au nez de la Vénus hottentote. Quant à la décoration accessoire du nez, je sais des marins qui, tout en prohibant les arêtes de poissons et les chevilles de bois dont certaines peuplades traversent leur nez, m'ont assuré qu'ils n'avaient pas été infiniment choqués de voir les anneaux d'or qu'y suspendent beaucoup de femmes en Orient ; au travers de ces anneaux elles embrassent leurs époux, et cela, dit-on, est gracieux. Cependant je suppose volontiers que l'origine de cet anneau n'est pas fondée sur un sentiment du beau, mais doit plutôt être considérée comme un signe ancien d'infériorité relative à l'homme. Le cercle au nez était l'indice de l'esclavage : on met un cercle au nez des buffles.

En voilà bien assez pour montrer l'importance du nez dans la physionomie humaine. Nous nous arrêterons là, et nous ne parlerons pas des indices que divers physionomistes ont tirés du nez ; outre que beaucoup de ces indices sont fort impertinents, il y en aurait trop long à dire, car les formes du nez sont innombrables : nez crochu, nez aquilin, nez camard ou camus, nez retroussé ou à la Roxelane, nez effronté, nez en truffe, nez en pomme de terre, nez pointu, nez effilé, nez carré, nez épaté, nez évasé, nez de perroquet, nez de masque, nez de béat, nez enluminé, nez vermeil, rouge trogne, etc.

Conservation des Viandes, du Gibier et du Poisson.

Après avoir placé les pièces à conserver au-dessus d'un baquet peu profond et plein d'eau, au moyen de supports convenables, on renverse sur le tout un autre baquet qui forme cloche et qui recouvre les pièces que l'on veut conserver, en l'enfonçant dans l'eau peu profonde du premier baquet. Si, avant ce recouvrement, on met flotter sur l'eau intérieure une soucoupe contenant du soufre allumé, la combustion de celui-ci absorbe tout l'oxygène de l'intérieur et n'y laisse que l'azote, dont le contact est inoffensif.

Ce procédé, très-simple à mettre en pratique, paraît avoir toujours été couronné de succès.

Pour de petites pièces, une cloche de verre renversée sur l'eau d'un plat un peu profond suffit à l'opération.

Le résultat sulfureux de la combustion du soufre se dissout dans l'eau et ne porte aucun préjudice aux objets à conserver.

APPAREIL POUR CONSERVER LA VIANDE, LE POISSON ET LE GIBIER.

R. Récipient plongeant dans l'eau d'un baquet B. Autour du récipient, l'eau est en NN; dans l'intérieur, elle est en MM. — On met sur les flotteurs S, S, du soufre qu'on allume, et on recouvre le tout du récipient R. — Le support central C porte les objets à conserver. — A mesure que la combustion supprime l'oxygène de l'air, le niveau intérieur MM remonte. Le gaz sulfureux formé par le soufre brûlant se dissout dans l'eau et disparaît de l'atmosphère de l'intérieur du récipient. Il n'y reste que l'azote, qui est inoffensif pour les substances alimentaires.

Les Hommes de Couleur.

Le mélange de la race blanche et de la race noire a amené des générations d'hommes désignés dans nos colonies sous le nom général d'*hommes de couleur;* mais ceux-ci se divisent en un grand nombre de groupes, selon qu'ils se rapprochent plus ou moins de la souche noire. Chacun de ces groupes forme, parmi les hommes de couleur, une véritable famille qui a son nom particulier. Comme on retrouve fréquemment ces noms dans les récits de voyages, il n'est pas sans intérêt de connaître au juste leur signification.

M. Moreau de Saint-Méry a imaginé, pour cela, un moyen artificiel.

Il suppose que l'homme est composé de cent vingt-huit parties, blanches chez les blancs, noires chez les nègres, et établit que l'on est plus près ou plus loin de l'une ou de l'autre couleur, selon qu'on est plus proche ou plus éloigné du terme soixante-quatre qui leur sert de moyenne.

D'après ce système, tout homme qui n'a pas huit parties de blanc est réputé noir. Depuis ce point jusqu'au blanc, il y a neuf groupes, qui sont : le *sacatra* qui vient immédiatement après le noir, le *griffe*, le *marabout*, le *mulâtre*, le *quarteron*, le *métis*, le *mamelouk*, le *quarteronné*, le *sang-mêlé*.

Lorsque le *sang-mêlé* s'unit à la race blanche, la génération qui naît de lui échappe définitivement à l'élément nègre, et elle est considérée comme dépouillée de toutes les parties de sang noir qui rattachaient encore ses pères à l'Afrique; cependant les colons prétendent que l'on retrouve certaines traces de son origine, particulièrement aux ongles, où l'on peut remarquer une ligne brune qui ne s'aperçoit point chez les hommes de la race blanche lorsqu'elle est sans mélange.

Le Grand-Père et l'Enfant.

Tous deux étaient assis sur la pierre veloutée de mousse, en face du soleil couchant : l'un, vieux soldat de l'empire, aujourd'hui laboureur; l'autre, enfant songeur et hâtif.

Le soldat regardait son petit-fils avec cet air de lion apprivoisé qui cherche une caresse. Le petit-fils, une main appuyée au bâton du vieillard, l'autre à son bras immobile, enfourcha à demi le genou qui s'offrait à lui, et demeura là, en suspens, comme le cavalier qui attend ou réfléchit.

Il regardait la campagne, le ciel, la mer, tout ce qui s'étendait au loin; et il s'écria subitement, de ce ton presque plaintif de l'enfant qui veut connaître :

— Grand-père, pourquoi Dieu a-t-il fait la campagne?

— Pourquoi, conscrit, répéta le troupier en souriant; mais un peu à notre intention, je suppose. Ne sais-tu pas que c'est là que poussent les récoltes, les forêts, les villes? La terre, petit, est un caisson de vivres que l'empereur du firmament nous a donné pour faire nos étapes; les bons soldats l'entretiennent et le ménagent.

— J'aimerais mieux ne voir partout que de longues herbes et des fleurs! dit l'enfant pensif; mais le ciel, grand-père, à quoi peut-il servir?

— Le ciel, camarade, nous fournit l'air et le jour, c'est-à-dire la ration quotidienne du soldat. Il loge le soleil qui nourrit les moissons, les étoiles qui éclairent la nuit, et celui qui commande au soleil et aux étoiles. C'est la tente du général en chef, vois-tu : aussi, quand on le regarde, il faut présenter les armes!

— Ah! dit le petit garçon désappointé, je ne le croyais fait que pour les oiseaux qui chantent et les nuages qui passent! Mais la mer, alors, grand-père?

— Pour la mer, s'écria l'ancien grenadier des Pyramides, je m'en serais passé! c'est l'amie des uniformes rouges!... et cependant, en y regardant bien, elle a aussi du bon. C'est à elle que nous devons les pluies qui arrosent notre blé, les engrais qui le font germer, le sel qui l'assaisonne, et tout ce que les vaisseaux nous apportent. Sans la mer, enfant, les nations seraient comme des voisins qui n'ont point entre eux de portes de communication; elles ne pourraient ni se voir, ni se secourir, ni s'aimer.

— Et il n'y aurait point de coquillages? ajouta le petit-fils; oui, Dieu a eu raison de créer la mer...

— Comme il a eu raison de créer tout le reste, garçon.

— Quoi! tout, grand-père? répéta le petit

avec un sourire aiguisé... même ce bâton de sarment?

— Même ce bâton, dit le soldat, car il me sert à la fois d'arme et de soutien. Avec lui je sonde la fondrière, j'écarte le voleur, je brise la ronce qui gêne ma route, j'abats, en passant, la pomme qui te désaltère.

— Et moi je m'en fais un cheval de ba-

LES GÉNÉRATIONS SE SUIVENT ET NE SE RESSEMBLENT PAS.

taille, interrompit l'enfant qui saisit le sarment, l'enfourcha d'un bond et s'enfuit à travers les touffes de genêts.

Le grand-père le suivit des yeux jusqu'à ce que sa tête brune eût disparu dans la forêt de fleurs dorées; alors il plia les épaules et me regarda en souriant; mais, malgré moi, je ne pouvais répondre à ce sourire, car ce que je venais d'entendre et de voir m'avait semblé une sorte de symbole. Le vieux soldat me rappelait cette race de cœurs simples et de grands courages nourrie, à la manière d'Achille, *avec la moelle des lions*, et qui, regardant la vie comme une œuvre, s'en étaient faits les ouvriers patients et dévoués ; tandis que l'enfant précoce et débile représentait cette partie de notre génération nourrie seulement du miel enlevé à toutes choses, intelligente sans but, inhabile à l'action, et ne voyant dans la création que des fleurs, des oiseaux, des nuées, des coquillages et des jouets.

Le Vaisseau *le Vengeur*.

Le naufrage du vaisseau *le Vengeur* est un des plus célèbres épisodes de l'histoire de la révolution française. Nous ne saurions en offrir un récit plus pittoresque et plus animé que le rapport fait par Barère dans une séance de la Convention nationale ; nous avons scrupuleusement conservé le style du temps.

Extrait du rapport de Barère, au nom du comité de salut public.

Séance du 21 messidor an 2.

« Citoyens, le comité m'a chargé de faire connaître à la Convention des traits sublimes qui ne peuvent être ignorés ni d'elle ni du peuple français.

» Depuis que la mer est devenue un champ de carnage, et que les flots ont été ensanglantés par la guerre, les annales de l'Europe n'avaient pas fait mention d'un combat aussi opiniâtre, d'une valeur aussi soutenue, et d'une action aussi meurtrière que celle du 13 prairial, lorsque notre escadre sauva le convoi américain. Les armées navales de la république française et de la monarchie anglicane étaient en présence depuis longtemps, et le combat le plus terrible venait d'être livré le 13 prairial. Le feu le plus vif, la fureur la plus légitime de la part des Français, augmentaient les horreurs et le péril de cette journée. Trois vaisseaux anglais étaient coulés bas, quelques vaisseaux français étaient désemparés ; la canonnade ennemie avait entr'ouvert un de ces vaisseaux, et réunissait la double horreur d'un naufrage certain et d'un combat à mort.

» Mais ce vaisseau était monté par des hommes qui avaient reçu cette intrépidité d'âme qui fait braver le danger, et l'amour de la patrie qui fait mépriser la mort. Une sorte de philosophie guerrière avait saisi tout l'équipage ; les vaisseaux anglais cernaient le vaisseau de la république, et voulaient que l'équipage se rendît : l'artillerie tonne sur le *Vengeur !* des mâts rompus, des voiles déchirées, des membrures de ce vaisseau couvrent la mer.

» Misérables esclaves de Pitt et de George, est-ce que vous pensez que des Français républicains se remettront entre des mains perfides, et transigeront avec des ennemis aussi vils que vous ? Non, ne l'espérez pas ; la république les contemple, ils sauront vaincre ou mourir pour elle. Plusieurs heures de combat n'ont pas épuisé leur courage ; ils combattent encore ; l'ennemi reçoit leurs derniers boulets, et le vaisseau fait eau de toutes parts.

» Que deviendront nos braves frères ? Ils doivent ou tomber dans les mains de la tyrannie, ou s'engloutir au fond des mers. Ne craignons rien pour leur gloire, les républicains qui montent le vaisseau sont encore plus grands dans l'infortune que dans les succès.

» Une résolution ferme a succédé à la chaleur du combat : imaginez le vaisseau *le Vengeur* percé de coups de canon, s'entr'ouvrant de toutes parts, et cerné de tigres et de léopards anglais ; un équipage composé de blessés et de mourants, luttant contre les flots et les canons : tout à coup le tumulte du combat, l'effroi du danger, les cris de la douleur des blessés cessent; tous montent ou sont portés sur le pont. Tous les pavillons, toutes les flammes sont arborés; les cris de *Vive la République! vive la Liberté et la*

ÉPISODE DU NAUFRAGE DU *Vengeur*. — MATELOTS TOMBANT DANS LA MER AVEC UN MAT DONT ON DISTINGUE LA HUNE.

France! se font entendre de tous côtés; c'est le spectacle touchant et animé d'une fête civique, plutôt que le moment terrible d'un naufrage. Un instant ils ont dû délibérer sur leur sort. Mais non, citoyens, nos frères ne délibèrent plus; ils voient l'Anglais et la Patrie, ils aimeront mieux s'engloutir que de la déshonorer par une capitulation; ils ne balancent point, leurs derniers vœux sont pour la liberté et la république; ils disparaissent. » (Un mouvement unanime d'admiration se manifeste dans la salle; des applaudissements et des cris de *Vive la République!* expriment l'émotion vive et profonde dont l'assemblée est pénétrée; les acclamations des tribunes se mêlent à celles des représentants.)

Sur la proposition de Barère, la Convention rend le décret suivant :

« La Convention nationale, après avoir entendu le rapport de son comité de salut public, décrète :

» Art. 1. Une forme du vaisseau de ligne le *Vengeur* sera suspendue à la voûte du Panthéon, et les noms des braves républicains composant l'équipage de ce vaisseau seront inscrits sur la colonne du Panthéon.

» Art. 2. A cet effet, les agents maritimes des ports de Brest et de Rochefort enverront sans délai à la Convention nationale le rôle d'équipage du vaisseau le *Vengeur*.

» Art. 3. Le vaisseau à trois ponts qui est en construction dans le bassin couvert de Brest portera le nom du *Vengeur*. Le commissaire de la marine donnera les ordres les plus prompts pour accélérer la construction de ce vaisseau.

» Art. 4. La Convention nationale appelle les artistes, peintres, sculpteurs et poètes à concourir pour transmettre à la postérité le trait sublime du dévouement républicain des citoyens formant l'équipage du *Vengeur*. Il sera décerné dans une fête nationale des récompenses aux peintres et aux poètes qui auront le plus dignement célébré la gloire de ces républicains. »

Les poètes répondirent à l'appel de la Convention. Lebrun composa sur le *Vengeur* une de ses belles odes, dont nous citons les dernières strophes :

> Près de se voir réduits en poudre,
> Ils défendent leurs bords enflammés et sanglants.
> Voyez-les défier et la vague et la foudre
>   Sous des mâts rompus et brûlants.
>
> Voyez ce drapeau tricolore
> Qu'élève, en périssant, leur courage indompté.
> Sous le flot qui les couvre, entendez-vous encore
>   Ce cri : Vive la Liberté ?
>
> Ce cri !... c'est en vain qu'il expire,
> Étouffé par la mort et par les flots jaloux.
> Sans cesse il reviendra répété par ma lyre,
>   Siècles ! il planera sur vous !
>
> Et vous, héros de Salamine,
> Dont Thétis vanta encor les exploits glorieux,
> Non ! vous n'égalez point cette auguste ruine,
>   Ce naufrage victorieux

Le Baguenaudier.

Le jeu du baguenaudier consiste à dégager successivement tous les anneaux lorsqu'ils sont enfilés par la navette, ou à les y engager tous de nouveau lorsqu'ils en sont sortis : ce qui ne peut se faire qu'en suivant une marche soumise à des lois régulières. Dans le traité *De la subtilité*, publié pour la première fois en 1550, Jérôme Cardan parle avec une extrême obscurité du baguenaudier, qu'il appelle « le jeu des sept anneaux. » L'illustre Wallis, l'un des hommes les plus savants du dix-septième siècle, consacre un chapitre spécial de son Algèbre au même jeu, qu'il considère comme fort ingénieux, et qu'il a désigné par le nom de « anneaux enroulés. » Il en a décrit la composition et la manœuvre avec un soin et une clarté qui ne laissent rien à désirer. C'est à cet ouvrage que nous emprunterons nos gravures, qui auront ainsi le double mérite de rendre parfaitement compte des opérations, et d'être la représentation exacte de l'appareil tel qu'on le construisait en Angleterre il y a deux cents ans.

Le baguenaudier se compose des pièces suivantes, et se monte de cette manière :

1° La première pièce est une tablette en ivoire, en métal, en bois ou en os (fig. 1), percée d'un certain nombre de trous égaux, équidistants et placés en ligne droite.

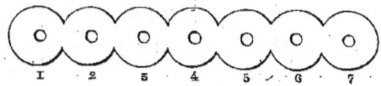

Fig. 1. — Tablette.

2° Il y a autant de broches ou de clavettes (fig. 2) que de trous dans la tablette. Chacune de ces clavettes doit se mouvoir facilement dans le trou qu'elle traverse, être munie à sa partie inférieure d'une tête qui soit arrêtée au passage du trou, et être recourbée en forme de boucle à son extrémité supérieure, de manière que l'anneau qu'elle porte puisse

Fig. 2. — Broché ou clavette.

Fig. 3. — Clavette munie de son anneau.

y tourner librement dans tous les sens (fig. 3) sans risquer d'en être arraché. Le diamètre de l'anneau doit être moindre que la longueur de la tige, mais plus grand que l'intervalle des trous. Pour entrelacer les anneaux les uns dans les autres (fig. 4), on

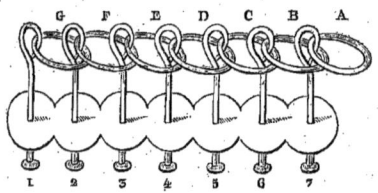

Fig. 4. — Le Baguenaudier sans la navette.

passe dans le premier trou sa tige, puis on boucle l'extrémité de cette tige autour de l'anneau G. La seconde tige traversera à la fois le trou 2 et l'anneau G, et sa boucle sera formée au-dessus de l'anneau G de manière à saisir le second anneau F. On continuera de la même manière, chaque tige traversant l'anneau de la tige précédente, ainsi que le représente la figure.

Fig. 5. — Navette.

3° La navette représentée en O, figure 5, est un peu plus longue que la tablette. Sa largeur lui permet de passer facilement au milieu des anneaux, et le vide qu'elle tient en son milieu est tel que les deux anneaux peuvent s'y mouvoir simultanément dans le sens de leur épaisseur, avec les extrémités de leurs clavettes.

Cela posé, on demande de placer la navette de façon qu'elle traverse tous les anneaux en étant elle-même traversée par toutes les clavettes (fig. 6), puis ensuite de

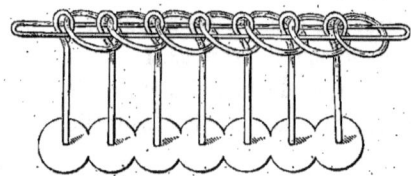

Fig. 6. — Le Baguenaudier monté.

l'enlever de nouveau. Voici comment on résoudra la première question :

Faites passer l'anneau A, dans le sens de son épaisseur, à travers l'échancrure de la navette O; puis, l'anneau retombant naturellement, faites-y passer l'extrémité de la navette : vous aurez la disposition représentée figure 7, et vous y serez arrivé par deux mouvements.

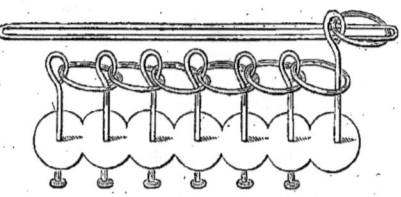

Fig. 7. — Passage du premier anneau.

Pour engager l'anneau B en même temps que l'anneau A, il faudra quatre mouvements, savoir : ôter la navette O de A; faire passer B par O; traverser B et A par O. La figure 8 représente les deux premiers anneaux dans la position à laquelle on est ainsi parvenu.

Huit mouvements seront nécessaires pour

arriver à engager à la fois les trois anneaux A, B, C. On dégagera complétement A en deux mouvements, d'abord en tirant la navette O du milieu de A, ensuite en faisant passer A par le vide de la navette. Les quatre mouvements suivants consistent à enlever O de B, à faire passer C par O, et O par C et par B. Enfin on mettra A, ce qui se fera en deux mouvements.

L'anneau D sera engagé à la suite des anneaux A, B, C, en seize mouvements; l'anneau E à la suite des précédents, en trente-deux; l'anneau F, en soixante-quatre; l'anneau G, en cent vingt-huit; et ainsi de suite, toujours en doublant.

Il semble impossible, au premier abord, d'expliquer cette suite considérable de mouvements sans entrer dans de très-longs développements; mais, avec un peu de réflexion, on voit que, la majeure partie de ces mouvements étant une répétition de ceux qui précèdent, on pourra s'épargner une foule de redites inutiles. Pour arriver plus facilement au résultat, nous conviendrons que le signe ჳ indique l'opération par laquelle on élève les anneaux, et que le signe ∞ indique l'opération par laquelle on les abaisse. Cela posé, reprenons à partir du commencement, afin de mieux faire comprendre le langage abrégé dont nous allons nous servir.

ჳ 1. Pour engager A, deux mouvements, savoir : A par O, et O par A.

ჳ 2. Pour engager B, quatre mouvements, savoir : O de A; B par O; O par B et A.

ჳ 3. Pour engager C, huit mouvements, savoir :

∞ 1. Dégager A en deux mouvements, en ôtant O de A et A de O.

Quatre autres mouvements : O de B; C par O; O par C et B.

Remettre A comme au ჳ 1, en deux mouvements.

ჳ 4. Pour engager D, seize mouvements, savoir :

∞ 2. Dégager B et A en six mouvements : d'abord, O de A et B, B de O, O par A, ce qui fait quatre; et dégager A comme au ∞ 1, en deux mouvements.

Quatre mouvements : O de C; D par O; O par D et C.

Remettre A et B comme aux ჳჳ 1 et 2, en six mouvements.

ჳ 5. Pour engager E, trente-deux mouvements, savoir :

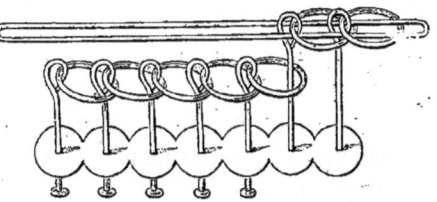

Fig. 8. — Les deux premiers anneaux passés.

∞ 3. Dégager C, B et A en quatorze mouvements : d'abord A comme au ∞ 1, en deux mouvements; ensuite O de B et de C, C de O et O par B, ce qui fait quatre mouvements. Remettre A comme au ჳ 1, en deux mouvements. Enlever B et A comme au ∞ 2, en six mouvements.

Quatre mouvements : O de D; E par O; O par E et D.

Enfin remettre A, B et C en quatorze mouvements, comme aux ჳჳ 1, 2 et 3.

ჳ 6. Pour engager F, soixante-quatre mouvements, savoir :

∞ 4. Dégager D, C, B, A en trente mouvements : d'abord B et A en six mouvements, comme au ∞ 2; ensuite O de C et D, D par O, O par C, ce qui fait quatre. Remettre A et B en six mouvements, comme aux ჳჳ 1 et 2. Dégager C, B, A en quatorze mouvements, comme au ∞ 3.

Quatre autres mouvements : O de E ; F par O ; O par F et E.

Enfin remettre A, B, C, D en trente mouvements, comme aux §§ 1, 2, 3 et 4.

§ 7. Pour engager G, cent vingt-huit mouvements, savoir :

∞ 5. Dégager E, D, C, B, A en soixante-deux mouvements : d'abord C, B, A en quatorze mouvements, comme au ∞ 3 ; ensuite O de D et E, E de O, O par D, ce qui fait quatre. Remettre A, B, C en quatorze mouvements, comme aux §§ 1, 2 et 3. Dégager D, C, B, A en trente mouvements, comme au ∞ 4.

Quatre autres mouvements : C de F ; G par O ; O par G et F.

Enfin remettre A, B, C, D, E en soixante-deux mouvements, comme aux §§ 1, 2, 3, 4 et 5.

Sans aller plus loin, on saisit facilement

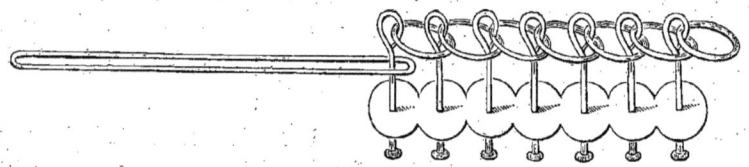

FIG. 8. — La navette engagée au maximum.

le ces opérations successives. On voit d'abord que, pour passer un nouvel anneau, il faut qu'il n'en reste plus qu'un seul, savoir le plus voisin de celui qu'on veut engager. On voit ensuite que, pour ne laisser qu'un seul anneau qui précède immédiatement celui que l'on veut passer, il faut faire tout juste autant d'opérations que pour remettre tous les anneaux précédents.

Mais la navette O, lorsqu'elle embrasse toutes les clavettes, n'est pas encore dans la position où elle doit se trouver le plus engagée ; elle n'y serait qu'autant qu'elle aurait été préparée pour recevoir l'anneau suivant, s'il y en avait un. Pour faire cette préparation, il faut cent vingt-sept mouvements, lorsque l'on en est au septième anneau.

∞ 6. Dégager F en cent vingt-six mouvements, ce qui se fait de la manière suivante : dégager D en trente mouvements, comme au ∞ 4 ; quatre mouvements : O de E et P ; F de O ; O par E. Remettre A, B, C, D en trente mouvements, comme aux §§ 1, 2, 3, 4. Dégager E en soixante-deux mouvements, comme au ∞ 5, de manière qu'il ne reste plus que F.

Enfin dégager O de F par un seul mouvement. Alors le baguenaudier se trouve dans la position que représente la figure 9, où la navette O se trouve aussi fortement engagée qu'il est possible.

Il s'agit maintenant de défaire tout l'ouvrage que l'on a fait. Pour cela, il suffira évidemment d'opérer en sens inverse. Ainsi, d'abord, on remettra O en G par un seul mouvement ; on remettra A, B, C, D, E, F en cent vingt-six mouvements, comme aux §§ 1, 2, 3, 4, 5 et 6. On enlèvera D en cent vingt-huit mouvements, ce qui se fera de la manière suivante : on enlèvera E, D, C, B, A en soixante-huit mouvements, comme au ∞ 5, de manière à laisser seulement G et F ; alors O de F et G ; G de O ; O par F. On remettra A, B, C, D, E en soixante-deux mouvements, par les §§ 1, 2, 3, 4 et 5. L'anneau G étant ainsi dégagé, on dégagera les autres, F, E, D, C, B, A, de la même manière; et successivement, comme on l'a montré aux ≋ 6, 5, 4, 3, 2, 1.

Tout compte fait, il faut, pour engager sept anneaux, 371 mouvements; il en faut 765 pour huit anneaux, 1 533 pour neuf anneaux, etc.; et pour dégager, autant de mouvements que pour engager.

Mais il est à noter que dans le courant de l'opération on peut omettre parfois certains mouvements. Ainsi, lorsque l'on doit élever A et l'abaisser aussitôt, on se dispensera de l'un et de l'autre mouvement; il en sera de même lorsque la navette O doit être passée à la fois par B et A ou par C et B, et qu'ensuite on doit l'en dégager.

Enfin, pour n'être pas obligé de retenir de mémoire tous les mouvements qui conduisent au résultat, il suffit de se rappeler deux principes à l'aide desquels on pourra, si l'on y prête attention, se guider sûrement; ou se dégager lorsque, après avoir commis une erreur, on sera enfermé comme dans un labyrinthe; ou enfin résoudre les cas douteux, s'il s'en présente :

1° Aucun anneau ne peut être élevé au-dessus ou abaissé au-dessous de la navette, à moins que le plus voisin de ceux qui le précèdent, et celui-là seul, ne reste. Voulez-vous, par exemple, élever ou abaisser l'anneau E? Il faudra que D soit déjà en dessus de la navette, sans quoi, la clavette D étant engagée dans l'anneau E, l'anneau E ne peut monter ni descendre sans la clavette D; et il faut que D y soit seul; car si C, B ou A étaient au-dessus de O, leurs clavettes, placées en dehors de E, ne laisseraient pas à l'anneau E la liberté de s'engager ou de se dégager par le bas de la navette.

2° Si l'anneau à élever ou à abaisser est de rang impair, tous ceux de rang impair qui le précèdent doivent nécessairement être abaissés; une règle semblable a lieu pour un anneau de rang pair. Par exemple, si l'on doit abaisser G, il faut abaisser par ordre A, C et E; si l'on doit abaisser H, on abaissera à leur rang B, D, F.

Marais salants et Sauniers.

Les marais salants sont très-nombreux dans l'ouest de la France, et presque toute la côte maritime en est, pour ainsi dire, bordée. Leur aménagement est à peu près le même partout; le plan que nous figurons (p. 256) peut en donner une idée exacte et complète.

L'eau de mer monte à chaque marée vers ces marais par des canaux appelés *étiers*, qui sont encadrés dans des chaussées de 3 à 4 pieds d'élévation, qu'on nomme *bossis* Dans certains endroits, ces chaussées sont étroites et servent seulement de chemins ou de lieu de dépôt pour le sel; mais ailleurs (en Vendée, par exemple), elles ont une largeur suffisante pour être soumises à la culture, et on y obtient de riches moissons.

L'eau de mer, reçue dans les *étiers*, passe, au moyen d'un conduit souterrain nommé *coëf*, dans un réservoir : elle dépose son limon et commence à s'évaporer; ce réservoir est la *vasière* ou la *loire*.

De la *vasière*, l'eau coule dans un étroit canal, appelé *délivre*, où elle est promenée avant d'entrer dans les *cobiers*. Ceux-ci sont des carrés longs, séparés les uns des autres par de petites chaussées en glaise battue, qui s'élèvent seulement de quelques pouces au-dessus de l'eau; on leur donne le nom de *ponts*.

Les *ponts* sont coupés par des *ins*, étroites ouvertures disposées de façon que l'eau soit forcée de faire le plus long trajet possible pour passer d'un compartiment à l'autre. La même précaution est prise dans toutes les autres parties de la saline. Cette eau n'a déjà plus qu'un pouce d'épaisseur dans les *cobiers*.

Elle passe ensuite dans de nouveaux bassins divisés par des *ponts*, et communiquant par des *ins*, mais encore moins profonds que les *cobiers* : ce sont les *fares*. Ici l'eau n'a plus qu'un demi-pouce.

Il faut encore qu'elle traverse les *adernemètres*, compartiments plus larges, mais moins profonds ; elle achève d'y perdre la plus grande partie du liquide qui tient le sel en dissolution ; enfin, quand elle semble à point, on lève des planchettes masquant d'étroites ouvertures, et l'eau pénètre dans les *œillets*, où le sel doit définitivement se produire : l'eau n'a plus alors que quelques lignes d'épaisseur.

L'*œillet* est une sorte de case plus élevée au milieu que sur les côtés ; l'eau qu'on y introduit ne doit point dépasser le niveau de ce point central. C'est là que la cristallisation s'opère. La *crème* qui se condense à la surface et surtout dans les coins, forme un sel blanc et extrêmement fin ; il est abandonné en payement aux femmes qui portent les charges de sel.

Lorsque l'eau de mer est dans les *œillets*, le paludier vient de temps en temps sur la *ladure* (petite plate-forme ménagée au milieu de chaque séparation d'*œillet*) ; il remue l'eau pour accélérer l'évaporation, et récolte, au moyen d'un râteau appelé *lace*, dont le manche a environ 15 pieds, tout le sel déjà formé qu'il dépose sur la *ladure*. Quand tout le sel est enlevé dans chaque *œillet*, on remplace d'eau.

Ces *reprises d'eau* se font tous les deux jours pendant les grandes chaleurs de juin et de juillet ; en août et en septembre, elles n'ont lieu que tous les trois jours.

On n'obtient guère de sel avant le mois de mai, et on n'en récolte plus après septembre.

Les instruments du paludier se bornent à la *lace* dont nous avons déjà parlé, à une longue pelle en bois qu'ils nomment *lousse de ponts*, qui lui sert à réparer les *ponts*; au *boutoir*, râteau destiné à enlever la vase du marais, et à la *boquette* ou pelle concave destinée à empocher le sel. Il faut y ajouter, pour la Vendée, la *ningue* ou *pont volant* : c'est une longue perche armée de deux cornes formant le croissant ; on appuie le corps au milieu de ces deux cornes ; on prend son élan en appuyant l'autre extrémité de la perche au milieu de l'*étier* que l'on veut franchir, et l'on retombe sur l'autre bord.

Quand on a recueilli le sel sur les *ladures*, on le laisse égoutter pendant deux jours ; puis les femmes viennent de grand matin, et, courant pieds nus sur les cloisons glissantes de la saline, elles transportent le sel dans des *gèdes* ou jattes de bois posées sur leurs têtes, jusqu'à l'espace réservé que l'on appelle *trémé*. Là, il est mis en tas et recouvert d'une glaise battue qui se durcit à l'air et le préserve des pluies de l'hiver. Le déchet de la première année est d'un cinquième ; au bout de trois ans, cette perte a augmenté d'un quart.

« Il arrive souvent, dans le milieu de l'été, disent MM. Éd. Richer et Cavoleau, que les salines cessent tout à coup de produire. Les paludiers disent alors que leurs marais *échaudent*. Cet effet si simple est produit par l'abondance des autres sels déliquescents tenus, avec le sel marin, en dissolution dans l'eau de mer. Ce dernier ayant été enlevé plusieurs fois de suite sans que les eaux qui l'ont produit aient été écoulées, les autres sels, dont la quantité était inaperçue, finissent, après plusieurs jours, par se trouver plus abondants que le premier, et empê-

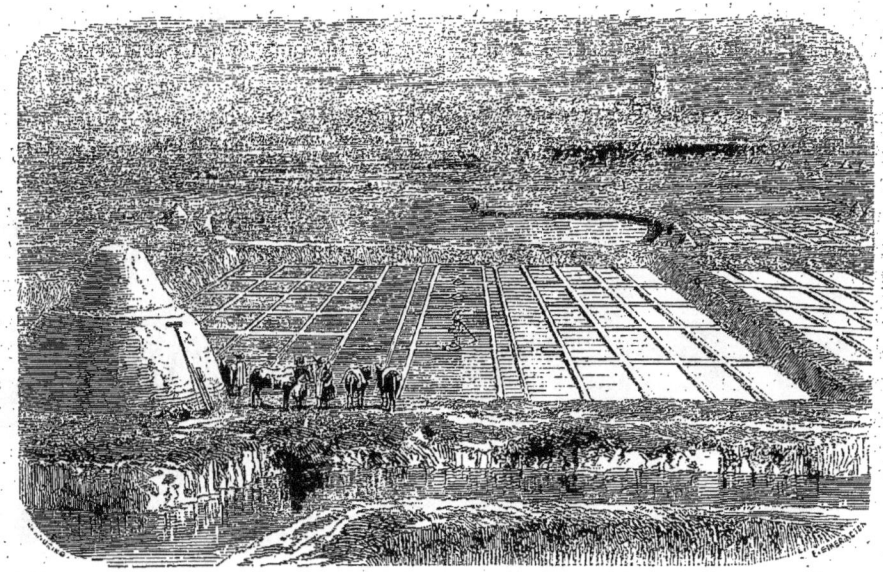

PLAN D'UN MARAIS SALANT.

FEMMES APPORTANT LE SEL.

DÉPART POUR LA TROQUE.

PALUDIERS EN VOYAGE.

chent la cristallisation. En vidant la saline et en introduisant une nouvelle eau salée dans les œillets, le paludier remédie à cet inconvénient qui *retarde* les marais de quelques jours. »

Lorsque la récolte de sel est faite, on laisse les eaux pluviales submerger la saline pour la préserver de la gelée et des dégradations que le clapotement des vagues ne cesse de faire le long des *ponts*. Au mois de mars, on donne un écoulement à l'eau douce; on nettoie le marais, on remet tout en état et on introduit l'eau salée.

Une bonne récolte est d'un muid (5 décalitres) par *œillet*; mais il faut pour cela avoir eu un temps sec, une brise nord-est et une chaleur soutenue; le plus souvent, on n'a que demi-récolte.

Les paludiers ne louent point les salines; ils sont associés à leurs propriétaires, et font tout le travail pour le quart de la récolte. Les réparations et les impôts fonciers, qui sont de 35 à 50 centimes par *œillet*, restent à la charge du propriétaire. Un juré prend sur les lieux le compte de tout le sel qui est livré, et mesure le reste afin d'éviter toutes contestations entre les parties intéressées.

Un marais salant demande à être refait presque en entier tous les vingt ans.

On sait que le sel est soumis à un droit très-considérable; des douaniers veillent nuit et jour sur les *trémés*, afin d'empêcher l'enlèvement des dépôts de sel avant qu'on en ait payé la taxe. Mais le nombre des faux sauniers est considérable, et ils emploient mille ruses pour frauder les droits du trésor.

Le commerce du sel a reçu un coup dont il ne s'est jamais relevé, par l'établissement des gabelles, au commencement du seizième siècle. Loriot et son associé Aubert, députés du commerce de Nantes en 1557, représen-

taient au roi « qu'il n'arrivoit plus que cinq à six mille navires (c'étaient des barques de cinquante tonneaux) amenant sel de la baie de Bourgneuf et Guérande, à raison des devoirs de gabelles, subsides et subjétions que l'on avoit voulu, depuis vingt ans, imposer sur le sel, étant ès marais salants de la comté de Nantes et autres lieux où se fait ledit sel. Car, auparavant lesdites nouvelles gabelles, se enlevoit tous les ans pour 500 000 écus de sel, et à présent n'en est pas enlevé pour 10 000 (1557); et y perd le roi plus de 50 000 livres tous les ans, et ses sujets tellement opprimés, que tel ayant alors 500 livres de revenus ès dits marais, n'en a aujourd'hui que 150. » La suppression des gabelles a amélioré la situation des sauniers, mais sans ramener les salines à l'état de prospérité dans lequel on les voyait avant le seizième siècle. Le droit très-élevé maintenu sur cette denrée a nécessairement arrêté l'accroissement que l'on pouvait espérer dans la consommation; de plus, la concurrence des puits salins du nord a singulièrement nui aux marais de l'ouest. Au seizième siècle, l'exploitation de ces puits était si imparfaite, si dispendieuse et d'un produit si nul, que Bernard Palissy, qui a décrit les salines de Lorraine (1580), assure que tous les puits salés de France, exploités avec toutes les forêts qu'elle possédait, n'eussent pas donné en cent ans autant de sel que les marais de Saintonge en donnaient dans l'espace de trois mois. On voit que les choses ont bien changé depuis cette époque.

Nous avons déjà dit que, dans certains endroits, le paludier cultivait les *bôssis* : le blé, le lin, les colzas et les pommes de terre réussissent spécialement dans ces terrains, dont la fertilité est sans cesse entretenue par la vase que l'on retire des marais salants.

Dans les cantons qui ne se prêtent point à la culture, les paludiers font le commerce. Quand l'hiver vient, ils équipent leurs mules ou leurs petits chevaux, et vont vendre du sel à vingt ou trente lieues de leur village.

Leur costume de voyageur est celui qu'ils portent pour le travail des marais salants. Il consiste en une souquenille de toile blanche, ayant sur la poitrine une sorte de poche dans laquelle ils tiennent habituellement leurs mains comme dans un manchon; en un caleçon de même étoffe attaché au-dessous des genoux, et rejoint par des guêtres boutonnées sur le côté. Ils sont coiffés d'un chapeau de feutre à larges bords relevés d'un seul côté, et ont le corps entouré d'un fouet noir en bandoulière.

Ce commerce de sel fait par les paludiers eux-mêmes s'appelle *troque*, parce qu'ils échangent le plus souvent les chargements de leurs mules contre des denrées, telles que blé, lin, beurre, etc.

Cette industrie ne peut, du reste, s'exercer que sous la surveillance des douanes. « Munis d'un *permis*, dit M. Richer, les sauniers prennent telle quantité de sel qu'ils désirent, en remplissent des sacs, les chargent sur leurs mules, se rendent au bureau des douanes, où, le sel ayant été pesé, on leur délivre un *acquit à caution*, portant la quantité du poids et la somme exigée pour le droit, qu'ils payent tout de suite. Après ces longues formalités, après avoir été visités de nouveau et leur sel pesé plusieurs fois, ils franchissent enfin la ligne importe des douanes.

En général, ils se réunissent plusieurs et forment des caravanes de vingt à trente bêtes de somme qu'ils suivent au petit pas en chantant une complainte du pays, ou même les hymnes latines de l'Église; la sonnette cadencée des mulets leur sert d'accompagnement. Ils pénètrent ainsi dans les communes les plus éloignées de la côte. Là, ils changent leur sel pour du blé; quelques-uns en touchent le montant en argent, et se rendent dans les villes de commerce, où ils chargent leurs mulets de ballots de marchandise. Les femmes elles-mêmes accompagnent souvent leurs maris dans ces courses. Assises sur leurs mules, ces intrépides cavalières entreprennent ainsi des voyages de trente à quarante jours. Ces habitudes errantes, les fréquents rapports qu'elles supposent, rendent les sauniers et leurs femmes très-intelligents, et prévenants envers les étrangers. Il est fort rare d'en trouver qui ne sachent point lire, écrire et bien compter.

Livrée à une industrie toute locale qui demande des habitudes particulières et un assez long apprentissage, la population des paludiers ne se recrute jamais en dehors du pays; les familles s'allient entre elles, ce qui fait que les mêmes noms sont portés quelquefois par dix ou quinze habitants. Afin d'éviter la confusion, on les distingue presque toujours par des sobriquets rustiques, tels que *Guillaume tout cru*, *Étienne coups de trique*, la *mère Quatre cents francs*, le *père Grenadier*. Les étrangers s'étonnent de ces surnoms qui sont presque toujours le souvenir d'un ridicule ou d'une mésaventure ; mais l'usage empêche ceux qui les subissent de les trouver offensants.

Parmi les populations adonnées à la fabrication du sel, il n'en est aucune d'aussi curieuse par le type, les usages et le costume, que celle qui habite la presqu'île de Guérande, vers l'embouchure de la Loire. Deux points surtout attirent à bon droit la curiosité des étrangers : ce sont le bourg de Batz et Saillé.

On y reconnaît au premier aspect des colonies d'hommes du Nord. La race est plus grande, plus forte, d'un teint plus coloré et d'habitudes moins casanières que dans tout le reste de la Bretagne.

Outre l'habillement de travail qui est celui de tous les sauniers, et dont nous avons déjà parlé, les habitants de Saillé et du bourg de Batz ont un costume de fête et de mariage dont notre dessin (p. 261) ne peut faire comprendre toute la richesse.

Pour la femme, il se compose d'une petite coiffe surmontant les cheveux, qui sont ramenés sur le front et enroulés dans une bandelette; d'une large collerette de dentelle, d'un corsage violet bordé de velours noir au dos et aux emmanchures, et tenant à des manches rouges qui laissent voir, au-dessous, d'autres manches de dentelle; d'une jupe violette et d'un tablier de soie jaune moirée; une pièce de drap or et argent est retenue sur la poitrine par des rubans soie et or.

La couronne de roses blanches, le bouquet, la croix d'or, complètent ce riche costume.

Le marié est coiffé d'un chapeau de feutre à larges bords, orné de chenilles coloriées et relevé par un côté; il porte un gilet de basin blanc croisé sur la poitrine, un second gilet en flanelle blanche garni de la lisière de l'étoffe, une veste de drap foncé, et enfin une *chemisette*, espèce de paletot brun. A son épaule est suspendu un petit manteau à l'espagnole de soie noire, à reflets verdâtres.

Ce manteau ne se porte qu'aux noces ou aux enterrements.

Pour ces dernières cérémonies, et lorsqu'elles sont en deuil, les femmes portent des espèces de palatines d'un tissu de laine noir, imitant une toison de brebis.

Au bourg de Batz, le marié et la mariée ne se mettent pas à table ensemble, le jour des noces; chacun dîne avec sa famille; puis le marié, accompagné de tous ses amis, vient réclamer sa jeune épouse. On lui présente successivement, comme en Cornouaille, une petite fille, une veuve, une vieille femme, mais sans les disputes en vers qui accompagnent cette cérémonie dans l'évêché de Quimper; enfin il se décide à entrer et à chercher la mariée, qui se tient habituellement cachée. Quand il l'a découverte, les membres des deux familles se réunissent autour de la table. On ne leur sert point, comme à Saillé, un dessert délicat et dispendieux, mais trois pains de douze livres et un coin de beurre. Alors les jeunes filles commencent la *chanson de la mariée*, vieille ballade qui résume sous une forme naïve et touchante les difficiles devoirs que leur compagne devra désormais accomplir. A chaque couplet, un des parents élève son verre en criant :

— *A la santé de la mariée!*

Tous l'imitent en répondant :

— *Honneur!*

Les danses suivent cette cérémonie.

Elles ont, comme tout le reste, un caractère très-particulier.

Le joueur de *bigniou* (vèze) se tient au milieu et donne le branle en marquant la mesure. Tous les danseurs, se tenant par la main, forment une longue chaîne qui s'enroule et se déroule sur elle-même. Après quelques pas faits en cadence et sur place, chaque danseur, par un mouvement brusque de droite à gauche, se trouve porté en avant de quelques pas, et recommence toujours ainsi jusqu'à ce qu'il ait parcouru les sinuosités de la chaîne. Le tout forme un mouvement de va-et-vient coupé, à intervalles réguliers, par des sauts d'un pied sur l'autre. Rien de plus pittoresque, de plus animé. Hommes et femmes mettent une grande passion dans cette danse, qu'ils continuent des heures entières sous le soleil et malgré les quatre ou cinq habits de laine dont ils sont revêtus.

Les maisons de la presqu'île de Guérande sont presque toutes construites en granit et couvertes en ardoise, ce qui leur donne, ex-

COSTUMES DE FÊTE DES PALUDIERS.

térieurement, un air de propreté et de solidité. L'aménagement intérieur diffère sensiblement de celui en usage dans les autres cantons. Les lits sont ornés aux quatre angles de hautes colonnes en bois rouge, verni, tourné avec art, et supportant un baldaquin décoré de rubans. Des rideaux de serge verte sont fixés à ce baldaquin. Deux paillasses de sarments recouverts d'une couche de paille supportent les matelas et la couette de plume, qu'on ne peut atteindre qu'au moyen d'une échelle. Le chevet est garni d'oreillers bordés de dentelles et quelquefois recouverts de velours.

Près du lit, et pour aider à y monter, se trouve un coffre à balustrade où la mère de famille place le berceau de ses petits enfants. Le reste du mobilier se compose d'armoires en bois rouge, toujours élégamment sculptées; d'un buffet bas, surmonté d'un vaissellier où s'étalent des faïences coloriées; d'une petite table triangulaire, autour de laquelle la famille s'assoit sur des siéges un peu élevés pour prendre ses repas.

Contre l'usage habituel des campagnes, les cheminées sont petites ; un coin est occupé par un coffre où se renferme la poterie usuelle.

Les paludiers cultivateurs jouissent d'une certaine abondance; mais ceux dont le sol est peu productif ou complétement stérile sont au nombre des travailleurs les plus misérables. Une famille de cinq personnes ne peut soigner que cinquante œillets de marais ; le quart de cette récolte, qui ne se vend pas toujours dans l'année, n'est que de 212 fr. 50 cent.! Que l'on juge des privations imposées aux paludiers qui ne peuvent exercer une autre industrie. Ajoutez que le commerce de *troque* auquel ils se livrent pendant l'hiver devient chaque année moins fructueux ; ce commerce demande d'ailleurs un capital, puisque les sauniers doivent payer préalablement la taxe du sel qu'ils emportent.

Une Promenade de Jour au Vésuve.

L'ascension du Vésuve pendant le jour est une admirable promenade.

On sort de Naples, après déjeuner, à neuf ou à dix heures du matin ; on monte au volcan, on examine son cratère à loisir, et avant cinq ou six heures de l'après-midi on est de retour à la ville pour dîner. L'hospitalité napolitaine a si bien aplani la route, adouci les pentes, prévenu tous les désirs du voyageur, qu'à moins de vouloir à toute force se donner beaucoup de peine pour se créer des difficultés inutiles, il n'y a plus moyen d'avoir le mérite d'aucune fatigue.

A Naples, on n'aime que les plaisirs faciles. Comparée au Vésuve, la plus petite montagne suisse oblige à plus de patience et de vigueur.

Il est, du reste, plusieurs manières de comprendre l'ascension du Vésuve ; la façon de monter dépend du caractère. Chacun, suivant sa nature, va chercher au sommet des souvenirs différents ; l'un en rapportera l'ennui qu'il y avait porté, tel autre la poésie, tel autre simplement le plaisir.

Les voyageurs riches et blasés vont en calèche jusqu'à l'Ermitage, c'est-à-dire à plus des deux tiers de la montagne. Reste à gravir le cône ; mais ils ont à commandement les bras des guides, les litières, les brancards : il est seulement déplorable que pour de l'or on ne puisse pas se faire donner à volonté l'intéressant spectacle d'une petite éruption.

Si l'on voyage sincèrement, naïvement, il faut monter le Vésuve à pied, seul ou à deux.

On laisse au bas de la montagne toute préoccupation, et on livre au spectacle que l'on a devant soi ses yeux, sa pensée, son âme ; à chaque détour du sentier on s'arrête, on regarde, on jouit de tous les changements de la perspective, on s'abandonne aux enchantements de ce ciel splendide, de cette mer azurée où semblent descendre des flots de lave noircie entre des rives de fruits et de fleurs ; on se laisse enivrer à toutes les fermentations qui montent du sein de la nature ; on se recueille, on s'émeut au souvenir des villes ensevelies sous les cendres et les feux souterrains. Une douce et lointaine mélancolie ennoblit encore le sentiment de l'admiration. On arrive ainsi, tout ému, tout frémissant, au sommet, et, pour ainsi dire, au-dessus de soi-même ; puis, lorsque du milieu des exhalaisons de soufre, du haut de cette écume calcinée, de ce sol noirci, désolé, brûlant, ébranlé par les sourds grondements de la fournaise béante, on vient à regarder au loin Naples, blanche et belle comme le marbre, son golfe étincelant semé d'îles semblables à des pierreries où se réfléchissent tous les feux du soleil, quelle âme contemplative et passionnée ne sentirait pas jusqu'en ses profondeurs ce contraste unique sous le ciel qui inspirait à Chateaubriand le cri : « C'est le paradis vu de l'enfer ! »

Pour une autre classe de voyageurs (la plus nombreuse), l'ascension du Vésuve diffère peu d'une course d'ânes à Montmorency.

On s'informe quelques jours à l'avance, dans les hôtels, des étrangers disposés à se mettre de la partie. Un beau matin, après un déjeuner d'huîtres du Fusaro arrosées de vin blanc d'Ischia, la bande joyeuse vole en *corricolos* vers Portici. Dès les premières maisons l'on voit accourir, crier, hennir, braire, tous à la fois, une foule poudreuse de guides et de coursiers qui encombrent les rues, entourent les voitures et défendent l'accès de la maison de Salvador. C'est le nom d'un ancien guide renommé. Il a laissé plusieurs fils : les uns ont hérité de sa profession ; un autre a hérité d'une belle et bonne ferme située presque au pied du Vésuve.

On discute les prix, on examine les ânes et les chevaux : déjà l'on rit aux larmes. Le plus ridiculement équipé est le plus joyeux.

Le cortége sort à grand bruit des maisons et commence à s'élever pêle-mêle sur la belle route qui serpente à travers les vignobles. Cette aimable espèce de touristes ne dédaigne pas le paysage : loin de là, elle est de bonne foi et toute disposée à trouver tout admirable. Mais chacun a bien autre chose à faire qu'à regarder ; on a son âne ou son cheval à conduire, à faire galoper, un bon mot à placer, un compagnon à mystifier. Une jeune dame crie, sa monture rétive menace de retourner vers Portici ; on accourt, on se jette les uns sur les autres, on s'embarrasse, on tire, on pousse : c'est un vacarme et un tumulte à rendre ivres les plus flegmatiques.

Aux rares instants paisibles, le Parisien fait des calembours, l'Allemand estropie des citations italiennes ou françaises ; ou bien l'on chante en chœur un morceau de *Masaniello* ou de *la Muette*, ce qui a pour effet agréable de ramener aussitôt au souvenir de tous la lueur des lustres, les décorations d'opéra, les anecdotes de coulisses, les feuilletons, les discussions musicales, toute la fine fleur des goûts parisiens : l'instant est bien choisi. En revanche, l'hiver prochain, à l'Opéra, au milieu du plus beau chant, on se rappellera avec délices les ânes du Vésuve. Tout en détonnant, contant, disputant, s'étourdissant de cris, de quiproquos, de bruit, de grosse joie, on arrive à l'Ermitage. Là, que l'on ait ou non faim et soif, il faut s'attabler : c'est de rigueur ; la collation du faux ermite est un article essentiel du programme. Si l'on n'avait point bu sur place quelques verres de lacrima-christi, le vin du cru, on ne se le pardonnerait de la vie.

L'entr'acte fini, on reprend les montures, la tête un peu échauffée ; on galope encore quelques minutes. Mais enfin la verdure a cessé, on entre en pleine lave, le sommet se dresse à pic : force est de laisser les quadrupèdes. La plus délicate personne du monde pourrait, avec un peu de bonne volonté, monter sans appui en posant ses petits pieds sur les énormes blocs de lave, à peu près comme on traverse une rivière tarie sur des cailloux rangés en travers ; mais c'est chose trop simple. Le bras même d'un cavalier qui n'est rien de plus est presque prosaïque ; les rudes secousses d'un brancard porté par deux Napolitains musculeux sont plus divertissantes. Tout au moins y a-t-il quelque couleur locale à se suspendre mollement d'une main à une corde qu'un guide en avance de quelques pas tire vigoureuse-

ASCENSION DU VÉSUVE.

ment à lui : plus d'un homme obèse se fait rendre le même service. Le moindre faux pas est une nouvelle occasion de cris et d'explosions de rire. Chemin faisant, on fait des expériences instructives. Aux premières chaleurs du sol, aux premières vapeurs du soufre, on présente à l'entrée des fissures un bâton, quelques papiers : la fumée s'élève, le bâton noircit, le papier brûle : grande admiration ! Mais c'est près du cratère que l'on redouble de verve et d'esprit ; si peu qu'il jaillisse de fumée et qu'il tombe de pierres et d'écume

DESCENTE DU VÉSUVE.

de lave, que d'exclamations, de bravades, de fuites et de retours ! On donne des sous de Naples aux guides qui les placent sur les scories enflammées vomies par le volcan, les font entrer à quelque profondeur en les poussant avec un bâton ; les bords des scories se relèvent en se refroidissant, et les sous sont à demi emprisonnés : on peut ainsi rapporter du voyage un témoignage irrécusable d'une ascension périlleuse au Vésuve.

Quelquefois l'on dîne à peu de distance du cratère ; on fait cuire les œufs et bouillir le café aux crevasses ardentes.

Quant à la descente, elle ne diffère qu'au début. Les guides conduisent vers une pente couverte de cendre ; on a soin d'enfoncer fortement la talon, de se tenir incliné en arrière, et l'on descend en courant ; en cinq minutes on a parcouru toute la distance qui avait exigé plus d'une demi-heure d'efforts à la montée : quelques-uns, par maladresse ou par plaisir, glissent et trébuchent ; on se rencontre, on se heurte, on culbute ; enfin on se retrouve au pied du cône ; on remonte sur les ânes, sur les chevaux, et on se hâte vers Naples, où l'on assure, à table d'hôte, que l'on ne s'est jamais plus diverti de sa vie. On a joui de tout, hors de la nature. Au milieu de tant de folles distractions, comment aurait-elle trouvé moyen de se faire entendre, comprendre et aimer ?

Quel est l'Homme le plus grand ?

L'homme le plus grand est celui qui choisit le juste avec une invincible résolution, qui résiste aux plus terribles tentations intérieures et extérieures, qui porte gaiement les plus lourds fardeaux, qui est le plus calme dans la tempête, qui se rit des menaces et des regards irrités ; celui dont la confiance en la vérité, en la vertu, en Dieu, est inébranlable. Est-ce là une grandeur d'apparat, et est-il probable qu'on en trouve de moins nombreux exemples dans les rangs les plus pauvres que dans une condition élevée ?

Les luttes entre la raison et la passion, les victoires remportées par le principe moral et religieux sur le cri pressant et presque irrésistible de l'intérêt personnel, les sacrifices si pénibles faits au devoir, l'abandon d'une affection profondément enracinée et des plus chères espérances du cœur, tout cela est invisible ; les consolations, l'espoir, la joie et le calme d'une vertu déçue, persécutée, insultée, abandonnée, les voit-on davantage ? Non, sans doute, et c'est ainsi que les plus beaux exemples de la véritable grandeur de la vie humaine échappent complétement à nos regards. Devant nous, près de nous peut-être, dans la plus humble famille, l'acte le plus héroïque s'achève en silence, le plus noble projet est médité avec amour, le plus généreux sacrifice est accompli, sans même que nous nous en doutions.

Oui, je crois sincèrement que cette grandeur se trouve surtout chez la multitude, chez ceux dont le nom n'a jamais de retentissement. Est-ce chez le peuple ou chez les heureux du monde que vous trouverez le plus de peines supportées avec un mâle courage, le plus de vérité sans fard, le plus de confiance religieuse, le plus de cette générosité qui offre ce qui est le nécessaire même pour le donateur, enfin la plus sage appréciation de la vie et de la mort ?

Et même, en ce qui touche l'influence sur nos semblables, influence qu'on regarde comme une autre prérogative des classes élevées, je crois que la différence qui existe entre l'homme obscur et l'homme placé en évidence est bien faible.

L'influence ne doit pas se mesurer par son étendue, mais par sa nature. Un homme peut répandre au loin son esprit, ses sentiments et ses opinions ; mais si son esprit est bas, il n'y aura en tout cela nulle grandeur.

Est-il une plus noble influence que celle qui agit sur le caractère ? et celui qui l'exerce n'accomplit-il pas une grande œuvre, quelque étroite ou obscure que soit la sphère où il vit ?

Le père et la mère qui, dans leur pauvre

maison, éveillent dans l'esprit d'un seul de leurs enfants l'idée et l'amour de la parfaite bonté, qui font naître en lui une force de volonté capable de résister à toutes les tentations, et lui apprennent à tirer profit des luttes de la vie, ceux-là surpassent en influence un César rompant le monde à sa domination. Leur œuvre n'est pas seulement plus élevée par sa nature ; qui sait s'ils n'accomplissent pas une œuvre plus grande que celle du conquérant, même quant à l'étendue ? Qui sait si cet être auquel ils inspirent des principes saints et désintéressés ne les communiquera pas au loin, et si cette influence dont ils furent l'origine cachée n'ira pas, en s'élargissant, améliorer une nation et le monde entier ?

Tactique navale.

1. *De l'ordre de bataille.* — Les vaisseaux combattent par les côtés, parce que leur artillerie y est également partagée, et se tiennent dessous voile, afin d'avoir le mouve-

1. — ORDRE DE BATAILLE.

ment nécessaire pour agir dans le combat. La distance qu'on laisse entre chaque vaisseau dépend de la force du vent et de l'étendue que le général juge nécessaire de donner à l'armée pour combattre avec plus d'avantage.

Les frégates marchent à portée de recevoir les ordres qu'on peut leur donner ; les brûlots sont en dehors des frégates à une grande portée de canon des vaisseaux ; les bâtiments de charge marchent en dehors des brûlots. On est dans l'usage de nommer avant-garde l'escadre qui marche à la tête de la ligne, et arrière-garde celle qui forme la queue ; s'il y a une troisième division, on nomme celle du centre corps de bataille : c'est la place du général quand la disposition de l'ennemi ou des raisons particulières ne l'obligent point de se placer ailleurs. Les vaisseaux représentent les troisièmes divisions de l'armée. On combat aussi par escadres, c'est-à-dire que les divisions agissent chacune de leur côté : ce genre de combat est plus vif que le premier, parce que les petits corps ont plus d'activité que les gros et peuvent serrer davantage l'ennemi ; mais une fois l'action engagée, il est très-difficile de se réunir dans un combat par escadres.

2. *Armée du vent, coupant la ligne ennemie.* — Couper une ligne, c'est la traverser pour séparer quelques vaisseaux dans le dessein de les combattre séparément et de les réduire avant qu'ils puissent être secourus du reste de leur armée ; les vaisseaux rangés marquent la route que l'on tient dans

cette manœuvre, et le vaisseau coupé vire de bord pour rejoindre son armée. Doubler l'ennemi, c'est traverser sa route en tête ou en queue, pour le mettre entre le feu de l'armée et celui du détachement qui le double ; un vaisseau double l'ennemi en tête, et un autre en queue.

Envelopper l'ennemi, c'est se replier sur lui autant qu'il est nécessaire pour lui ôter tous les moyens de se sauver.

2. — ARMÉE DU VENT, COUPANT LA LIGNE ENNEMIE.

3. *Du combat à l'abordage.* — Aller à l'abordage, c'est serrer un vaisseau et s'y attacher pour le combattre, en faisant passer une partie de l'équipage sur son bord. Cette manœuvre est aussi délicate que hardie, et demande au moins autant de talent que de valeur, à cause des accidents qui peuvent arriver par le choc des vaisseaux ; c'est ce qui fait qu'on a une grande attention, en approchant l'ennemi, de brasser petit à petit

3. — COMBAT A L'ABORDAGE.

les voiles sur les mâts, afin de ralentir la vitesse du vaisseau et rendre l'abordage plus doux.

4. *De l'ordre de retraite.* — Cet ordre se forme sur les deux lignes du plus près, afin d'être plus tôt en bataille sur celle que l'occurrence pourra demander si une poursuite trop vive oblige de combattre ; les frégates et autres bâtiments de suite sont dans l'espace couvert par les vaisseaux de guerre. On ne

peut prendre cet ordre que dessous le vent de l'ennemi ; c'est ce qui, dans un combat désavantageux, donne à l'armée de dessous le vent la facilité de s'en retirer en bon ordre. L'armée du vent n'a pas le même avantage ; elle ne peut se retirer du combat qu'en serrant le vent, ou en revirant par la contremarche, c'est-à-dire en changeant alternativement de route ; enfin elle se retire encore en faisant revirer tous les vaisseaux ensemble.

4. — ORDRE DE RETRAITE.

Cette manœuvre est dangereuse quand on est près de l'ennemi, parce qu'on est enfilé par son feu.

5. *Vaisseaux embossés.* — On embosse des vaisseaux, on les amarre près l'un de l'autre, dans le dessein d'empêcher l'ennemi de passer entre eux pour forcer l'endroit qu'ils défendent. On embosse ordinairement les vaisseaux par des ancres jetées de l'avant et de l'arrière, ou par des amarrages établis à

5. — VAISSEAUX EMBOSSÉS.

terre ; mais si les courants ou d'autres raisons ne permettent pas d'embosser les vaisseaux dans le passage, on les amarre, selon la disposition du lieu, sur les côtés d'où ils puissent canonner avec avantage l'ennemi, s'il tentait de passer. On profite, selon les occurrences, des postes avancés pour y cacher des brûlots, que l'on tient toujours prêts à agir lorsque l'occasion le demande ; on place encore, pendant la nuit, des chaloupes bien avancées, en dehors des vaisseaux, pour les garantir des brûlots que l'ennemi pourrait envoyer.

6. *Attaque de vaisseaux retranchés.* — On attaque, autant qu'on le peut, ces vaisseaux par des galiotes à bombes ou des batteries établies à terre qui puissent rompre leur estacade, ou du moins l'ébranler assez pour que de forts vaisseaux achèvent de la forcer en courant dessus à pleines voiles ; on profite aussi des nuits obscures pour envoyer des brûlots ou des chaloupes attacher des chemises soufrées à l'estacade, afin de la désunir en rongeant par le feu la partie qui est au-dessus de l'eau : mais si ces premières attaques ne peuvent avoir lieu, on fait, autant qu'on le peut, canonner l'estacade par des vaisseaux qui courent ensuite dessus, pour achever de la rompre et entrer dans le port. Cette dernière manœuvre peut quelquefois devenir très-dangereuse, particulièrement si les vaisseaux retranchés sont amarrés, parce qu'on peut être retenu par l'estacade, et se trouver entre leur feu et celui des brûlots qu'ils pourraient avoir au vent.

Quelquefois, au lieu d'employer les moyens ci-dessus, on embarrasse l'entrée du port à

6. — ATTAQUE DE VAISSEAUX RETRANCHÉS.

l'aide de bâtiments lourdement chargés que l'on coule à fond, afin d'en rendre l'usage plus difficile, sinon impossible à l'ennemi.

7. *Bombardement d'un port.* — Quand on bombarde un port avec des bâtiments, on les place, autant que l'endroit le permet, à l'abri des coups de l'ennemi, en les postant derrière des îles ou terres dont l'élévation ne les empêche point d'ajuster ; mais si on ne veut qu'insulter le port en passant, on se sert de bombardes qui tirent en marchant : ces derniers bâtiments sont susceptibles de bombarder comme les premiers, quand l'occurrence le demande, et naviguent avec plus d'avantage, à cause de leur mât de misaine. On choisit ordinairement la nuit pour bombarder, afin que les bâtiments soient moins exposés aux coups de l'ennemi.

8. *Débarquement de troupes chez l'ennemi.* — Ces sortes d'expéditions sont les plus meurtrières que la marine puisse offrir quand le rivage où l'on veut descendre est bien défendu. L'usage ordinaire, dans ces occasions, est d'envoyer d'abord les frégates ou les prames canonner les batteries où retranchements s'il y en a, afin d'en chasser l'ennemi ou du moins d'essayer de l'ébranler ; on jette aussi des bombes aux environs

du rivage, afin d'empêcher autant qu'il est possible à aucun corps de troupes d'approcher pour s'opposer à la descente. C'est à la faveur de cette canonnade que les cha-

7. — BOMBARDEMENT D'UN PORT.

loupes portent à terre les soldats et les ustensiles nécessaires pour former un retranchement s'il en est besoin. Quand le rivage n'est pas assez étendu pour permettre à toutes

8. — DÉBARQUEMENT DE TROUPES CHEZ L'ENNEMI.

les chaloupes d'y aborder de front, elles s'approchent à la file, et on descend en passant de l'une dans l'autre; on fait aussi quelquefois des attaques fausses ou réelles, suivant le dessein que l'on a de partager les forces de l'ennemi ou de s'emparer à revers des batteries qui peuvent nuire au débarquement. Ces expéditions sont ordinairement protégées par de gros vaisseaux.

La Jeunesse.

La vie est un chemin montant et difficile. En suivant des pentes abruptes il s'élève vers le ciel. Les perspectives qu'il offre sont sévères et produisent de mâles impressions que toutes les âmes ne peuvent pas supporter également.

La jeunesse s'arrête au bas de la côte escarpée.

Peut-être a-t-elle été séduite par quelque petite fleur qui croît au bord du précipice; peut-être a-t-elle été prise d'un vague amour pour la nappe bleue que le lac déroule au fond de cette vallée étroite.

Tandis que le jeune homme contemple ces ornements dont la nature a voulu parer ses plus âpres retraites, il est saisi peu à peu d'une langueur qui s'empare de tous ses sens et qui abat jusqu'à son âme.

Il oublie le but qu'il faut atteindre, dont l'aspérité du chemin le dégoûte peut-être. Il en détourne ses regards, s'assied au bord de la route, et, penchant sa tête sur sa poitrine, s'abandonne au découragement.

L'homme qu'une longue expérience a fortifié contre les séductions et les langueurs de la vie s'approche de l'adolescent : il a ceint ses reins pour le voyage ; il affronte fièrement le vent des montagnes, qui se joue dans ses vêtements comme dans une voile joyeuse. Debout devant le jeune homme, droit et ferme, il lui tend une main, et de l'autre lui montre le haut du chemin :

« Allons ! jeune homme, il faut nous suivre.

» Nous aussi nous avons connu les défaillances et les larmes. A l'entrée de la vie, il semble que l'âme, encore tout imprégnée des parfums du séjour qu'elle quitte, ne puisse s'habituer à cet air nouveau de la terre où elle vient d'éclore.

» Plus rapprochée de l'existence mystérieuse qu'elle fuit que de celle où elle aspire, et où elle tardera encore d'arriver, on dirait que, prise d'un amer regret, elle veuille retourner en arrière ; elle demande à l'éternité de lui rouvrir la porte qu'elle vient à peine de franchir ; elle se plaint de subir la destinée commune qui la pousse à sortir du temps par la longue voie des épreuves et des peines.

» Lorsque l'on arrive au milieu de la route, également éloigné du point où l'on est parti et de celui où l'on tend, alors seulement l'on peut avoir une saine opinion des deux issues de la vie, et justifier le jugement de Dieu qui nous condamne à retourner vers lui par ce difficile sentier que vous suivez, que vous aimerez après nous.

» Allons ! jeune homme, relevez la tête, essuyez vos larmes ; elles coulent en vain sur les herbes du chemin ; en vain elles se mêlent aux flots limpides du lac.

» Pour rafraîchir les plantes, pour alimenter les sources de la terre, Dieu a réservé les eaux pures du ciel. La rosée qui coule des yeux de l'homme est amère et porte un sel cuisant ; elle est trempée du fiel de nos orageuses passions ; elle calme leur feu qui la provoque.

» Il faut apprendre à maîtriser ces désirs inquiets avant qu'ils n'aient bouleversé notre cœur et desséché nos paupières. La nature les a placés en nous pour accroître la gloire de notre liberté : ce sont des aiguillons puissants qui nous excitent à faire usage de notre volonté, qui en rendent l'exercice périlleux, mais illustre. Ne les sentez-vous point dans votre poitrine ? Ils vous pressent d'avancer.

» Allons ! jeune homme, levez-vous ; reprenez d'une main courageuse le bâton du voyage.

» Nous ferons route ensemble. Il me sera doux de me souvenir en votre compagnie de ces tristesses pieuses où s'épure l'âme de la jeunesse ; il vous sera utile peut-être de savoir comment on en triomphe, quels travaux sérieux les conjurent et les remplacent.

» Jeune, on se plaint de sentir en soi des facultés inoccupées ; on s'irrite de se connaître soi-même tout entier et de n'en pouvoir jouir.

» Plus tard arrivent d'autres peines. Dès qu'on est aux prises avec les affaires, on est absorbé par leurs minuties qui dévorent le temps sans occuper l'âme davantage ; et on s'irrite encore d'avoir tant à faire et d'avancer si peu.

» Le cœur de l'homme ne se contente point ici-bas : rien ne le remplit sur la terre. Cette activité même après laquelle vous soupirez, tandis qu'il vous serait si facile de vous la procurer, ne saurait le satisfaire; elle ne lui plaît que parce qu'elle est l'image de l'activité sans limite et sans tache qui ne lui sera accordée que là-haut!

» Allons! jeune homme, c'est là-haut qu'il nous faut arriver.

» Gravissons la pente et ne nous lassons point de monter. Montrons-nous les uns aux autres ce but qui fuit toujours devant nous.

» A chaque repli du chemin l'âme affligée demande : Seigneur, n'est-ce point ici la fin ? L'athée, qui redoute la mort comme le terme de ses viles jouissances, s'écrie en tremblant à chaque repli : O néant ! est-ce ici que tu vas engloutir mes voluptés et mes richesses ?

» Mais la divine Providence trompe l'espérance des uns, se joue de la crainte des autres, et crie à tous : Allez, marchez encore, supportez l'épreuve des biens et des maux de ce monde jusqu'au jour où je vous départirai des biens et des maux véritables. C'est dans l'attente de ce jour qu'il vous faut vivre, qu'il vous faut agir !

» Allons ! jeune homme, entendez le cri que répètent à l'envi toutes les générations de l'espèce humaine, et les forces mêmes de l'aveugle nature.

» Sous le ciel froid de notre Occident, les hommes s'exhortent depuis plus de trois mille ans à monter ce chemin escarpé de la vie dont il semble que nous soyons encore si loin d'avoir atteint le sommet. Depuis quel plus grand nombre de siècles la création n'accomplit-elle pas, sous l'œil du Père universel, la grande loi du travail, à laquelle nul être ne saurait échapper !

» Nos pères ont remué le monde ; ils l'ont laissé haletant, divisé, mais tout marqué des preuves inouïes de leur courage. Ils nous ont appris à plier la volonté des peuples et l'énergie des éléments ; ils ont imprimé à l'humanité et à l'univers le sceau de leurs mâles vertus et de leur génie infatigable ; ils ont ouvert les voies de la destinée devant la race tremblante des humains.

» Ne déshonorons point par nos faiblesses la route qu'ils ont aplanie par leurs travaux héroïques, et d'un pas résolu marchons vers le but sublime qu'il nous ont marqué, et qu'il leur a été à peine accordé d'entrevoir. »

Le Vin de Champagne.

La Champagne cultive presque exclusivement le plant appelé *pineau, noirieu* ou *pur noir*.

Dans ce pays, comme partout, c'est le sol lui-même, et aussi la plus ou moins heureuse exposition de la vigne, qui font la qualité du vin. D'autres localités peuvent sans doute produire d'excellents vins mousseux ; mais il n'y a que la Champagne pour faire du vin de Champagne, même de qualité inférieure.

La vigne se cultive là à peu près de la même manière que partout ailleurs.

Au mois de février, on la taille sur deux yeux au plus. Quand on rencontre des places non garnies, on conserve des ceps dans toute leur longueur, à deux et trois bras, afin de les rajeunir, c'est-à-dire qu'on en fait deux ou trois nouveaux ceps en les enterrant, en les coulant dans des fosses de 40 centimètres de profondeur, et en les recouvrant de fumier. Cela s'appelle provignage ; ce travail ne se fait qu'en avril et mai.

Au mois de mars, après la taille, on bêche les vignes, en ayant soin de rabaisser les ceps en terre. Il est nécessaire ensuite de sarcler. Lorsque la pousse est assez longue, on fiche les échalas et on y attache la vigne.

En juin, on fait un second labourage ou sarclage. Comme à cette époque le raisin s'est montré, on rogne le haut de la pousse, ce qui rejette la sève vers la grappe. Au mois de juillet, un troisième et dernier sarclage a lieu.

Pour la cueillette, les propriétaires qui ne veulent faire que du bon vin prennent les plus grandes précautions. Ils choisissent les raisins grappe à grappe. Ceux qui sont trop gros et ceux qui n'ont pas complétement atteint la maturité sont mis de côté. Les autres, soigneusement déposés sur des claies, sont amenés au pressoir par des bêtes de somme, mais aussi doucement que possible, de manière à ne pas les fatiguer. On presse aussitôt, car il importe beaucoup que la matière colorante adhérente à l'enveloppe des grains se dissolve dans le suc.

Dès que l'écoulement cesse d'être abondant, on se hâte de recouper le marc autour de la plate-forme du pressoir, de replacer au-dessus les parties ainsi taillées, et de procéder à une nouvelle pression. On répète cette opération encore une fois, et c'est le produit de ces trois pressions successives qui forme ce qu'on appelle la cuvée.

Après ces trois pressions, on taille et recharge encore deux fois le marc, afin de l'épuiser de la plus grande partie du jus qu'il retient; mais ce jus, ayant acquis une teinte rosée, est mis à part, et sert à faire le vin pour la consommation de la maison.

Quant au marc exprimé, comme il contient encore une assez grande quantité de suc dans les cellules non déchirées, on le mélange aux cuvées de vin rouge en le foulant avec elles. Le premier mouvement de fermentation achève de désagréger le tissu du raisin, permet ainsi au jus de s'en écouler, et la matière colorante, plus abondante dans ces marcs que dans le raisin non exprimé, ajoute à la coloration des cuvées de vin rouge, souvent trop faible en Champagne comme en Bourgogne.

Au sortir du pressoir, on met déposer pendant vingt-quatre heures, dans une cuve *ad hoc*, le moût obtenu des trois premières pressions, qui est, à proprement parler, ce que l'on nomme vin de Champagne. Cette opération a pour but d'en retirer l'acidité. Il est, immédiatement après, versé dans des tonneaux dont on ne remplit que les trois quarts de la capacité. La fermentation ne tarde pas à s'y manifester.

On laisse continuer la fermentation pendant environ quinze jours, en ménageant par la bonde entr'ouverte une issue au gaz, ou mieux en adaptant aux tonneaux la bonde hydraulique.

Après ce temps, on remplit chacun des tonneaux avec le vin de quelques-uns d'entre eux; on les bouche exactement, l'on assujettit même la bonde à l'aide d'un morceau de cerceau passé en travers et cloué sur les deux douves voisines.

Au mois de janvier suivant, on soutire au clair, puis on procède au premier collage à l'aide de la colle de poisson. Quarante jours après, on met un peu de tannin, et on procède à un second collage. Quelquefois, lorsque la lie est trop abondante, on est obligé de répéter une troisième fois cette opération.

Au mois d'avril ou au commencement de mai, on soutire encore à clair, en mettant en bouteilles. Préalablement, dans chacune des bouteilles, on a soin d'ajouter une petite me-

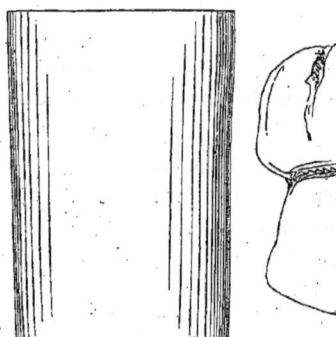 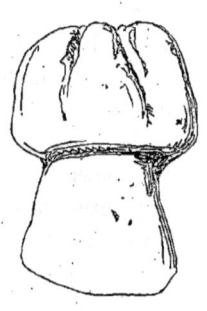

BOUCHON PRÉPARÉ. — BOUCHON SORTI DE LA BOUTEILLE.

sure de *liqueur*, équivalant à environ trois centièmes du volume du vin.

On appelle *liqueur* une sorte de sirop que

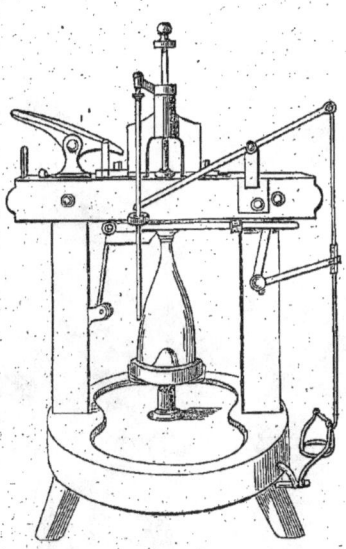

MACHINE A BOUCHER; SYSTÈME MAURICE.

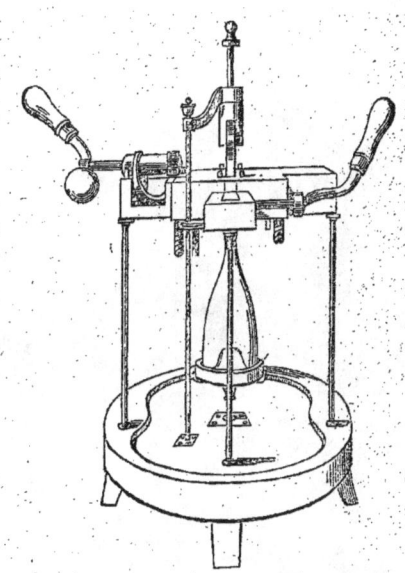

AUTRE MACHINE A BOUCHER.

LES BOUCHEURS ET LES FICELEURS.

l'on prépare en faisant dissoudre du sucre candi dans son volume de vin blanc limpide. Pour le travail de la mise en bouteilles, il y a quatre espèces d'ouvriers : le tireur au tonneau, le boucheur à la ficelle, et le ficeleur au fil d'archal.

CAVE AUX FOUDRES.

CAVE AUX BOUTEILLES.

Il a été inventé plusieurs machines pour aider les boucheurs dans leur opération : celle de Maurice, dont nous donnons le dessin, est sans contredit la meilleure de toutes ; elle fait descendre le bouchon parfaitement droit dans la bouteille.

Les ficeleurs se servent assez communément d'un instrument appelé *calbotin*, qu'ils mettent entre leurs jambes et qui y maintient la bouteille.

Lorsque les bouteilles sont remplies, bouchées et ficelées, on les couche le goulot incliné sous un angle d'environ 20 degrés, afin que le dépôt de la lie, qui se forme par suite d'une fermentation lente, s'approche du goulot et du bouchon. Après huit ou dix jours, on augmente l'inclinaison dans le même sens, et on la porte à environ 45 degrés ; on laisse écouler deux ou trois jours, et on relève encore davantage le fond de la bouteille, pour rassembler le mieux possible le dépôt sur le bouchon : les bouteilles sont alors dans une position verticale, le bouchon dirigé vers le bas. Ensuite un ouvrier habile les prend sous le bras les unes après les autres, et retire peu à peu le bouchon sur lequel le dépôt est venu se fixer. En laissant un instant une partie de la section entr'ouverte, il parvient à extraire ce dépôt ; et l'on recommence, aussitôt qu'il a resserré le bouchon, le travail du double ficelage, après toutefois avoir versé dans la bouteille une nouvelle dose de *liqueur*.

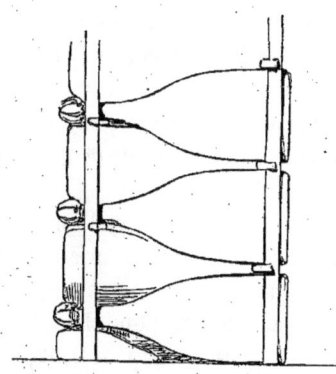

CASES A BOUTEILLES.

On est souvent obligé, pour obtenir un vin suffisamment mousseux et limpide, de répéter encore, deux ou trois mois après, cette difficile opération du *dégorgeage*.

Le vin de Champagne, ainsi préparé, est ordinairement bon à boire après dix-huit à trente mois, suivant que la saison a fait faire des progrès plus ou moins rapides à la fermentation.

Parmi les causes qui obligent à maintenir généralement le prix élevé de ce vin, il faut compter, outre les frais considérables de main-d'œuvre qu'il nécessite, les chances énormes de déperdition, non-seulement par suite des altérations auxquelles il est sujet, mais encore par la fracture des bouteilles.

En moyenne, la casse des bouteilles contenant du vin de Champagne s'élève à 33 pour 100.

Les Trois Barbes rouges.
CONTE.

Voici un petit conte allemand qui paraîtra peut-être bien puéril, mais qui, ce nous semble, a plus de sens qu'il n'en a l'air.

Une pauvre veuve de la Franconie avait trois fils. Ce n'était aucun d'eux qui aurait, comme on dit, inventé la poudre. Ils n'avaient point de malice ; ils faisaient durer leurs repas autant qu'il leur était possible, dormaient seize heures sur vingt-quatre, et le reste du temps ne savaient que faire de leurs grands bras. Un jour, enfin, leur mère prit la résolution de les envoyer chercher leur vie dans le monde.

— Si vous continuez, leur dit-elle, à rester ici sans rien faire, il me faudra bientôt vendre ma chaumière, mon petit jardin et ma chèvre, et alors je n'aurai plus qu'à aller de porte en porte mendier mon pain. Partez, mes enfants ; vous êtes forts, vous trouverez bien à vous mettre en service dans quelque bonne maison.

Les trois jeunes gens se mirent donc en route un matin, et marchèrent au hasard, tantôt à droite, tantôt à gauche, selon les chemins.

Dans l'après-midi, ils traversaient une forêt lorsqu'ils rencontrèrent un très-grand vieillard vêtu d'une sorte de robe grise et qui avait une longue barbe ; il regardait à terre et cueillait çà et là de petites herbes. Il se dressa de toute sa hauteur quand il les entendit s'approcher.

— Où allez-vous, mes enfants ? leur dit-il avec bienveillance.

— Nous cherchons des gens qui aient besoin de trois paires de bras, pour nous mettre à leur service.

— C'est bien, répondit le vieillard ; il faut travailler. Moi je ne suis qu'un pauvre médecin, et je me sers moi-même. Mais j'ai un bon conseil à vous donner : prenez garde aux trois barbes rouges.

Les jeunes gens continuèrent à marcher.

Vers le soir, comme ils sortaient du bois, ils virent tout à coup paraître devant eux trois hommes richement vêtus, montés sur trois chevaux noirs. Ils avaient tous trois des barbes rouges.

— Où allez-vous ? leur dit l'un de ces cavaliers.

Les trois frères étaient interdits et ne savaient trop ce qu'ils devaient répondre, se souvenant de l'avis du vieillard.

— Où allez-vous ? Que cherchez-vous ? reprit le cavalier.

Il fallait répondre, et comme ils n'avaient pas grande imagination, ils dirent encore simplement qu'ils cherchaient à se mettre en service.

— Cela se trouve bien, mes enfants, dit le deuxième cavalier : nous avons besoin de trois hommes. Suivez-nous ; vous n'aurez pas grand'chose à faire et vous serez bien payés.

En un an vous gagnerez plus avec nous qu'en dix ans avec les autres.

Les trois jeunes gens se regardèrent comme pour s'interroger.

— Dans un an, vous aurez chacun cent beaux écus d'or, dit le troisième.

Ces paroles firent lever d'un coup la jambe à chacun des trois frères, et ils suivirent les barbes rouges.

Bientôt ils arrivèrent aux portes d'un château qui était flanqué de trois hautes tours.

Un des cavaliers leur dit :

— Chacun de vous va monter sur une de ces tours. Il y restera jour et nuit pendant une année. On lui portera là-haut sa nourriture. Il n'aura qu'une chose à faire. Le premier, sur la tour à droite, dira une fois chaque matin ces seuls mots : « Nous sommes trois frères » ; le deuxième, sur la tour du milieu, dira : « Pour un peu d'or » ; le troisième dira : « Faites-nous justice. »

Les trois frères pensèrent que c'était là une manière de gagner de l'argent qui ne les fatiguerait guère, et furent très-contents d'avoir trouvé une condition où il n'était besoin ni d'adresse, ni de savoir, ni d'esprit. Et c'était là leur grande erreur, comme on va bientôt le voir. Du reste, ils s'acquittèrent en conscience de ce qu'on leur avait ordonné, ne faisant rien sur leur tour, bayant, comme on dit, aux corneilles, et ne pensant jamais à rien.

Au bout d'un an ils descendirent ; on leur donna à chacun cent écus d'or et on les mit à la porte du château.

Or, ils s'aperçurent d'une chose bien extraordinaire : c'est qu'ils n'avaient plus une seule idée dans la tête et qu'ils avaient tout à fait désappris de parler.

Un homme vint à passer. Il leur souhaita gaiement le bonjour et leur dit :

— D'où venez-vous, mes gars?

Le premier voulut répondre avec politesse, mais il ne put prononcer que ces mots :

— Nous sommes trois frères.

— Ah! ça se voit de reste à la ressemblance; mais d'où venez-vous?

Le second répondit en voulant sourire :

— Pour un peu d'or.

— Qu'est-ce que cela signifie? Vous moquez-vous de moi? dit le passant.

— Faites-nous justice! lui cria le troisième.

— Allez, vous êtes trois fameux imbéciles! dit le passant en colère; et il s'éloigna.

Un peu plus loin, les trois frères étant arrivés au sommet d'une petite montagne, virent au bas une scène horrible. Un homme en tuait un autre. Ils se hâtèrent de descendre, mais l'assassin se sauva, et ils n'arrivèrent que juste à temps pour entendre le dernier soupir de la victime. Tandis qu'ils la regardaient, des soldats survinrent, et, ne doutant pas qu'ils ne fussent les coupables, les lièrent avec des cordes et les conduisirent à la ville voisine devant le juge.

Le juge les interrogea.

— Qui êtes-vous?

— Nous sommes trois frères, répondit le premier des trois jeunes gens.

— Malheureux, pourquoi avez-vous tué cet homme?

— Pour un peu d'or, répondit le second frère.

— Au moins, voilà de la franchise! Vous êtes des coquins impudents comme je n'en ai jamais vu! Il n'y a pas besoin de plus de paroles, et je vais vous faire pendre.

— Faites-nous justice, dit le troisième frère.

— Certainement, et ce ne sera pas long.

Les trois frères furent conduits au gibet, et déjà on s'apprêtait à les suspendre en l'air. Ils auraient bien voulu parler pour se défendre, mais ils ne trouvaient pas un mot dans leur cervelle ni sur leurs lèvres.

En ce moment, le grand vieillard à la robe grise qu'ils avaient rencontré dans la forêt sortit de la foule, une petite coupe de bois à la main, et il dit au chef des soldats :

— Laissez ces pauvres diables boire un peu de ce cordial; c'est la dernière fois qu'ils boiront.

L'officier fut sensible à cette remarque.

A peine les trois jeunes gens eurent-ils goûté un peu de la liqueur que leurs langues se délièrent.

— Voici l'assassin! s'écrièrent-ils en montrant un homme dans la foule... Et voilà les trois barbes rouges qui rient! ajoutèrent-ils.

Les trois cavaliers à barbe rouge, entendant ces mots, s'élancèrent au galop et disparurent. Mais l'assassin, qui était à pied, fut pris, et, tout déconcerté, il avoua son crime.

Ainsi les trois jeunes gens furent reconnus innocents et mis en liberté.

Il y eut des bonnes femmes qui ne manquèrent pas de dire que les trois barbes rouges étaient sûrement trois diables, et que le vieil homme était un bon génie. Mais d'autres dirent en hochant la tête : « Voilà ce que c'est que de rester longtemps sans penser et surtout sans parler! »

Le Premier Grenadier de France.

Théophile-Malo Corret de la Tour d'Auvergne, premier grenadier des armées françaises, naquit à Carhaix (Finistère), le 23 octobre 1743.

En 1767, il entra en qualité de sous-lieutenant dans la deuxième compagnie des mous-

LA TOUR D'AUVERGNE.

(Cette statue, en bronze, a été élevée à Carhaix, dans le département du Finistère.)

quetaires; il passa ensuite au service de l'Espagne, où il donna des preuves de la plus brillante valeur, particulièrement au siége de Mahon. Pendant une action meurtrière, il sauva la vie à un officier espagnol blessé en le rapportant au camp sur ses épaules; puis il revint au combat. Le roi d'Espagne lui accorda une décoration qu'il accepta, mais en refusant la pension qui y était attachée.

En 1793, âgé de cinquante ans, il comptait trente-trois années de services effectifs, et il embrassa avec ardeur le parti de la révolution. D'abord, il servit à l'armée des Pyrénées-Orientales, où il commandait toutes les compagnies de grenadiers, formant l'avant-garde et appelées *colonne infernale*; presque toujours cette phalange avait décidé la victoire lorsque le corps d'armée arrivait sur le champ de bataille.

Ses loisirs étaient toujours consacrés à des méditations ou à des travaux littéraires. Appelé à tous les conseils de guerre, il fit constamment le service de général sans vouloir jamais le devenir. S'étant embarqué, après la paix avec l'Espagne, pour se rendre dans sa province, il fut pris par les Anglais. On voulut le forcer à quitter sa cocarde; mais, la passant à son épée jusqu'à la garde, il déclara qu'il périrait plutôt en la défendant.

Étant à Paris, à son retour en France, il apprit qu'un de ses amis, vieillard octogénaire, venait d'être séparé de son fils par la réquisition; il se présenta aussitôt au Directoire, obtint de remplacer le jeune conscrit qu'il rendit à sa famille, et partit pour l'armée du Rhin comme simple volontaire. Il fit la campagne de 1799 en Suisse, fut élu membre du Corps législatif après le 18 brumaire, mais refusa de siéger, en disant : « Je ne sais pas faire des lois, je sais seulement les défendre; envoyez-moi aux armées. » En 1800, il passa à l'armée du Rhin, et y reçut l'arrêté qui le nommait premier grenadier de l'armée française. Dans le combat de Neubourg, il tomba percé au cœur d'un coup de lance, le 28 juin 1800. Toute l'armée regretta ce vieux brave qu'elle aimait à nommer son modèle. Son corps, enveloppé de feuilles de chêne et de laurier, fut déposé au lieu même où il fut tué. On lui éleva un monument sur lequel on grava cette épitaphe : LA TOUR D'AUVERGNE. Son cœur embaumé fut précieusement conservé par sa compagnie, et à l'appel, le plus ancien sergent répondait au nom de la Tour d'Auvergne : *Mort au champ d'honneur!*

La bravoure de la Tour d'Auvergne était devenue proverbiale; mais cette précieuse qualité est tellement française, qu'elle ne suffit pas aujourd'hui pour tirer un homme de la foule. Si la Tour d'Auvergne n'avait été qu'un courageux soldat, il n'eût pas brillé de tout l'éclat qui l'environne. Une qualité plus rare le fit surtout remarquer, c'est son inaltérable amour de la patrie, la sensibilité de son âme, l'indépendance de son caractère et de son désintéressement.

« J'ai près de 800 livres de rente, quelques livres, mes manuscrits, de bonnes armes, disait-il; c'est beaucoup pour un grenadier en campagne; c'est assez pour un homme qui ne s'est pas fait de besoins dans sa retraite. »

Le prince de Bouillon, qui avait obtenu par le crédit de la Tour d'Auvergne la restitution de ses biens, lui offrit une terre à Beaumont-sur-Eure, rapportant 10 000 livres de rente; mais le modeste guerrier refusa, ne voulant point mettre de prix à ses services. La famille de la Tour d'Auvergne était une branche indirecte de celle de Bouillon.

Un député lui vantait son crédit, et lui offrait sa protection : « Vous êtes donc bien puissant? lui dit la Tour d'Auvergne, qui se trouvait alors dans le plus grand dénûment. — Sans doute. — Eh bien, demandez pour moi... — Un régiment? — Non, une paire de souliers. »

La Tour d'Auvergne a publié les *Origines gauloises*, ouvrage plein d'érudition et d'originalité. La mort est venue l'empêcher de publier un Dictionnaire polyglotte, où il comparait quarante-cinq langues avec le bas breton; il l'avait mis au net avant son dernier départ pour l'armée du Rhin.

Les Petites Choses.

Beaucoup de personnes ont une grande répugnance à faire attention aux *petites choses*, comme si elles craignaient que ce ne fût là le signe d'un petit esprit, et comme si, en négligeant de s'occuper de bagatelles, elles faisaient preuve d'une intelligence supérieure. Mais, parmi les choses qu'on appelle bagatelles, il y en a qui n'en sont point, et puisque les petites choses peuvent avoir des conséquences importantes, elles valent bien la peine de n'être pas négligées.

Il faut, du reste, que des motifs sérieux, élevés, empêchent l'attention que nous accordons aux petites choses de devenir minutieuse, exagérée.

Efforçons-nous sincèrement de travailler au bonheur de ceux qui nous entourent ; regardons nos petits devoirs et nos petits soucis de chaque jour comme faisant partie de la tâche que Dieu nous a imposée, et comme nous offrant l'occasion toujours renouvelée d'une abnégation volontaire : les petites choses se trouveront par cette pensée même ennoblies et sanctifiées.

PETITS DEVOIRS.

L'accomplissement régulier de nos petits devoirs réclame bien plus d'énergie que nous ne serions tentés de le croire au premier abord ; ils paraissent si insignifiants, que de les omettre une seule fois semble ne pas avoir une grande importance ; on dirait même qu'il ne vaille guère la peine de mettre à contribution notre énergie pour de pareilles bagatelles ; mais peu à peu l'insouciance prend le dessus, les petits devoirs sont de plus en plus négligés, et le mécontentement ne tarde pas à s'emparer de nous.

L'habitude de l'ordre et de l'exactitude ne peut pas compter parmi les petits devoirs, car elle est d'un prix inestimable dans toutes les circonstances importantes de la vie ; cependant je suis persuadé qu'une grande partie de l'ennui attaché aux *petits devoirs* disparaîtrait si toutes choses étaient toujours faites à temps, et chaque objet tenu à sa place.

L'habitude de se lever de bonne heure, non-seulement est excellente pour la santé, mais encore, plus que toute autre, elle nous fait gagner un temps énorme ; elle est une source de sérénité et de bonne humeur.

Les devoirs à la charge des femmes qui ne dédaignent pas de surveiller elles-mêmes leur ménage, appartiennent à la catégorie des petits devoirs. Pour les accomplir avec régularité, il faut se lever d'aussi grand matin que possible. Avec un peu d'intelligence, il est facile de prévoir la plupart des besoins de la journée, et de donner d'avance les ordres qui doivent mettre en mouvement tout le système mécanique d'un ménage bien organisé. Il y a, de cette manière, une perte de temps bien moins considérable que ne peuvent se le figurer les maîtresses de maison qui travaillent au hasard, et qui attendent pour y suppléer la manifestation d'une lacune qu'elles auraient pu prévenir.

Se trouver un peu en retard pour les repas, n'être pas tout à fait prêt quand il s'agit de sortir, arriver un petit quart d'heure après le moment convenu, toutes ces choses sont des bagatelles, mais leur renouvellement fréquent les rend fort ennuyeuses pour autrui.

Il y a des personnes qui ne quittent jamais la maison sans y rapporter quelque idée nouvelle pour l'organisation de leur ménage, l'arrangement de leur demeure, ou la culture de leur jardin ; ce sont elles qui connaissent la meilleure manière de faire toutes choses, et on reconnaît leur habitation par le confort et l'élégance qui y règnent non-seulement à l'aide d'un ordre parfait, mais encore au moyen d'une certaine disposition de meubles qui témoigne d'un bon goût, et que l'on remarque jusque dans les moindres détails. Il faut mettre au nombre de nos petits devoirs celui de rendre notre demeure non-seulement aussi commode, mais encore aussi jolie que possible.

On trouve des personnes qui regardent ce soin comme au-dessous d'elles ; peut-être le sentiment du beau leur manque-t-il pour remarquer l'absence de ces petits détails qui rendent une chambre confortable. Leur logement a toujours un aspect triste : il paraît inhabité ; leur habillement ne ressemble jamais à celui des autres ; le progrès n'existe point pour elles dans les petites choses, et si elles commencent par mépriser le bon goût et l'apparence extérieure, il est fort probable qu'elles finiront par renoncer à l'ordre et à la propreté.

Sachons renoncer dans la conversation à quelque réponse mordante qui nous vient aux lèvres, quoiqu'elle nous paraisse aussi spirituelle que bien méritée par notre adversaire.

Étudions-nous, lorsque nous n'avons pas de motifs graves de chagrin, à être toujours de bonne humeur. La bonne humeur est comme l'air embaumé du matin, comme un rayon de soleil sans lequel il manque un charme essentiel au paysage le plus beau. De grands devoirs et de grands dévouements perdent beaucoup de leur vertu, de leur puissance d'action et de leur utilité, s'ils ne sont pas accomplis dans cet aimable esprit ; quant aux petits devoirs et aux petits dévouements, ils n'ont plus aucune valeur s'ils ne sont éclairés par le joyeux rayon d'une humeur douce et sereine.

Il est essentiel de s'habituer à se contenter facilement et à se réjouir de peu de chose.

Il y a des personnes auxquelles il est naturel d'être toujours contentes et satisfaites, et nous nous sentons bien plus heureux auprès d'elles qu'auprès de ces autres qui, par indifférence ou par mécontentement intérieur, ne se trouvent jamais satisfaites de rien.

Recevons les petits services qu'on nous rend, d'une manière gracieuse et aimable ; admirons de bon cœur ce que d'autres voudraient voir apprécié par nous ; faisons, en un mot, pour les autres ce que nous voudrions leur voir faire pour nous ; et proposons-nous pour modèle le contraire d'un esprit exigeant et boudeur qui ne recherche que le mauvais côté de toutes choses, et qui ne saurait jamais en découvrir les faces agréables et souriantes.

PETITES OBLIGEANCES.

Il s'écoule à peine une heure dans la journée sans qu'il se présente à nous une occasion d'être utiles ou agréables à quelqu'un d'une manière ou d'une autre.

Au nombre des petites obligeances, n'oublions pas celle de laisser chacun être heureux et s'amuser à sa manière. N'insistez jamais sur votre propre manière de voir en fait de plaisirs ; car, avec les meilleures intentions du monde, vous ne feriez que tourmenter et ennuyer ceux auxquels vous voudriez plaire ; de plus, ce besoin de dominer et de faire prévaloir nos propres idées, peut dégénérer en habitude ridicule d'une tyrannie perpétuelle et insupportable.

Facilitons avec bonté l'exécution des projets d'autrui. Sachons nous mettre au point de vue des autres et faire ce qui est en notre pouvoir pour écarter les obstacles qui s'opposent à la réalisation de leur désir. Qui ne sent son entrain péniblement refoulé quand, une partie de plaisir ayant été proposée, ou une invitation agréable reçue, personne ne se trouve, au milieu de la famille, qui veuille y prendre intérêt, ou qui paraisse se soucier le moins du monde de la décision que l'on prendra? C'est pis encore si, non content de se renfermer dans une froide indifférence, quelqu'un se met à prévoir des empêchements, possibles ou impossibles, créant à loisir des difficultés imaginaires, et finissant par s'étonner que vous puissiez attacher le moindre prix à ce genre d'amusement. La jeunesse surtout a besoin d'une sympathie affectueuse pour tous les petits événements de sa vie.

Dans les familles que vous connaissez intimement, ne distinguez-vous pas sans peine celui des membres auquel tous les autres s'adressent dans leurs petites difficultés? C'est là précisément la personne qui facilite l'exécution de tous les petits projets, qui prend part à toutes les joies, et qui ne songe jamais à elle-même, ne vivant que pour le bonheur des autres.

Vous ne la verrez point borner ses petites attentions au centre de sa famille; c'est toujours elle qui songe à obliger toutes les personnes de sa connaissance; c'est elle qui envoie des fleurs et des fruits aux malades, qui rend visite à ceux qui sont retenus à la maison; c'est elle qui prête des livres, des gravures, et qui demande la première des nouvelles de vos parents ou de vos amis absents!

Regardez autour de vous, cherchez d'abord au sein même de votre famille, puis au milieu de vos voisins et amis, s'il n'y a pas quelque personne dont vous puissiez rendre le petit fardeau plus léger, dont vous puissiez adoucir les petits chagrins, augmenter les petites joies, ou satisfaire les petits désirs.

Renoncez joyeusement à vos propres occupations pour être utile aux autres; chargez-vous de ces petits devoirs détaillés du ménage que personne n'aime à faire, et qui doivent cependant être faits par quelqu'un.

Ayons des égards pour ceux qui sont négligés dans une réunion, quelle qu'en soit la cause, vieillesse, pauvreté, laideur ou même sottise.

PETITS EFFORTS.

Nous nous plaisons trop à rêver à tout ce que nous ferions *si* nous étions riches, puissants, doués de facultés éminentes ou de talents extraordinaires, au lieu de nous étudier à faire consciencieusement ce qu'il est réellement en notre pouvoir de faire. Il n'y a personne au monde qui ne puisse faire quelque bien, et acquérir des connaissances et de l'instruction.

Un auteur a fait un calcul amusant sur tout ce que l'on pourrait apprendre, en employant régulièrement à l'étude seulement dix minutes par jour. Dans le courant de cinquante années, on pourrait arriver à la connaissance de sept langues différentes, au point de les lire avec facilité.

Les personnes auxquelles les devoirs de la famille et de la société ne laissent que peu de temps pour les études, devraient suppléer à l'insuffisance de leurs petits efforts par leur grand nombre et leur régularité. Chacun peut disposer librement au moins de dix minutes par jour.

PETITS SOUCIS.

Beaucoup de personnes font trop de bruit au sujet d'une bagatelle, se tourmentant elles-mêmes, et rendant la vie des autres amère par leur mécontentement perpétuel. Elles détruisent toute joie et exagèrent le moindre mal jusqu'à en faire une montagne formidable. N'est-il pas risible de leur entendre dire, avec le plus grand sérieux, qu'elles ne peuvent *malheureusement* pas aller se promener aujourd'hui à cause de la poussière qui couvre la route? Quelquefois elles appréhendent avec terreur quelques gouttes de pluie, ou bien elles redoutent le soleil et sont à demi mortes à la pensée de la chaleur qu'il va faire, tandis qu'à d'autres moments elles tremblent et grelottent dans leur chambre bien chauffée, quand on vient à leur parler du froid qu'il fait dehors.

Gardons-nous d'attacher de l'importance aux petites contrariétés que nous ne pouvons éviter. A force d'être ennuyé, on finit par devenir ennuyeux soi-même.

Un esprit qui ne se laisse pas attrister par des bagatelles finit par ne plus les apercevoir, tandis que ceux qui semblent prendre plaisir à se préoccuper de ces mille petits ennuis parviennent à les changer en soucis véritables, qui envahissent leur vie et les privent d'une grande partie de leur bonheur.

PETITS PLAISIRS.

Combien de petits événements dans notre vie peuvent se changer pour nous en plaisirs, si nous voulons les considérer comme tels! Une promenade dans les champs, une petite amélioration dans nos arrangements domestiques, une surprise préparée à quelque membre absent de notre famille, chaque petit incident agréable qui amène de la variété dans notre vie peut devenir une source de plaisir. Bienheureux ceux qui gardent jusque dans l'âge mûr leur cœur d'enfant!

Ceux qui sont constamment à la recherche d'une nouvelle jouissance trouvent certainement peu d'attraits aux plaisirs simples et purs.

Quelle source inépuisable de joies n'offre pas la nature à ceux qui savent la comprendre et l'aimer! Ils n'ont pas besoin de ces vues magnifiques, de ces spectacles grandioses qui font battre le cœur des êtres les plus froids : quelques arbres touffus, quelques buissons en fleurs, suffisent pour leur causer un moment de joie sincère. Nous sommes souvent trop portés à nous détourner des plaisirs qui s'offrent à nous chaque jour, soupirant après d'autres que nous ne pouvons nous procurer. Combien de personnes n'y a-t-il pas qui brûlent du désir de voyager au loin, et qui envient le sort bienheureux de ceux auxquels leurs moyens et leur temps permettent de quitter leur patrie pour parcourir des pays étrangers!... Mais jouissent-elles comme elles le pourraient de ces petites excursions que l'on peut s'accorder chaque jour? Habitant la ville, savent-elles apprécier comme elles le devraient une promenade de quelques heures dans la campagne, ou une journée passée dans un jardin? Méprise-t-on ces plaisirs parce qu'ils sont trop simples ou trop ordinaires? Pour un esprit cultivé ou observateur, il n'y a guère d'incidents dans la vie, ni d'objets extérieurs, qui ne puissent éveiller des réflexions utiles, ou quelque bon sentiment qui porte ses fruits dans l'avenir. Si vous cherchez de petits plaisirs avec un petit esprit, vous vous plairez aux petits cancans de vos voisins, aux frivolités de la toilette, à mille petites choses qui empoisonnent le cœur et la pensée; mais ce n'est point ainsi que je voudrais vous voir jouir des petits plaisirs! Détournez-vous de tout ce qui est bas et vil, indigne de vous; mais ne dédaignez pas ces petites fleurs simples et modestes qui s'épanouissent au bord de votre sentier, et dont Dieu vous permet de jouir d'un cœur content et pur! Nous avons *tous* quelqu'un à aimer, quelqu'un auquel nous pouvons donner du bonheur; et dans tous les pays, et dans tous les climats, il y a de beaux jours où la nature entière semble sourire, où le soleil nous éclaire de ses rayons les plus joyeux!

PETITS PÉCHÉS.

Au nombre des *petits péchés* il faut compter l'indolence, l'impolitesse, l'insouciance, l'inattention et les manières grossières, défauts que nous blâmons sévèrement chez nos enfants, et que nous devrions commencer par ne jamais nous permettre nous-mêmes. Ne regardons pas comme indigne de nos efforts l'avantage d'avoir pu nous débarrasser de ces mauvaises habitudes!

L'habitude de remettre nos petits devoirs, au lieu de les accomplir immédiatement, est encore un petit péché. Ceux qui ont beaucoup à faire succombent moins souvent à cette tentation fatale que ceux qui sont maîtres de leur temps. La paresse et l'indolence remettent sans cesse; et sous prétexte que l'on pourra toujours trouver le moment pour telle œuvre de bienfaisance ou pour tel service d'amitié, on ne le trouve jamais.

Il y a une manière de s'occuper sans jamais rien produire, comme, par exemple, de lire des ouvrages frivoles, de converser sur des sujets futiles, ou bien de broder sans cesse après quelque chiffon inutile; manière d'agir qui peut bien tenir lieu d'activité, mais qui restera toujours sans résultat satisfaisant. C'est un gaspillage de temps qui ne profite à personne. Peu à peu on s'habitue à cette existence sans but, ou bien on éprouve le besoin de l'animer par des amusements toujours nouveaux, afin de faire couler plus vite des heures dont la marche semblait être arrêtée par l'ennui. Ayez une raison, un motif pour tout ce que vous faites.

Il serait bon de s'astreindre, ne fût-ce que pendant une semaine, à tenir un compte exact de tout ce que l'on a fait, et d'examiner ensuite avec loyauté quel a été l'emploi exact de cette portion de temps, et si les résultats sont dignes des facultés que la Providence nous a départies.

L'étourderie qui conduit à l'inattention envers les autres est de l'égoïsme, et en prononçant ces mots : *Je n'y ai pas pensé!* c'est plutôt l'idée d'un reproche que celle d'une excuse que nous devons y attacher.

La mauvaise humeur est un défaut auquel on semble céder sans assez de honte. Qui ne connaît le regard froid et impassible qui se détourne toujours au moment où on espère le rencontrer, ces réponses sèches et courtes qui glacent le cœur, cette indifférence marquée pour tout ce que l'on dit et tout ce que l'on fait, qui décourage? ou bien encore cette voix tranchante et brève, ce regard sombre, ce parti pris de ne pas sourire, cet air de martyr, cette expression ironique, cette humilité moqueuse ou cette manière impertinente de ne point s'adresser directement à la personne à laquelle on parle, défauts qui fatiguent ou repoussent les sympathies? Qui n'a été peiné en voyant ces manifestations de mauvais sentiments chez les autres, tout en s'y livrant peut-être soi-même à l'occasion, sous prétexte d'avoir des raisons pour être fâché?

Très-près de la mauvaise humeur, nous trouvons la disposition fâcheuse de se croire offensé à propos de rien. C'est presque toujours à la maison, au sein de notre famille, à l'égard de ceux que nous aimons le mieux, que nous nous laissons aller à cette susceptibilité exagérée. Et nous empoisonnons ainsi, par notre propre faute, les joies de la famille; nous méconnaissons ces liens sacrés qui sont une bénédiction de Dieu, et que nous devrions apprécier avec tant de reconnaissance.

L'habitude de tourner toutes choses en ridicule conduit à une recherche fort peu aimable des défauts de notre prochain, et étouffe insensiblement en nous l'admiration spontanée de ce qui est beau, et cette qualité bien plus précieuse encore de ne voir que le bon côté des choses, et de supposer toujours plutôt le bien que le mal.

L'esprit de contradiction continuelle porte le plus souvent sur des bagatelles; mais il n'en est pas moins ennuyeux de ne pouvoir ouvrir la bouche sans être interrompu par des exclamations de toute espèce. Racontez-vous un événement quelconque, chaque circonstance en est relevée, discutée et mise en doute. Avancez-vous une opinion, on s'en étonne, on la conteste; et si vous insistez sur tel ou tel fait, on vous accable de questions, d'objections et de doutes, jusqu'à ce que, de guerre lasse et en désespoir de cause, vous preniez le parti de ne plus rien dire du tout.

Si l'habitude de la contradiction est insupportable, il en est de même de cette indécision perpétuelle qui nous fait perdre la moitié de notre temps. Souvent on emploie une journée entière à se demander mutuellement ce que l'on veut faire, de quel côté on dirigera sa promenade, et quelle sera la meilleure manière de faire passer le temps agréablement à la personne que l'on voudrait obliger. Au bout du compte, on finit par ne rien entreprendre du tout, ou peut-être précisément le contraire de ce qui aurait procuré du plaisir à tout le monde. Il faut apprendre à savoir ce que l'on préfère en toutes choses, et ne pas craindre de l'exprimer franchement, lorsqu'on nous demande notre avis. Faire des emplettes avec une personne d'un esprit indécis est un véritable supplice, et la patience du marchand est mise souvent à de trop rudes épreuves (1).

(1) Extrait d'un excellent livre publié sous le titre de: *les Petites choses*, par Mme S. O. — Paris et Strasbourg, 1865.

Bons Conseils.

Soyez pauvre et continuez à l'être, tandis qu'autour de vous les autres deviennent riches par la fraude et la trahison.

Restez sans place et sans pouvoir, tandis que les autres mendient leurs positions élevées.

Supportez la peine du désappointement de vos espérances, tandis que les autres obtiennent l'accomplissement des leurs au moyen de la flatterie.

Abandonnez l'étreinte gracieuse de la main que les autres recherchent en rampant et en faisant des bassesses.

Enveloppez-vous de votre vertu; travaillez à trouver un ami et votre pain de tous les jours.

Et si, dans telle traversée de la vie, vous êtes arrivé à grisonner avec l'honneur intact, bénissez Dieu et mourez.

HEINZELMANN.

L'Inondation.

Cette chienne, emportée par les eaux sur la niche où son maître l'avait enchaînée, et qui flotte au gré des vagues avec ses petits, ne peut être indifférente à personne. On comprend son attitude désespérée et qui implore; on entend son hurlement plaintif; on s'occupe, malgré soi, de cette famille dont l'un des fils lutte encore contre le courant; on s'associe à la douleur de la mère, impuissante à secourir les siens et à se sauver elle-même.

Au reste, son danger a été aperçu; et, au milieu de la désolation générale, il a éveillé l'intérêt et la pitié.

Là-bas, de ce village à demi noyé, une barque vient de partir; elle se dirige vers la famille naufragée! mais arrivera-t-elle à temps? On l'aperçoit à peine, et déjà la niche qui sert de radeau à la mère et à ses petits s'incline à demi submergée; déjà les planches vermoulues se séparent sous l'effort des eaux! Que va-t-il arriver?

C'est ici la question suprême, question

L'INONDATION.

de vivre ou de mourir! L'artiste nous a habilement laissés, entre la crainte et l'espérance, dans cette incertitude émue qui, malgré nous, retient l'esprit, agite le cœur et fixe le regard.

Portrait d'un Homme destiné à vivre longtemps.

Sa taille est moyenne et bien proportionnée, ou même un peu ramassée; son visage n'est pas trop haut en couleur, car, au moins dans la jeunesse, la coloration excessive de cette partie du corps promet rarement une longue vie; ses cheveux sont plus blonds que noirs; sa peau est ferme sans être rude; sa tête est de grosseur moyenne; il a des veines bien marquées sur les membres; ses épaules sont plutôt arrondies qu'aplaties; son cou n'est pas trop long ni son ventre saillant; ses mains sont grandes, mais non parsemées de sillons profonds; son pied est plus large que long, et son mollet presque rond; il a une poitrine large et voûtée; sa voix est forte et sonore; il peut retenir son haleine sans en être incommodé. En général, une harmonie parfaite règne entre toutes ses parties; ses sens sont bons;

sans cependant être trop délicats ; son pouls est lent et uniforme.

Son estomac est excellent, son appétit fort bon et sa digestion facile. Les plaisirs de la table ont de l'attrait pour lui et portent la gaieté dans son âme, qui partage les jouissances du corps. Il ne mange pas uniquement pour manger, mais l'heure des repas est tous les jours une heure agréable pour lui, et la table lui procure une sorte de volupté qui a sur les autres l'avantage de l'enrichir au lieu de l'appauvrir. Il mange lentement, et il n'éprouve pas souvent le besoin de boire : une grande soif est toujours le signe d'une consommation rapide.

Il est, en général, ouvert, affable, communicatif, accessible à la joie, à l'amour et à l'espérance, mais inaccessible à la haine, à la colère et à l'envie. Ses passions n'ont jamais le caractère de l'impétuosité et de la violence. Si quelquefois il se fâche et se met en colère, c'est plutôt un échauffement utile, une fièvre artificielle et salutaire, qu'un épanchement de bile. Il aime à s'occuper et se complaît surtout à méditer tranquillement sur des objets agréables. Il est optimiste, ami de la nature et du bonheur domestique. Il ne connaît ni l'ambition ni l'avarice, et ne s'occupe guère du lendemain.

Éclipse.

Éclipse était alezan. Il est né le 5 avril 1764, à Ewell, dans les écuries du duc de Cumberland, à l'heure même d'une éclipse de soleil qui est presque aussi célèbre que lui. Sa mère était *Spiletta*, descendant du célèbre étalon *Godolphin Arabian* par *Regulus* ; son père était *Marska*, descendant de *Bartlett-Childer* par *Squirt*.

L'enfance d'Éclipse ne laissa rien pressentir de sa gloire future. S. A. le duc de Cumberland et ses écuyers n'avaient même conçu qu'une fort médiocre estime des aptitudes du poulain de *Spiletta*. On lui reprochait d'avoir l'encolure lourde, le système musculaire trop développé, d'être trop membru pour sa taille, de manquer de distinction, d'annoncer des dispositions réfractaires, et enfin on remarquait avec peine qu'il portait une balzane postérieure passablement haut chaussée[1]. Quelle déception ! Était-il bien possible que ce fût là le petit-fils de *Godolphin* et de *Childer* !

Chaque année, le duc faisait vendre un certain nombre de ses chevaux. Une année vint où Éclipse, dédaigné, incompris, fut mis aux enchères et adjugé, pour un prix fort modéré, à un marchand de Smithfield, nommé Wilderman, qui le fit conduire dans les environs d'Epsom.

« Éclipse grandit au milieu de ces campagnes, dit un de ses historiens ; ses formes se développèrent ; les défectuosités qui avaient motivé sa réforme s'effacèrent progressivement sous l'œil vigilant de son maître. Il gagnait chaque jour en beauté, et des qualités surprenantes de force, de vitesse, se révélaient en lui. Wilderman se félicitait de son acquisition, et il se serait livré sans réserve aux espérances les plus dorées, si les dispositions réfractaires que ce jeune cheval avait montrées chez le duc de Cumberland, loin de s'amender, n'étaient devenues plus sensibles avec le temps. A l'âge de deux ans, Éclipse se laissait difficilement approcher du cavalier ; il se défendait, se cabrait, et ne prenait son essor qu'après de longues hésitations. Cette fougue, ce regimbement, n'avait rien de régulier ; c'était fantastique, imprévu. Au moment où l'on comptait sur sa docilité, il refusait d'obéir. »

---

(1) Balzane, marque blanche aux pieds des chevaux.

A trois ans, Éclipse était tout à fait ingouvernable. Il faisait le désespoir des gens d'écurie. Wilderman commençait à se repentir de son marché. A quoi bon les qualités les plus brillantes d'un cheval, si l'on ne peut le diriger à volonté sur le turf?

Vers ce temps, un amateur bien connu, le capitaine O'Kelly, avait à son service un Irlandais nommé Sullivan, qui passait pour posséder le secret de dompter à la minute les chevaux les plus fougueux et les plus rebelles. M. Wilderman obtint du capitaine que Sullivan essayerait son pouvoir sur Éclipse. Si l'expérience réussissait, le capi-

ÉCLIPSE, CÉLÈBRE CHEVAL DE COURSE ANGLAIS.

taine devait devenir propriétaire pour moitié du fils de *Marska*, le jour où il courrait pour la première fois.

Le succès de Sullivan fut aussi prompt que merveilleux. Éclipse, grâce à lui doux et docile, l'emporta bientôt sur tous ses concurrents dans les courses d'essai.

A sa cinquième année, M. Wilderman le fit inscrire pour le prix des « nobles et des gentlemen. »

Le 3 mai 1769, Éclipse fit son début sur l'hippodrome d'Epsom, qui était, dès ce temps, le plus célèbre de l'Angleterre.

Il était monté par le jockey Withing.

Ses concurrents étaient *Cower*, *Chance*, *Social* et *Plume*.

Dès qu'il entra dans la lice, Éclipse excita l'admiration de tous les spectateurs. Les paris se firent sur-le-champ pour lui dans la proportion de quatre contre un.

Voici le portrait qu'on a fait d'Éclipse tel qu'il apparut dans cette journée :

« Ses épaules ouvertes, ses hanches indiquées étaient prodigieuses dans leur apparence de force, tandis que par la légèreté de ses jambes et de ses pieds il semblait à peine tenir au sol. Son cou, par son inflexion, rappelait celui du cygne ; sa tête était moyenne et haute, ses naseaux étaient dilatés et plissés, les yeux à fleur de tête, le garrot sec et élevé, ses jarrets larges, ses flancs calmes, ses sabots arrondis ; sa robe était alezan, mais d'une teinte rougeâtre très-rapprochée de la couleur brique, alezan-cerise ; ses crins, d'une finesse exquise, étaient tressés en huit nattes également espacées. Tout le réseau veineux et l'expression musculaire se lisaient sous la transparence soyeuse de sa peau. »

La distance à parcourir était de quatre milles en partie liée. A peine lancé, Éclipse, en quatre bonds, franchit cent pieds. En quatre minutes il était au bout. Sa victoire fut aussi facile à la seconde manche.

Suivant sa promesse, Wilderman céda la moitié de la propriété d'Éclipse au capitaine O'Kelly.

Pendant cette année 1769, Éclipse remporta huit autres prix.

Le 17 avril 1770, il gagna le prix du roi à New-Market, contre *Bucephalos*, qui jusque-là n'avait jamais été battu dans aucune course.

Il s'éleva dès lors des jalousies terribles contre lui. Des jockeys laissèrent échapper des menaces de mort. Wilderman s'effraya et céda la propriété entière d'Éclipse au capitaine, qui, grâce à tous les prix remportés dans la suite par Éclipse, aux paris, et surtout aux profits de la reproduction, acquit une fortune de plus de 200 000 livres (cinq millions).

En 1789, Éclipse mourut, âgé de vingt-six ans, à Witchurch, dans le comté de Hertford.

Jamais on ne s'était servi de cravache, d'éperons ou de paroles pour exciter sa course. On assure même qu'on n'a jamais connu toute sa vitesse, parce qu'il n'avait pas besoin de la produire tout entière pour distancer ses rivaux.

La liste de ses descendants occuperait deux de nos colonnes. Quatre cents d'entre eux ont remporté huit cent cinquante-deux prix tandis qu'il existait encore.

Jeu de Dames à Alger.

De tous les jeux connus à Alger, le jeu de dames est le plus usité. Les Arabes ne sont joueurs que pour passer le temps, et non pour l'appât du gain ; car le bénéfice de nombreuses victoires se réduit le plus souvent à une tasse de café d'un sou. Quelquefois on attache, pendant le jeu, une branche d'asperge ou d'arbre au turban du vaincu, comme chez nous les soldats, au jeu de la drogue, enfourchent leur nez avec une épingle de blanchisseuse. Leur manière de jouer aux dames est la même que la nôtre, à l'exception qu'ils ne prennent pas les pions en arrière.

La Vie Humaine.

L'ange gardien vient d'apporter sur la terre *une forme humaine ;* l'enfant est dans les bras de la matrone, qui veille aux premiers soins qui doivent lui être donnés, tandis que la mère, les mains jointes, remercie silencieusement Dieu d'avoir accordé une sœur à son fils.

Les deux enfants grandiront quelques années l'un près de l'autre ; ils échangeront leurs premiers sourires et leurs premières paroles ; ils s'initieront à la vie, en partageant les peines et les plaisirs de leur âge, jusqu'au jour où l'austère génie des sociétés humaines viendra les prendre par une main et montrera à chacun d'eux une route différente.

A toi d'abord, jeune homme, les sérieuses études et les rudes apprentissages ! Appelé quelque jour à juger les autres hommes, à prendre part aux affaires de la patrie, à porter le poids des responsabilités publiques et privées, il faut que ton esprit s'éclaire. Va donc recevoir les leçons d'un maître instruit par le travail et l'expérience ; écoute avec docilité, médite avec persévérance ; ne cherche ni à inventer la vie, ni à recommencer le monde ; accepte ce qu'enseigne la sagesse des autres, et laisse ouvrir lentement devant toi les portes du temple au lieu de vouloir l'escalader.

Mais en même temps que tu fortifies ton intelligence par l'étude, fortifie ton corps par l'exercice et ton âme par le courage. La vie est une mêlée où il faut se percer une route. Apprends à te soumettre toutes les forces dont l'homme s'est fait des auxiliaires : que le coursier de guerre t'obéisse, que le fer ne tremble pas dans ta main ; qu'on puisse te compter parmi les vaillants, non pour conquérir une gloire inutile, mais pour conserver l'indépendance de ton peuple, pour protéger le faible, pour pouvoir toujours marcher le front haut dans ta voie, armé de ton droit et éclairé de ton devoir.

Tandis que tu te prépares ainsi à prendre ta place parmi tes semblables, l'enfant qui courait naguère avec toi dans les blés, et qui te tressait des couronnes de bluets, reçoit aussi les leçons de ses aînées.

La vois-tu, dans la prairie, occupée à arroser la toile qui blanchit ; puis, sous les tilleuls qui ombragent le seuil, filant la laine ou portant au moissonneur le repas qu'elle-même a préparé, tandis que la jeune épouse lit en allaitant son nouveau-né, et lui montre à la fois les devoirs et les douceurs de la maternité ?

Mais l'heure du travail est passée. Voici la jeune fille qui, avec sa compagne, traverse la prairie. Elle est pensive ; elle effeuille une fleur de myosotis. Derrière elle passe le jeune homme dont lui parle souvent sa mère ; il revient de la chasse avec le chien et le faucon, et se retourne pour voir la belle promeneuse. Bientôt les souhaits des parents seront accomplis : réunis sur le même siége et sous la couronne nuptiale, tous deux commenceront la vie que les pères finissent. Déjà les instruments retentissent, les danseurs se croisent joyeusement ; car dans cette chaîne de la comédie humaine, un anneau ne peut tomber sans qu'un autre le remplace : tout se perpétue, se renouvelle, et à côté de chaque tombe se balance un berceau.

Triste spectacle pour l'homme qui retourne à lui et ne cherche que lui-même dans le plan de Dieu ! mais consolante assurance pour celui qui se regarde comme une étincelle au foyer commun, et qui ne se croit point disparu du monde tant qu'il survit dans l'humanité !

Les gravures qui nous ont suggéré ces réflexions reproduisent quelques-unes des peintures dont le peintre allemand Bendemann a orné la salle du Trône, au palais royal de Dresde. Elles sont là comme un philosophique avertissement de ce qu'est la vie humaine pour tous. Nous n'avons donné que quelques-unes des compositions du peintre étranger, qui parcourent tous les degrés et

La vie humaine par Bendemann

J.GAGNIET. Del.   BERTRAND. SC.

tous les incidents du sujet qu'il voulait développer. Les ornements de style allemand qui encadrent nos gravures n'existent point autour des peintures originales; elles sont de la composition du dessinateur.

Le palais de Dresde (*Schloss*) est d'une architecture peu remarquable. Partiellement reconstruit en 1833 et en 1834, il a été menacé d'une nouvelle destruction par les troubles civils en 1849. C'est au rez-de-chaussée de sa cour principale que l'on voit la Voûte-Verte. La salle du Trône est une vaste pièce du premier étage, d'assez triste aspect; mais ses peintures, d'un grand style, et qui respirent de hautes pensées, suffisent pour lui assurer une célébrité durable.

Sauvages.

Au mois d'août dernier, j'habitais un petit chalet des environs de Paris, un peu trop voisin de la route. Un jour, tout en écrivant près de ma fenêtre, j'entendis une conversation qui éveilla ma curiosité. Je me penchai et regardai. Un capitaine de navire marchand qui m'avait visité la veille était assis près d'une petite table devant la maison de sa mère. Douze ou quinze habitants fumant au soleil l'entouraient et l'écoutaient. Voici ce qu'à l'instant même je notai de l'entretien:

Le Capitaine. Je vous dis que vous êtes tous des sauvages! (*Les habitants se regardent les uns les autres en riant et en secouant la tête.*) J'ai tort; vous êtes pires. Il y a beaucoup de sauvages qui sont plus hommes que vous. (*Les rires redoublent.*) Je ne ris pas, moi; je vous dis la vérité.

Un Habitant. Eh! Georges, parce que depuis vingt ans tu roules ta vie dans toutes les parties du monde, il ne faut pas tant mépriser tes anciens amis; tu nous crois aussi plus sots que nous ne le sommes.

Le Capitaine. Non, vous n'êtes pas des sots: vous parlez même d'une manière assez drôle et qui m'amuse quelquefois, quand je comprends votre jargon, ce qui ne m'arrive pas toujours; mais, avec tout cela, vous n'êtes pas des hommes comme il vous faudrait l'être.

Un Habitant. Qu'est-ce donc qu'il nous manque, Georges, pour être des hommes comme tu l'entends? On gagne sa vie comme on peut; après son travail, on se repose, et on cherche à s'égayer les uns les autres pour passer le temps.

Le Capitaine. Parmi vous, il y a d'honnêtes gens qui travaillent bien, qui n'ont pas de dettes, ne rendent pas leurs familles malheureuses, et économisent pour leur vieillesse. Il y en a aussi qui ne travaillent pas souvent dans la semaine et qui se font bien payer leurs journées, mais qui n'apportent guère de ce qu'ils gagnent à leurs femmes et à leurs enfants, ni aux caisses d'épargne; il paraît qu'ils sont au monde, ceux-là, pour faire la fortune des marchands de vin; c'est leur manière de rendre service à leurs semblables; à chacun sa vocation. Il y en a enfin, il faut bien le dire, de très-méchants qui ne savent que boire, dire des grossièretés, se disputer et se battre, et qui s'en vont de temps à autre réfléchir, bien malgré eux, dans une prison ou à l'hôpital; ces réflexions ne leur servent pas à grand'chose, et ils ne reviennent que pour recommencer à mal faire, ce qui les mènera tôt ou tard un peu plus loin et en des endroits où ils auront encore plus de temps pour réfléchir. Mais quand je dis que vous ne valez pas certains sauvages de ma connaissance, je ne m'adresse pas plus à ceux d'entre vous qui sont honnêtes qu'à ceux qui ne le sont pas; je parle de vous tous: je ne trouve ni les uns ni les autres des hommes assez sérieux.

Un Habitant. Sérieux! pourquoi veux-tu que l'on soit sérieux? On l'est quand c'est le temps de l'être, et on n'en a l'occasion que trop souvent.

Le Capitaine. Vous ne me comprenez pas. Je veux dire que vous n'entendez pas la vie d'une manière assez sérieuse, assez raisonnable. Sans doute vous êtes sérieux quelquefois, malgré vous, « à votre corps défendant », quand vous sentez votre bourse vide, quand il vous faut vous appliquer à votre travail sous peine de mourir de faim, ou quand vous souffrez de maladie. Mais quel mérite y a-t-il alors à ne pas rire, à ne pas railler? Si ces jours-là vous ne parlez pas, si vous avez des visages refrognés, si vous avez l'air comme dit la mère Jeanne, « tout assotés », ce n'est point par raison et par bonne volonté de bien penser, c'est par force et parce que vous ne pouvez faire autrement. Mais, je vous le demande en conscience: habituellement, quand vous n'avez sujet d'être ni tristes, ni d'être gais, quand vous êtes « au calme », dites-moi sincèrement, qu'y a-t-il de bon, de curieux, de beau, d'intéressant dans votre tête? Voilà plus de quinze jours que je suis ici près de ma mère : je vous entends causer quatre à cinq heures par jour; et de quoi parlez-vous qui vaille la peine d'être écouté et retenu dans la mémoire? Vous répétez toujours les mêmes choses, vous riez toujours des mêmes plaisanteries, et quand vous êtes de mauvaise humeur, vous êtes insupportables, vos plaintes sont aussi monotones que vos bons mots. On dirait que vous ne savez rien de plus que quatre ou cinq vieilles phrases apprises par cœur; si vous êtes instruits des choses les plus simples, de celles que tout homme doit connaître, si vous réfléchissez, si vous pensez par vous-mêmes, vous n'en êtes pas bien fiers, et vous gardez apparemment toute votre sagesse et tout votre savoir pour vous, car il n'en sort jamais rien de votre bouche. (*Deux ouvriers murmurent.*) Est-ce que ces vérités-là vous offensent? Si je ne peux parler librement, je me tais.

Un Habitant. Parle, Georges, parle. On dit : « Franc comme un marin. » Si tu n'es pas juste, on essayera de te répondre.

Le Capitaine. A la bonne heure. Il se peut que j'aille trop loin ; alors on me fera le plaisir de me donner un avertissement amical. Je ne suis pas venu ici pour me mettre mal avec mes compagnons d'enfance ; j'ai de l'amitié pour eux, et je ne leur ai pas montré jusqu'ici, je crois, un mauvais caractère.

Un Habitant. Non, non, continue.

(*Quelques ouvriers se lèvent et s'éloignent en haussant les épaules.*)

Le Capitaine. Il y a un an, j'étais à Tahiti. — Quelqu'un de vous sait-il où est Tahiti? — Bien loin, sur la mer, n'est-ce pas? Mais est-ce du côté de la Chine, de l'Afrique ou de la Nouvelle-Hollande? Personne ne répond. Je me doutais bien que vous n'aviez pas là-dessus des idées bien nettes. Est-ce qu'un être raisonnable ne doit pas désirer savoir à peu près ce qu'il y a sur la terre? Une petite carte géographique représentant tout le globe ne coûte cependant pas bien cher. Un jour où vous boiriez deux ou trois litres de moins, vous pourriez en acheter une, la clouer dans votre chambre, et quand on parlerait devant vous d'un pays, vous sauriez du moins le trouver.

J'étais donc à Tahiti. A l'occasion d'une grande fête en l'honneur de la reine Pomaré, un officier de notre marine adressa un discours aux Tahitiennes, qui sont fort jolies, et aux Tahitiens, qui ne sont pas sots. Il leur fit un grand éloge du peuple français et de ses progrès en richesse, en moralité et en instruction. La lecture, disait-il, se répandait dans toutes les classes de la société, les arts fleurissaient, les sciences utiles étaient à la portée de tout le monde, la civilisation faisait des pas de géant jusque dans les villages... et ainsi de suite.

Après la cérémonie, un vieillard, qui avait été autrefois conseiller et ministre du gouvernement tahitien, me prit à part et me dit en soupirant : « Ah ! les Français sont les » enfants aimés de Dieu ! Qu'ils sont heureux » de connaître tant de belles choses et d'être » tous si bons ! J'aimerais mieux être né le » plus pauvre des paysans ou des ouvriers » dans votre pays que d'avoir été l'un des » premiers dans cette pauvre île ignorante » et sauvage ! »

J'avoue que, dans ce moment, je trouvai ces paroles du vieillard dignes et raisonnables. Je pris plaisir à ajouter encore aux éloges de la France que nous venions d'entendre. Mais, quand je fus seul, je pensai que mon éloquent compatriote pouvait avoir un peu exagéré ; je me souvenais, à la vérité, qu'à mon départ de la France on ouvrait de toutes parts avec ardeur des écoles, que l'on écrivait de petits livres et de petits journaux à bon marché pour propager des notions morales, l'instruction et le goût des arts.

En vingt-cinq ans, me disais-je, des hommes aussi vifs, aussi prompts à tout comprendre, aussi spirituels que mes compatriotes, peuvent bien être parvenus à s'améliorer et à s'éclairer de telle manière qu'à mon retour je doive à peine les reconnaître. En 1830, les hommes instruits aimaient le peuple, et paraissaient bien résolus à partager avec lui leur savoir, à l'aider à s'élever en intelligence et en dignité.

« La métamorphose doit être admirable, songeai-je quelques jours après tout en naviguant. » J'étais impatient ; mon cœur battait. J'arrive ici, dans ce village où je suis né, près de Paris « la grande ville », et il faut bien que vous me permettiez de vous dire ce que je vois et ce que je pense. Pas un seul d'entre vous n'est plus instruit qu'on ne l'était ici il y a vingt-cinq ans ; pas un ne raisonne mieux que de mon temps ; pas un ne cause mieux ; pas un de vous ne cherche à s'instruire et à être meilleur ; pas un d'entre vous n'étudie quoi que ce soit et n'ouvre seulement un bon livre. Où sont vos livres ? les cachez-vous ? Pas un d'entre vous ne sait ce qui est le plus indispensable à un bon citoyen, et même, par exemple, l'histoire de son pays. — Voilà le grand Benoit qui se récrie. Eh bien, Benoit, dis-moi comment la France était gouvernée il y a deux ou trois cents ans. Réponds ! Tu restes muet, et personne ne prend la parole à ta place. Eh bien, il y a cent cinquante ans, que faisait-on en France? Tu n'en sais rien non plus. Ai-je donc tort ? Les plus habiles d'entre vous pourraient raconter seulement ce qui s'est passé en France du vivant de leur père, ou au plus du temps de leur grand-père. Encore ferait-il, j'imagine, bien des erreurs. Est-ce qu'il n'est pas honteux pour un Français de ne pas savoir l'histoire de la France ?

Passons à autre chose. Nous voyons d'ici le chemin de fer ; c'est pendant mon absence qu'on l'a construit. Que l'un de vous me dise comment est venue cette invention-là, comment il se peut qu'une machine sans chevaux fasse rouler tous ces wagons, ou comment ces fils de fer qui sont au-dessus peuvent porter des nouvelles de Paris à Marseille en quelques minutes. Vous avez peut-être retenu les mots *vapeur*, *électricité*. Mais qu'est-ce que ces mots-là signifient ? Les gens, les livres qui peuvent vous donner les explications nécessaires, sont partout ; mais vous n'êtes pas curieux. Vous croyez

OCÉANIENS.

être assez savants si vous êtes assez habiles pour ne pas mourir de faim. Avant-hier, Hardouin a voulu dire ce qui se passait dans l'intérieur d'une locomotive : il a parlé de chaudière, de piston, mais il s'est si bien embrouillé qu'il n'a jamais pu aller jusqu'au bout, et vous avez tous éclaté de rire en voyant qu'il n'en savait point là-dessus plus que vous; il y avait plutôt de quoi rougir tous jusqu'aux yeux ! Hier soir, vers dix heures, le ciel était pur comme la mer Pacifique : j'ai demandé au fils de Jaubert, qui a quatorze ans, où était l'étoile polaire, et il m'a répondu que personne au village n'était en état de la montrer; vous n'avez pas réclamé. Si l'on vous parlait ou de la distance qu'il y a d'ici aux étoiles, ou des nébuleuses, ou des étoiles doubles, vous répondriez comme le père Vaudey devant l'arc-en-ciel : « Bah ! personne ne connaît rien à tout cela ! » car c'est l'habitude des ignorants de se complaire à croire que personne n'en sait plus qu'eux. Vous avez pourtant toujours le ciel tout étendu sur vos têtes, et il semble qu'il serait bien simple et bien naturel de chercher à y lire quelque chose; vous devriez même en savoir plus là-dessus que ceux qui vivent dans les villes.

Autre chose encore. Ce pauvre fonctionnaire de Tahiti vous enviait votre goût de l'art : est-ce que vous avez même l'idée de ce que c'est que l'art?...

Un Habitant. Un mot, Georges, un seul mot. Vous tombez sur nous comme grêle ; mais vos sauvages, Georges, qu'est-ce donc qu'ils savent de plus que nous ? N'oubliez pas que vous avez dit que nous étions pires que beaucoup de sauvages.

Le Capitaine. Et je le dis encore... Je parlais d'art. Eh bien, il n'y a pas un sauvage qui n'aime à orner sa cabane, ses armes, son bateau. Ils les décorent de peintures ; ils font, avec leurs haches et leurs couteaux, des sculptures en bois du mieux qu'ils peuvent. Et ici, y a-t-il un seul d'entre vous qui, dans ses loisirs, cherche seulement à embellir un peu l'intérieur ou l'extérieur de sa maison, ou ses instruments de travail ? Vos outils sont laids et grossiers ; il n'y a pas trace du moindre ornement dans vos maisons, pas une bonne gravure, pas un joli meuble : aussi n'avez-vous pas l'air de vous y plaire beaucoup, et vous n'y restez que le moins possible.

On serait injuste de demander au sauvage de savoir ce qu'on n'a jamais enseigné dans son pays; mais tout ce qu'on peut y apprendre, il le sait.

Vos chansons, pardonnez-moi d'être franc, sont pitoyables ; quand vous avez pris un peu trop de vin, vous les criez ou plutôt vous les hurlez à faire peur aux passants. La plupart des pauvres sauvages ont des chants de religion, de guerre, de réjouissance, qui sont de vraies poésies où respirent l'enthousiasme, l'amour du sol natal, le respect des ancêtres, le dévouement. Cela vous paraît bien extraordinaire : rien n'est plus vrai cependant, et si vous aimiez à lire, je vous le prouverais.

Et puisque je m'abandonne à vous dire tout ce que j'ai sur le cœur, laissez-moi ajouter quelque chose de plus sérieux encore et qui va vous sembler encore plus ridicule. Quelle religion avez-vous? — Oh ! je m'y attendais bien ; ce mot religion n'a plus pour vous aucun sens, et un homme religieux ne peut être, à votre idée, qu'un bigot, un tartufe ou un imbécile ; vous penserez de moi ce que vous voudrez : cela m'est égal, je suis marin, et on sait que les marins ont presque tous des sentiments religieux. Tant pis pour vous si vous vous estimez plus hommes que nous parce que vous ne croyez à rien. Eh bien, je n'ai pas visité un pays de sauvages sans y trouver une religion. Il n'y a pas dans l'Océanie, dans la Nouvelle-Hollande, une seule peuplade, si petite et si misérable soit-elle, où l'on ne croie sincèrement à un Dieu et à une vie future où l'on sera récompensé ou puni, selon qu'on aura été bon ou méchant sur la terre.

Cela vous fait pitié? Je m'en doutais. Vous croyez être bien plus intelligents et bien plus forts parce que jamais vous ne pensez à autre chose qu'à vos intérêts et à votre plaisir. Un Dieu, une âme, une autre vie! vieilles et sottes idées, n'est-ce pas, tout au plus bonnes pour les vieilles femmes et les enfants? Admirer, espérer, tressaillir à l'idée de la grandeur et de la beauté de l'univers, de l'ordre qui règne partout, de l'Être puissant qui nous a donné la vie, l'intelligence, la parole, qui fixe l'heure de notre mort comme celle de notre naissance; rêver à l'infini, à tous les mystères qui nous entourent, tout cela n'est rien pour vous! Jamais vous n'y pensez, et bien certainement jamais vous n'en parlez!

Un Habitant. Si je ne fais pas erreur, capitaine, il y a aujourd'hui bien des savants de la ville qui ne croient pas plus que nous à Dieu et à une autre vie.

Le Capitaine. C'est possible, et malgré leur science, je les plains tout comme vous. Mais, du moins, ceux-là se croient obligés d'exprimer pourquoi ils croient ou ne croient pas; ils disputent sur Dieu, sur l'autre vie, et lorsqu'on s'occupe tant de ces grandes idées, même pour se défendre d'y croire, il en reste toujours dans l'esprit quelque chose; tandis que ceux qui n'ont pas plus de savoir que de religion, qui n'aiment pas plus l'histoire que l'art ou la science, qui n'étudient rien, ne réfléchissent à rien, qui sont insouciants, indifférents, ignorants, sont réduits à vivre à peu près uniquement comme s'ils n'étaient pas des hommes, comme si... Je m'arrête; j'arriverais à vous dire des vérités trop dures.

Un Habitant. C'est vrai que nous ne savons pas beaucoup de choses. Mais, après tout, nous ne sommes pas des anthropophages, nous!

Le Capitaine. Vous vous imaginez donc que tous les sauvages mangent de la chair humaine? Il n'y a pas d'anthropophages aux îles Sandwich, aux îles Gambier, à Tahiti, et en beaucoup d'autres pays qu'on appelle sauvages. D'ailleurs, si vous aviez à souffrir les tortures de la faim, la privation de toute nourriture animale; si vous étiez souvent réduits, comme en Nouvelle-Calédonie, à manger de la terre et des araignées, êtes-vous bien sûrs que vous n'arriveriez pas à ce que font des Européens même plus éclairés que vous, lorsqu'ils sont abandonnés, à la suite d'un naufrage, sur un radeau ou dans une île déserte? Je ne veux vous comparer qu'aux sauvages qui ne sont pas assez bas dans l'échelle des êtres pour entrer ainsi en révolte contre la nature, à ceux qui vivent comme vous d'un rude travail, bravant courageusement les fureurs de la mer pour pêcher de quoi nourrir leur famille, luttant avec les animaux féroces, ou cultivant avec persévérance un maigre sol pour en faire sortir quelques pauvres légumes. Ceux-là ont tout ce que vous avez de bon, et de plus, ils ont tout ce que j'ai dit. N'ont-ils pas plus de mérite que vous à être ainsi, privés qu'ils sont de toutes les lumières et de tous les encouragements qui sont à votre portée? N'est-ce pas une chose honteuse que des habitants d'un village si voisin de Paris ne se soucient pas même de savoir l'histoire de leur patrie, ni celle du genre humain, ni la vie des grands hommes, ni les plus simples éléments des découvertes qui sont la gloire de la civilisation, ni ce qu'il faut sérieusement penser du but de la vie . . . .

En ce moment on entendit le tambour d'un régiment sur la grande route; les habitants s'empressèrent d'aller voir défiler les soldats. Le capitaine resta seul avec le maître menuisier du village, qui lui dit :

— Mon cher Georges, tu as parlé dans le désert. Quand tu seras loin de France, dans dix ans, dans vingt ans, ils se rappelleront seulement que tu disais qu'ils valaient moins que des sauvages. Ils s'entêteront sur ce mot-là, et ne voudront pas comprendre que c'était seulement une manière de les faire rougir un peu de leur ignorance et de leurs mauvaises habitudes.

— Il faudra bien qu'eux ou leurs enfants arrivent à des sentiments meilleurs. Le monde marche sous le souffle de Dieu, et, comme un navire fin voilier sous un bon vent, il emportera en avant, bon gré mal gré, tout l'équipage.

La Goutte d'Eau.
FABLE ARABE.

Une goutte d'eau tomba des nues dans les abîmes de la mer; mais en voyant les flots s'agiter dans leurs gouffres béants, elle se dit, saisie de honte et de tristesse :

— Hélas! que suis-je en face de cette immensité? Hier, je brillais dans les nuages, aujourd'hui la feuille légère qui flotte sur ces flots est beaucoup plus que moi.

Mais le roi des cieux, touché de sa douce plainte, la revêtit d'une robe de noblesse, et la déposa dans une coquille où elle fut changée en perle précieuse; elle finit par briller sur la couronne d'un roi.

Cette fable, ami, est la fleur des préceptes. Dieu élève les humbles.

Le *Cereus Giganteus*.

Les voyageurs qui rencontrent pour la première fois, en Amérique, cet arbre étrange, en croient à peine leurs yeux. On l'a appelé « le roi des cactus ou des cactées. »

Il faut avouer qu'il a des sujets bien difformes, mais qu'il est lui-même encore plus difforme qu'eux. Il a pour lui son utilité : ses fruits sont nourrissants.

On le rencontre surtout dans les vallées rocheuses et sur les penchants des montagnes au Nouveau-Mexique, dans la Sonora et dans la péninsule Californienne.

Un auteur allemand, M. Mollhausen, écrit dans la Relation de son voyage du Mississipi aux côtes de l'océan Pacifique : « Les missionnaires qui visitèrent, il y a plus d'un siècle, le Colorado et le Gila, parlent des fruits du *Cereus giganteus*, dont se nourrissent les indigènes, et s'extasient, comme l'ont fait plus tard les chasseurs de pelleteries, sur cette plante merveilleuse, qui a des branches et peu de feuilles, acquiert une grosseur considérable, et quelquefois une hauteur de 20 mètres. »

Les indigènes le nomment *suwarrow*, *sahuaro*, *petahaya*. Pendant ses premières années, il a la forme globuleuse et croît sous la protection de quelques arbrisseaux, notamment du *Cercidium floridamen* (l'acacia *green-barked* de Frémont).

Il fleurit à la hauteur de 10 ou 12 pieds; mais sa tige, sillonnée de côtes comme les cierges, peut s'élever, comme le dit Mollhausen, jusqu'à environ 60 pieds.

Il n'a jamais que peu de branches, il est surtout rare que les premières en produisent d'autres.

Les fleurs couronnent la tige et les branches; les fruits, serrés les uns contre les autres, sont ovales et ont souvent aussi la

CEREUS GIGANTEUS (cierge géant).

forme de poire : ils sont verts, sauf à la partie supérieure qui est rouge. La chair, de couleur cramoisie, ressemble à celle de la figue fraîche, mais est loin d'avoir autant de goût. Ce fruit mûrit en juillet et août, et tombe de lui-même à terre.

Le Marchand de Figures de Plâtre.

Vous l'avez souvent rencontré suivant les trottoirs, côtoyant les quais ou arrêté aux coins des carrefours avec sa planche qu'entoure une corde en guise de balustrade.

Là se dressent les bustes et les statuettes des grands hommes, les consoles-cariatides destinées à l'ornement des modestes appartements, les figurines de fantaisie que recommande la mode.

Le mouleur de plâtre est à la sculpture ce que l'orgue de Barbarie est à la musique. Il adopte l'œuvre en vogue, il la popularise ; il constate à la fois et propage les succès. Sa planche est comme un musée portatif qui s'adresse aux préférences du passant, qui sollicite sa passion et l'excite à dénouer les cordons d'une bourse que la prudence tend toujours à refermer.

L'examen de ces expositions en plein air donne une idée assez exacte, sinon de l'opinion publique, au moins des préoccupations de la foule. On peut y suivre les oscillations du goût et les variations de la popularité.

Dans notre enfance, nous nous le rappelons encore, ces planches étaient couvertes de princes et de maréchaux qui encadraient les bustes de Paul et de Virginie, les chiens à tête mouvante et les lapins blancs ; plus tard, nous y avons vu Bolivar, le général Foy, Voltaire et Rousseau ; puis les figures gothiques remises en faveur par l'étude du moyen âge ; plus tard encore, ce furent les têtes de Gœthe, de Schiller, de Byron, faisant pendant à Jeanne Darc ou aux pastiches en style Pompadour.

J'en passe, et des meilleurs.

Chacun de nos lecteurs peut lui-même compléter la liste en recherchant dans ses souvenirs. La plupart des célébrités littéraires et politiques, des fantaisies de l'art, des résurrections historiques, ont paru là, à leur tour, comme sur un piédestal, pour en descendre bientôt et disparaître.

Les anciens élevaient des statues d'airain que la guerre et les révolutions renversaient bien vite ; plus sages, du moins en cela, nous nous contentons de mouler sur le plâtre nos admirations ou nos caprices du moment, comme si nous voulions symboliser, par la fragilité de la matière, la fragilité de ce qu'elle représente.

Hélas ! combien de ces réputations n'ont pu même avoir la durée du plâtre qui les célébrait ! Que de grands hommes disparus avant leurs bustes ; que de compositions devenues vieilles avant d'avoir été jaunies par le temps ! Le mouleur ambulant est un terrible juge ; il constate pour ainsi dire l'arrêt du siècle. La vogue passée, il brise impitoyablement le moule, et l'œuvre ou l'homme, illustre quelques jours auparavant, rentre aussitôt dans le néant.

Considéré sous un autre point de vue, le marchand de figures a une véritable importance dans notre civilisation moderne ; il répand l'art, il fait l'éducation des yeux, il élève insensiblement le goût populaire. Quand on compare les plâtres qui couvrent aujourd'hui les éventaires ambulants à ceux qu'on y voyait il y a trente ans, on est frappé des progrès du style et de la forme. Évidemment, l'intervalle qui séparait l'art populaire de l'art choisi tend chaque jour à s'amoindrir ; les plus grossières épreuves vendues pour quelques centimes ont un vague reflet des grandes œuvres qu'elles copient; on sent la main plus habile, l'œil mieux exercé, l'ouvrier qui comprend l'artiste, s'il ne l'est point lui-même.

Cette élévation croissante dans les pro-

LE MARCHAND DE FIGURES DE PLATRE.

ductions d'ordre inférieur est un symptôme important: elle prouve que les arts plastiques entrent de plus en plus dans les habitudes, qu'ils se font domestiques; qu'après avoir été le privilége des nobles et riches demeures, ils tendent à devenir l'embellissement des plus humbles existences. C'est là plus qu'un progrès, c'est une véritable révolution qui révèle un mouvement d'ascension marquée dans l'éducation intellectuelle du plus grand nombre.

Franklin.

Qui ne connaît Benjamin Franklin, l'inventeur du paratonnerre, l'auteur de l'*Almanach du bonhomme Richard*?

Né en 1706, fils d'artisan, élevé dans la

pauvreté, il fut d'abord apprenti dans une fabrique de chandelles, puis employé dans une imprimerie jusqu'à vingt et un ans. Par la seule force de l'instruction qu'il sut acquérir lui-même, par le respect que lui méritèrent son caractère et sa moralité, il devint député et président de la Pensylvanie, député des États-Unis en France, membre des premières sociétés savantes de l'Europe. Il mourut vers la fin de 1790, à l'âge de quatre-vingt-quatre ans. À la nouvelle de sa mort, l'année suivante, l'Assemblée nationale de France prit le deuil.

Parmi les premiers livres qu'il avait lus, et où il avait puisé sa force morale et son désir de s'améliorer, il cite les *Vies des hommes illustres* de Plutarque, le *Spectateur* (excellente revue littéraire anglaise), l'*Art de penser* de Port-Royal.

Il vécut pendant plusieurs années en France, à Passy, avant 1785, dans une agréable retraite où les savants les plus distingués de ce temps s'empressaient autour de lui. C'est à Passy qu'il a composé en français la plupart de ses ingénieux écrits.

PLAN IMAGINÉ PAR BENJAMIN FRANKLIN POUR RÉGLER SA VIE ET HATER SON AMÉLIORATION MORALE.

..... Ce fut vers cette époque que je conçus le difficile et hardi projet d'arriver à une perfection morale. Je désirais vivre sans commettre aucune faute dans aucun temps, et vaincre toutes celles dans lesquelles un penchant naturel, l'habitude ou la société, pouvaient m'entraîner. Comme je savais ou croyais savoir ce qui était bien et ce qui était mal, je ne voyais pas pourquoi je ne pourrais pas toujours faire l'un et éviter l'autre. Mais je trouvai bientôt cette tâche plus difficile que je ne l'avais imaginé. Tandis que mon attention et mes soins étaient employés à me mettre en garde contre une faute, j'étais souvent surpris par quelque autre; l'habitude mettait à profit cette distraction, et le penchant se trouvait quelquefois plus fort que la raison. Je conclus à la fin que la conviction purement spéculative de notre intérêt à être complétement vertueux est insuffisante pour nous préserver des faux pas, et qu'il faut rompre les habitudes contraires, en acquérir de bonnes et s'y affermir, avant de pouvoir compter sur une rectitude de conduite uniforme et inébranlable. Ce fut dans ce dessein que j'essayai la méthode suivante.

Dans les divers dénombrements de vertus morales que j'avais trouvés dans mes lectures, la liste en était plus ou moins longue, suivant que chaque écrivain renfermait plus ou moins d'idées sous une même dénomination. Par exemple, les uns n'appliquaient le mot *tempérance* qu'au boire et au manger, tandis que d'autres l'étendaient à la modération dans toute espèce de plaisir, appétit, inclination, passion du corps et de l'âme, même dans l'avarice et dans l'ambition. Je pris le parti, par amour pour la clarté, d'employer plus de noms en y attachant moins d'idées, plutôt que de ranger un plus grand nombre d'idées sous moins de noms; et je réunis sous treize noms de vertus tout ce qui se présenta alors à moi comme nécessaire ou désirable : j'attachai à chacun un court précepte pour exprimer l'étendue que je donnais à leur signification.

Voici les noms des vertus avec leurs préceptes :

1. TEMPÉRANCE. — Ne mangez pas jusqu'à être appesanti; ne buvez pas jusqu'à vous étourdir.

2. SILENCE. — Ne dites que ce qui peut servir aux autres et à vous-même. Évitez les conversations oiseuses.

3. ORDRE. — Que chaque chose chez vous ait sa place, et chaque affaire son temps.

4. RÉSOLUTION. — Prenez la résolution de faire ce que

vous devez; et faites, sans y manquer, ce que vous avez résolu.

5. Économie. — Ne faites de dépenses que pour le bien des autres ou pour le vôtre, c'est-à-dire ne dissipez rien.

6. Travail. — Ne perdez pas de temps. Occupez-vous toujours à quelque chose d'utile. Abstenez-vous de toute action qui n'est pas nécessaire.

7. Sincérité. — N'usez d'aucun méchant détour. Pensez avec innocence et justice; parlez comme vous pensez.

8. Justice. — Ne nuisez à personne, soit en lui faisant du tort, soit en négligeant de lui faire le bien auquel votre devoir vous oblige.

9. Modération. — Évitez les extrêmes. Gardez-vous de ressentir les torts aussi vivement qu'ils vous semblent le mériter.

10. Propreté. — Ne souffrez aucune malpropreté ni sur votre corps, ni sur vos vêtements, ni dans votre maison.

11. Tranquillité. — Ne vous laissez pas troubler par des bagatelles, ni par des accidents ordinaires ou inévitables.

12. Chasteté. — Ne compromettez jamais sous ce rapport la conscience, la paix, la réputation de vous ni des autres.

13. Humilité. — Imitez Jésus et Socrate.

Mon dessein étant d'acquérir l'habitude de toutes ces vertus, je jugeai qu'il serait bon de ne pas diviser mon attention en la portant vers toutes à la fois; mais qu'il fallait la fixer, pendant un certain temps, sur une seule, dont je me rendrais maître avant de passer à une autre, procédant ainsi séparément jusqu'à ce que je les eusse parcourues toutes les treize.

L'acquisition préalable de quelques-unes pouvant faciliter celle de certaines autres, je les disposai, dans cette vue, suivant l'ordre qui précède. Je plaçai la tempérance la première, parce qu'elle tend à maintenir la tête froide et les idées nettes, ce qui est nécessaire quand il faut toujours veiller, toujours être en garde pour combattre l'attrait des anciennes habitudes et la force des tentations qui se succèdent sans cesse. Cette vertu une fois obtenue et affermie, le silence devenait plus facile; et mon désir étant d'acquérir des connaissances en même temps

STATUE DE FRANKLIN, A BOSTON.

que je m'avancerais dans la pratique de la vertu, considérant que dans la conversation l'on s'instruit davantage par le secours de l'oreille que par celui de la langue, souhaitant rompre l'habitude que j'avais contractée de babiller, de faire des pointes et des plaisanteries, ce qui rendait ma compagnie agréable seulement aux gens superficiels, je donnai la seconde place au silence. J'espérais que, joint à l'ordre, qui vient après, il me laisserait plus de temps pour suivre mon plan et mes études. La résolution, devenant habituelle en moi, me donnerait la persévérance nécessaire pour acquérir les autres vertus. L'économie et le travail, en me libérant de ce qui me restait de dettes et en me procurant l'aisance et l'indépendance, me rendraient plus facile la pratique de la sincérité, de la justice, etc. Concevant alors que, suivant l'avis donné par Pythagore dans ses Vers dorés, un examen journalier me serait nécessaire, j'imaginai la méthode suivante pour y procéder.

Je fis un petit livre de treize pages, portant chacune en tête le nom d'une des vertus. Je réglai chaque page en encre rouge, de manière à y établir sept colonnes, une pour chaque jour de la semaine, mettant en haut de chacune des colonnes les premières lettres du nom d'un des sept jours. Je traçai ensuite treize lignes transversales, au commencement de chacune desquelles j'écrivis les premières lettres du nom d'une des treize vertus. Sur cette ligne, et à la colonne du jour, je faisais une petite marque d'encre pour noter les fautes que, d'après mon examen, je reconnaissais avoir commises contre telle ou telle vertu.

Forme des pages.

TEMPÉRANCE. — Ne mangez pas jusqu'à être appesanti; ne buvez pas jusqu'à vous étourdir.

	Dim.	Lun.	Mar.	Mer.	Jeud.	Ven.	Sam.
Temp.							
Sil.	×	×		×			
Ord.	×	×			×	×	×
Rés.		×				×	
Écon.		×				×	
Trav.			×				
Sinc.							
Just.							
Mod.							
Propr.							
Tranq.							
Chast.							
Hum.							

Je résolus de donner une semaine d'attention sérieuse à chacune de ces vertus successivement. Ainsi, pendant la première semaine, mon grand soin fut d'éviter la plus légère faute contre la tempérance, laissant les autres vertus courir leur chance ordinaire, mais marquant chaque soir les fautes de la journée. Si, dans la première semaine, je pouvais maintenir ma première ligne sans aucune marque, je me croyais assez fortifié dans la pratique de ma première vertu, et assez dégagé de l'influence du défaut opposé, pour me hasarder à étendre mon attention sur la seconde, et tâcher de maintenir deux lignes exemptes de toute marque. Procédant ainsi jusqu'à la dernière, je pouvais faire un cours complet en treize semaines, et le recommencer quatre fois par an. De même qu'un homme qui veut nettoyer un jardin ne cherche pas à en arracher toutes les mauvaises herbes en même temps, ce qui excéderait ses moyens et ses forces, mais commence d'abord par une plate-bande, pour ne passer à une autre que quand il a fini le travail de la première; ainsi j'espérais goûter le plaisir encourageant de voir dans mes pages les progrès que j'aurais faits dans la vertu, par la diminution successive du nombre de marques, jusqu'à ce qu'enfin, après avoir recommencé plusieurs fois, j'eusse le bonheur de trouver mon livret tout blanc après un examen journalier pendant treize semaines.

Mon petit livre avait pour épigraphe ces vers tirés du Caton d'Addison :

. . . . Oui, je persisterai.
Au-dessus des mortels s'il est quelque puissance
(Et tout dans l'univers prouve son existence),
La vertu doit en elle avoir un protecteur,
Et nous ouvrir aussi le chemin du bonheur.

J'ajoutai une autre épigraphe, tirée de Cicéron :

O philosophie, guide de la vie! ô toi, source des vertus et fléau des vices! un seul jour bien passé et conforme à tes préceptes est préférable à l'immortalité dans le vice.

Enfin cette autre, prise dans le livre des Proverbes, et où Salomon parle de la sagesse ou de la vertu :

Elle a à la longueur des jours dans sa droite, et dans sa gauche les richesses et la gloire. — Ses voies sont belles, et tous ses sentiers sont pleins de paix.

Regardant Dieu comme la source de la sagesse, je pensai qu'il était juste et nécessaire de solliciter son secours pour l'acquérir. Dans ce dessein, je composai la petite prière suivante, que j'avais écrite en tête de mes tables d'examen, pour m'en servir tous les jours :

O bonté toute-puissante! père indulgent! guide miséricordieux! augmente en moi cette sagesse qui peut découvrir mes véritables intérêts. Affermis-moi dans la résolution d'en suivre les conseils. Reçois les services que je puis rendre à tes autres enfants comme la seule marque de reconnaissance qu'il me soit possible de te donner pour les faveurs que tu m'accordes sans cesse.

Je me servais aussi quelquefois d'une prière que j'avais prise dans les poëmes de Thomson :

Dieu puissant, créateur du jour et de la vie,
Écarte de mes pas le vice et la folie;
Daigne faire à mes yeux briller ta majesté,
La bassesse du mal, et du bien la beauté;
Accorde-moi la paix, la vertu, la science :
D'un bonheur éternel c'est orner l'existence.

Le précepte de l'ordre exigeant que chaque heure de la journée eût son emploi déterminé, une page de mon petit livre contenait la répartition suivante des vingt-quatre heures de chaque jour :

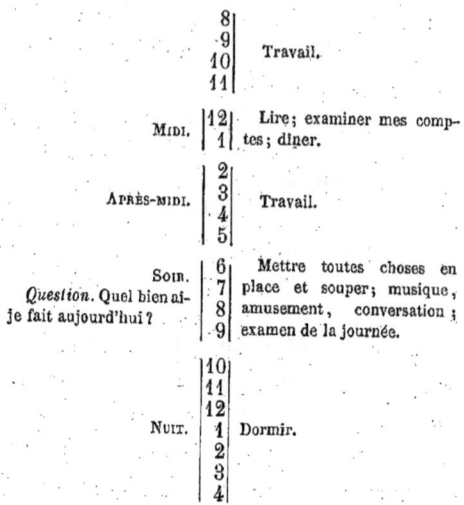

Je me mis à exécuter ce plan d'examen journalier, et je le suivis, sauf quelques interruptions de temps à autre.

Je fus surpris de me trouver beaucoup plus rempli de défauts que je ne l'avais imaginé; mais j'eus la satisfaction de les voir diminuer. Pour éviter l'embarras de recommencer mon livret, qui, à force de gratter les marques des anciennes fautes pour faire place aux nouvelles, était criblé de trous, je transcrivis mes tables et leurs préceptes sur les feuilles d'ivoire d'un souvenir. J'y traçai des lignes rouges d'une manière durable, et, y marquant mes fautes avec un crayon de mine de plomb, il m'était facile d'en enlever les marques avec une éponge humide. Après un certain temps, je ne fis plus qu'un cours dans l'année, et ensuite un seul cours dans plusieurs années. Enfin j'y renonçai entièrement, lorsque des voyages et des affaires multipliées eurent pris tout mon temps; mais je portai toujours mon livret avec moi.

L'article de l'ordre fut celui qui me donna le plus d'embarras. Je trouvai que mon plan de distribution de la journée, quoique pouvant être praticable par un homme dont les affaires sont de nature à lui laisser la libre disposition de son temps, comme pour un ouvrier imprimeur, par exemple, présentait beaucoup de difficultés d'exécution pour un maître obligé d'avoir des relations dans le monde et de recevoir souvent les personnes auxquelles il a affaire aux heures qui leur conviennent. Je trouvai même très-difficile d'observer l'ordre en ce qui regardait la place que devait occuper chaque chose, chaque papier, etc. Je n'avais pas été habitué de bonne heure à la méthode, et, ayant une excellente mémoire, je ne sentais pas l'inconvénient du défaut d'ordre. Cet article me coûtait donc une attention si pénible, et j'avais tant de dépit de me surprendre si souvent en faute, d'avoir des rechutes si fréquentes, et de faire si peu de progrès, que je me décidai presque à y renoncer et à prendre mon parti sur ce défaut. Je ressemblais à un homme qui était venu acheter une hache chez un marchand mon voisin, et qui voulait que toute la surface du fer fût aussi brillante que le tranchant. Le marchand consentit à donner le poli au fer de sa hache, à condition que l'acheteur tournerait la roue de la meule. Celui-ci donc se mit à tourner, tandis que le marchand appuyait fortement le fer sur la pierre. Notre homme, qui trouvait la besogne fatigante, quittait la roue de temps en temps pour aller voir où en était l'opération; et à la fin il voulut reprendre sa hache telle qu'elle était. — Eh non! dit le marchand; tournez, tournez toujours! la hache deviendra brillante dans un instant; elle ne l'est encore que par places. — N'importe, répondit l'acheteur, je crois que je l'aime mieux tachetée.

Ce cas a été, je pense, celui de bien des gens qui, par le défaut de quelques moyens semblables à ceux que j'employais, ayant trouvé trop de difficulté à prendre certaines bonnes habitudes ou à en quitter de mauvaises, renoncent à leurs efforts, et finissent par dire que la hache vaut mieux tachetée. Quelque chose, qui prétendait être la raison, me suggérait aussi quelquefois que cette extrême exactitude, telle que je l'exigeais de moi, pouvait bien être une sorte de niaiserie en morale, qui aurait fait rire à mes dépens si elle eût été connue; qu'un caractère parfait pouvait éprouver l'inconvénient de devenir un objet d'envie et de haine; et qu'un homme qui veut le bien doit se souffrir à lui-même quelques légers défauts, afin de mettre ses amis à leur aise. Dans le vrai, je me trouvai incorrigible sur l'article de l'ordre, et aujourd'hui que je suis vieux et que ma mémoire est mauvaise, j'éprouve d'une manière sensible que cette qualité me manque. Mais au total, quoique je ne sois jamais arrivé à la perfection que j'étais si ambitieux d'atteindre, et que j'en sois resté bien loin, mes efforts m'ont cependant rendu meilleur et plus heureux que je ne l'aurais été si je ne les avais pas entrepris. C'est ainsi que celui qui veut se former une belle main par l'imitation des modèles d'écriture gravés, tout en ne parvenant jamais à les copier avec la même perfection, arrive du moins, par ses efforts, à se donner une meilleure main et une écriture nette et lisible.

Il peut être utile que mes descendants sachent que c'est à ce petit expédient qu'un de leurs ancêtres, aidé de la grâce de Dieu, a dû le bonheur constant de toute sa vie, jusqu'à sa soixante-dix-neuvième année, dans laquelle il écrit ces pages. Les revers qui peuvent accompagner le reste de ses jours sont dans la main de la Providence; mais s'ils arrivent, la réflexion sur le passé devra lui donner la force de les supporter avec plus de résignation. Il attribue à la tempérance sa longue santé et ce qui lui reste encore d'une bonne constitution ; au travail et à l'économie, l'aisance qu'il a acquise de bonne heure, la fortune dont elle a été suivie, et toutes les connaissances qui l'ont mis en état d'être un citoyen utile, et qui lui ont obtenu un certain degré de réputation parmi les savants ; à la sincérité et à la justice, la confiance de son pays et les emplois honorables dont on l'a revêtu ; enfin à l'influence réunie de toutes ces vertus, même dans l'état d'imperfection où il a pu les acquérir, cette égalité d'humeur et cette gaieté dans la conversation qui font encore rechercher sa compagnie et qui la rendent agréable même aux jeunes gens. J'espère donc que quelques-uns de mes descendants voudront imiter cet exemple, et qu'ils s'en trouveront bien.

On remarquera que, quoique mon plan de conduite ne fût pas tout à fait dépourvu de religion, il n'y entrait cependant aucun dogme qui appartînt à une secte particulière. J'avais évité ce point à dessein ; car, étant bien convaincu de l'utilité et de l'excellence de ma méthode, et persuadé qu'elle pourrait servir aux hommes de toutes les religions, me proposant, d'ailleurs, de la publier un jour ou l'autre, je n'y voulais rien qui pût exciter les préventions d'aucun individu ni d'aucune secte. J'avais dessein d'écrire un petit commentaire sur chaque vertu ; j'y aurais montré l'avantage de la posséder, et les maux attachés au vice qui y est opposé. J'aurais intitulé mon livre *l'Art de la vertu*, parce qu'il aurait montré les moyens et la manière de l'acquérir, ce qui l'aurait distingué des simples exhortations au bien, qui ne donnent pas la connaissance et l'indication des voies pour y parvenir : elles sont semblables à l'homme dont parle l'apôtre, dont la charité était toute en paroles, et qui, sans montrer à celui qui était nu et avait faim où et comment il trouverait des aliments et des habits, se contentait de l'exhorter à se nourrir et à se vêtir. (S. Jacques, *Ép.*, ch. III, v. 15 et 16.)

Les choses ont tourné de manière que mon intention d'écrire et de publier ce commentaire n'a jamais été remplie. J'avais bien, de temps à autre, jeté par écrit quelques notes des idées et des raisonnements que je comptais y employer, afin de m'en servir par la suite ; mais les soins continuels qu'ont exigés mes affaires particulières dans la première partie de ma vie, et ensuite les affaires publiques dont j'ai été chargé, m'ont toujours obligé de différer ce projet. Étant lié, d'ailleurs, dans mon esprit, à un autre grand et vaste projet dont l'exécution demandait un homme tout entier, et dont j'ai été détourné par une suite imprévue d'occupations, il est resté imparfait jusqu'à ce moment.

Mon dessein, dans cet ouvrage, était d'expliquer et de prouver cet axiome, « que les mauvaises actions ne sont pas mauvaises parce qu'elles sont défendues, mais qu'elles sont défendues parce qu'elles sont mauvaises. » En ne considérant que la nature de l'homme, j'aurais établi que quiconque désire être heureux, même dans ce monde, a intérêt à être vertueux ; puis, de ce qu'il se trouve toujours dans le monde un grand nombre de riches négociants, de grands, d'États, de princes qui ont besoin d'hommes honnêtes pour la conduite de leurs affaires, et de ce que de tels hommes sont toujours rares, j'aurais cherché à tirer, pour l'instruction des jeunes gens, la démonstration de cette vérité, que, de toutes les qualités qui peuvent conduire un homme pauvre à la fortune, celles qui ont les meilleures chances de succès, sont la probité et l'intégrité.

Ma liste de vertus n'en contenait d'abord que douze ; mais un quaker de mes amis ayant eu l'obligeance de m'avertir qu'on me regardait généralement comme fier, que l'orgueil se montrait fréquemment dans ma conversation, que je ne me contentais pas d'avoir raison dans une discussion, mais que je devenais arrogant et même insolent, ce dont il me convainquit en me citant plusieurs exemples, je résolus de chercher à me guérir de ce vice ou de cette folie ainsi que du reste, et j'ajoutai l'humilité à ma liste, donnant à ce mot un sens étendu. Je ne puis me vanter d'avoir réussi à acquérir réellement cette vertu, mais j'ai du moins beaucoup gagné quant à son apparence. Je me suis fait une loi de m'interdire toute contradiction directe des opinions d'autrui, ou toute assertion positive en faveur des miennes. Je me suis même prescrit, conformément aux anciens règlements de notre junte, de m'abstenir de toute expression dénotant une façon de parler fixe et arrêtée, comme : *Certainement, Sans aucun doute*, etc. ; et j'ai adopté à la place : *Je présume, J'imagine, Il me semble que telle chose est ainsi*, etc. ; ou bien : *Cela me paraît ainsi quant à présent*. Quand un autre avançait une proposition qui me semblait une erreur, je me refusais le plaisir de le contredire brusquement et de démontrer sur-le-champ l'absurdité de ses paroles, et, dans ma réponse, je commençais par observer qu'en certains cas, en certaines circonstances, son opinion pourrait être juste, mais que, dans l'occasion présente, il me paraissait, me semblait que la chose était différente, etc. Je reconnus bientôt l'avantage de ce changement dans mes manières : les conversations dans lesquelles je m'engageai en devinrent plus agréables ; le ton modeste avec lequel je proposais mes opinions leur procurait un plus prompt accueil et moins de contradictions ; j'éprouvais moins de mortification lorsque je me trouvais dans mon tort, et j'amenais plus facilement les autres à abandonner leurs erreurs et à se joindre à moi lorsqu'il m'arrivait d'avoir raison. Cette méthode, à laquelle je ne m'assujettis d'abord qu'en faisant quelque violence à mon penchant naturel, finit par me devenir si facile, si habituelle, que personne peut-être, depuis cinquante ans, n'a entendu s'échapper de ma bouche une parole dogmatique. C'est à cette habitude, après mon caractère d'intégrité, que je me crois principalement redevable du crédit que j'ai obtenu auprès de mes concitoyens lorsque j'ai proposé de nouvelles institutions ou des modifications aux anciennes, ainsi que de ma grande influence dans les assemblées publiques lorsque j'en suis devenu membre ; car je n'étais qu'un mauvais orateur, jamais éloquent, sujet à beaucoup d'hésitation dans le choix des mots, à peine correct, et cependant j'ai, en général, fait prévaloir mes avis.

Au fait, de toutes nos passions naturelles, il n'en est peut-être pas d'aussi difficile à dompter que l'orgueil. Qu'on le déguise, qu'on le mortifie autant qu'on voudra, il reste toujours vivant, et de temps en temps perce et se montre. Peut-être le reconnaîtrez-vous fréquemment dans mes Mémoires ; car, même quand je penserais l'avoir complétement subjugué, je serais probablement orgueilleux de mon humilité.

RECETTE CONTRE L'IRRÉSOLUTION.

Lorsqu'il s'offre à nous des circonstances où nous avons à prendre, sur des affaires importantes, une détermination qui nous embarrasse, la difficulté vient principalement de ce que, dans notre examen, toutes les raisons pour et contre ne sont pas présentes en même temps à notre esprit, et de ce que nous avons en vue tantôt l'une, tantôt l'autre, la dernière nous arrivant lorsque la première est disparue. De là les différentes dispositions ou résolutions qui l'emportent alternativement en nous, et l'incertitude qui nous tourmente. Pour la fixer, ma méthode est de partager une feuille de papier en deux colonnes, écrivant en tête de l'une Pour, et en tête de l'autre Contre. Donnant ensuite à cet objet trois ou quatre jours d'examen, je place sous chacun de ces titres de courtes indications des différents motifs qui se présentent par moments à moi pour ou contre la mesure à prendre. Quand j'ai ainsi rassemblé en un tableau tous ces motifs contradictoires, je tâche de peser leur valeur respective, et si j'en trouve deux (un de chaque côté) qui me semblent égaux, je les efface tous les deux. — Si je trouve une raison *pour* égale à deux raisons *contre*, j'efface les trois. — Si je juge deux raisons contre égales à trois raisons pour, j'efface les cinq ; et, par ce procédé, je trouve enfin de quel côté la balance l'emporte; et si, en donnant encore une couple de jours à la réflexion, il ne se présente d'aucun côté aucun aperçu de quelque importance, je fixe ma détermination. Ces raisons ne peuvent sans doute être évaluées avec la précision des quantités algébriques; cependant, quand chacune d'elles est examinée séparément et comparativement, et que tout est là devant mes yeux, il me semble que je puis mieux juger, et que je me trouve moins exposé à faire une démarche inconsidérée.

J'ai souvent recueilli un grand avantage de cette espèce d'équation, que l'on pourrait appeler une algèbre morale, ou algèbre de circonspection.

Voiture à Charge équilibrée.

La charrette ou voiture à deux roues, dans sa simplicité toute primitive, est à peu près le seul véhicule employé pour les transports dans notre pays. Excepté dans quelques départements du nord et de l'est, on n'en connaît pas d'autre aux champs, et le roulage ne fait qu'un usage très-restreint des chariots ou voitures à quatre roues.

Ce n'est pas à la routine qu'il faut attribuer cette préférence. A la simplicité de construction, à un moindre poids, à une grande facilité de manœuvre, la charrette joint le mérite d'exiger moins d'effort de traction que les véhicules à quatre roues. D'après les expériences spéciales faites à ce sujet par M. Morin, pour traîner un poids donné, là où le chariot nécessite une force de 100 kilogrammes, il n'en faut pour la charrette qu'une de 70 kilogrammes.

Toutefois, à côté des avantages que nous venons d'indiquer, la charrette présente un grave inconvénient. Le chariot, porté sur ses quatre roues, n'exige de l'attelage que des efforts de traction proprement dits, parallèlement à la surface du chemin. Il n'en est pas ainsi de la charrette. Le cheval attelé entre les limons, et qui, dans un grand nombre de cas, est le seul moteur du véhicule, forme avec les deux roues le troisième point d'appui nécessaire à la stabilité de la voiture. Il en résulte que le déplacement du centre de gravité du chargement, soit en avant, soit en arrière de l'essieu, transmet à ce cheval une action verticale, dirigée de haut en bas ou de bas en haut, laquelle lui charge les reins en pressant sur la sellette ou tend à le soulever par l'intermédiaire de la sous-ventrière.

La figure suivante rend compte de ces effets.

Le centre de gravité du chargement étant en C, au-dessus de l'essieu E, lorsque la route est horizontale, la voiture est en équilibre et le cheval de limon ne subit d'autres actions verticales que celles qui résultent des petites inégalités du chemin. Mais que la route descende, la voiture s'incline en avant, et la verticale partant du centre de gravité vient passer en avant de l'essieu, dans la position figurée par la ligne CG'. Que la route monte, au contraire, et, la voiture s'inclinant dans le même sens, la verticale du centre de gravité se porte en arrière de l'essieu dans la position figurée par la

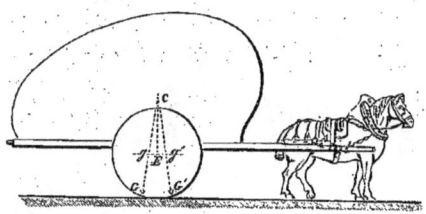

VOITURE A CHARGE ÉQUILIBRÉE.

ligne CG. De là, sur le cheval de limon, les efforts successifs que nous avons signalés et qui peuvent avoir des résultats très-appréciables. En supposant la hauteur CE de la charge au-dessus de l'essieu égale à $1^m.20$, la distance EA de l'essieu au point du brancard où s'attachent la dossière et la sous-ventrière égale à 4 mètres, et le poids du chargement de 4 000 kilogrammes, les actions verticales transmises au point A sont, pour une pente ou une rampe de 5 centimètres d'inclinaison par mètre, de 60 kilogrammes, et elles augmentent de 12 kilogrammes à peu près, dans un sens comme dans l'autre, pour chaque centimètre de surplus d'inclinaison.

Ainsi c'est lorsque la route monte, lorsque le cheval a besoin de toute sa force et de tout son poids pour vaincre le frottement et l'action de la gravité, qu'il est soulevé pour ainsi dire et perd de son adhérence avec le sol. Inversement, c'est lorsque la voiture descend, lorsque le poids de la voiture entraîne le cheval en avant et l'oblige à résister, qu'il se trouve surchargé par l'excès de poids résultant du chargement, surcharge à laquelle s'ajoute encore le mouvement de bascule qu'impriment les freins d'enrayage aux lourdes voitures qui en sont généralement munies.

Il n'est personne qui n'ait été témoin de ce double effet et qui n'en ait souffert pour le pauvre animal qui s'y trouve exposé; personne qui n'ait vu un limonier à demi soulevé s'épuiser en efforts stériles pour gravir une rampe, et l'instant d'après, en la descendant, accablé sous le poids de la surcharge, ne fléchir qu'avec peine la jambe qui porte et retient, pour que sa voisine aille trouver le sol qui se déprime sans cesse devant elle.

Mais ce n'est pas seulement la sensibilité qui souffre de cet état de choses. Toute fatigue superflue imposée à un animal se traduit en réduction du service utile qu'on peut en tirer, et, dans notre pays, où les charrois par voie de terre ont une si grande importance, l'augmentation qui résulte de cette perte de force élève notablement les frais généraux de l'industrie nationale.

Un habitant d'Argentan (Orne) a vu le mal et imaginé un remède. Son système consiste à faire varier la position du centre de gravité du chargement par rapport à l'essieu, suivant que la voiture monte ou descend. Pour atteindre ce but, il propose deux moyens. Dans le premier, la distance entre le cheval de limon et le centre de gravité du chargement reste la même, et c'est l'essieu qu'on fait avancer ou reculer, suivant les cas, pour qu'il vienne prendre la position des points g ou g' de la figure ci-dessus. Dans le second, la distance entre le cheval de limon et l'essieu reste fixe, et c'est le chargement qu'on fait avancer ou reculer de manière que, selon qu'il est nécessaire, ce soit le point g ou le g' de la figure qui vienne coïncider avec l'essieu.

Dans les deux dispositions, le mécanisme simple qui produit le mouvement de l'essieu ou du chargement agit en même temps sur les organes d'enrayage, de manière à faire appliquer les freins contre les roues, lorsque la voiture descend, avec une énergie qui croît suivant l'inclinaison de la rampe.

L'adoption de l'un ou de l'autre de ces systèmes rendrait d'immenses services, aussi bien à la circulation dans les villes qu'à l'agriculture et à l'industrie en général.

Une Auberge dans l'île d'Amag.

Le long de la côte de la grande île de Seeland, où s'élève la ville de Copenhague, est une petite île d'une lieue carrée d'éten-

UNE AUBERGE DANS L'ILE D'AMAG.

due, qui possède un bon port de commerce et qui est occupée par une industrieuse population : c'est l'île d'Amag. — Amag doit son activité, sa fortune, au roi Christian II, que l'histoire a surnommé *le Cruel*, et qui, par ses cruautés, perdit ses trois couronnes de Danemark, de Suède, de Norvége.

Pour donner aux habitants de la Seelande l'exemple d'une habile culture, Christian appela dans l'île d'Amag une colonie hollandaise active, laborieuse, intelligente, qui peu à peu a fait du sol fécond de cette île un vaste jardin dont l'aspect est charmant et dont les produits alimentent toute la populeuse capitale du Danemark.

Depuis le seizième siècle, cette honnête colonie s'est constamment accrue; elle a rejoint par deux ponts son île à la terre de Seeland; elle forme aujourd'hui un des faubourgs de Copenhague, et se divise en deux paroisses qui renferment environ 6 000 habitants, pilotes, bateliers, marchands, et la plupart jardiniers.

Si l'on entre dans les cabarets où les matelots, les artisans, les fabricants d'Amag se rassemblent en leurs heures de loisir ou en leurs jours de fête, on peut voir réunis dans un même cadre tous les traits les plus saillants du caractère et des habitudes de la Hollande : ameublement, costumes, et expression des physionomies.

La Maison à Trois Étages.

Voyez d'abord, au rez-de-chaussée, la loge! nom étrange qui semble rappeler cette niche où les Romains enchaînaient un esclave en guise de molosse, avec l'ironique inscription : *Prenez garde au chien.* Le portier est là travaillant avec ardeur à son état de tailleur, tandis que sa femme et une voisine causent près du poêle, que son fils regarde et écoute. Le sommeil ne visitera pas de sitôt le pauvre ménage, car si le portier se lève le premier, il doit se coucher après tout le monde. Aucune minute de son temps ne lui appartient, aucune action de sa vie n'est libre, aucun coin de son étroit foyer ne peut le défendre des regards étrangers. Quiconque passe a le droit de tourner le bouton de sa porte et de le forcer à répondre. Serviteur de cinquante volontés, il faut qu'il satisfasse à toutes. On lui demandera tour à tour compte des lettres reçues et de celles qu'on attend, des visiteurs accueillis ou renvoyés, des réclamations au propriétaire, des gênes du voisinage; et s'il oublie, s'il se fatigue, un essaim de plaintes s'élève! C'est le seul habitant du logis auquel la négligence ou l'humeur ne soit jamais permise, et chacun de nous aurait assez de vertus s'il possédait la moitié de celles qu'il attend de son concierge.

Mais montons au premier étage avec ce valet qui porte un panier de vins dont il déguste les prémices. Ses deux confrères en livrée, qui attendent sur le palier, vont nous introduire dans la salle du bal. Que de lumière, de bruit et d'éclat! A voir cette foule parée, qui ne croirait à sa joie! Et cependant combien de misères dont ce luxe n'est que le déguisement! que de plaies hideuses sous ces fleurs! quelles douleurs derrière ces sourires! Ici tout est brillant, mais tout n'est qu'une apparence, qu'une représentation; Dieu sait ce qu'il y a de véritable souffrance ou de bonheur sincère au fond du tourbillon harmonieux.

Montons encore : ici nous trouvons de plus modestes pénates; nous voilà au milieu d'un ménage où la conscience du devoir a fait prolonger la veille. Une jeune mère s'efforce d'endormir son enfant malade, tandis que la servante chauffe au foyer l'étoffe moelleuse qui va l'envelopper. Dans la pièce voisine, le père cherche sur un clavier les mélodies que le public doit applaudir; mais les cris de l'enfant ont interrompu l'inspiration qui s'envole; l'artiste au désespoir porte les deux mains vers son front et frappe le parquet du pied avec colère : folle impatience qu'il regrettera tout à l'heure; car qui peut refuser les embarras de la paternité quand il en a accepté les joies? Dieu n'a pas voulu faire de la famille seulement une fête pour le cœur, mais un exercice à la patience, au courage; et c'est surtout à l'amé-

LA MAISON A TROIS ÉTAGES.

lioration des parents que l'éducation des enfants doit servir.

Plus haut loge un peintre que le bruit d'une chaise renversée a réveillé en sursaut. Il se lève, il s'arme, il regarde à travers la serrure. Deux hommes viennent de pénétrer dans son modeste atelier! Ce que le peintre aurait de mieux à faire peut-être serait de se recoucher, en plaignant les voleurs fourvoyés.

Ici finissent les étages; mais au-dessus, sous les toits, est encore un réduit. Là, comme au rez-de-chaussée, on veille et on travaille. Une femme assise devant une petite table, les pieds sur sa chaufferette, et éclairée par une faible lumière, continue à coudre près de l'unique matelas sur lequel dort son enfant. Pauvre abandonnée à laquelle tout manque, et qui ne perd point courage. La fatigue engourdit sa main, la nuit est froide, la faim se fait sentir peut-être; mais qu'importe, puisque l'enfant sommeille paisiblement! Ce sourire reposé qui épanouit son visage ne paye-t-il pas assez les forces perdues et les douleurs souffertes! Dévouement sublime auquel les femmes nous ont tellement accoutumés que nous n'y prenons plus garde. Ah! devant ce grenier dégarni et cette mère courageuse, qui n'aurait honte de ses avidités, de ses défaillances! et comment ne pas remercier Dieu de sa part, quand on voit celle de tant de nobles cœurs!

Thalès de Milet.

On reprochait à Thalès de Milet, l'un des sept sages de la Grèce, la pauvreté dans laquelle il vivait, et on en tirait la conclusion que la science et la philosophie n'étaient bonnes à rien, puisqu'elles ne servaient pas à enrichir celui qui les possédait.

Thalès résolut de faire taire cette voix du vulgaire, et de lui prouver qu'avec la science on pouvait faire fortune et qu'il ne fallait que vouloir l'appliquer à cet usage.

Ayant prévu, par ses rares connaissances, qu'il y aurait grande abondance d'olives l'année suivante, il se procura quelque argent et loua tous les pressoirs de Milet et de Chio. Or, comme on était dans l'hiver, il ne se trouva pas d'enchérisseur, et il afferma à un prix très-modéré.

Au moment de la récolte, il y eut concurrence, et Thalès mit ses pressoirs à haut prix.

Par ce moyen, le philosophe fit de gros bénéfices, et il prouva à ses ennemis qu'il est facile aux savants de gagner de l'argent, et que s'ils ne le font pas, c'est souvent parce que les spéculations industrielles ne sont ni l'objet ni le but de leurs études.

L'Érable de Matibo.

Matibo est une charmante propriété située aux environ de Savigliano, près de Coni, en Piémont. Le bel érable que représente notre gravure en est un des plus curieux ornements. Cet arbre a plus de soixante ans. On eut l'idée, il y a vingt-cinq ou trente ans, de lui donner la forme d'un petit temple, et avec de l'adresse et de la patience la métamorphose s'est accomplie.

On voit que l'élégant petit édifice a deux étages. Chacune des salles est éclairée par huit fenêtres, et peut contenir aisément vingt personnes. Le plancher, très-solide, est fait de rameaux tressés avec art; leurs feuilles en sont le tapis naturel; alentour, la verdure a formé d'épaisses murailles où un grand nombre d'oiseaux sont venus fixer leur séjour. Le propriétaire de Matibo n'a eu garde de troubler les joyeux petits chanteurs : il a encouragé leur confiance, et à toute heure du jour on les entend gazouiller et s'ébattre, sans souci des visiteurs qui s'accoudent aux fenêtres et agitent le feuillage.

Les architectes de jardin donnent aux arbres taillés dans le genre de l'érable de

UN ÉRABLE A MATIBO, PRÈS DE SAVIGLIANO (ITALIE).

Matibo le nom général d'*arbres belvéders* ou d'*arbres maisons.*

« Si dans une propriété, dit l'auteur du *Traité de la composition et de l'ornement des jardins,* il se trouve un arbre de forte proportion et très-branchu, un chêne, un hêtre, un châtaignier ou tout autre, on se plaira à pratiquer un escalier et à en faire un belvéder. »

Un arbre de la forêt de Villers-Cotterets à été nommé *l'arbre des Sept-Frères*, à cause de sept grosses branches que l'on avait utilisées pour soutenir un plancher et une galerie sans nuire à sa riche végétation.

On tire parti quelquefois d'un vieil arbre creusé par le temps pour y établir un cabinet, un ermitage, ou même une maisonnette, où l'on arrive par un escalier rustique pratiqué au dehors.

Déménagement du Pauvre.

Je voyais la petite charrette à bras rouler devant moi, chargée de ce ménage du pauvre si difficilement acquis, et qui tient si peu de place. Le père, attelé au brancard, tirait vigoureusement, aidé par un jeune apprenti, son fils sans doute ; à côté marchaient deux sœurs : l'aînée portant un panier chargé de provisions, quelques lithographies encadrées, galerie de tableaux du pauvre ménage, et un pot de fleurs, son parterre ; la plus petite, chargée du chat du logis, enveloppé dans son tablier. Ils avançaient lentement sur le pavé glissant, et, ralentissant le pas, je les suivais de l'œil en réfléchissant.

Certes, ce déménagement de la pauvre famille était triste à voir, et cependant combien il révélait de progrès accomplis ! Aux siècles barbares, il ne se fût point fait ainsi paisiblement sous le soleil, mais de nuit, à travers les campagnes désolées ; alors le pauvre ne quittait sa cabane que chassé par la violence ; le déménagement était une fuite. Au lieu de ce père et de ces enfants transportant leurs pénates avec efforts, vous aviez des familles éperdues sauvant leurs misérables ressources sur des chariots qu'emportaient des bœufs effrayés ; où je voyais de la sueur, autrefois j'aurais vu du sang !

Ainsi les bienfaits de la civilisation se font sentir aux plus humbles et aux plus déshérités. Là où nous apercevons tant de privations, elle a déjà amoindri les épreuves ; l'adoucissement des mœurs, la souveraineté toujours mieux sentie du droit, le développement de la fraternité chrétienne, ont fait un pauvre de la victime, un ouvrier du vaincu. Les sociétés sont donc en marche sous l'œil de Dieu. Les lois de la perfectibilité humaine suivent leur cours ; loin de laisser derrière nous l'âge d'or, nous marchons incessamment à sa rencontre ; chaque siècle essuie une larme et guérit une plaie.

Je fus interrompu au milieu de ces réflexions par la chute d'un tabouret de paille qui avait glissé de la charrette et était venu tomber à mes pieds.

Je le relevai en appelant ; le jeune garçon accourut, et nous nous reconnûmes : c'était un des apprentis imprimeurs qui m'apportent mes épreuves.

Il toucha de la main sa calotte grecque et me salua par mon nom en souriant. Pendant que je l'aidais à rattacher le tabouret et à fixer sur la charrette quelques étagères près de glisser, il m'apprit qu'il allait habiter l'extrémité du faubourg où son père avait trouvé du travail. Veuf depuis plusieurs années, il avait longtemps vécu à grand'peine, mais le plus dur était fait ; maintenant la sœur aînée pouvait tenir le ménage, la plus petite allait à l'école, où elle apprenait à lire et à coudre ; lui-même venait de finir son apprentissage et allait passer parmi les travailleurs.

— C'est heureux que nous déménagions maintenant, ajouta-t-il avec gaieté, vu que dans quelques mois le ménage aurait été plus lourd. Mes premières économies seront pour acheter un fauteuil au père et un lit à rideaux à la petite sœur. Mais pardon, Monsieur, voilà qui est paré ; en vous remerciant. — Ohé ! me voilà, père ; enlevons !

Il avait repris la corde qui lui servait de bricole, et la charrette repartit.

Je la suivis quelque temps du regard dans le long faubourg où elle venait d'entrer. Les

LE DÉMÉNAGEMENT DU PAUVRE.

deux hommes continuaient à tirer courageusement tandis que les sœurs marchaient à quelque distance, l'aînée doucement, sérieuse comme une jeune mère, la petite, obéissante et attentive.

— Allez, pensai-je tout bas, honnête famille du pauvre, vous qui devriez être pour nous une leçon de courage et de patience ! Allez, et puissiez-vous emporter avec ce chétif ménage les vrais trésors domestiques :

l'amour du travail, le contentement de l'âme et la santé du corps. Ah ! quelque humble que soit votre destinée, Dieu ne vous a point abandonnée, car il vous a donné dans ce père la force dévouée qui protége ; dans le fils, l'espérance qui rassure ; dans les deux sœurs, la grâce qui charme et la tendresse qui console.

Ancien usage des Serrures et Cadenas à combinaisons.

L'usage des serrures remonte à une haute antiquité. Déjà, du temps d'Homère, les portes étaient munies d'une espèce de fermeture de ce genre. Les Romains donnaient le nom de *clefs lacédémoniennes* aux clefs à broches triangulaires. Ce nom indique, sinon l'origine véritable, au moins le pays d'où les Romains avaient importé chez eux l'invention.

La serrure en bois, encore actuellement employée en Égypte, et qui remonte sans doute à une haute antiquité, est du nombre de celles que l'on peut appeler à combinaisons, parce qu'on ne parvient à les ouvrir qu'avec une clef dont la construction est combinée avec l'intérieur de la serrure elle-même.

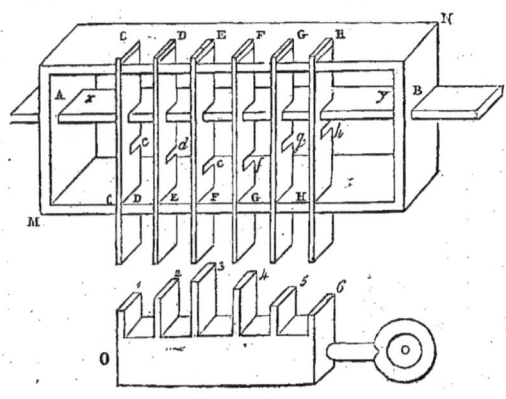

FIG. 1. — Serrure de Bramah.

Joseph Bramah, mécanicien anglais, a imaginé une serrure qui n'est, à proprement parler, qu'une imitation de celle des Égyptiens.

On a un cadre rectangulaire MN, dans les deux petits côtés duquel sont pratiquées deux rainures A et B. Un pêne xy est engagé dans ces rainures; il s'agit d'enlever ou de rendre, à volonté, une mobilité parfaite au pêne entre ces rainures.

Pour cela, des lames d'acier ou de fer, C, D, E, F, G, H, ont été engagées à la fois dans les deux parois supérieure et inférieure du cadre et dans le pêne AB, au moyen d'entailles pratiquées dans ces parois et dans ce pêne. D'un autre côté, des entailles c, d, e, f, g, h, ont aussi été établies dans les lames C, D, E, F, G, H, à des hauteurs différentes.

Tant que ces dernières entailles ne seront pas toutes montées exactement à la hauteur du pêne, celui-ci sera arrêté et conservera une immobilité complète. Au contraire, il y a une position des lames telle que toutes les entailles c, d, e, f, g, h, le laissent passer à la fois et lui permettent de se mouvoir horizontalement. On obtient cette position d'un seul coup au moyen de la clef OO, dont les pannetons 1, 2, 3, 4, 5, 6, sont tous de longueurs inégales et correspondant à la distance où les entailles des lames se trouvent du pêne xy.

Une pareille serrure, on le conçoit, n'est pas susceptible d'être crochetée.

Parmi les peuples européens, les premières serrures un peu artistement faites ne remontent guère en deçà du seizième siècle. C'est à cette époque que furent imaginés les cadenas à combinaisons, qui ne peuvent être ouverts que quand on a la connaissance du mot sous lequel ils ont été établis.

Les figures 2, 3 et 4 sont exactement reproduites d'après la *Logistique* ou Arithmétique de Butéon, publiée à Lyon en 1559. Cet habile mathématicien est le premier auteur français qui ait décrit les cadenas à combinaisons, et il l'a fait avec assez de clarté pour que notre tâche puisse se borner à traduire presque littéralement le passage qui les concerne; la *Logistique* est écrite en latin.

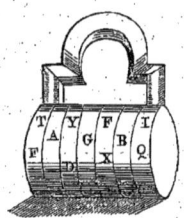

Fig. 2. — Cadenas fermé.

 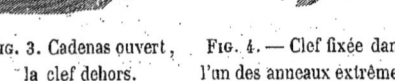

Fig. 3. Cadenas ouvert, la clef dehors.   Fig. 4. — Clef fixée dans l'un des anneaux extrêmes.

« Il y a des serrures qui sont faites en airain ou en fer, de telle sorte qu'elles offrent une fermeture solide et qu'on peut les ouvrir sans aucune clef, mais seulement en connaissant leur secret. On les fait ordinairement sous la forme d'un cylindre foré de part en part dans le sens de son axe. Ce cylindre se compose de six parties, savoir :

deux anneaux fixes servant de base, et quatre anneaux intermédiaires qui sont mobiles autour de l'axe, et portent tous intérieurement une entaille semblable à celle que l'on voit tracée sur la figure 3.

» Lorsque les anneaux sont disposés de manière que toutes leurs entailles soient bien alignées, on y introduit une clef à tête large, munie d'un appendice (fig. 4), et sur l'axe de laquelle sont fixées quatre dents qui passent librement à travers les entailles alignées. La position qu'il faut donner aux anneaux pour aligner ainsi les entailles intérieures, qui sont cachées, se reconnaît aux lettres gravées extérieurement, lettres qui ont été inscrites de manière à former un mot. Il suffit d'un léger changement dans la position des anneaux mobiles pour que la clef ne puisse plus être retirée; et la serrure restera fermée tant qu'une seule des dents de la clef rencontrera la partie pleine et non l'entaille d'un anneau, c'est-à-dire, tant qu'on ne remettra pas les lettres dans la position où elles étaient d'abord. Presque tous les cadenas portent six lettres. »

Ainsi, dès 1559, l'usage du cadenas à combinaisons était connu.

Antérieurement à cette époque, dans le livre VII du traité *De subtilitate* de Cardan, publié pour la première fois à Nuremberg en 1550, on trouve la description d'un cadenas de ce genre, dont l'invention est attribuée par Cardan à Janellus Turrianus de Crémone, habile mécanicien qu'il cite en différents passages. Nos figures 5 sont la reproduction exacte de celles de Cardan. Elles montrent qu'il s'agit là d'un cadenas à sept lettres, et l'on y remarque certains détails qui portent à croire que l'on pouvait, à volonté, changer le mot SERPENS sous lequel on avait établi l'ouverture du cadenas. Mais le texte de Cardan est tellement obscur, dans l'original aussi bien que dans la traduction française qu'en a donnée Richard Leblanc (Paris, 1556), qu'il n'y a aucune certitude à ce sujet. En tout cas, cet important perfectionnement a été imaginé ou au moins renouvelé en 1778 par le prieur des Célestins de Sens. Il consiste en ce que l'échancrure, pour chaque anneau, soit pratiquée dans un cercle différent de celui qui porte les lettres, et pouvant se mouvoir à frottement dur dans l'intérieur de celui-ci. Avec quatre anneaux portant chacun vingt-quatre lettres, le nombre des combinaisons possibles est de 331 776.

Fig. 5. — Cadenas de Cardan.

Suivant quelques auteurs allemands, ce serait à Hans Ehemann de Nuremberg qu'il faudrait attribuer l'invention du cadenas à combinaisons en 1540. On a cité aussi Alexis Carrara de Padoue comme l'inventeur d'un cadenas qui aurait été usité à Venise avant 1522, de l'espèce de ceux que l'on appelait chez nous *cadenas des jaloux*. Le cadenas à combinaisons du genre de ceux de Butéon et de Cardan, porte depuis longtemps aussi le nom de *cadenas à rouleaux*.

Le Retour de Poissy.

Un soir, comme je feuilletais avec quelques amis ma collection des œuvres de Carle Vernet, un d'eux arrêta au passage deux cavaliers comiques (page 327), et me dit :

— Ah! les bonnes figures! C'étaient deux personnages bien connus, au marché de Poissy, vers 1807. A pied comme à cheval, ils se disputaient toujours, s'injuriaient à froid, se reprochaient mille mauvais tours, et étaient inséparables; on les avait surnommés... Ah! j'ai oublié leurs noms et surnoms.

J'aime assez à écrire derrière chacune de mes estampes ce que je puis apprendre de faits curieux qui s'y rapportent.

— Pensez-vous, demandai-je à mon ami, que les anciens habitants de la ville aient conservé sur ces deux individus quelques souvenirs plus précis que les vôtres?

— Sans doute, quoique la population de Poissy se soit bien renouvelée depuis un demi-siècle. Mon vieux cousin Bridaine, par exemple, les a certainement vus souvent chez notre oncle Lequeux, dit Barbillon, le plus célèbre aubergiste de la ville sous l'empire. Allez lui rendre visite à l'occasion. Je lui ai plusieurs fois parlé de vous; il vous verra avec plaisir.

L'été suivant, attiré à Poissy par les « régates », un de ces spectacles qui m'ont toujours le plus fait regretter d'être né curieux, M. Bridaine me revint en mémoire, et je me fis indiquer sa demeure. Il habite, au nord-ouest de la ville, une maison agréable, située entre un potager et un jardin divisé en carrés symétriques, où m'ont paru dominer les fleurs pâles, les ifs et le buis.

M. Bridaine me reçut dans sa bibliothèque et se montra tout à fait affable. Après les compliments et les banalités d'usage, je lui exposai le motif de ma visite; mais je pressentis, dès les premiers mots, que c'était un de ces hommes qu'il n'est pas facile de faire parler sur le sujet qu'on a en tête, parce qu'ils n'écoutent jamais eux-mêmes, ou que, du moins, ils ne saisissent parmi les paroles qui leur sont adressées et ne prennent pour point de départ de leurs réponses que celles qui ont trait à une de leurs manies.

Je lui avais demandé si, dans ses souvenirs d'enfance, il retrouverait quelque trace des deux personnes esquissées si plaisamment par l'excellent artiste Carle Vernet.

— Vous aimez les arts, Monsieur! s'écria-t-il. Que j'en suis aise! Moi aussi, Monsieur, je les aime avec passion!

Et aussitôt, se précipitant vers une tablette :

— Voici, Monsieur, continua-t-il, une petite boîte en chêne qui n'est peut-être pas, je l'avoue, extrêmement remarquable par sa forme...

Il me parut qu'en effet ce n'était qu'une poivrière fort commune.

— Mais devinez ce qu'elle contient... devinez!

— Monsieur, répondis-je, jamais je n'ai rien deviné de ma vie.

— Eh bien, Monsieur, cette boîte ne contient pas moins qu'une centaine de grains de poussière provenant de la raclure des fonts baptismaux du saint roi qui signait Louis de Poissy! Vous savez que nos pères étaient persuadés qu'il suffisait d'avaler un peu de cette poussière bénie dans un verre d'eau pour être guéri de la fièvre. Mais moi, Monsieur, je n'en crois rien; aussi, l'an dernier, ma femme ayant eu la fièvre tierce, j'ai refusé opiniâtrement de lui donner un seul grain de cette poussière historique,

sacrée, beaucoup trop rare et trop précieuse pour qu'on l'emploie en guise de quinquina. D'ailleurs, je déteste les superstitions.

— C'est fort bien fait, lui dis-je. Je vois que vous vous intéressez savamment aux choses curieuses; alors vous connaissez sans aucun doute l'estampe dont je vous parle, et vous aurez la bonté de m'aider à en mieux comprendre le sujet.

— Les choses curieuses! Oui, vraiment, je puis me vanter d'en posséder un bon nombre. L'une de ces autres boîtes, Monsieur, renferme un petit morceau du vase d'étain dans lequel était jadis le cœur du grand roi Philippe le Bel entre deux plats. Ce petit morceau est tout à fait authentique.

Il allait briser un cachet rouge apposé sur un des côtés de la boîte; mais je l'arrêtai :

— Je vous crois, Monsieur, lui dis-je; vous avez là une collection de boîtes assurément d'une grande valeur. Pour moi, je ne suis qu'un simple amateur de gravures. J'ai deux exemplaires de cette estampe du *Retour de Poissy*, et l'une d'elles, imprimée en couleur, imite dans la perfection une aquarelle de maître...

— L'aquarelle! Joli genre, Monsieur! Ma fille aînée y excelle. Et, tenez, regardez ce qu'elle m'a fait pour le frontispice de ce vieux mémoire; ce sont les armes de notre ville : « D'azur à un poisson d'argent posé en fasce, une fleur de lis d'or en chef, une en pointe, et une demie mouvant du premier! » Cela n'est-il point dessiné à merveille et finement peint? Et pourtant ma fille Célestine n'a jamais eu de maître.

J'étais au moment de répondre : Je le crois bien! car j'en demanderais humblement pardon à Mlle Célestine Bridaine si j'avais l'honneur de la connaître, mais ma préoccupation et mon dépit furent sans doute cause que je ne vis dans ce que me montrait monsieur son père, tant la prévention est grande, qu'un coloriage comme on se permet d'en faire au plus jeune âge. Je ne savais par quel tour ramener de si loin M. Bridaine à mon sujet, quand, par bonheur, le titre du vieux mémoire lui-même me vint en aide : « Mémoire à consulter pour les propriétaires, » fermiers, nourrisseurs, et marchands de » bestiaux du Limousin, contre les fermiers » de la caisse de Poissy ; 1770. »

— Ah ! les nourrisseurs, les marchands de bestiaux, voilà mon affaire ! m'écriai-je vivement ; et c'est précisément au sujet de deux gens de cette classe intéressante de citoyens que je suis venu consulter votre érudition, Monsieur, et surtout votre excellente mémoire. Vous avez dû les voir tous deux, ces deux hommes grotesques, chez feu M. votre oncle, l'illustre... hôtelier de 1806 ; ils y prenaient souvent leurs repas aux jours du marché.

— Le marché ! le marché, Monsieur ! s'écria M. Bridaine, qui devint pourpre et se mit à trépigner ; c'est une horreur, Monsieur, une malédiction ! — Il fait vivre Poissy, disent et répètent les sots. — Et moi je prétends qu'il a tué notre ville moralement, intellectuellement, archéologiquement ; et, notez ceci, Monsieur... ar-tis-te-ment ! Les bouchers ne songent qu'aux bestiaux, les éleveurs aux bouchers, les marchands de la ville aux uns et aux autres, et, de cercle en cercle, les idées de viande et de gain ont gagné jusqu'aux dernières maisons des faubourgs. Qui s'occupe ici maintenant, moi excepté, de fixer l'étymologie de Poissy, *Piaciacum*, *Pisciacum* ou *Poissiacum* ? Qui cherche à découvrir le lieu où étaient situés les châteaux du roi Robert et de la reine Constance ? Qui s'étudie à restaurer exactement le plan du réfectoire où eut lieu, en novembre 1561, le fameux « colloque de Poissy » ? Qui s'épuise en veilles à marquer le point précis du sol de l'ancienne église de l'abbaye où l'on éleva un autel sur l'alcôve même de la reine Blanche, mère de notre compatriote saint Louis ? Car ce roi, le seul de tous les rois qui ait fait honneur à la royauté, est bien né à Poissy, quoi qu'on en dise. Ville ingrate ! Qui prouvera, comme je le fais, que notre tableau de la *Nativité* est bien le chef-d'œuvre de Philippe de Champaigné ? Qui...

Ici M. Bridaine fut pris d'une sorte d'étranglement. J'avais perdu tout courage ; cependant, j'allais profiter de cette interruption inespérée quand, retrouvant un filet de voix aigu, M. Bridaine me dit, avec un air d'abord presque suppliant, puis en *crescendo* animé et irrité :

— Monsieur, quand on prononce seulement devant moi le mot de marché, d'éleveur, de marchand de bestiaux, et d'autres abominables choses de cette espèce, on est sûr de m'exposer à une maladie. C'est à cause de ce maudit sabbat du marché, Monsieur, que, depuis quinze ans et plus, je me suis logé le plus loin possible de la ville. Toutes les semaines, dès le matin du jour fatal, on ferme toutes mes fenêtres et mes volets du côté de Poissy ; mais rien n'empêche d'arriver jusqu'à moi, par moments, des bouffées de ces rumeurs bestiales ; et alors, Monsieur, alors, voici ma ressource suprême...

Et M. Bridaine se jeta sur un violon monstre, un violoncelle qui était dans un coin de la chambre : il saisit l'archet d'une main crispée et se mit, non à jouer un air quelconque, mais à faire grincer et rugir toutes les cordes avec une frénésie qui remplit aussitôt l'air d'une tempête extravagante de dissonances furieuses, de miaulements, de grondements, et, très-positivement, de jurements et de blasphèmes affreux.

Stupéfait, confondu, assourdi, quel parti me restait-il à prendre? La fuite. C'est ce que je fis. M. Bridaine, qui me tournait le dos, tout entier à son transport de rage, ne s'en aperçut pas. Je traversai rapidement le jardin, je fermai la porte, et à trois cents pas j'entendais encore cette musique infernale; mais j'étais sauvé.

LE RETOUR DE POISSY.

Galopez, galopez toujours, mes deux compères, gras et maigre; je ne puis vous regarder sans sourire: j'entends d'ici sonner vos écus, et je crois bien soupçonner le sujet de vos disputes. Après tout, on m'aurait peut-être appris sur votre compte telle anecdote qui m'eût obligé à penser plus de mal de vous qu'il ne convient à l'intérêt de mon plaisir. Galopez donc; il ne m'arrivera plus, je vous assure, d'aller prier aucun M. Bridaine de me conter votre histoire.

———

Dans tous les genres, la vérité est à la fois ce qu'il y a de plus sublime, de plus simple, de plus difficile et cependant de plus naturel.   Mme DE SÉVIGNÉ.

Visite à l'École.

... Quand j'arrivais dans un village, j'allais sans hésiter demander l'hospitalité au presbytère ; j'étais toujours bien accueilli. A Litterlinn, près du Volkesberg, j'ai passé deux journées agréables chez l'abbé D... C'est un homme excellent, d'un jugement ferme, de manières très-polies, simples, avec un air de dignité naturelle. En l'écoutant, je pensais : « Ne dirait-on pas un évêque exilé dans cette pauvre petite cure ? »

Dès qu'il a su que j'étais artiste, il m'a montré quelques anciennes toiles d'anciens maîtres dont les noms m'étaient tout à fait inconnus. Je les appelle « anciens », quoique leurs tableaux, d'après les costumes des personnages, ne doivent guère dater que du milieu du dix-septième siècle ; mais le « faire » est d'une inexpérience et d'une naïveté qui rappellent les premiers essais de l'art.... Voyant que je m'intéressais à ces peintures et que je les jugeais sans dédain, il tira avec précaution d'un vieil étui de velours, blanc aux encoignures, une grande miniature plus que médiocre de couleur, mais d'un dessin correct et fin, représentant en pied son père, bailli de Hornsdorf, et sa mère. Mon hôte était ému : il regardait l'ivoire avec tendresse, et, comme cédant malgré lui à une longue habitude, il en baisa respectueusement le bord inférieur. La main de sa mère était presque entièrement effacée : je suis sûr que c'était là qu'autrefois se posaient ses lèvres.... Je lui ai proposé de la repeindre ; il a accepté et m'a remercié avec effusion.

Ce matin, il m'a demandé si je voulais l'accompagner à l'école. — Vous verrez, m'a-t-il dit, une pauvre maison. Nous ne sommes pas même encore parvenus à avoir une école de filles. Nous sommes si pauvres ! mais nous faisons de notre mieux. L'instituteur est d'une honnêteté et d'un dévouement rares. Il a perdu, l'an dernier, sa femme qu'il aimait tendrement, et il était tombé dans un découragement qui m'a inquiété : j'ai eu le bonheur de le relever en lui rappelant quelle est la grandeur de ses devoirs et des miens, et combien nous nous sommes nécessaires l'un à l'autre. Nous avons tous deux charge d'âmes, et notre union importe beaucoup au bonheur des familles qui nous entourent. Ce petit coin du monde est tout notre univers, et nous pouvons bien nous avouer sans orgueil que nous en sommes le gouvernement moral. J'enseigne la destinée de l'homme, le but de la vie, l'amour de Dieu et les espérances de l'immortalité ; j'entretiens et j'élève les instincts religieux qui sont naturels à tous les hommes, mais qu'il est essentiel de développer en les préservant à la fois d'une exaltation qui les ferait dégénérer en fanatisme et en souffrance, et de l'invasion des passions basses et des intérêts matériels qui tendraient à les couvrir de ténèbres et à les étouffer. Voilà ma part. Celle de l'instituteur est de venir en aide au besoin de connaître, qui est également naturel et légitime. Il fait pénétrer le plus de lumière qu'il peut dans l'intelligence de ces pauvres enfants, et leur enseigne ce que tout homme doit savoir, quelle que soit sa condition. Il leur raconte les merveilles de la création, les grandes découvertes anciennes et modernes, l'histoire de ce qui s'est passé de plus intéressant sur la terre et particulièrement dans le pays où la Providence nous a fait naître. Il leur apprend à aimer l'humanité et la patrie. Quelquefois nous nous plaisons à mêler nos leçons, et comme deux frères laboureurs, nous travaillons avec la même ardeur à ensemencer ces jeunes consciences, afin d'y faire germer les bons sentiments qui leur rendront plus facile l'accomplissement de leurs devoirs et leur donneront la force de supporter courageusement les épreuves inévitables de la vie.

Comme il achevait ces mots, nous arrivâmes à la porte du modeste bâtiment de l'école. Après avoir échangé quelques mots avec l'instituteur, je m'assis à l'écart sur un banc, dans un coin de la chambre, de manière à ne point troubler l'étude et aussi à prendre, sans être observé, une esquisse de la scène que j'avais sous les yeux.

UNE ÉCOLE DE VILLAGE EN ALLEMAGNE.

Le maître fit sortir du banc quatre élèves. Le curé les interrogea familièrement et avec douceur : il leur demanda ce qu'ils savaient sur le ciel, sur les astres, sur la forme, les mouvements et la composition physique de notre globe. Les questions étaient très-simples et très-claires; rien de trop. Il passa ensuite à l'histoire, et le plus grand des élèves, fils d'un ancien officier, à ce qu'il me parut, raconta en peu de mots les principaux événements des cent dernières années : ce n'étaient que des traits généraux, mais très-nets et bien compris. Le curé, ne voulant pas les fatiguer, leur posa, pour terminer, quelques petits problèmes de morale et aussi de prudence : — Qu'est-ce qu'un honnête homme? — Que feraient-ils si des soldats étrangers venaient attaquer le pays? — Si l'un d'eux devenait tout à coup très-riche, quel usage ferait-il de sa richesse? — S'il s'égarait dans la neige? — S'il rencontrait un loup? — Si le père et la mère de la petite fille étaient obligés de faire un long voyage, saurait-elle avoir soin des vêtements et de la nourriture de ses petites sœurs?... Si elles pleuraient, que leur dirait-elle pour les consoler? — Il approuvait ou bien il redressait les réponses, mais toujours avec amabilité et sans humilier les enfants.

— Et maintenant, leur dit-il, chantons un peu ensemble.

Le maître d'école décrocha du mur son violon et donna le ton. Les quatre enfants qui étaient debout chantèrent un psaume d'abord à l'unisson, puis par parties; le curé les accompagnait à demi-voix, tout en puisant par moments dans sa tabatière. Je ne perdais aucun détail.

— C'est bien, reprit-il; mais après Dieu, mes enfants, la patrie! Chantons notre hymne national.

Les enfants laissèrent cette fois leurs livres et entonnèrent l'hymne bravement. Les autres écoliers, qui jusque-là avaient été distraits et insouciants, se levèrent et, sans se faire prier, mêlèrent leurs voix à celles de leurs camarades. L'instituteur releva le front et joua de son instrument avec un sentiment de l'art qui me surprit; le curé battit la mesure et donna çà et là des accents de vigueur. Cette petite salle vibrait d'enthousiasme. Le soleil tout à coup l'illumina de ses rayons. Il y eut là un moment d'émotion et de poésie qui ne s'effacera jamais de ma mémoire.

Les Animaux domestiques.

On compte, pour porter l'évaluation au plus haut, quarante-sept espèces d'animaux domestiques. A première vue, en considérant que plus de cinquante mille espèces d'animaux sauvages partagent avec nous le séjour de notre globe, on pourrait croire que nous n'avons que médiocrement utilisé les ressources que nous offrait la nature; mais en réfléchissant à la multitude des variétés que nous avons su tirer de ce petit nombre de types primitifs, à l'énorme prépondérance que nous avons donnée à leur population comparativement à la population libre, enfin à la quantité et à la diversité des services auxquels nous les avons adaptés et habitués, on change bientôt d'avis et l'on s'incline sans réserve devant l'admirable inspiration de nos ancêtres. Non-seulement ils ont eu l'idée d'adoucir les aspérités de la vie terrestre en y appliquant les animaux, mais ils ont réussi, au milieu de la foule confuse dont ils étaient entourés, à mettre justement la main sur les types qui, par la domestication et les modifications qui s'ensuivent, étaient les plus propres à devenir utiles. Bienfaiteurs inconnus des premiers âges, on comprend qu'ils aient été divinisés par la postérité reconnaissante à l'égal des exterminateurs des espèces hostiles.

Malgré tant de lumières, qui n'ont cessé depuis lors de se développer, il est bien remarquable, en effet, qu'il ne se soit rien ajouté d'essentiel au fonds primitif. Aujourd'hui même que la question s'est posée dans toute son étendue, il s'agit bien moins d'acquérir des espèces nouvelles que d'améliorer, de varier, de propager d'une contrée à l'autre les espèces primordiales. Les problèmes du perfectionnement des races et de l'acclimatation possèdent partout la supériorité sur celui de la domestication proprement dite, tout ce que ce dernier problème renferme de capital étant réellement accompli depuis le commencement.

La comparaison du chiffre des espèces domestiques avec le chiffre des espèces sauvages cache donc une illusion. Ce qui nous reste à conquérir, si avantageux que ce puisse être, n'aura jamais qu'une valeur de second ordre en regard de ce que nous avons rencontré dans l'héritage de nos pères. Hors de là, l'imagination peut prendre son vol, atteler à nos chars, comme au temps de Bacchus, les tigres et les lions ; nous poser, comme Ganymède, entre les ailes de l'aigle, ou, comme Amphion, sur la croupe du dauphin ; plus encore, discipliner le règne animal tout entier et le ramener, comme dans l'Éden, aux pieds de l'homme. Mais il suffit, pour voir le rêve se dissiper, de mettre le pied sur le terrain scientifique : un simple coup d'œil sur le règne animal dans ses rapports avec l'homme fait sentir immédiatement l'étroitesse des limites dans lesquelles doit se renfermer l'expérience. Quoi qu'il arrive, le nombre des espèces utiles formera toujours, en regard des espèces indifférentes ou nuisibles, l'imperceptible minorité.

Ces conclusions ont assez de valeur pour mériter d'être justifiées. Outre son intérêt philosophique, l'étude du règne animal dans ses rapports avec l'homme satisfait d'ailleurs à la plus légitime curiosité. Nous vivons au milieu des animaux domestiques, nous avons affaire à eux tous les jours pour les services les plus élevés comme les plus familiers, et leur histoire nous est à peine connue. Nous ignorons communément en quel siècle, en quel pays l'homme a noué pour la première fois des relations suivies avec eux, et nous ne savons pas mieux ce qu'il nous est permis d'attendre de l'avenir que ce dont nous avons été gratifiés par le passé. Il est temps, cependant, de faire entrer ces données dans le domaine des connaissances vulgaires, et pour y réussir il n'y a pas de méthode plus simple ni plus sûre que de suivre pas à pas, de classe en classe, le système général des animaux. C'est ce dont nous allons donner l'exemple dans de rapides esquisses, que nous abordons sans autre préambule.

CARNASSIERS.

L'ordre des carnassiers n'a jusqu'ici fourni à l'homme que trois espèces : le chien, le chat et le furet.

Le Chien.

C'est le chien qui a le plus d'importance. Il est notre ministre à l'égard des autres animaux, tant pour conduire et protéger ceux qui nous appartiennent que pour nous aider à dépister et à capturer ceux qui sont libres. Il est même notre auxiliaire à l'égard de nos semblables, et garde avec vigilance et courage nos biens et nos personnes. Il s'attache si étroitement à son maître qu'il lui offre tout au moins les apparences d'un ami, et dans bien des cas c'est là son unique rôle. Enfin il se prête à tant d'emplois que, sous les latitudes où la nature se refuse à l'entretien des autres animaux domestiques, il résume à lui seul tous leurs services, et dans des conditions de sobriété et de résistance aux intempéries pour lesquelles il est sans égal. Compagnon des misérables nomades qui habitent ces contrées, il les nourrit de sa chair, les habille de sa peau, et use ses forces à les charrier sur la neige.

La race canine paraît avoir été assujettie pour la première fois en Orient et dès la haute antiquité. On trouve témoignage de sa présence dans les plus anciens monuments, ceux de la Chine, de l'Inde, de la Perse, de l'Égypte ; et comme les livres chinois le placent parmi les animaux importés de l'étranger, on peut déjà conjecturer de là qu'il est vraisemblablement originaire de l'Asie centrale. Sa présence chez tous les peuples de la terre, même les plus sauvages, est aussi un indice de l'ancienneté de sa domestication, et l'on peut croire qu'il remonte aussi loin dans les âges du monde que les premiers chasseurs et les premiers pasteurs.

LE CHACAL D'ALGÉRIE.

De quel type est-il issu? On s'était longtemps imaginé, sur la foi de Linné et de Buffon, qu'il devait provenir d'un type sauvage particulier qui, aujourd'hui, ne se re-

LE CHACAL DU CAP.

trouverait plus nulle part. Mais les investigations de la science moderne ne permettent pas de douter qu'il ne provienne tout simplement du chacal. Le chacal est très-commun dans les pays où l'on est conduit à chercher l'origine du chien; il s'apprivoise avec la plus grande facilité; s'attache aussi fidèlement que le chien à son maître; ressemble tout à fait par les formes, les couleurs, la voix, l'intelligence, l'ensemble des habitudes, aux races canines qui n'ont été que peu modifiées par la culture, à tel point même que, dans certains pays, chiens et chacals semblent encore ne faire qu'un; enfin il s'allie sans difficulté avec le chien en produisant des métis féconds. La diversité des espèces de chacals se rapporte aussi

LE CHACAL D'ABYSSINIE.

assez justement à certaines diversités primitives des races canines. Ainsi le chien des Hottentots est très-voisin du chacal *mesomelas*, qui vit à portée de ces peuplades; le chien des Américains est également très-voisin du chacal crabier, qui appartient au même continent; enfin le lévrier, déjà familier à l'antiquité égyptienne, ressemble d'une manière frappante au chacal *simensis*, récemment découvert par les voyageurs dans les montagnes de l'Abyssinie. Il est évident qu'il ne saurait y avoir là de simples coïncidences.

Quelles que soient les diversités qui procèdent de l'origine, il est incontestable que celles qui proviennent de l'action exercée par l'homme sur le fond même de la race sont plus sensibles encore. Il semble que, comme aucune espèce ne soumet plus complétement tous ses actes à la volonté de l'homme, aucune non plus ne soit plus disposée à se modifier jusque dans son organisme et ses instincts sous l'influence du régime qu'il plaît à ce maître souverain de lui imposer. Certaines races de chiens, pour ne parler que de la taille, sont deux cents fois supérieures en volume à certaines autres; et si, au lieu d'être à l'état de domesticité, toutes ces races se présentaient à nos yeux à l'état sauvage, il est hors de doute que l'on verrait les naturalistes les ranger, dans leurs classifications, non pas comme les variétés d'une seule espèce, mais comme une série formant au moins une tribu. « Les différences apparentes, dit Cuvier, sont plus fortes que celles d'aucunes espèces sauvages d'un même genre naturel. »

Le Chat.

Le chat domestique, incomparablement moins utile à l'homme que le chien, est aussi moins ancien et moins généralement répandu.

Il n'a guère d'autre emploi que d'animer nos demeures, tout en les délivrant, grâce à un reste d'instinct carnassier, des petits rongeurs qui n'y prennent résidence que pour y vivre à nos dépens.

On a cru pendant longtemps qu'il provenait du chat sauvage de nos forêts, et c'est une erreur qui a été accréditée par Cuvier lui-même. Mais une étude plus approfondie a constaté entre les deux types des différences qui ont forcé de renoncer à ce sentiment. Notre chat est, selon toute vraisemblance, originaire d'Afrique. Les Égyptiens en possédaient une espèce exactement semblable, et comme ils s'en servaient, outre les usages communs, pour en faire un des symboles de leur culte, on en retrouve dans leurs sépultures sacrées des individus parfaitement conservés, avec lesquels la comparaison est facile. Or, d'une part, ces animaux sont les mêmes, pour la coloration et pour la taille, qu'un grand nombre de ceux qui habitent encore aujourd'hui nos maisons, et, de l'autre, il existe à l'état sauvage, en Nubie et en Abyssinie, une espèce particulière récemment découverte, le chat ganté, qui es

LE CHAT GANTÉ.

manifestement la souche d'où proviennent les momies de la vallée du Nil. Donc c'est de cette contrée que le chat, par les communications de peuple à peuple, est arrivé peu à peu jusqu'à nous.

Rien n'assure toutefois que le chat des parties orientales de l'Asie, encore fort peu connu, provienne de la même souche. On sait que la Chine en possède deux races notablement différentes de la nôtre, laquelle n'a jamais varié entre nos mains que dans des limites fort étroites : l'une à queue courte, l'autre à oreilles tombantes. Peut-être ces deux races sont-elles dérivées directement d'espèces sauvages asiatiques sur lesquelles nous n'aurions pas plus de lumières que nous n'en avions, il y a quelques années, sur le chat ganté.

Le Furet.

Le furet n'a qu'un rôle plus restreint encore que celui du chat. Aussi sa domestication est-elle moins ancienne. Elle remonte, selon toute apparence, aux derniers temps de la république romaine, alors que l'excessive multiplication des lapins dans le midi de l'Europe fit chercher contre eux, au dire de Strabon, tous les moyens possibles de destruction.

Cet animal est tellement voisin du putois, tant à l'intérieur qu'à l'extérieur, que l'on ne peut guère douter qu'il n'en soit dérivé. Aussi a-t-on complétement renoncé à l'opinion de Buffon, qui le rapportait à une espèce africaine d'un genre tout différent, celui des mangoustes, aussi bien qu'à l'opinion d'autres naturalistes qui en cherchaient la souche dans une espèce sauvage qui n'aurait point encore été découverte.

LE PUTOIS.

C'est à ces trois termes que se réduisent jusqu'ici nos conquêtes dans l'ordre des carnassiers. Peut-être est-il permis, sans trop donner à l'imagination, de se représenter que la postérité pourra en ajouter quelques autres : le phoque, dont les mœurs sont si douces et qui s'apprivoise au point de devenir aussi obéissant que le chien; la loutre, propre à jouer le même rôle pour la pêche d'eau douce que le phoque pour la pêche maritime, et déjà employée à cet usage dans certaines contrées de l'Orient, sans y avoir cependant donné naissance à une race domestique ; le guépard, charmant animal, parent lointain du chat, susceptible comme lui de soumission, et qui, dans l'Asie occidentale, est fréquemment dressé pour la chasse par les Persans et les Arabes. Que l'on fasse quelques pas de plus, que l'on amène ces animaux à se multiplier pendant une certaine suite de générations dans nos maisons, où dès à présent ils se montrent si disposés à vivre, et de nouvelles races domestiques auront pris place sous nos lois. Mais dussent-elles se produire en effet, il est évident qu'en comparaison de la race canine, qui revêt des formes si multiples et se prête à des services si divers, ces nouvelles races ne seraient jamais que subordonnées et ne déposséderaient pas de sa prééminence celle qui jouit de l'avantage d'avoir été domestiquée la première.

RONGEURS.

L'ordre des rongeurs, si nombreux cependant, n'a encore fourni que deux espèces, le lapin et le cobaye, dit vulgairement cochon d'Inde.

Le Lapin.

Le lapin n'était pas connu d'Aristote, car il n'est mentionné dans aucun des écrits de cet auteur, non plus que dans ceux de Xénophon. Il n'en est question chez les anciens qu'à partir du premier siècle de notre ère. Originairement il existait en Espagne et peut-être dans le midi de la Gaule, et c'est de là que, vers cette époque, soit naturellement, soit par importations, il s'était propagé dans la Provence en telle abondance qu'il y était devenu une calamité. Depuis lors, il n'a cessé d'étendre le cercle de son habitation, et à l'état sauvage ou domestique, il est connu à présent dans toute l'Europe.

On en possède plusieurs races différentes, dont quelques-unes sont recherchées non-seulement pour leur chair, mais pour leur fourrure. Néanmoins, quels que soient les avantages de cet animal, sa multiplication ne paraît pas augmenter dans des proportions sérieuses. Les agriculteurs préfèrent appliquer leurs ressources à l'élève d'animaux d'un plus fort volume, et la consommation du lapin, subordonnée à celle de la volaille, n'est guère qu'un objet de fantaisie.

Le Cobaye ou Cochon d'Inde.

Le rôle du cochon d'Inde est encore plus limité. On en élève plus qu'on n'en mange, et l'on ne peut regarder son entretien, du moins en Europe, que comme un jeu pour les enfants. Cet animal s'est rencontré chez les Péruviens lors de la conquête de l'Amérique, et il a été importé chez nous dès le seizième siècle. Il était déjà tel que nous le voyons aujourd'hui, ce qui fait supposer que sa do-

LE COBAYE.

mestication devait être déjà accomplie dans le nouveau monde depuis un certain temps. Son type primitif, cherché d'abord au Brésil, s'est définitivement trouvé au Pérou.

Il y a bien d'autres espèces de rongeurs qu'il serait facile de domestiquer aussi bien que ces deux-là, mais le peu de faveur que reçoivent de la part des agriculteurs le lapin et le cochon d'Inde semble former, à l'égard de leurs analogues, un précédent peu encourageant. A moins que la chair de ces autres espèces ne présente décidément des qualités supérieures qui lui fassent conquérir l'estime des gourmets, il est à craindre que, si curieuses qu'elles soient, elles n'aient bien de la difficulté à se faire adopter dans le domaine rural.

On ne peut cependant disconvenir que la diminution croissante du gibier n'augmente les chances de quelques-unes. Déjà, à plusieurs reprises, le lièvre mis au clapier et soumis à un régime spécial a paru disposé à fournir une race domestique analogue à celle du lapin, et bien préférable pour la table. On s'est avisé aussi de le croiser avec le lapin, et il en est résulté des métis qui se propagent d'eux-mêmes et constituent, sous le nom de *léporides*, une race tout à fait nouvelle. M. Isidore Geoffroy Saint-Hilaire se proposait d'adjoindre à notre lièvre indigène, soit pour les domestiquer, soit pour augmenter le nombre de nos espèces sauvages, l'agouti, qui habite les Antilles et l'Amérique méridionale, et le mara, qui habite les pampas de Buenos-Ayres et la Patagonie : ce sont deux animaux dont un lièvre à qui on aurait coupé la queue et les oreilles donne à peu près l'idée, et qui serviraient à varier les plaisirs de la chasse. Il a proposé également, comme espèce à mettre à côté du lapin, la viscache, animal qui présente avec le premier beaucoup d'analogie, et qui vit par immenses colonies dans les mêmes contrées que le mara. Il n'est pas douteux que ces acclimatations ne soient possibles, il est même probable que, grâce aux instances de l'illustre et regrettable savant, elles seront opérées avant peu ; mais quelle importance économique prendront-elles, c'est ce que le goût du public, souvent arbitraire et qui échappe à toute règle comme à toute prévision, pourra seul décider.

L'AGOUTI. — LE MARA.

La domestication du cabiai paraît présenter plus de chances de succès que celle des divers rongeurs dont nous venons de parler, précisément parce que cet animal diffère beaucoup plus que les autres du cochon d'Inde et du lapin. Que l'on se représente un cochon d'Inde d'apparence grossière, de couleur brune et d'une taille pouvant aller jusqu'à 1^m.50 de longueur, et l'on aura une idée sommaire du cabiai. Il ne s'agit donc plus, comme pour les précédents, d'un animal de basse-cour, mais bien d'un

LA VISCACHE. — LE CABIAI.

véritable animal de boucherie, comme le porc et le mouton ; et si sa chair est agréable, comme l'attestent tous les voyageurs qui en ont goûté, l'acquisition a des avantages évidents. En effet, le cabiai est un animal nageur, à peu près comme le castor, vivant par petites troupes sur le bord des rivières de la Guyane et de l'Amazone, et s'y nourrissant de plantes aquatiques. Comme les plantes de cette nature ont aujourd'hui très-peu de valeur pour l'agriculture, il est certain qu'un animal qui les utiliserait en les transformant en viande de bonne qualité rendrait, par là même, un très grand service, et ne tarderait pas à prendre place dans tous les cantons que le drainage n'a point encore améliorés. Le cabiai a, d'ailleurs, le mérite, commun à tous les autres rongeurs, de se multiplier rapidement et d'arriver de bonne heure à sa taille, ce qui en ferait un producteur de viande très-puissant, en même temps qu'il serait très-économique.

Le paca, autre rongeur de l'Amérique méridionale, offrirait, quoique plus petit, des avantages analogues, supérieurs même, quant à la délicatesse de la chair, et si jamais le cabiai s'introduit dans nos campagnes, il est vraisemblable que le paca l'y suivra de près.

Enfin, il y a encore une espèce du même ordre dont les services seraient d'une bien supérieure importance, et dont la domestication mériterait par conséquent de n'être pas négligée. C'est le castor. Il vivait autrefois en Europe et s'y rencontre encore,

LE PACA BRUN.

LE CASTOR DU CANADA.

quoique rarement, et par conséquent il n'y aurait aucune difficulté à l'acclimater parmi nous. C'est un animal très-sociable et qui a fort bien vécu, pendant plusieurs années, au Muséum. Il finirait donc sans peine par s'accommoder de la vie de nos étangs, dans lesquels on pourrait le parquer pour l'empêcher de commettre dans les environs aucun dégât; et comme le prix d'une seule peau va jusqu'à 300 francs, on voit que sa fourrure payerait avec prodigalité tous les soins consacrés à son entretien.

MARSUPIAUX.

Kanguroo, Phascolome, Phalanger, etc.

L'ordre des marsupiaux, si différent, au point de vue de la zoologie, de celui des rongeurs, serait cependant susceptible de rendre à l'industrie agricole à peu près les mêmes services. Les diverses espèces qui le composent sont aujourd'hui, à part quelques exceptions, concentrées en Australie; mais rien ne serait plus facile que de les habituer à nos climats, et, sous ce rapport, le problème est pour ainsi dire résolu.

Les grands kanguroos fournissent une chair d'excellente qualité, et leur poil laineux est propre à divers emplois. Le climat des parties tempérées et méridionales de l'Europe leur convient si bien qu'ils s'y sont déjà reproduits en assez grand nombre, sans exiger des soins trop dispendieux. On en a même déjà vu de petits troupeaux aux environs de Paris, de Vienne, de Madrid et de Naples.

Au grand kanguroo, qui est un animal de près de deux mètres, on adjoindrait sans plus de difficulté les petits kanguroos, le phascolome, le phalanger, peut-être encore quelques autres espèces supérieures au lapin sous le rapport de leur taille et de leur fourrure, et ces animaux rempliraient à peu près le même rôle.

L'acquisition définitive des marsupiaux

LE GRAND KANGUROO.

est donc moins une question d'acclimatation qu'une question d'économie rurale. Pour ne parler que de la grande espèce de kanguroo,

LE PHASCOLOME.

les agriculteurs trouveront-ils autant de profit à en élever des troupeaux qu'à élever des troupeaux de moutons? En admettant même que ces nouveaux troupeaux soient moins dociles, plus difficiles à garder, moins sobres, ce ne serait pas un motif de condamnation s'il devait résulter de la faveur du public un prix de vente supérieur pour la viande. Il faut tenir compte aussi de ce que la multiplication de ces animaux est plus rapide que celle des moutons, ce qui constitue un avantage notable, compensé, toutefois, par l'infériorité de leur poil relativement à la laine. Il faut que l'économie agricole prononce, et jusqu'à ce que la supériorité ou tout au moins l'égalité des bénéfices soit établie, il est à croire que, sauf dans les parcs et dans les ménageries d'amateurs, on continuera à transformer en viande de bœuf et de mouton l'herbe des pâturages.

PACHYDERMES.

Le Porc, le Tapir, l'Éléphant.

Dans l'ordre des pachydermes proprement dits, nous n'avons à compter que la race porcine. Du temps de nos pères, les forêts primitives qui couvraient le sol de la Gaule n'étant point encore défrichées, cette race occupait dans la richesse agricole une place capitale. Aujourd'hui même son importance est encore très-considérable, à cause de sa fécondité, de sa précocité et de la facilité avec laquelle elle s'entretient et s'engraisse. Aussi est-elle abondamment répandue non-seulement dans toute l'Europe, mais dans presque toutes les parties du monde, et c'est une de celles que les peuples sauvages reçoivent de nos mains le plus volontiers.

D'après les livres chinois, la domestication du cochon remonterait à près de cinq mille ans. On voit par l'*Odyssée* qu'on en faisait grand cas chez les Grecs dès les temps héroïques, et la prohibition de sa chair par Moïse montre qu'il devait être commun, à l'époque de ce législateur, dans l'Asie occidentale.

De quel type primitif provient-il? Il est si voisin par tous ses traits du sanglier de nos forêts, que pendant longtemps les naturalistes n'ont pas hésité à le regarder comme en étant issu. Mais les considérations historiques ont fait prévaloir une opinion différente. Comme les tribus celtiques ont eu leur berceau dans l'Asie, tout porte à présumer qu'elles ont dû mener avec elles, dans des parties de l'Occident où elles se sont fixées, les animaux domestiques qu'elles possédaient à l'époque de leur migration, et par conséquent, selon toute apparence, leurs troupeaux de porcs. En effet, en comparant le cochon avec les sangliers qui se rencontrent dans les forêts de l'intérieur de l'Asie, on lui trouve encore plus d'analogies de ce côté que de celui de nos sangliers indigènes. On peut donc regarder ces animaux si utiles et si injustement méprisés comme perpétuant parmi nous la trace de l'antique origine de notre nation.

Dès à présent, la race porcine offre un grand nombre de variétés produites soit par les modifications de son type primitif, soit par son croisement avec diverses races importées de l'extrême Orient. La tendance actuelle de l'agriculture paraît être de s'attacher aux variétés de grande taille, comme produisant à meilleur marché que les variétés plus petites la chair et la graisse, et l'on est déjà parvenu, dans cette voie, à des individus de plus de six cents kilogrammes. Mais la voie inverse offre aussi des avantages particuliers, et mériterait peut-être d'être suivie. Il est incontestable qu'une race d'assez petite taille pour s'entretenir à peu près dans les mêmes conditions que le lapin serait préférable, à bien des égards, à celui-ci, et serait un véritable bienfait pour beaucoup de ménages peu aisés.

Il est aujourd'hui question d'emprunter à l'Asie, et surtout à l'Amérique, un autre pachyderme qui offre avec le précédent de grands rapports : c'est le tapir. Le régime de cette espèce serait à peu près le même que celui de la race porcine, et elle aurait sur celle-ci deux avantages : celui de sa peau, qui vaut les meilleures peaux de bœuf, et celui de sa force, qui, étant supérieure à celle du porc, lui permettrait de rendre, dans certaines limites, le service de bête de somme. Dans plusieurs provinces du Brésil,

LE TAPIR.

on est dans l'usage de capturer ces animaux pour les apprivoiser et de les employer en cette qualité jusqu'au moment venu de les engraisser et de les abattre, et si l'on parvenait à en faire une race domestique, il est à croire que cette race, moyennant un régime convenable, se prêterait sans peine à un accroissement de taille qui la rendrait capable d'un travail encore plus actif. Au point de vue pratique, les tapirs pourraient donc, en quelque sorte, se comparer à des ânes très-dociles, très-intelligents et propres à la boucherie. Mais malheureusement il ne paraît pas que cette viande soit très-succulente, et jusqu'à présent on n'a pas de preuves que l'espèce ait de la propension à se reproduire chez nous et en captivité. Très-rapprochés des éléphants par l'ensemble de leur organisation, il n'est pas impossible qu'ils aient la même répugnance à se multiplier en dehors des conditions de la vie sauvage. C'est ce que de prochaines expériences ne pourront manquer de décider.

Les éléphants, si l'on s'en rapportait aux premières apparences, devraient figurer en première ligne dans la liste des animaux domestiques. Ils sont, en effet, au service de l'homme depuis la haute antiquité, associés à son activité, comme le cheval, dans la paix et dans la guerre. Mais l'homme ne possède malheureusement ici que des individus, et la race demeure libre. Sauf des circonstances exceptionnelles, elle n'est féconde que dans sa pleine indépendance, et ces colosses, si parfaitement soumis à la volonté de leurs maîtres, sont tous des animaux d'origine sauvage. Ils sont apprivoisés, ils ne sont pas domestiqués, et c'est une question de savoir s'ils pourront l'être jamais.

LES SOLIPÈDES.

Nous avons deux solipèdes, l'âne et le cheval : l'un, méprisé, injurié, maltraité, type d'humiliation ; l'autre, le plus estimé de tous nos serviteurs, et, selon la belle expression de Buffon, la plus noble conquête que l'homme ait faite sur la nature.

Le Cheval.

Le cheval est, en effet, un des instruments les plus puissants de la civilisation. Plus une nation est riche et cultivée, plus elle possède de chevaux. Ils servent aux charrois de tout genre, tant pour les marchandises que pour les personnes ; ils fournissent leur force à l'industrie comme à l'agriculture, et ils s'harmonisent, grâce à la magnificence de leurs allures, avec le luxe des cours et des grandes maisons, en même temps que leur rusticité leur permet de répondre à toutes les exigences du dur laboureur ; enfin, et ce n'est pas là un de leurs moindres avantages, ils forment une puissance de guerre. Bien que leur rôle principal soit de nous aider en mettant à notre disposition leur force et leur vitesse, ils forment chez un grand nombre de peuplades asiatiques une ressource alimentaire de premier ordre, tant par leur chair que par le lait des juments ; et déjà, dans plusieurs contrées de l'Europe, on a commencé à les utiliser de la même manière. L'engrais, la peau, les crins, sont également des objets considérables ; et si avantageux sous tant de points de vue durant sa vie, l'animal rend encore à la société des services après sa mort.

On peut croire que c'est avant tout le service militaire qui a recommandé le cheval à l'attention de l'homme. Les premiers cavaliers n'ont pu manquer de prendre promptement supériorité sur leurs voisins ; et les succès des conquérants espagnols au Mexique et au Pérou nous montrent quel prestige la présence d'un tel auxiliaire dut exercer, dans le principe, sur les imaginations. Dans l'antiquité grecque, la fable des centaures en naquit, et l'on voit dans Homère en quelle haute estime étaient tenus les chevaux de bataille des héros.

La domestication de l'espèce chevaline remonte bien au delà des temps héroïques de la Grèce. La fiction mythologique qui fait honneur à la puissance de Neptune de la production du cheval, signifie peut-être tout simplement que cet animal avait été importé par mer à Athènes. Les Chinois, qui, au témoignage de leurs anciens livres, l'avaient reçu également de l'étranger, l'employaient déjà dans leurs expéditions militaires plus de deux mille ans avant notre ère. Les plus anciens monuments de l'Inde, de la Perse, de l'Égypte, donnent également témoignage de sa présence. Il est remarquable que dans les livres juifs il n'en soit fait mention qu'à partir de l'époque de Joseph ; il semblerait qu'il faille en conclure que les Hébreux n'ont possédé cet animal qu'à partir de leur retour d'Égypte, l'en ayant peut-être ramené.

La patrie primitive du cheval doit être cherchée dans l'Asie centrale. C'est de là qu'il a été exporté d'une part dans l'extrême Orient, en Chine, de l'autre dans le Midi et dans l'Occident. L'espèce subsiste toujours à l'état libre dans ces contrées; elle habite les steppes, où elle est dispersée en quantité innombrable. Il est probable que des chevaux domestiques sont venus se mêler à diverses reprises à ces troupeaux sauvages, mais le fond de la population est certainement primitif. D'ailleurs la philologie vient ici en aide à la zoologie : on a constaté que les divers noms donnés au cheval dans les langues de l'Occident dérivaient tous du zend et du sanscrit, c'est-à-dire des langues de l'Asie centrale; c'est donc de cet antique foyer de la grande civilisation que l'espèce nous est venue en même temps que les noms qu'elle porte encore. Sauf les régions polaires, elle couvre aujourd'hui toute la terre.

L'Âne.

Moins beau et moins robuste que le type précédent, l'âne est plus docile et plus sobre. C'est le cheval des classes pauvres. Placée sous le coup des mauvais traitements qu'elle a supportés depuis tant de siècles, la race de l'Occident a sensiblement dégénéré; mais dans plusieurs contrées de l'Orient l'âne jouit encore de ses caractères primitifs, et domine de beaucoup par son élégance et sa vigueur les humbles baudets de nos villages. Il serait impossible, dans les nuages où se perd la haute antiquité, de décider la question de priorité entre la domestication de l'âne et celle du cheval, et l'on peut sans trop d'erreur les considérer comme à peu près contemporaines. La différence des deux histoires repose sans doute sur la différence des deux patries. Celle de l'âne, au lieu de se trouver, comme celle du cheval, au centre de l'Asie, doit être cherchée dans le sud-ouest de cette partie du monde ou même dans le nord-est de l'Afrique. Dans ces régions, l'âne vit encore à l'état sauvage par troupes innombrables. Il a donc dû, par le fait de sa position primitive, devenir le lot des peuples sémitiques, comme le cheval est devenu celui des peuples indo-européens. Aussi en est-il parlé dans les livres des Hébreux dès le temps de la migration d'Abraham, et le trouve-t-on représenté sur les plus anciens monuments de la haute Égypte. L'étude des langues met également ici le sceau aux conclusions de la géographie zoologique, car elle montre que tous les noms donnés à l'âne dérivent d'un radical sémitique. On est donc aussi en droit de conjecturer, d'après cette différence d'origine, que l'âne n'a dû s'introduire en Gaule et dans le milieu de l'Europe que longtemps après le cheval, qui y était certainement arrivé avec les colonies celtiques.

Outre ces deux solipèdes sur lesquels la main de l'homme est étendue depuis si longtemps, la nature nous en offre encore plusieurs autres, soit en Asie, soit en Afrique, et notre esprit de conquête commence à se porter vers eux. Le zèbre, l'hémione, le dauw, le couagga, l'hémippe, sont même déjà sortis de leurs déserts pour attendre dans nos ménageries l'arrêt que nous allons prononcer sur les destinées de leurs races.

C'est le zèbre qui, grâce aux élégantes bigarrures de sa robe, a touché le premier les regards du monde moderne. Habitant de l'Afrique australe, son importation date des premières relations des Portugais avec ces régions. Dès le dix-septième siècle, il est fait mention de quatre zèbres que l'on attelait au carrosse du roi de Portugal; il y a eu depuis lors plusieurs exemples du même genre, mais isolés et qui n'ont pas abouti à la création d'une race domestique.

LE ZÈBRE.

Malheureusement, il est à craindre que la domestication n'ait pour effet de troubler la régularité de ces zébrures qui forment le plus bel ornement de l'animal, et ne le ramène ainsi à peu près à la même condition que ses deux congénères et compatriotes le dauw et surtout le couagga, qui ne diffèrent guère de lui que par une robe plus simple.

Aujourd'hui, c'est du côté de l'hémione que paraissent se tourner les préférences; on peut même dire, tant les essais sont avancés, que dès à présent nous possédons là une nouvelle race domestique. Il ne reste qu'à la multiplier et à lui faire prendre place dans les usages vulgaires. Cette belle conquête, digne de se ranger entre celle de l'âne et celle du cheval, est due à MM. Dussumier et Is. Geoffroy Saint-Hilaire : l'un, importateur et donateur au Muséum des premiers individus de cette espèce qui se soient vus en Europe ; le second, auteur persévérant des essais qui ont fini par réaliser l'acclimatation et la domestication. La race en est déjà à sa troisième génération, et de génération en génération les animaux se sont habitués de mieux en mieux à la rudesse de nos hivers, sont devenus à la fois plus féconds et plus faciles à élever, et ont même gagné, grâce à leur nouveau régime, de la taille et de la vigueur. Il est à peine nécessaire d'ajouter que, malgré leur naturel impétueux, on est parvenu à les habituer à la selle et à l'attelage, et qu'ils s'y sont montrés d'un excellent service. Supérieure à la race asine sous le rapport de l'élégance aussi bien que de la force, et par conséquent de la vitesse, cette race est appelée, suivant toute probabilité, à se développer. Il n'y a d'autre obstacle que le temps nécessaire à sa multiplication, résultat qui ne saurait jamais être prompt dans la famille des solipèdes, attendu la simplicité des naissances et la durée de la gestation et de l'élevage; mais il est aisé de tourner l'obstacle par l'importation de nouveaux individus pris à l'état sauvage, et l'on peut espérer qu'un objet de cette importance ne saurait tarder à attirer sérieusement les regards de la Société d'acclimatation.

Tous les membres de la famille des solipèdes paraissent susceptibles de se croiser entre eux suivant toutes les combinaisons imaginables, et quelques-uns de ces métis étant féconds, la variété irait à l'infini. Le cheval et l'âne réunis ont donné depuis longtemps le bardot et le mulet. Ces animaux participent des caractères propres à leurs deux souches. Le mulet est celui des deux qui présente le plus d'avantages; produit de l'âne et de la jument, il se rapproche du cheval par sa taille et sa force, de l'âne par sa dureté au travail et sa sobriété. Aussi est-il recherché dans les pays où les fourrages sont rares. Il était connu des anciens, et on le voit figurer dans Homère comme bête de trait; mais il n'y a aucune lumière sur l'époque et le pays qui l'ont vu naître pour la première fois. Comme il est rarement fécond dans nos climats, on n'est pas en droit de le considérer comme constituant une race domestique : aussi peut-on le mettre en parallèle avec ces animaux sauvages que l'on apprivoise, mais que l'on ne multiplie pas, de sorte qu'on possède des individus sans posséder en même temps une descendance.

Mais, grâce à nos acquisitions récentes, nous avons d'autres métis de solipèdes qui, doués de toutes les conditions propres à la reproduction, forment une véritable race : ce sont principalement les produits du croisement de l'hémione avec l'ânesse; par sa couleur, la forme arrondie de sa croupe et l'ensemble de tous ses traits, cette race se rapporte au type paternel. Elle est à la fois vaillante et élégante, et paraît destinée à prendre place d'une manière définitive parmi nos animaux domestiques. L'hémione a été également croisé avec le zèbre, le dauw et l'hémippe. Malheureusement on n'a pu jusqu'à présent réussir à le croiser avec le che-

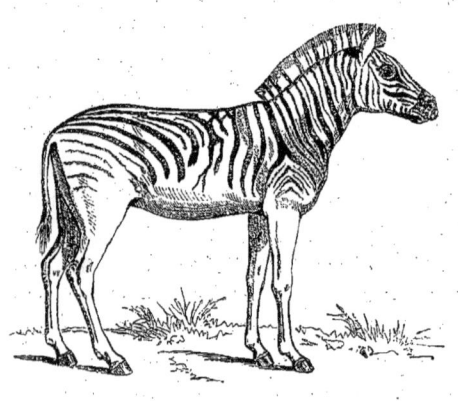

LE DAUW.

val, et cependant c'est de cette alliance qu'on serait en droit d'attendre, à en juger d'après celle de l'âne et du cheval, les produits les plus avantageux. Si l'on y parvient, comme il est encore permis de l'espérer, peut-être ces nouveaux mulets, plus vigoureux et plus beaux, seront-ils appelés à déposséder les anciens, et l'hémione aura ainsi acquis

LE COUAGGA.

dans notre économie rurale une importance de premier ordre.

LES RUMINANTS.

Pour montrer l'importance de l'ordre des ruminants à l'égard de l'homme, il suffit de nommer le chameau, le bœuf et le mouton; les trois services essentiels des animaux domestiques y sont réunis : la force, l'alimentation, le vêtement; et cet ordre qui nous a déjà tant donné n'est pas encore épuisé.

Le Chameau et le Dromadaire.

Le chameau à deux bosses, ou chameau proprement dit, est originaire du centre de l'Asie; on l'y retrouve encore à l'état sauvage, et les anciens étaient déjà d'accord pour assigner à sa race cette patrie : aussi a-t-il reçu de Linné le nom de chameau bactrien. Nommer la Bactriane, c'est rappeler le foyer primitif de la civilisation; on comprend donc qu'il soit impossible de fixer aucune date à la domestication de cette précieuse espèce; aucune n'était plus visiblement prédestinée à l'homme, et sa conquête n'a dû offrir aucune difficulté. Plus grande et plus massive que le dromadaire, et ordinairement plus robuste, elle travaille dans le grand désert asiatique comme l'autre dans le grand désert africain ; mais pour satisfaire à sa tâche, elle est obligée de se prêter aux climats les plus opposés : au lieu de n'avoir affaire, comme le dromadaire, qu'à des déserts brûlants, le chameau à deux bosses foule d'une part les sables brûlants de la Perse, et de l'autre les neiges et même les terrains détrempés de la Sibérie.

Le dromadaire, caractérisé par la simplicité de sa bosse, appartient au sud-ouest de l'Asie. On ne l'y retrouve plus à l'état sauvage, et, à défaut de documents historiques, il est difficile de déterminer exactement de quelle contrée il est issu. Cependant il serait permis de croire qu'il doit provenir de l'Arabie ; c'était l'opinion de Pline et d'Aristote, et toutes les présomptions s'y accordent. Il en existe deux variétés, l'une de formes massives, l'autre de formes sveltes. Celle-ci, désignée sous le nom de *mchari*, est une bête de course incomparable ; elle fait de quarante à soixante lieues par jour. La première est surtout employée au transport des marchandises : elle porte aisément trois cents kilogrammes ; sa sobriété est proverbiale : à défaut de plantes herbacées, elle mange des arbustes ligneux. Grâce aux appareils si caractéristiques, connus sous le nom de bosses, dont la nature les a munis, les dromadaires peuvent se contenter pour toute nourriture, pendant plusieurs jours de suite, d'absorber peu à peu la graisse qui s'est accumulée sur leur dos, et offrent ainsi les plus précieuses conditions pour la traversée des déserts.

Non-seulement les dromadaires rendent les plus précieux services pour les transports dans les contrées où les fourrages sont rares, mais leur chair est excellente, et le lait des femelles vaut le lait des vaches. Ils constituent, en outre, de véritables bêtes à laine ; tellement qu'à ce point de vue on pourrait sans exagération les nommer des moutons de grande taille. Les Arabes les tondent régulièrement au printemps, et confectionnent avec le produit les étoffes destinées à leurs vêtements et à leurs tentes. Notre industrie a déjà commencé à se servir aussi de cette matière première, bien qu'elle ne présente pas en général beaucoup de finesse, et en a tiré des tissus beaucoup plus beaux que ceux des Arabes, et doués de qualités spéciales qui les feront peut-être entrer dans l'usage commun.

On comprend l'intérêt qui s'attache à la propagation de ce précieux animal dans tous les pays auxquels il peut convenir : aussi son cercle géographique ne cesse-t-il de s'étendre. Du sud-ouest de l'Asie, il s'est introduit en Égypte dès la haute antiquité, et, à la suite des Arabes, il a pénétré jusque dans le centre du continent : on l'y rencontre aujourd'hui depuis la mer Rouge jusqu'à l'océan Atlantique ; mais il lui reste encore à faire des progrès vers le sud, et il n'est même pas impossible qu'il arrive un jour à être aussi commun dans l'Afrique austro-orientale qu'il l'est aujourd'hui dans l'Afrique septentrionale.

Dès le quinzième siècle, on a commencé à lui faire traverser la mer pour l'établir aux Canaries, où il a parfaitement réussi ; au seizième siècle, il a été transporté en Perse ; au dix-huitième, en Virginie, à Venezuela, à Cuba, à la Jamaïque. Dans ces derniers temps, deux importations considérables ont eu lieu : l'une au Brésil, où le chameau est appelé à rendre, dans certaines provinces arides et sablonneuses, les mêmes services qu'en Afrique; l'autre aux États-Unis, pour être employée dans les déserts qui séparent la Californie de l'Orégon. Enfin, on vient d'en transporter quelques-uns en Australie, et ils seront si bien à leur place sur ce vaste continent, qui pendant une grande partie de l'année est, aussi bien que les déserts de l'Asie et de l'Afrique, sous l'empire de la sécheresse, que l'on peut s'étonner qu'ils n'y aient pas été installés depuis longtemps.

LE DROMADAIRE.

Quant à l'Europe, il est douteux que ces animaux y figurent jamais ailleurs que sur quelques points exceptionnels. Partout où un bon système de viabilité est institué, le transport par voiture devenant plus économique que le transport à dos, ils perdent leurs avantages; et même, pour le transport à dos, toujours nécessaire à la petite culture, le service des ânes et des mulets est préférable au leur, parce qu'il ne s'agit pas de déplacer des fardeaux considérables. Aussi les dromadaires, qui étaient communs en Espagne du temps des Mores, ont-ils disparu peu à peu de la plupart des provinces, et on ne les trouve aujourd'hui en activité que dans la province de Huelva. En Toscane, il en existe depuis le dix-septième siècle un petit troupeau, employé dans la maremme de Pise au transport des bois; mais comme il ne s'est pas sensiblement accru depuis cette époque, on peut en conclure le peu d'étendue de son utilité. En France, on en a placé quelques-uns pour une destination semblable dans les landes de Gascogne, mais l'entreprise y a encore moins réussi. C'est dans l'Europe orientale, particulièrement dans les plaines du bas Danube, qu'ils seraient le mieux à leur place. Dès le septième siècle ils y avaient été mis en usage par les Barbares, et il est à croire que les peuples de ces contrées, en se régénérant, ne tarderont pas à donner un rôle dans leur agriculture et leur commerce à ces importants auxiliaires.

Les Lamas.

Les lamas sont les chameaux d'Amérique. Suivant une loi commune à toutes les espèces du nouveau monde, ils sont un diminutif de leurs congénères de l'ancien. Avant la conquête, on n'y connaissait pas d'autres bêtes de somme, et l'on suppléait à leur faiblesse par leur multitude; il n'y a pas de doute qu'ils ne soient originaires des Cordillères. Leur type primitif s'y retrouve encore à l'état sauvage sous le nom de *guanaco;* on peut croire que leur domestication dans cette contrée était au moins aussi ancienne que la civilisation des Incas. Lors de la conquête, la race domestique, par suite de la longue succession des influences de l'homme, différait autant de la race sauvage qu'elle en diffère aujourd'hui.

On distingue du lama proprement dit, sous le nom d'*alpaca*, une race qui en est très-rapprochée par tous ses caractères, mais qui, avec une taille un peu moindre, possède une toison plus longue. Cette race est vraisemblablement issue d'un autre type, et il y a quelque vraisemblance que ce soit de la vigogne, espèce qui vit à l'état sauvage dans les mêmes lieux que le guanaco, mais qui s'en sépare très-nettement par la petitesse de sa taille, qui est à peu près égale à celle du mouton, et par la finesse incomparable de son pelage. Dans cette hypothèse, il faudrait admettre que la domestication a eu pour effet d'augmenter sensiblement la taille de la vigogne et de donner à sa toison plus de longueur en même temps que moins de finesse.

Du reste, les trois types ont une liaison si étroite qu'ils se croisent sans difficulté, et l'on a récemment obtenu en Amérique une variété d'alpaca de qualité supérieure en retrempant le sang de la race domestique dans celui de la race sauvage.

Les lamas ont le pied mieux découpé et plus flexible que les chameaux, et sont, par conséquent, d'un emploi plus sûr dans les sentiers de montagne. Les plus robustes le sont assez pour qu'on puisse les monter, mais en général leur force demeure sensiblement au-dessous de celle de l'âne; et s'ils n'avaient d'autre mérite, ils devraient certainement céder le pas à cette dernière espèce; mais à leurs qualités comme bêtes de somme s'ajoutent leurs qualités comme bêtes à laine, bêtes laitières et bêtes de boucherie. C'est particulièrement aux alpacas qu'appartient la supériorité à cet égard.

En laissant de côté les caractères zoologiques pour ne voir que le côté économique, ces animaux représentent exactement des moutons de grande taille. La consommation du lama est à peu près triple de celle du mouton, mais elle est compensée par l'abondance et l'excellence de la laine, la proportion du lait et de la chair, et enfin le service supplémentaire des transports. La laine, particulièrement celle de l'alpaca, possède une finesse et une longueur qui lui donnent une valeur supérieure aux plus belles laines ovines; elle atteint jusqu'à trente centimètres de longueur sur vingt millièmes de millimètre de diamètre : aussi en fait-on des étoffes d'un genre spécial, intermédiaire entre celles de mérinos et de soie. A ce seul titre, les troupeaux de lamas et d'alpacas mériteraient donc d'être associés, dans nos montagnes surtout, aux troupeaux de moutons; et il s'y ajoute une considération non moins valable : c'est que ces animaux peuvent vivre à des hauteurs où l'herbe devient trop courte pour convenir aux moutons. Ils utiliseraient donc

LE GUANACO.

ainsi une richesse qui se développe aujourd'hui en pure perte, car elle demeure le partage de la marmotte et du chamois.

C'est par le concours de tant d'avantages que s'explique l'empressement avec lequel on commence à se porter vers la propagation, partout où elle est possible, de ces excellents animaux. On peut croire venu le moment où ils appartiendront à l'Europe aussi bien qu'à l'Amérique. Dès le dix-septième siècle, des essais d'acclimatation avaient eu lieu en Espagne; mais, vraisemblablement mal dirigés, ils n'avaient pas réussi. Au dix-huitième, Buffon s'était efforcé, mais en vain, de décider le gouvernement français à les reprendre. « Ces animaux, disait-il, seraient une excellente acquisition pour l'Europe, et spécialement pour les Alpes et pour les Pyrénées, et produiraient plus de biens réels que tout le métal du nouveau monde. »

Au commencement de notre siècle, Mme Bonaparte, femme du premier consul, voulant donner suite à la pensée du grand naturaliste, fit arriver par l'entremise de l'Espagne, jusqu'à Buenos-Ayres, un troupeau considérable destiné à la France : malheureusement la guerre troubla l'entreprise pacifique, et quelques individus seulement parvinrent à Cadix.

Nul, dans notre siècle, n'aura eu plus d'influence sur cette question que M. Isidore Geoffroy Saint-Hilaire, tant par ses écrits que par son activité. C'est à lui que l'on doit la création du petit troupeau du Muséum, issu d'une paire de lamas acquise en 1839, et qui a servi non-seulement à acclimater l'espèce, mais à en vulgariser la connaissance. C'est également à ses instances que l'on doit l'acquisition, faite en 1849 pour l'Institut agronomique de Versailles, du troupeau qui avait été formé à la Haye par le roi de Hollande, et dont on n'a malheureusement conservé que quelques individus donnés alors au Muséum. Enfin c'est lui qui a déterminé la Société d'acclimatation à en importer dernièrement un troupeau considérable que la maladie n'a malheureusement pas épargné, mais qui sera, l'on est en droit d'y compter, prochainement remplacé et distribué dans les Alpes et dans le Cantal. L'avenir n'est pas douteux, et c'est aux essais conduits au Muséum avec tant de persévérance et de soins qu'appartiendra le mérite d'avoir provoqué ce perfectionnement de notre richesse agricole. « Les faits, disait le savant directeur de la ménagerie, ne sont pas moins décisifs en faveur de la possibilité, on pourrait presque dire de la facilité de l'acclimatation. D'un seul couple nous avons obtenu tout un troupeau, et nos individus de la troisième génération ne le cèdent à leurs ancêtres ni pour la vigueur, ni pour la taille, ni pour la qualité de leur toison. »

L'impulsion est donnée, et l'on trouve aujourd'hui des lamas en dehors des Cordillères, non-seulement en France, mais en Angleterre, en Belgique, en Espagne, à Cuba et en Australie ; dans ce dernier pays surtout, ils possèdent déjà une importance de premier ordre dans la production agricole. Peut-être le siècle qui va suivre le nôtre verra-t-il non-seulement dans les pâturages élevés des montagnes, mais dans nos plaines, leurs troupeaux devenus aussi communs que les troupeaux de moutons. Néanmoins on ne saurait se dissimuler qu'à cet égard tout n'est pas encore fait : la science a parlé, et prononcé la possibilité de l'acclimatation ; mais il reste à l'agriculture à prononcer sur la question de profit. C'est là le point suprême. Dans les conditions qui leur sont faites chez nous par le climat et les mœurs, les cultivateurs trouveront-ils aussi avantageux d'élever des lamas que des moutons ? La vente des produits payera-t-elle avec un excédant suffisant les frais d'achat et d'entretien ? Le goût si insaisissable du public est un des éléments essentiels du problème, car, en définitive, pour arriver à l'équilibre entre les nouveaux et les anciens troupeaux, il faudra que le lama prenne place à la boucherie à côté du mouton ; et ce résultat si désirable est encore problématique, car l'on ne sait que trop combien les nouvelles espèces d'aliments ont toujours eu peine à s'introduire. Il s'en faut que les mouvements de la mode aient les mêmes facilités à l'égard de la nourriture qu'à l'égard du vêtement.

Le Mouton.

La race ovine est une de celles que l'homme a le plus profondément modifiées. Qu'y a-t-il dans la nature qui ressemble à un troupeau de moutons ? Voyez ce rassemblement d'animaux serrés les uns contre les autres, piétinant dans la poussière d'une grande route sous la garde d'un chacal domestiqué qui les régit : leurs pieds ne savent plus courir, et souvent c'est tout au plus s'ils savent marcher ; leurs instincts sont tellement amortis qu'ils seraient incapables de trouver leur nourriture si l'on ne prenait le soin de les conduire au pâturage ; et, dans les intempéries, il faut veiller pour eux. La toison blanche, épaisse, frisée, huileuse, dont ils sont revêtus, n'a d'analogue dans aucune autre espèce, et par un contre-sens dont il faudrait accuser la nature, si la nature l'avait faite, ils la conservent même dans les chaleurs de l'été, si bien qu'elle ne tarderait pas à leur devenir fatale si la main de l'homme ne les en délivrait périodiquement.

Quel est donc le type primitif de ces bestiaux stupides et inertes ? Il n'y a aucun doute que ce ne soit le mouflon. Le mouton peuple nos plaines, et le mouflon ne se plaît que dans les montagnes ; il est aussi sauvage, aussi vif, aussi alerte que l'autre est lent, docile et paresseux. On le dirait frère du chamois, tant il bondit avec agilité dans les rochers ; ses cornes sont à demi relevées, et il est vêtu d'un poil court et rude, de nuance fauve ; mais sous ce poil, qui est une véritable jarre, se cachent quelques filaments plus soyeux et plus fins, et ce sont ces filaments qui, en se développant d'une manière anormale, ont donné naissance à la laine. Quelle est la cause d'un si singulier phénomène ? Par quel procédé les premiers éducateurs du mouton sont-ils parvenus à le produire ? Après combien de générations devint-il un caractère durable ? On l'ignore ; et il y a d'autant plus lieu de s'en étonner, qu'il semblerait plus naturel que l'animal eût dépouillé son épaisse couverture en descendant des sommets neigeux dans les plaines que de l'avoir, au contraire, acquise dans ce déplacement.

Le mouflon a été très-anciennement arraché à ses montagnes et domestiqué. La Genèse fait naître du premier homme le premier berger, et lui donne pour frère le

LE MOUFLON.

premier agriculteur. Les Védas et les livres sacrés de la Chine parlent du mouton, et l'on en distingue déjà diverses races sur les anciens monuments de l'Égypte. Il n'est pas sûr que sa domestication ait précédé celle du chien, car il se peut que le même serviteur qui avait concouru à le chasser ait servi ensuite à le conduire. Comme il existe encore des mouflons en Espagne et dans quelques-unes des grandes îles de la Méditerranée, on a cru longtemps qu'ils devaient être la souche de nos races domestiques. Mais ici encore, une étude plus approfondie a prouvé que ces races se rapportaient plus étroitement aux espèces de mouflons qui se sont perpétuées dans les montagnes du centre de l'Asie ; et la zoologie est, à cet égard, d'accord avec l'histoire, car il est hors de doute que les troupeaux de moutons connus dès la haute antiquité en Asie et jusqu'en Chine provenaient des types sauvages propres à ces contrées, et non pas de ceux de l'Occident, tout au plus peuplé à cette époque. Tout nous reporte vers l'Asie, dont l'Europe n'est, aux yeux de la nature, qu'un simple prolongement.

C'est du reste en Europe que, sous le rapport de sa toison, la race ovine a reçu le plus de développement. Elle se partage en deux variétés : les moutons à laine longue et droite, et les moutons à laine courte et fine. Jusqu'à présent on n'a pas réussi à obtenir la variété qui donnerait une laine longue et fine ; mais en voyant tous les progrès qui ont été réalisés depuis un demi-siècle, on ne doit cependant pas considérer l'agriculture comme réduite à abandonner la partie. En tout cas, les alpacas sont déjà prêts à suppléer aux bêtes ovines pour cet objet important.

La Chèvre.

Tous les documents de l'antiquité s'accordent à indiquer que la domestication de la chèvre doit remonter aussi haut que celle du mouton. La zoologie démontre que nous avons également ici une race asiatique. Elle descend d'un bouquetin différent de nos bouquetins européens, car ses cornes, au lieu d'être élargies en avant, comme celles de ces animaux, sont au contraire comprimées et carénées, ce qui est le caractère propre de deux espèces qui se rencontrent dans les montagnes du centre de l'Asie, le bouquetin égagre et le bouquetin de Falconet. C'est donc de l'un de ces deux types, peut-être de tous deux, car ils se ressemblent beaucoup, que serait issue notre race domestique, introduite dans l'Occident avec nos premières colonies.

LE BOUQUETIN ÉGAGRE.

La chèvre a un grand avantage sur le mouton, c'est de s'accommoder de pâturages trop médiocres pour convenir à celui-ci, même de simples broussailles ; et en même temps qu'elle l'emporte par sa sobriété, elle l'emporte également par l'abondance de son lait. Aussi dans les pays de montagne les plus pauvres est-elle la compagne nécessaire du ménage rustique ; et malgré l'obstacle presque absolu qu'elle oppose au reboisement, dans les contrées qu'elle parcourt, il semble presque impossible de l'éliminer, tant les ressources qu'elle fournit aux populations leur sont indispensables. Ordinairement son pelage est rude et ne se tond même pas. Mais cette infériorité à l'égard des races ovines n'est pas absolue. Dans quelques variétés, la toison possède même un degré de finesse qui lui donne une véritable prééminence à l'égard de la laine. On en fait des velours aussi beaux que les velours de soie, et, sous le nom de cachemires, des tissus incomparables. C'est au Thibet, dans l'Asie Mineure près d'Angora, et dans les steppes des Kirghiz, que se trouvent les variétés les plus recommandables à cet égard. Depuis quelques années, on s'est appliqué à acclimater chez nous la race d'Angora, et ces essais, dus à l'initiative de la Société d'acclimatation, laissent espérer les meilleurs résultats. A ses bêtes à laine, notre agriculture ajouterait ainsi, suivant une heureuse et saisissante expression, de véritables bêtes à soie.

Les Cerfs.

L'homme ne s'est encore approprié, parmi les cerfs, qu'une seule espèce : c'est le renne, l'animal domestique par excellence des régions arctiques. Sans lui, ces contrées ne seraient habitables qu'au bord des eaux, en raison de la présence des phoques et des poissons, dernière nourriture de l'homme et des chiens qu'il mène à sa suite. Mais le renne, trouvant à vivre, à l'aide des lichens, sur une étendue considérable de l'intérieur des terres, permet à l'homme, par les ressources qu'il lui fournit, d'y vivre aussi. Sa peau sert pour les tentes et les vêtements, sa chair et son lait pour l'alimentation, sa force pour le tirage des traîneaux ; à lui seul sont dues toutes les conditions de l'existence des misérables peuplades qui le possèdent. Il est originaire de ces mêmes contrées, car on l'y trouve à l'état sauvage aussi bien qu'à l'état domestique ; et même faut-il dire que sa domestication, comparée à celle de nos bœufs et de nos moutons, est encore fort imparfaite, car il conserve une demi-indépendance qui rend souvent fort difficile le métier de ses pasteurs. Comme il n'a jamais connu l'étable, il est naturel qu'il ait conservé ses instincts, et si l'on peut s'étonner à cet égard, c'est de la docilité dont il fait preuve envers un maître auquel il doit si peu. Sa domestication remonte sans doute aux époques reculées où les races finnoises, chassées des régions centrales de l'Europe par les migrations asiatiques, furent réduites à s'exiler dans le Nord, loin de la région des pâturages et des cultures.

LE RENNE.

On a quelquefois proposé de transporter cet animal dans des latitudes plus tempérées ; mais il y serait mal à l'aise, difficile à nourrir, et ne répondrait à aucun service déterminé. On l'a cependant installé depuis peu dans le nord des îles Britanniques, et peut-être s'y maintiendra-t-il. C'est vers l'extrémité australe de l'Amérique qu'il serait le plus naturellement appelé ; mais cette contrée excite peu d'intérêt, et il n'est pas probable que nos sociétés d'acclimatation se mettent jamais en frais pour elle.

Il y a d'autres espèces de cerfs que rien n'empêche d'élever en grand comme animaux de boucherie fine ou d'ornement ; mais ces animaux, consommant autant, à poids égal, que les moutons, et ne fournissant que leur chair au lieu de donner en outre, comme ceux-ci, leur laine et leur engrais, ne paraissent pas destinés à prendre jamais place dans la grande agriculture. Leur éducation sera toujours dispendieuse, et, en dehors des satisfactions du luxe, ne sera profitable que si, en raison de la diminution croissante du gibier, le prix de leur viande peut monter assez haut pour couvrir les frais de l'éleveur. Dès à présent les daims, en Angleterre surtout, où l'on en entretient dans les parcs des troupeaux quelquefois considérables, peuvent être rangés dans cette catégorie. Il ne semble pas qu'il y ait à en tirer plus de parti. On peut y joindre, dans des conditions à peu près identiques, quelques autres espèces de petite taille, par-

LA GAZELLE.

LE CERF-COCHON.

ticulièrement le cerf-cochon, originaire de l'Inde, où l'on est dans l'habitude de l'engraisser pour la table, et à qui la vulgarité de son nom semble pronostiquer chez nous le même sort, d'autant qu'il y est dès à présent parfaitement acclimaté.

Les Antilopes.

Mais sur le terrain des éducations de luxe, les cerfs ne sauraient lutter avec les antilopes. La domestication de l'une des plus charmantes espèces de ce genre, la gazelle, est déjà accomplie depuis longtemps en Afrique. Les Arabes se plaisent à voir bondir autour de leurs tentes, parmi les lourds chameaux, ces jolis animaux qui, par l'attachement qu'ils éprouvent et celui qu'ils inspirent, font en quelque sorte partie de la famille. Grâce à la facilité de nos communications avec l'Algérie, ils commencent à n'être plus rares en France. Ils s'y sont reproduits plusieurs fois, et s'accommodent, sans avoir besoin d'être renfermés, de nos hivers les plus durs. La domestication et l'acclimatation ne laissent donc plus rien à désirer, et il est à croire qu'avant peu d'années cette espèce se sera assez multipliée pour former l'un des ornements habituels de nos jardins. Il n'est même pas impossible qu'ils finissent par servir à l'alimentation, tout au moins dans les festins d'apparat, sacrifiés à la gastronomie sans plus de scrupule que nos chevreuils, leurs rivaux en grâce et en légèreté. Néanmoins, pour cet objet spécial, il est probable que les antilopes de grande taille auraient l'avantage. Jusqu'à présent c'est vers les nilgaus et les cannas que se porte de préférence l'attention.

Les cannas, originaires du cap de Bonne-Espérance, se distinguent par leur haute stature, qui leur a fait donner le nom d'élans du Cap. Ces animaux sont très-doux, supportent très-bien les rigueurs de nos climats, s'y reproduisent sans peine; et, sans parler de ceux qui sont disséminés dans les jardins zoologiques, les parcs de la Grande-Bretagne en possèdent déjà plusieurs petits troupeaux. Lord Hill est le premier qui ait donné l'exemple de livrer à la boucherie un de ces précieux et magnifiques animaux, et la chair, distribuée à des juges compétents, a été déclarée, dit le rapport, « extraordinairement succulente, d'un tissu fin, d'une saveur très-délicate. » Il en est de même de la chair du nilgau, qui dans l'Inde, d'où cette espèce est originaire, était jadis réservée pour la table du Grand Mogol; et bien que le nilgau ait le désavantage de se montrer plus farouche que le canna, comme il est aussi bien acclimaté, il est à espérer qu'il finira par adoucir de même ses instincts de sauvagerie. Du reste, il est évi-

LE CANNA.

LE NILGAU.

dent qu'il n'y a pas de raison pour que ces acclimatations, prenant faveur, ne s'étendent pas peu à peu à toutes les espèces d'antilopes assez élégantes pour nous procurer, dans nos promenades, le plaisir des yeux.

Les Bœufs.

Le bœuf figure dans le domaine rural sous quatre formes principales : le bœuf proprement dit, le buffle, le zébu, l'yack. Deux autres types, le gyall et l'arni, dont le premier se rapproche du bœuf et le second du buffle, se rencontrent dans quelques provinces de l'Inde; mais ils ne paraissent pas doués de propriétés assez caractéristiques pour s'élever jamais, comme les quatre autres, à un rôle général.

Il existait jadis, dans les grandes forêts de l'Europe centrale et jusqu'en Gaule, deux espèces de bœufs sauvages dont l'une a disparu, et dont l'autre se perpétue encore, sous le nom d'aurochs, en Pologne et en Lithuanie. C'est tantôt à l'une, tantôt à l'autre de ces espèces, que les naturalistes, sous l'inspiration ou de Buffon, ou de Cuvier, ont longtemps prétendu rattacher nos races domestiques. Des deux côtés on était également dans l'erreur. Ce n'est pas avec ces types européens que notre bœuf offre le plus d'analogie, mais bien avec d'autres espèces qui se rencontrent à l'état sauvage en Asie. L'Europe, couverte de ses vastes forêts, était encore sous l'empire de la vie primitive, que déjà les sociétés humaines avaient pris naissance dans ces contrées plus favorisées, et, dès leurs premiers pas, elles avaient mis sous le joug les grands ruminants qui leur y disputaient la possession du sol. Les antiques monuments de l'Assyrie nous représentent des bœufs qui sont les mêmes que les nôtres, et les monuments de l'Égypte sur lesquels les mêmes animaux sont figurés nous prouvent qu'ils avaient quitté dès la haute antiquité leurs stations primitives pour se porter jusqu'à l'entrée du continent africain. De même s'étaient-ils propagés de proche en proche, d'une part jusqu'en Chine, de l'autre jusque dans l'Occident, où les traditions les plus anciennes témoignent partout de leur présence soit dans les rites religieux, soit dans l'agriculture. Plus ils s'étaient étroitement associés à l'homme dans les lieux où ils avaient été enlevés par celui-ci au règne de la nature sauvage, plus il était naturel qu'ils le suivissent dans toutes ses migrations. Au lieu d'avoir à dompter et à façonner les terribles taureaux qui occupaient originairement les territoires incultes de l'Europe, les Celtes, les Pélasges, les Slaves, toutes les peuplades qui émergeaient de l'Orient, escortées de leurs attelages de bœufs et de leurs bêtes laitières, n'eurent donc qu'à organiser contre eux des battues à outrance et à s'en débarrasser peu à peu. Nos annales nous témoignent de l'ardeur avec laquelle les Francs, derniers venus, s'appliquaient à cette chasse séculaire. Ils n'en étaient que les continuateurs. Mais il est temps que cette extermination ait un terme. Il serait digne de la Société d'acclimatation de se procurer quelques représentants de l'espèce ainsi persécutée, afin

L'AUROCHS.

LE BOEUF SAUVAGE D'ASIE.

de régénérer par une alliance le sang asiatique, ou d'en tirer tout au moins quelque race nouvelle. D'ailleurs, puisque c'est par un hasard de l'histoire, et non par un dessein délibéré, que la main de l'homme s'est portée de préférence sur l'espèce asiatique, qui peut assurer que la domestication de la nôtre ne produirait pas des résultats plus avantageux encore? Comparé au bœuf, l'aurochs est un colosse : il est plus long, ayant même une paire de côtes de plus, et sa taille moyenne est de deux mètres. Transporté dans nos riches herbages et modifié par la sélection, nos éleveurs finiraient par en faire, après quelques générations, sous le rapport de la corpulence, un rival du rhinocéros. Il serait beau qu'après avoir reçu tant d'espèces des terres étrangères, l'Europe donnât à son tour au monde un type de son cru; et elle ne saurait en choisir un ni plus valable, ni plus grandiose.

L'origine asiatique du buffle n'a jamais été contestée; il provient des contrées chaudes et marécageuses de l'Inde. Aristote en fait mention sous le nom de bœuf sauvage d'Arachosie, et il est vraisemblable que, de son temps, l'espèce n'était pas encore domestique. L'apparition de cet animal en Europe date du sixième siècle. Amené d'abord par les Barbares dans le bas Danube,

LE BUFFLE.

LE ZÉBU.

il le fut bientôt aussi en Italie. Il s'y est établi, mais il n'a jamais réussi à franchir les Alpes. Il ne paraît pas, en effet, qu'en dehors des cantons brûlants et humides dans lesquels il répugne à nos bœufs de pâturer, il puisse jamais y avoir avantage à nourrir des buffles. Ni pour le travail, ni pour la viande, ni même pour le lait, ils ne valent l'autre espèce; ils sont plus bruts, d'un naturel moins doux, et, sous le rapport de la beauté, ils laissent à désirer, même à l'œil du paysan. Loin de s'attendre à voir cette race prendre de l'extension, sauf peut-être sur quelques points exceptionnels du littoral méditerranéen, il y aurait donc plutôt lieu de prévoir qu'elle devra céder aux progrès de l'art agricole en plus d'une localité où elle n'a prévalu que parce que sa rusticité s'y trouvait en harmonie avec la nonchalance de ses maîtres.

L'importance du zébu n'est guère moindre que celle du bœuf. On peut dire en général qu'il joue dans les pays méridionaux le même rôle que le bœuf dans les pays tempérés. C'est un des animaux les plus communs dans l'Inde, en Chine, dans l'Asie centrale, et même dans tout l'intérieur de l'Afrique. Il se distingue par une loupe graisseuse placée sur le garrot, et qui a sans doute dans son économie la même fonction que dans celle du chameau. Elle indique, par conséquent, les climats auxquels l'espèce a été particulièrement destinée par la nature. Ses variétés sont nombreuses, et ses services doivent se diversifier dans la même proportion. Pour ne parler que de la taille, il s'en voit de celle d'un cheval jusqu'à celle d'un mouton. Il est d'ordinaire plus svelte, et, par conséquent, plus leste que le bœuf, et il est employé dans quelques pays comme monture. La détermination de ses origines offre encore moins de difficulté que celle du bœuf. Il se rencontre à l'état sauvage dans les pays mêmes où il a pris, à l'état domestique, le plus de développement. Il y est d'ailleurs connu, comme le bœuf, de toute antiquité et sous les mêmes noms, car il ne paraît pas que les peuples anciens se soient jamais avisés de créer deux dénominations différentes pour deux espèces qui se confondent presque. Leurs figures se sont d'ailleurs conservées jusqu'à nous sur les mêmes monuments, tant en Égypte qu'en Assyrie. Ce sont là les deux centres autour desquels l'espèce rayonne. Il lui reste à se multiplier à mesure que se développeront, dans les contrées où elle a pied, la civilisation et l'aisance; mais elle n'offre pas, à ce qu'il semble, d'avantages assez particuliers pour qu'il y ait à espérer de lui voir agrandir le cercle de son habitation en dehors de l'Afrique et de l'Asie. Il en existe des représentants dans la plupart des jardins zoologiques de l'Europe, et ni leur entretien, ni leur reproduction, n'y souffrent de difficulté. Si nos provinces méridionales se décidaient jamais à adopter cet animal pour le mettre en concurrence avec le mulet, elles le trouveraient donc tout acclimaté et à leur disposition.

Il semble que l'yack ait beaucoup plus de chance de se faire prochainement place parmi nous. Cette espèce appartient particulièrement au Thibet; elle y habite les plateaux les plus élevés, car on la rencontre

L'YACK.

jusqu'à une hauteur de 6 000 mètres, et elle descend rarement au-dessous de 1 500. Elle est caractérisée par une toison assez développée, surtout sur les flancs, pour traîner jusqu'à terre. Cette toison, que l'on peut comparer à celle de la chèvre, se compose à la fois d'un duvet très-délicat et de poils très-longs, mais très-rudes, et l'industrie en tire d'une part un tissu fin et analogue au cachemire, et de l'autre un drap assez grossier, mais très-résistant. Chez les jeunes, elle est frisée comme de la laine, et fournit une véritable fourrure dans le genre des peaux d'Astrakan. Outre ces avantages spéciaux, l'yack a celui de servir de monture et de bête de somme, comme le zébu, et probablement avec un pied encore plus sûr dans les sentiers de montagnes. Sa chair n'est pas inférieure à celle du bœuf, et la femelle donne un lait aussi agréable que celui de la vache ordinaire, mais plus riche encore en albumine et en caséine. Enfin, il faut ajouter que son acclimatation en Europe est, dès à présent, un fait accompli, grâce à un petit troupeau introduit en France, en 1854, avec un zèle qu'on ne saurait trop louer, par M. de Montigny, consul à Chang-haï. Il s'est multiplié avec la plus grande facilité non-seulement dans plusieurs de nos pays de montagnes, mais à Paris même, sans autre inconvénient qu'une altération sensible dans la finesse et l'abondance de la toison.

Il n'est pas probable que l'yack arrive jamais à jouer un rôle important dans la grande agriculture, dont la tendance consiste plutôt à diviser les services qu'à les concentrer, selon le même principe qui, sous le nom de division du travail, a si bien réussi à l'industrie; mais l'utilité dont peut être cet animal pour les populations si dignes d'intérêt et si peu favorisées qui habitent les centres élevés de notre territoire ne semble pas douteuse. Non-seulement il s'accommode des plus hauts pâturages jusqu'à chercher même sa nourriture sous la neige, mais il est à croire qu'il y reprendrait les qualités précieuses que possède sa toison dans son pays natal. En définitive, il ne coûte pas plus à nourrir qu'une vache de même taille, et, indépendamment du produit de sa laine, il équivaut, pour les transports de toute sorte, à un mulet. Il faut voir aussi qu'il ne s'agit pas seulement ici de quelques localités des Alpes, des Pyrénées, de l'Aveyron, mais que toute l'Europe septentrionale, particulièrement la Suède et la Norvége, est intéressée au plus haut point dans cette question.

OISEAUX.

La quantité d'espèces d'oiseaux que l'homme pourrait s'approprier est presque illimitée. Mais c'est surtout sur ce terrain qu'il importe de se mettre en garde contre le prestige des conquêtes.

Le point de vue de l'agriculture diffère essentiellement de celui de la zoologie, car ce qui compte à son égard n'est pas le nombre des espèces, mais le nombre des services.

Aussi, sans nier le plaisir que trouveraient les yeux à se promener sur une plus grande variété d'animaux que celle dont ils ont eu jusqu'à présent jouissance, convient-il de faire une sérieuse différence entre l'acquisition d'une simple nouveauté de forme, de couleur, de plumage, et celle d'une race domestique réellement supérieure sous le rapport du bon marché, de la qualité, et surtout de l'originalité de l'emploi. Si même, en ce qui concerne les mammifères, cette observation mérite d'être bien pesée, à plus forte raison doit-on en tenir un compte sérieux pour la classe des oiseaux. Quel que soit le nombre d'espèces que cette classe nous a déjà données, et le nombre au moins aussi grand que nous pouvons en attendre encore, le nombre de services ne demeure pas moins limité, puisqu'il n'y a guère à en tirer que des aliments de luxe et des animaux d'ornement.

Dans le sens le plus strictement économique, on peut dire que la classe des oiseaux ne nous fournit que de la viande, et seulement par cinq producteurs bien caractérisés : la poule, qui se nourrit des débris de basse-cour ; le dindon et le pigeon, qui vivent aux champs ; l'oie, qui pâture ; le canard, qui cherche sa subsistance dans les eaux. Tout le reste n'est que variation et fantaisie.

Le Coq et la Poule.

La poule est hors ligne : outre sa chair, qui, dans certaines races et moyennant certaines conditions de nourriture, est d'une nature exquise, elle donne ses œufs, qui, par leur bas prix et leur utilité, peuvent être rangés de pair avec le lait. Elle pond presque toute l'année, couve facilement et élève elle-même ses petits, sans demander pour eux aucun soin particulier. Elle est sobre, docile, sédentaire, et épluche, sans se lasser, tous les débris ; bref, elle est le modèle de l'oiseau de basse-cour, qu'elle égaye encore par la gentillesse de son allure et son caquetage. Ses couleurs sont variées et agréables, et celles du mâle sont tellement éclatantes, que la trop grande habitude que nous en avons nous empêche seule de reconnaître dans cet animal un des plus beaux types de la création.

Le coq est originaire d'Asie ; il vit à l'état sauvage dans les îles de la Sonde et dans plusieurs parties du continent. Les naturalistes le désignent sous le nom de *Bankiva*, et très-souvent, malgré les influences séculaires de la domination de l'homme, nous voyons reparaître exactement le même type dans nos basses-cours. Sa domestication est fort ancienne, et il offre tant de qualités qu'il n'était pas possible de choisir un meilleur commensal. Aucun peuple ne l'a tenu en plus grand honneur que les Perses, qui en avaient fait leur oiseau sacré. Les institutions de Zoroastre ordonnaient à chaque fidèle d'en entretenir au moins un, comme symbole de la vigilance et du salut matinal au soleil. C'est par la Perse qu'il est arrivé en Occident. Il n'a cependant été connu des Grecs que postérieurement à Homère, et l'Italie ne l'a reçu que plusieurs siècles après la Grèce.

Il serait intéressant de rechercher si la Gaule, qui avait tant de rapports avec la Perse, et dont le nom a été appliqué par les Romains à la désignation de la race galline, ne l'aurait pas possédé avant les péninsules. Il se peut que le nom de *gallus persicus*, que l'on rencontre quelquefois dans les auteurs latins, ne se soit appliqué qu'à une variété importée d'Orient.

Les présomptions tirées du nom de *gallus*, coq, dans lequel il paraît difficile de ne voir qu'une coïncidence fortuite, inexplicable d'ailleurs, avec le nom de *Gallus*, Gaulois, trouvent une confirmation que l'on peut regarder comme décisive dans une ancienne tradition conservée par les bardes, et d'après laquelle la poule avait un rôle important dans la cosmogonie celtique. Il fallait que l'espèce remontât bien haut dans l'histoire de la Gaule pour que la mythologie ait pu imaginer de la faire contemporaine de l'origine du monde.

Quoi qu'il en soit de la justesse de ce point

LE COQ ET LA POULE.

LE DINDON.

de vue, que nous soumettons à qui de droit, il est de fait que la révolution française, en relevant l'esprit de la Gaule, a relevé aussi l'emblème du coq, et le peuple, devançant l'histoire, a salué le coq gaulois.

Le Dindon.

Le dindon est originaire de l'Amérique septentrionale. On le trouve encore aujourd'hui en troupes immenses dans les plaines de l'Ohio et du Mississipi, où il se nourrit de graines et de baies qu'il ramasse dans les bois. Il se familiarise si aisément que des individus sauvages rejoignent quelquefois dans les fermes les individus domestiques qui s'y trouvent, et aussi la domestication de cette espèce n'a-t-elle pas dû demander beaucoup de peine. Elle a été introduite en Europe par les Espagnols, au plus tard au commencement du seizième siècle, car on la connaissait en France dès le règne de Louis XII, et Belin nous apprend que vers 1550 elle était déjà commune dans nos métairies.

Bien que le dindon ne soit pas aussi facile à élever dans le jeune âge que la poule, bien qu'il demande plus de surveillance et qu'il ne produise des œufs qu'en petite quantité, la facilité qu'il y a de le nourrir pendant une partie de l'année, en le menant picorer dans les champs, fait que, pour le prix de revient de sa chair, il demeure à peu près au niveau de la poule, et comme en même temps il est préférable, sinon par la délicatesse du moins pour le volume des pièces d'apparat, il se vend bien sur le marché, et les agriculteurs trouvent, dans beaucoup de localités, de l'avantage à en entretenir des troupeaux.

Le Pigeon.

Le pigeon peut à peine se nommer un animal domestique. Il habite à côté de nous plutôt que chez nous, et ce long voisinage n'a modifié que très-légèrement ses habitudes naturelles. Il est vrai de dire que presque toute l'année il est libre tout le jour, vit à sa guise, et ne vient chercher que le soir l'abri que nous lui avons préparé. C'est là qu'il niche, et le profit vient de ses petits que nous lui enlevons. Bien que sa ponte ne soit ordinairement que de deux œufs, comme il se remet à pondre avant même d'avoir élevé sa couvée, il jouit en somme, surtout quand il est convenablement nourri, d'une grande fécondité. La détermination de son origine ne fait pas question, tant le type domestique s'est peu écarté du type primitif. On trouve même très-souvent, parmi nos volées de bisets, des individus complétement identiques jusqu'aux moindres accidents de coloration avec l'espèce sauvage, la colombe *livia* des naturalistes. Aussi arrive-t-il à celle-ci de se joindre à nos bisets et de se ranger d'elle-même à la vie, semée de temps en temps de quelques largesses, que nous leur faisons; d'autre part, il arrive à ceux-ci de quitter nos colombiers pour rentrer dans la vie d'indépendance.

LE PIGEON BISET.

Malgré cette persistance remarquable dans sa première condition, le pigeon est susceptible de se modifier beaucoup quand il est tenu de plus près, et c'est à cette facilité de variation que sont dues les nombreuses races caractérisées, sous le rapport de leur origine comme de leur régime, sous le nom de pigeons de volière. Il n'est pas rare de rencontrer dans les produits de ces races, même les plus singulières, des individus qui répètent, au moins par quelques traits, l'image de leurs ancêtres, complètement effacée dans les générations précédentes. On ne connaît ni l'époque ni le lieu de la première domestication du pigeon. On sait seulement qu'il n'a paru chez les Grecs que postérieurement au temps d'Homère, et qu'au cinquième siècle avant notre ère la variété blanche, importée selon toute apparence de Perse, était chez eux une nouveauté. Comme l'espèce sauvage existe dans la plus grande partie de l'Asie, il semble permis de conjecturer, dans le silence des monuments, que c'est dans ces contrées, où nous le voyons possédé par l'homme dès l'antiquité, qu'il a dû être conquis pour la première fois, à moins qu'il ne doive être disputé à l'Orient par l'Égypte, qui l'a possédé également.

La Pintade.

On peut s'étonner que la pintade n'ait pas réussi jusqu'à présent à se faire admettre d'une manière normale dans le domaine agricole. Par la spécialité de sa chair, comparable à celle d'un gibier, elle y aurait une place à part. Il faut en accuser le goût du public, toujours lent à se former en faveur des nouveaux aliments, et aussi le naturel de l'oiseau, demeuré toujours un peu sauvage et se prêtant mal à la vie régulière et casanière des basses-cours. Son élégance suffirait peut-être pour lui donner accès dans les parcs, si l'incommode sonorité de son cri ne forçait à le tenir loin des oreilles délicates. Il y en a deux espèces, l'une à caroncules bleues, originaire des parties occidentales de l'Afrique, l'autre, plus rare, à caroncules rouges, originaire des parties orientales. Les Romains, qui faisaient grand cas de la chair de ce volatile et qui en élevaient de grandes quantités, connaissaient les deux espèces. On ne sait si les Grecs étaient aussi avancés à cet égard, mais il est certain, d'après le témoignage d'Athénée, qu'ils connaissaient l'espèce à caroncules rouges. Dès le temps d'Aristote, on entretenait une troupe de ces oiseaux auprès du temple de Minerve dans l'île de Leros. Mais c'est seulement sous la domination romaine, par l'influence de la gastronomie, que la pintade est devenue commune dans les métairies. Le moyen âge, moins recherché dans ses goûts, l'avait laissé disparaître, et ce n'est qu'à l'époque de la renaissance qu'elle a reparu parmi nous, rapportée de la côte d'Afrique par les Portugais, et domestiquée de nouveau, si tant est que ce nom puisse convenir à un serviteur d'humeur aussi sauvage.

Le Paon.

C'est également aux Grecs que l'Europe doit le paon, le plus beau, sans contredit, de ses oiseaux. On en avait vu en Grèce dès l'époque de Périclès, mais c'est seulement à partir de l'époque d'Alexandre qu'il y est devenu commun. On peut donc le considérer avec raison comme un des trophées de l'expédition de ce conquérant, qui pénétra en Asie jusqu'aux contrées où vivait à l'état sauvage ce magnifique oiseau. Son cri, plus désagréable encore que celui de la pintade, nuit à sa propagation dans nos parcs, où par la vivacité de son plumage il s'harmonise si bien avec les fleurs. Au moyen âge, on avait l'habitude de le faire figurer sur la table dans les festins d'apparat; mais, quoique sa chair soit assez estimable, son usage n'a point prévalu, peut-être par un sentiment involontaire de respect pour sa beauté.

Nulle part peut-être il ne nous reste à réaliser plus d'acquisitions que dans l'ordre si riche des gallinacés, auquel nous devons déjà tant, sans parler des diverses espèces de faisans, que l'on peut regarder comme à demi domestiques, puisqu'elles vivent en partie par nos soins et y vivraient tout à fait si nous le voulions; nous sommes maîtres d'adjoindre à notre paon, le paon japonais, le lophophore, le napaul, les euplocomes; à notre dindon, le magnifique dindon de Honduras, le hocco, le marail, et, plus près de nous, le coq de bruyère et la gelinotte; à nos pigeons, le goura et tout ce qu'il nous plaira de choisir dans la nombreuse famille des colombes. Mais toutes ces espèces, si précieuses qu'elles soient, se rapportent bien plutôt à la classe des oiseaux d'ornement qu'à celle des oiseaux utiles, et ne paraissent pas destinées à causer jamais une aug-

LE COQ DE BRUYÈRE.

LA GÉLINOTTE.

mentation véritable dans la richesse agricole.

L'Oie.

L'oie est, après la poule, le plus important de nos oiseaux de basse-cour. Sa rusticité, la facilité avec laquelle elle s'élève et s'engraisse, le supplément de profit que l'on retire de son duvet, enfin une certaine popularité qui fait de sa consommation un sujet de fête dans les classes moyennes et lui assure toujours ainsi un grand débit, la recommandent à l'agriculture. Certaines provinces en produisent en quantité, et d'autant mieux que son élève, étant peu dispendieuse, convient aux ménages ruraux qui disposent de trop peu de ressources pour produire de la viande autrement que par petites masses.

L'oie sauvage, qui vit dans les contrées orientales de l'Europe, d'où elle se répand durant l'hiver dans les contrées centrales et méridionales, est la souche primitive de l'oie domestique. Sa domestication remonte au moins au temps d'Homère, qui en parle dans l'*Odyssée* comme de l'un des oiseaux que l'on était dans l'habitude d'élever dans les maisons. Mais est-ce en Grèce que ce résultat a été obtenu pour la première fois? Certains indices philologiques porteraient à croire que l'Orient avait déjà captivé cet oiseau à une époque bien plus reculée.

L'OIE SAUVAGE.

Outre l'oie commune, nous possédons quelques autres espèces de la même famille, telles que l'oie de Guinée, importée probablement de la Chine à une époque comparativement moderne, mais que l'on ne saurait fixer; l'oie du Canada, introduite vers la fin du dix-huitième siècle; l'oie d'Égypte, fruit de notre célèbre expédition dans ce pays; l'oie de Sandwich, l'oie de Magellan, la bernache ordinaire. Mais il est dès à présent certain qu'aucune de ces espèces n'offre, au point de vue économique, les mêmes avantages que la première, et, par conséquent, il n'y a là que des oiseaux d'ornement et pour la plupart peu élégants.

Le Canard.

Le canard coûte encore moins que l'oie, à condition toutefois qu'on puisse lui livrer l'exploitation d'une rivière ou d'un étang. Il

LE CANARD SAUVAGE.

ne quitte pas l'eau de la journée et s'y nourrit de plantes, d'insectes, de mollusques, même de petits poissons. On l'engraisse pour la table à l'âge de sept à huit mois, et il forme un mets assez recherché. Il est issu du canard sauvage, qui nous vient du Nord à l'automne et qui demeure même en petit nombre toute l'année dans nos pays. On n'en trouve aucune mention dans les auteurs grecs; et il est probable que c'est aux Romains qu'appartient le mérite de sa domestication. Le type primitif était de ce temps si peu modifié que Varron nous apprend que l'on couvrait de filets les enclos où l'on élevait de ces oiseaux, pour les empêcher de s'envoler.

Dans le cours du seizième siècle s'est ajoutée au canard commun une espèce du même genre, mais plus volumineuse, et désignée sous les noms de canard de Barbarie ou de Guinée, bien que réellement originaire de l'Amérique méridionale. Le nom de canard musqué, sous lequel elle est également connue, est préférable, car il indique la particularité qui distingue sa chair et qui a nui jusqu'ici au développement de sa consommation. On le croise quelquefois avec l'espèce commune, et les métis sont assez recherchés. Diverses autres espèces, telles que le canard de la Caroline, le canard de la Chine, le canard rouge, la tadorne, le siffleur, offrant des colorations agréables, semblent faites pour enrichir nos pièces d'eau, mais ne seront sans doute jamais préférées pour la table au canard commun.

Le Cygne.

Malgré la présence de ces brillants oiseaux, le roi des eaux sera toujours le cygne. Il est sans rival pour la taille, non plus que pour la grâce et pour la majesté. On voit par mille témoignages qu'il était en possession dès l'antiquité de l'admiration générale; mais il ne paraît pas que l'on se fût encore avisé de le réduire à l'état domestique. Il est vraisemblable que ce changement de condition s'est opéré dans le commencement du moyen âge, et sans doute en vue d'animer les fossés remplis d'eau qui entouraient alors les châteaux. C'est une élégante conquête. Il est remarquable qu'elle se soit faite non sur l'espèce sauvage à bec noir, qui vient le plus fréquemment nous visiter en hiver, mais sur l'espèce sauvage à bec rouge, qui est surtout commune dans les parties orientales de l'Europe. Peut-être est-il permis de déduire de là une conjecture touchant la région à partir de laquelle le cygne s'est propagé peu à peu dans toute l'Europe.

A cet oiseau, renommé si longtemps comme le type de la blancheur, s'est adjoint depuis peu un autre cygne un peu plus petit, de couleur noire, emprunté à la Nouvelle-Hollande ; et l'on a déjà commencé les essais relatifs à l'introduction d'une troisième espèce, tirée de l'Amérique méridionale, et présentant la singularité d'un col noir sur un corps parfaitement blanc.

Une nouveauté plus considérable, si elle se réalisait, serait l'introduction dans notre économie rurale des oiseaux de grande taille : l'autruche, le nandou, le casoar, que l'on a déjà surnommés, par une anticipation peut-être aventureuse, oiseaux de boucherie. Que ces espèces, même la première, soient susceptibles de s'acclimater jusque dans la zone septentrionale, de s'y reproduire, d'y constituer des races domestiques, il y a dès aujourd'hui à cet égard des essais assez concluants pour qu'on puisse le croire ; mais pour qu'une race domestique sorte de l'enceinte des ménageries et se fasse adopter par les agriculteurs, il faut qu'à la suite de la question zoologique la question économique reçoive à son tour une solution satisfaisante. L'animal a beau être de fortes dimensions, s'il consomme à proportion, l'avantage s'en va.

Quelles sont les qualités spéciales par lesquelles se recommanderont au goût ces nouvelles viandes ? Quel sera leur prix de revient ? Y aura-t-il équilibre entre ce prix et le degré de faveur de l'objet ? Tels sont les trois éléments du problème, et l'expérience seule peut les fixer. Mais, sans aller jusqu'à ces acquisitions ambitieuses, la famille des échassiers ne saurait pas moins être mise à profit tout autrement qu'elle ne l'a été jusqu'ici. Elle renferme des espèces précieuses, telles que les outardes, les grues, l'agami, quelques autres encore, et il ne serait pas impossible que ces espèces, inférieures aux précédentes quant à la singularité de la taille, reprissent sur elles l'avantage quant à l'utilité.

Aucune catégorie n'offre un cercle plus étendu que celle des oiseaux de volière. Comme presque tous les animaux emplumés sont d'aspect agréable, et plus encore peut-être que tous les autres les plus petits, il est naturel de se plaire à en avoir chez soi sous ses yeux ; et pour les personnes qui ne sont rebutées ni par les soins minutieux qu'ils exigent, ni par le spectacle de leur captivité, la possession d'une cage bien lotie est une jouissance. C'est, en quelque sorte, un vase rempli de fleurs vivantes. On peut, à la vérité, s'enrichir d'oiseaux sauvages que l'on élève ou que l'on apprivoise ; mais d'assister aux jeux de ces êtres charmants, à leurs couvaisons, à leurs éclosions, offre sans contredit une distraction de plus, et c'est ce qui donne quelque valeur à la création des races à proprement dire domestiques.

C'est au serin, pauvre oiseau bien déchu, mais dont la gaieté délecte encore plus d'un ménage pauvre, qu'il faut accorder dans cette direction le premier rang. C'est par lui que la mode a commencé. Apporté, par les navigateurs du seizième siècle, des Canaries, où il vit en liberté sous une livrée gris verdâtre qu'il retrouve parfois dans sa captivité héréditaire, il eut dès l'abord grande faveur. On le nourrit, nous dit un naturaliste contemporain, dans les domaines des grands. Devenu aujourd'hui trop commun et de trop vil prix pour de tels honneurs, il a fait place à des oiseaux plus recherchés et de couleurs plus riches. On s'est borné pendant longtemps à nous les apporter des pays où la nature les fait naître; mais depuis peu quelques amateurs se sont appliqués avec soin à nous les approprier tout à fait. Tels sont, pour ne citer que les principaux, les sénégalis, les bengalis, les paroares, les aras, les perruches. La carrière est ouverte, et il s'y accomplira encore bien des conquêtes du même genre si la même passion persévère.

Il nous resterait, pour achever le cercle, à toucher à l'histoire des abeilles, des vers à soie, de quelques poissons de vivier; mais c'est à peine si ces animaux peuvent être appelés domestiques, tant nous avons peu modifié leur organisation et leurs instincts, et tant ils sont encore voisins des races qui vivent en liberté. Ils composent un fonds qui forme une sorte de transition entre le domaine de l'homme et celui de la nature, et il suffit à notre objet d'en avoir fait mention.

Les Vieilles Babouches d'Abou-Cassem.
NOUVELLE.

Abou-Cassem était un vieux marchand de Bagdad fameux par son avarice. Ses coffres étaient pleins d'or, mais il n'avait garde d'y jamais puiser. Il menait la vie d'un mendiant; les plus anciens habitants lui avaient toujours vu les mêmes vêtements, et quels vêtements! une souquenille dont l'étoffe usée jusqu'à la doublure n'avait plus aucune couleur, un turban déformé où l'on voyait autant de petites taches et de petits trous qu'il y a d'étoiles au ciel, et surtout des babouches si souvent recousues, rapiécées, garnies de clous par tous les cordonniers en vieux de la ville, que l'on ne pouvait les regarder sans éclater de rire; leur laideur sans égale avait même donné naissance à un proverbe, et lorsqu'on voulait parler de quelque objet vieux, lourd, incommode, ignoble, on avait coutume de dire : « C'est comme les babouches d'Abou-Cassem. »

Un jour que notre avare avait subtilement profité de la détresse d'un pauvre marchand pour lui acheter à vil prix une certaine quantité de magnifiques cristaux pleins de belle eau de rose, il fut tellement ravi d'une si bonne affaire qu'il résolut de se mettre en frais et de faire quelque dépense extraordinaire.

Inviterait-il un parent à dîner ? — Beau plaisir! tous ses parents dévoreraient comme un derviche à jeun.

S'achèterait-il une mesure du meilleur café? — A quoi bon? il était habitué au mauvais.

Après avoir profondément réfléchi, il décida qu'il valait mieux, coûte que coûte, prendre un bain, ce qui ne lui était pas arrivé depuis très-longtemps.

Tandis qu'il se dépouillait de ses haillons dans le vestiaire, un de ses parents lui adressa doucement quelques remontrances au sujet de son excessive économie, et se hasarda jusqu'à lui dire qu'il devrait bien ne plus porter ces vieilles babouches qui le rendaient la fable de tout Bagdad.

— J'y songerai, répondit en grommelant Abou-Cassem.

Et tournant le dos au donneur d'avis, il entra dans le bain.

Quand il en sortit, il vit près de ses vêtements une paire de babouches neuves; la pensée lui vint que c'était une surprise agréable que lui avait voulu ménager son parent, et les ayant chaussées, il se retira.

Mais ces babouches neuves appartenaient au cadi qui, étant entré au bain après Abou-Cassem, en sortit aussi après lui et fut très-étonné de ne plus retrouver ses chaussures : on s'empressa de chercher de tous côtés, et l'on découvrit dans un coin obscur les horribles babouches d'Abou-Cassem.

— Quoi ! c'est ce coquin d'avare qui m'a volé les miennes ! s'écria le cadi. Vite, que l'on coure s'emparer de sa personne.

Les gardes se précipitèrent dans la rue, saisirent Abou-Cassem au moment où il allait ouvrir la porte de sa maison, et le conduisirent dans un cachot.

Il eut beau protester qu'il n'avait pas eu l'intention de mal faire, l'occasion de faire quelque saignée à sa richesse était trop favorable pour qu'on la laissât échapper : on ne lui rendit la liberté qu'après l'avoir forcé à payer une forte amende.

Abou-Cassem revint à sa maison désespéré. Dès qu'il fut seul, il se plaça les bras croisés devant les deux babouches causes de son malheur, et après leur avoir fait les reproches les plus énergiques, il les saisit avec colère et les jeta par une fenêtre dans le Tigre qui coulait le long de ses murs.

Or, il arriva que, deux ou trois jours après, des pêcheurs, en tirant à eux leurs filets, sentirent quelque chose de pesant : pleins d'espoir, ils s'attendaient à voir paraître un riche butin, soit un vase d'or, soit une cassette pleine de sequins ou de diamants ; mais quel ne fut point leur désappointement lorsqu'ils découvrirent qu'ils avaient pêché... quoi ? les babouches d'Abou-Cassem, dont les clous monstrueux avaient même déchiré leurs filets.

Furieux, ils prirent les babouches et les lancèrent à travers les fenêtres du vieux marchand : le hasard fit qu'elles tombèrent sur les cristaux pleins d'eau de rose et les brisèrent.

Attiré par le bruit, Abou-Cassem vit avec un effroi stupide, nageant dans l'eau de rose, les fatales babouches qui, après l'avoir fait condamner à l'amende, étaient remontées du fleuve pour détruire ce qu'il avait de plus précieux. Il s'arracha une poignée de barbe et s'écria :

— Maudites que vous êtes ! je saurai bien vous empêcher de me faire d'autre mal à l'avenir.

Il les porta dans son jardin, creusa un trou profond, et les enterra.

Mais un voisin qui fumait sur une terrasse l'aperçut au moment où il rejetait la terre dans le trou. Ce voisin, envieux et bavard, raconta qu'il avait vu Abou-Cassem déterrant un trésor. Le propos circula dans le quartier et parvint aux oreilles du gouverneur, qui fit mander Abou-Cassem et le menaça de la bastonnade s'il ne partageait avec lui le trésor.

Abou-Cassem faillit s'évanouir : il se frappa la poitrine, invoqua le saint nom du prophète, et jura qu'il n'avait fait qu'ensevelir ses babouches.

Mais le gouverneur s'irrita plus encore et l'accusa de se moquer de lui. Abou-Cassem sentait déjà le bâton levé sur son pauvre corps ; il comprit qu'il ne lui servirait de rien de lutter plus longtemps contre la force et la cupidité du gouverneur : il consentit donc à payer encore une somme considérable ; il eût presque autant aimé donner son âme. Mais, pour le coup, il se promit bien d'en finir à tout jamais avec les babouches.

Le soir, il sortit de la ville, alla au loin dans la campagne, et quand il se fut bien assuré qu'il ne pouvait être vu absolument de personne, il tira les babouches qu'il avait cachées sous un pan de sa robe, et les jeta au fond d'un aqueduc.

Il resta quelques instants penché au-dessus de l'eau, se réjouit de voir ses deux ennemies parfaitement noyées, et, le cœur léger, il retourna dormir en paix dans son logis, bien persuadé qu'il n'entendrait plus jamais parler d'elles.

Hélas ! les malignes babouches avaient encore à lui jouer plus d'un tour.

Le lendemain matin, les bonnes femmes de Bagdad, en allant emplir leurs cruches aux fontaines publiques, furent tout ébahies de voir que l'eau n'arrivait pas : de là clameurs, réclamations, attroupements.

Les surveillants préposés à la conduite des eaux, inquiets, effrayés, se répandent de tous côtés, remontent l'aqueduc, sondent les tuyaux, et reconnaissent enfin qu'il s'y est introduit des corps étrangers qui arrêtent le cours de l'eau et la font déborder dans la campagne. Qu'était-ce donc? Pas autre chose que les trop célèbres babouches d'Abou-Cassem. Nouvelles dénonciations, nouvelle prise de corps, nouvelle amende : c'était la ruine du malheureux marchand ; on craignit pour ses jours.

Quand il se retrouva pâle, défait, vieilli de dix ans, seul chez lui, en face de ses babouches :

— Que ferai-je donc de vous, leur dit-il avec ce calme sinistre qui exprime le dernier degré du désespoir ? A quel genre de supplice vous dois-je condamner ? Vous taillerai-je en mille pièces ? Mais ce sera me susciter mille ennemies ! Il ne me reste qu'un seul moyen : je vais vous réduire en cendres.

Et les prenant entre ses mains tremblantes et crispées de fureur, il allait les porter à son brasier lorsque, les voyant encore tout humides de l'eau qu'elles avaient pompée pendant une nuit entière dans l'aqueduc, il craignit que le feu n'eût pas prise sur elles, et il les posa un instant sur les bords de sa terrasse afin de les faire sécher un peu au soleil.

Il n'avait pas fait deux pas en arrière qu'un jeune chien du voisin sauta sur la balustrade et, voulant flairer l'une des babouches, la fit tomber dans la rue précisément sur la tête d'une femme qui passait.

— Au meurtre ! à l'assassin ! crient tout aussitôt les commères du quartier.

— Qui est mort ? Où est le coupable ? demandent les hommes en quittant leurs travaux.

La foule s'amasse, assiége la porte d'Abou-Cassem. On ne parle de rien moins que d'en faire justice sur-le-champ, de le rôtir ou de l'empaler.

Lors le vieillard prend une résolution suprême : il supplie les gardes de le conduire devant le cadi, et là, se jetant à genoux et déposant les fatales babouches aux pieds du magistrat, il s'écrie :

— Source infinie de sagesse, lumière éblouissante ; ô sublime cadi, vous voyez devant vous deux furies acharnées à ma perte : j'étais riche, elles m'ont ruiné ; j'étais heureux, paisible, elles ont détruit mon repos et abrégé ma vie. Rendez, rendez un édit par lequel tout Bagdad sera averti que du moins leurs crimes futurs ne pourront plus m'être imputés. Ou si vous ne m'accordez point cette faveur, je ne veux plus vivre, je me livre à vous ; faites-moi conduire au supplice.

Le cadi ne put réprimer un sourire en entendant cette étrange prière : il rédigea l'édit, ordonna de le publier dans toutes les rues de la ville, et se contenta cette fois de faire un petit discours à Abou-Cassem sur les inconvénients de ne pas savoir changer à propos ses vieilles chaussures.

Le Mont-de-Piété.

Les annales de l'ancienne Rome nous apprennent que les placements à gros intérêts, et notamment le prêt sur gages, y florissaient dans les temps austères de la république, et qu'un homme, après avoir engagé sa maison, son champ, sa paire de bœufs et ses instruments aratoires, finissait quelquefois par affecter sa propre personne, c'est-à-dire sa liberté, à la garantie d'un emprunt.

L'Italie, à la fin du moyen âge, ressemble sous ce rapport à l'ancienne, et les prêteurs sur gages y pressuraient depuis longtemps le pauvre peuple, lorsqu'un frère mineur de Padoue, nommé Bernardino de Feltri, eut l'idée de former une association charitable, à l'effet de réunir par collecte un fonds sur lequel on prêterait aux malheureux en ne leur demandant que le faible intérêt indispensable pour couvrir les frais de l'entreprise.

En ce temps-là, les dons et aumônes offerts par les fidèles pour le soulagement des infortunes de toute nature étaient généralement déposés dans les églises, et désignés sous le nom de *monti*, en raison peut-être de l'élévation du lieu sur lequel étaient bâtis la plupart des temples catholiques.

Le fonds provenant des souscriptions provoquées à Padoue par Bernardino de Feltri reçut par analogie le même nom, et le premier Mont-de-Piété s'ouvrit dans cette ville en l'an 1491.

Cette charitable institution produisit de si bons effets, qu'une foule de villes italiennes ne tardèrent point à se l'approprier, et entre autres Pérouse, Césène, Mantoue, Florence, Bologne, Savone, Rome, Naples et Milan.

En 1529, un autre frère mineur, Giovanni Calva, Corse de naissance, obtint du pape Paul III l'autorisation de fonder une confrérie dont le but était de prêter aux pauvres, sans intérêts, l'argent dont ils avaient besoin. Ce Giovanni Calva figura avec éclat au concile de Trente, où il siégeait en qualité d'*avocat théologal*, et y plaida éloquemment la cause des Monts-de-Piété, qui obtinrent, comme je vous l'ai dit, la haute approbation de l'illustre et docte assemblée. Elle décida que les étrangers et les riches seraient exclus du bénéfice d'emprunt; que les prêts faits aux pauvres auraient lieu pour un an, terme à l'expiration duquel les gages déposés pourraient être vendus; et qu'un intérêt minime serait le prix du service rendu aux emprunteurs, « bien qu'il valût mieux, dit Léon X, n'exiger d'eux aucune redevance. »

Ce fut vers le même temps que saint Charles Borromée rédigea les statuts du Mont-de-Piété de Rome, dont l'importance, déjà fort grande, a sans cesse augmenté depuis. Sixte-Quint donna sept mille écus sur sa cassette pour l'achat d'une maison propre à recevoir l'établissement; mais bientôt ce local se trouva trop étroit, et le Mont-de-Piété fut transféré, sous le pontificat de Clément VIII, dans le vaste palais qu'il occupe encore aujourd'hui.

Ce n'était pas seulement en Italie que s'était propagée l'œuvre philanthropique de Bernardino de Feltri. Dès l'année 1498, un Mont-de-Piété avait été fondé à Nuremberg par l'empereur Maximilien, et plusieurs autres n'avaient pas tardé à s'établir dans les villes circonvoisines. Les Pays-Bas suivirent ensuite cet exemple; et comme un grand nombre d'Italiens-Lombards y exerçaient la profession de prêteurs sur gages, le premier

Mont-de-Piété ouvert à Amsterdam en 1578 y reçut le nom de *Lombard*.

En 1619, 1620 et 1622, des Monts-de-Piété furent établis à Bruxelles, à Anvers et à Gand. D'autres s'élevèrent bientôt en Flandre, dans le Hainaut et dans l'Artois.

Notre pays est un de ceux où cette charitable institution a eu le plus de peine à s'introduire. Louis XIII et Louis XIV firent des tentatives pour l'y importer; mais tout se borna de leur part à des règlements par lesquels le premier fixait à cinq pour cent l'intérêt de l'argent prêté, tandis que le second interdisait tout prélèvement d'intérêt pour les sommes d'un écu et au-dessous, en élevant à quinze pour cent l'intérêt des emprunts excédant cette somme. Ces projets n'ayant pas eu de suite, ce ne fut que sous le règne de Louis XVI, et en vertu d'une ordonnance du 9 décembre 1777, que le premier Mont-de-Piété fut fondé à Paris par une société d'actionnaires qui fit les frais de l'entreprise, et se réserva naturellement d'en recueillir les bénéfices.

Ce n'était nullement là l'esprit de cette institution, qui, avant tout, doit être une œuvre de charité, et non point une spéculation. Aussi un décret impérial du 24 messidor an 12 ordonna-t-il le remboursement intégral des actionnaires et la gestion de l'établissement au profit des pauvres. L'année suivante, un nouveau décret promulgua un règlement du Mont-de-Piété en cent huit articles, dont les principaux fixaient à douze pour cent l'intérêt de l'argent prêté, et attribuaient aux hôpitaux les bénéfices de l'exploitation.

Aujourd'hui le Mont-de-Piété de Paris, dont le principal établissement est situé rue de Paradis, au Marais, est une administration immense qui compte des succursales, et un grand nombre de comptoirs gérés par des commissionnaires dans les divers quartiers de Paris.

La plupart des engagements se font chez les commissionnaires, qui reçoivent, terme moyen, 91 objets sur 100. La préférence généralement accordée à ceux-ci n'étonnera point, si l'on tient compte de la difficulté de transporter au loin dans les grands Monts-de-Piété des objets souvent lourds et volumineux, tandis que les bureaux des commissionnaires répandus dans tous les quartiers offrent un avantage réel, celui de la proximité, qu'on achète seulement un peu cher. D'ailleurs les grands Monts-de-Piété ne reçoivent les engagements que de dix heures du matin à quatre de l'après-midi, et restent fermés les dimanches, tandis que les bureaux particuliers sont ouverts la semaine depuis huit heures du matin jusqu'à dix heures du soir, et le dimanche jusqu'à midi. La faculté de s'y transporter de nuit ne contribue pas peu sans doute à la préférence qu'ils obtiennent; car si pauvreté n'est pas vice, toujours est-il qu'elle a honte et qu'elle cherche volontiers à se dérober à tous les yeux.

Voyez-vous là-bas, à gauche, cette grosse lanterne oblongue agitée par le vent, au-dessus d'une petite porte bâtarde ouvrant sur l'allée noire de cette vieille maison, vénérable débris d'un autre âge?

C'est là, dans cette gothique masure, qu'est logé le commissionnaire de ce quartier populeux. La plupart de ses confrères habitent de semblables logis.

Sans doute une belle maison jurerait trop avec les misères qui se pressent ici chaque jour; et puis dans celle-ci les loyers sont moins chers : ceci est, je crois, tout bien pesé, la considération la plus déterminante.

Nous voici parvenus au haut de l'escalier.

— Bien. — Maintenant, poussez cette fausse

porte, et le sanctuaire du prêt sur gages va s'offrir à vos yeux... Mais quoi ! vous reculez, vous faites mine de rebrousser chemin !

— Il y a trop de monde, dites-vous.

— Hélas ! mon pauvre ami, vous voilà comme ce villageois qui, de peur de se mouiller les jambes, attend pour passer la rivière que toute l'eau se soit écoulée. Sachez donc que jamais le Mont-de-Piété ne chôme : c'est à peine si, dans les quatorze heures que dure sa laborieuse journée, il trouve le temps de satisfaire à toutes les demandes dont on l'accable. Entrez donc hardiment et sans plus hésiter : la honte est l'attribut des sots ou des méchants.

En effet, l'assemblée est nombreuse. — Tant mieux ! nous n'en aurons qu'une plus ample moisson d'impressions et de remarques.

— Et d'abord, remarquez ces deux compartiments entre lesquels se partage l'espace attribué au public. Une simple cloison les sépare, et cependant il y a tout un abîme entre eux. Sur l'un on lit : *Engagements,* et sur l'autre : *Dégagements.* Cette indication si précise me dispense de tout commentaire. Ici la joie et l'espérance renaissent, et l'on voit, à la figure épanouie, à l'air d'assurance des arrivants, que la fortune daigne enfin se relâcher pour eux de ses rigueurs.

Tout auprès, la scène est bien différente : on y entre la tête basse, et ce ne sont que visages moroses, décomposés par le souci ou amaigris par le besoin. On voit que la misère est là aliénant sa dernière ressource. — Voici le pauvre artisan, apportant ses outils dont il n'a plus que faire, hélas ! car l'ouvrage manque depuis huit jours. Il faut vivre pourtant ; ses enfants crient la faim, et le boulanger refuse de lui faire crédit plus longtemps. Il engage son gagne-pain, et si demain le travail tant désiré arrive, il faudra qu'il se croise les bras, faute d'outils.

Prenez garde de fouler aux pieds ce matelas, qu'une pauvre femme vient de déposer piteusement sur le plancher en attendant son tour d'emprunt. Voyez la grimace que fait le commissionnaire à l'aspect de ce gage incommode, qu'il n'a pourtant pas le droit de refuser. Dans quelques jours, si la Providence ne vient pas en aide à la pauvre famille, la couverture de laine viendra rejoindre le matelas, et le ménage n'aura plus de lit.

Le Mont-de-Piété reçoit chaque année environ *six mille* matelas ! Il y eut une année où l'administration du Mont-de-Piété de Paris fit restituer gratuitement à leurs propriétaires toutes les couvertures de laine qui se trouvaient emmagasinées dans les immenses *docks* de l'établissement. Il serait bien à désirer que de pareils actes de bienfaisance se reproduisissent au moins dans les hivers les plus rigoureux.

Cette femme qui vient d'entrer tenant sa petite fille par la main ne craint pas, comme vous le voyez, d'habituer son enfant de bonne heure au sentiment de la misère. Il en est de même, à Paris, dans toute la classe pauvre : les enfants y apprennent, dès l'âge le plus tendre, à considérer face à face l'ennemi le plus acharné de leur famille et le leur propre, l'indigence. De là cette précocité singulière et ce fond de philosophie enjouée et insoucieuse, mais non sans un certain mélange d'amertume, qui caractérisent l'enfant de Paris et le feraient reconnaître entre mille. J'ai vu bien souvent des marmots qui ne vous iraient pas à la hanche apporter ici les habits, le linge, les ustensiles de leurs parents, en débattre le prix contradictoirement avec le commissionnaire, et montrer dans cette discussion qu'ils connaissent déjà parfaitement la valeur des choses ; puis empocher paisiblement l'argent et la reconnaissance, et reprendre, tout en sifflotant quelque gai refrain populaire, le chemin du taudis paternel.

Mais laissons là ces tableaux trop sombres, et portons de préférence nos yeux sur des scènes un peu moins lugubres.

Voici l'étudiant dissipé ou dissipateur, en train de dégarnir son gousset de la gothique montre de famille qui lui vient de son bisaïeul, vénérable bassinoire dont une trop confiante mère le gratifia à l'heure suprême des embrassades, en lui recommandant d'en avoir bien soin et de ne jamais s'en séparer. Hélas ! sainte et massive relique du bon

INTÉRIEUR D'UN BUREAU DE COMMISSIONNAIRE DU MONT-DE-PIÉTÉ DE PARIS.

vieux temps, à quel usage profane n'allez-vous pas servir ! que de dangers vous menacent !... Arrête, jeune étourdi ! songe à ta promesse, à ta mère...

Mais déjà c'en est fait, et dix pièces de cinq francs remplacent le meuble héréditaire dans la poche du futur adepte de Barthole, enchanté du troc et déjà ne songeant plus du tout au parjure qu'il vient de commettre.

Savez-vous combien de montres viennent s'enfouir annuellement dans les tiroirs monstres du Mont-de-Piété de Paris ? Trois cent mille, rien que cela ! c'est l'article qui *donne* le plus. De là le dicton si répandu : « Ma montre *retarde* de vingt-cinq, de cinquante, de quatre-vingts francs. »

Tout auprès de l'étudiant, voici la grisette, l'une des plus fidèles habituées du lieu. Elle tient à son bras l'inévitable cabas, qui renferme soit le châle bourre de soie, soit la robe de mérinos, dont le malheur des temps, joint à une semaine tout entière de parties d'âne et autres folles joies, force la pauvrette à se priver momentanément. Mais patience! bientôt elle viendra dégager ses atours captifs, pour les rapporter huit jours après, et ainsi de suite jusqu'à extinction de toilette et de folle jeunesse.

En face de tous ces personnages et de tant d'autres qui chaque jour lui rendent visite, assailli par tant de misères, environné de tant d'émotions poignantes, le commissionnaire seul reste calme et impassible comme le destin, dont il est ici la vivante et chiffrante personnification. C'est à peine s'il jette un regard sur ses clients à mesure qu'ils s'avancent et comparaissent devant lui; il n'a d'yeux que pour le *gage*. Voyez-le tourner et retourner froidement cette redingote déjà mûre que vient de lui présenter le nouvel arrivant, l'examiner sous toutes ses faces, et surtout à la partie faible du parement et de l'entournure, en supputer le prix à loisir, tandis que le malheureux emprunteur attend, la poitrine haletante, le résultat de ce formidable et minutieux examen.

— Six francs, dit-il enfin avec calme.

— Six francs! répète douloureusement le propriétaire du vêtement ainsi déprécié: il m'en faut au moins douze; l'objet les vaut.

— C'est à prendre ou à laisser, interrompt l'inflexible commissionnaire.

L'arrêt est prononcé; il faut courber la tête.

— Donnez! dit l'homme à la redingote, en étouffant un gros soupir.

Malgré le peu de sensibilité des juges sévères qui procèdent à l'estimation des gages, c'est à tort que l'on prêterait au peuple des sentiments haineux soit contre ces hommes, soit contre l'institution qu'ils représentent. Le peuple comprend à merveille, et cela par expérience, que dans sa détresse il ne trouvera d'autre ami ni d'autre prêteur que ce Mont-de-Piété si décrié par beaucoup d'ultra-philanthropes. Il se garde donc bien d'en médire : s'il en parle, c'est sans aigreur, et souvent sur le ton plaisant; car gaieté et misère ne sont point inconciliables. Rien ne prouve mieux de sa part toute absence d'amertume à ce sujet que le sobriquet familier sous lequel il désigne les comptoirs du prêt sur gages.

— Où vas-tu? dit l'ouvrier à son camarade qu'il rencontre avec un paquet sous le bras.

— *Chez ma tante*, lui répond ce dernier.

Ainsi personnifié et passé, de par le dicton populaire, à l'état de grande parenté, le Mont-de-Piété devient un être de raison, une sorte de mythe tutélaire, comme *la mère des compagnons*.

L'Instruction en Danemark.

Voici comment un homme de beaucoup de cœur et de talent, qui a récemment séjourné en Danemark, apprécie la civilisation de ce pays :

« La richesse n'est qu'une des branches de la civilisation du Danemark; elle n'est pas la civilisation entière, il s'en faut. La civilisation du Danemark, et en particulier de la Fionie, c'est aussi son instruction : une instruction générale qui luit même dans la demeure de chaume des paysans, et qui comprend des notions d'agriculture, de géographie, d'histoire, de calcul, de philosophie pratique. La civilisation de ce pays est plus que cela; c'est encore l'instinct de son honneur national, l'aspiration à la liberté, à la dignité, la bravoure sur terre et sur mer; enfin, une merveilleuse identification avec la Bible, ce livre de tous les foyers, cette seconde âme, cette âme traditionnelle qui, en faisant de Dieu le génie intime de chaque famille, rend un peuple entier religieux, touche en lui la fibre de la conscience, et développe le sentiment moral sous tous les toits.

» Telle est, si je ne me trompe, la civilisation du Danemark. Elle est très-grande; elle est supérieure à la civilisation de l'Espagne et de l'Italie; à la civilisation de la France, où l'ignorance dénature les plus beaux élans; à la civilisation de l'Angleterre, trop endurcie en haut par l'accumulation de l'argent, trop corrompue en bas par les vices de la misère. »

De telles vérités blessent beaucoup de gens. Dès qu'on se hasarde à insinuer que la France pourrait bien ne pas être très-supérieure, sous tous les rapports, à tous les autres peuples, la vanité nationale s'indigne et proteste. Il en est ainsi d'un enfant gâté. Osez dire à sa mère qu'il n'est pas le plus beau, le plus spirituel, le plus instruit, le meilleur de tous les enfants de la terre, et vous verrez de quelle manière elle vous regardera. L'enfant trouve que sa mère a bien raison et que vous avez l'esprit faux. Cependant, si vous aimez l'enfant et sa mère, c'est votre devoir de leur dire qu'avec de semblables aveuglements on ne se prépare que déception et malheur.

La Sœur aînée.

La grande sœur est debout auprès du petit et lui montre ses lettres.

Elle essaye de lui enseigner ce qu'elle a appris, et il faut voir la gravité que l'importance de ses fonctions donne à sa jeune figure.

L'enfant dira-t-il le nom du signe sur lequel il a mis son doigt?

Pas encore; mais il s'habitue à le voir pour le reconnaître demain.

Et comme la sœur est fière! comme elle brûle de dire à son élève :

— Tu ne sais pas; c'est un A, c'est un Z !

Maîtresse sans système, elle enseigne peu de chose; mais elle supplée d'autant la mère active occupée aux soins de la maison, et elle fait un effort d'intelligence qui lui profite à elle-même. Ne vaut-il pas mieux jouer à l'institutrice qu'à la *visite* ou à la poupée?

Le petit orgueil que peut lui donner le sentiment de son utilité précoce est moins nuisible à son esprit que la vanité de l'ajustement et de la coquetterie; elle va grandir, pénétrée de cette vérité trop souvent méconnue que la femme peut servir à des œuvres plus relevées que les raffinements de la parure.

Bientôt la grâce innée chez les jeunes filles lui enlèvera la pédanterie qui messiérait à l'adolescence, et elle abordera la vie avec cette fierté dont s'accommode la modestie. Elle aura cette conscience de sa valeur dont l'absence condamne tant d'âmes délicates à la nullité frivole.

Quant au bambin, il se laisse mener ou instruire volontiers par la compagne de ses jeux; ses progrès ne sont pas rapides, et cependant qui sait si la jeunesse n'est pas plus habile que l'âge mûr à conduire l'enfance qu'elle touche de si près? La sœur aînée reste à la portée du jeune frère : comme elle montre sans ennui, elle est écoutée de même; elle a plaisir à se perfectionner dans une connaissance encore nouvelle, à élever son intelligence; d'une sœur l'enfant n'attend pas de réprimandes : il ne lui reconnaît pas cette autorité contre laquelle, avec quelque soin qu'on la déguise, pour la plupart nous nous révoltons à tout âge. L'esprit de contradiction se développe moins en lui, et son caractère s'empreint d'une douceur féminine. Il évite ou il perd cet esprit de brutalité qui rend parfois insupportables les garçons de huit à quinze ans. Il se civilise.

Vous voyez que la sœur aînée et le jeune frère se procurent une utilité et un plaisir mutuels.

Le peintre a-t-il fait ces réflexions lorsqu'il a composé son tableau? Qu'importe? Il faut lui savoir gré de les inspirer au spectateur; c'est le propre de l'art de cacher, souvent sans le vouloir même, sous une forme vivante, des leçons morales que doit en dégager la réflexion.

FIN.

TABLE DES MATIÈRES

Texte.

A quoi doit servir l'intelligence . . . page 189
A un voyageur 122
Abolition du servage en Allemagne. . . 28
Alger : les fêtes du Baïram. 206
Allemand (Portefeuille d'un) mort volontairement de faim 124
Animal (l') peut s'élever vers l'homme . . 59
Animaux (les) domestiques 330
Antipodes 203
Apologue en action 187
Art (l') de se procurer une vie saine et longue. 86
Attention (Habitude de l') 102
Auberge (une) dans l'île d'Amag 315
Avalanches (les) 139

Babouches (les Vieilles) d'Abou-Cassem . 363
Baguenaudier (le) 250
Barbes rouges (les Trois), conte 278
Bataille (les Douze ordres de) 59
Belle (la Plus) de toutes les prières. . . . 46
Bons conseils 288
Bons (des) livres 52
Brute (l'Homme peut descendre vers la) . 58

Caboclos (les), sauvages du Brésil 34
Carte gastronomique de la France 50
Cascade de Kambagaga en Sénégambie . . 76
Cereus (le) Giganteus 302
Cerf (la Mort du) 228
Chalumeau (le) 173
Chambre (la) claire 201
Champagne (le Vin de) 274
Chasse au gorille 180
Chat (les Grimaces du) 30
Chemin de fer (une Gare de) 62
Chemise (la) d'ivrogne 4
Cheval mort (Ce que peut rapporter un) . 24
Choix de verres rares et curieux de la collection Sauvageot 204
Ciel (l'Égalité dans le) 220
Cinquante (les) aveugles, conte arabe . . 35
Colporteur (le) et les singes 222
Combat d'un bateau contre des morses . . 100
Comment les serpents d'Amérique tuent les bœufs 28
Conservation des viandes, du gibier et du poisson 245
Couvoir perfectionné 209

Dames (Jeu de) à Alger 292
Déménagement du pauvre 320

Dénicheurs (les) d'aiglons 129
Deux (les) fermes 144
Deux mansardes 78
Deux (les) mendiants 76
Deux moyens d'écarter les voleurs 44
Dimensions comparées de différents œufs . 57
Dix (les) règles de Jefferson 75
Douze (les) ordres de bataille 59

Écheveaux (Moyen de dévider des) sans dévidoir 3
Éclipse, célèbre cheval de course anglais . 290
Égalité (l') dans le ciel 220
Emmanchement (Sur l') des outils . . . 54
Émotions (les) de M. Baptiste 2
Entre ciel et terre 200
Épis d'or (les Quatre) 5
Équilibriste 52
Érable (l') de Matibo 318
Esclave américain (Souvenirs d'un) . . . 195
Explication de quelques joujoux 135

Faire aller le commerce 4
Fermes (les Deux) 144
Fête (la) de la Moisson en Pologne . . . 25
Fêtes du Baïram à Alger 206
Figures (le Marchand de) de plâtre . . . 304
Filet (Petit traité du) 89
Fleur (la Petite) 21
Formes (les) des nuages 47
Fosse (la) aux ours, au jardin des Plantes de Paris 190
France (Carte gastronomique de la) . . . 50
Franklin 305

Gare (une) de chemin de fer 62
Geai (le) 127
Géographie zoologique 363
Goffin (Hubert), le brave mineur 104
Goutte (la) d'eau 302
Grand-Père (le) et l'Enfant 246
Grenadier (le Premier) de France 280
Grimaces (les) du chat 30
Grive (la) rousse 84

Habitude de l'attention 102
Histoire des locomotives 113
Homme (Quel est l') le plus grand ? . . . 266
Homme (Portrait d'un) destiné à vivre longtemps 289
Homme (l') peut descendre vers la brute . 58

TABLE DES MATIÈRES.

Hommes (les) de couleur 245
Hubert Goffin, le brave mineur. 104
Horloge (l') de la nourrice 5

Inondation (l') 288
Instruction (l') en Danemark. 370
Instruction (l') et le travail. 34
Intelligence (A quoi doit servir l'). 189
Ivrogne (la Chemise d') 4

Jacquart. 220
Jefferson (les Dix règles de) 75
Jérusalem 72
Jeu de dames à Alger 292
Jeu (le) des ombres. 21
Jeunesse (la) 271
Joujoux (Explication de quelques) 135

Liége (le). 238
Locomotives (Histoire des). 113
Louis (Saint). 169

Maison (la) à trois étages 316
Maison (la) paternelle. 75
Manière de lever la carte du pays qu'on habite. 80
Mansardes (Deux) 78
Marais salants et sauniers. 254
Marchand (le) de figures de plâtre 304
Marie Salmon. 97
Moisson (la Fête de la) en Pologne. 25
Mont-de-Piété (le) 366
Morses (Combat d'un bateau contre des). . . 100
Mort (la) du cerf 228
Mouche (la) et le Cousin 56
Mourir, c'est renaître 32
Moyen de dévider des écheveaux sans dévidoir. 3

Naufrage du *Vengeur* 248
Nez (Quelques faits relatifs au). 243
Nœuds. 235
Nuages (les Formes des) 47
Nuremberg (la Vierge de) 242

Oberkampf 188
Œufs (Dimensions comparées de différents). 57
Oiseaux (les) en hiver. 185
Olivier de Serres, agriculteur célèbre. . . 88
Ombres (le Jeu des) 21
Ordres (les Douze) de bataille. 59
Outils (Sur l'Emmanchement des). 54

Pambamarca (le Spectre du). 182
Papillons (les). 109
Paresseux (les) 58
Pays que l'on habite (Manière de lever la carte du) 80

Pensée indienne. 142
Pensée de Mme de Sévigné. 327
Pensées nocturnes. 228
Petite fleur (la). 21
Petites (les) choses 283
Piége (un) pour attraper un rayon de soleil. 8
Pierre (la) au cou. 43
Poissons marcheurs. 4
Pont (le) d'Espagne. 102
Pont-aqueduc de Roquefavour. 142
Portefeuille d'un Allemand mort volontairement de faim. 124
Portrait d'un homme destiné à vivre longtemps. 289
Premier (le) grenadier de France 280
Prières (la Plus belle de toutes les). . . . 46
Promenade (une) de jour au Vésuve 262

Quart (le) d'heure de Rabelais 43
Quatre (les) épis d'or 5
Que deviendra-t-il ? 27
Quel est l'homme le plus grand ? 266
Quelques faits relatifs au nez 243
Quinquina (le) 183

Renardeaux (les) 201
Retour (le) de Poissy. 324
Rêve (le) du soldat 122
Rien n'est inutile 24
Roquefavour (le Pont-aqueduc de) 142
Ruche (une Nouvelle) 213

Saint Louis. 169
Sainte Chapelle (la), à Paris. 218
Sauniers (Marais salants et). 254
Saute, Jan de Kramer 234
Sauvages 296
Sauvages du Brésil (les Cabocles). 34
Scène (une) de famille 2
Serrures et cadenas à combinaisons. 322
Servage en Allemagne (Abolition du). . . . 28
Singes (le Colporteur et les). 222
Sœur (la) aînée. 371
Soldat (le Rêve du). 122
Souvenirs d'un esclave américain 195
Spectre (le) du Pambamarca 182
Sur l'emmanchement des outils. 54

Tactique navale. 267
Tahiti. 186
Thalès de Milet. 318
Traité (Petit) du filet. 89
Travail (l'Instruction et le). 34
Traversée (la) de maître Klaus, simple récit. 64
Trois (les) barbes rouges, conte. 278
Trois voleurs 34
Trop d'impatience. 56

TABLE DES MATIÈRES.

Usage (un) des anciens Romains 45
Vaisseau (le) *le Vengeur* 248
Vésuve (une Promenade de jour au) 262
Vie (la) humaine 292
Vie saine et longue (l'Art de se procurer une) 86
Vieilles (les) babouches d'Abou-Cassem . . 363
Vierge (la) de Nuremberg 242
Vin (le) de Champagne 274
Visite aux cités ouvrières de Mulhouse . . . 229
Visite à l'école 328
Voiture à charge équilibrée 313
Voleurs (Deux moyens d'écarter les) 45
Voleurs (Trois) 34
Voyageur (A un) 122

Gravures.

Agouti (l') . . . . page 336
Animal (l') peut s'élever vers l'homme . . . 59
Antipodes 203
Appareil pour conserver la viande, le poisson et le gibier 245
Ascension d'une sainte 201
Ascension du Vésuve 264
Auberge (une) dans l'île d'Amag 315
Aurochs (l') 353
Avalanche (une) 141

Baguenaudier (9 grav.) . . 250, 251, 252, 253
Battage (Ancien) du blé 164
Battage du blé à la vapeur 165
Boa (le) aquatique 29
Bœuf (le) sauvage d'Asie 353
Bouquetin (le) égagre 349
Buffle (le) 354

Cabiai (le) 336
Cabocle tirant de l'arc 35
Canna (le) 352
Canard (le) sauvage 361
Carte gastronomique de la France 51
Cascade de Kambagaga, en Sénégambie . . 77
Castor (le) du Canada 337
Cereus giganteus (Cierge géant) 303
Cerf-cochon (le) 351
Cette vie est un songe, et la mort un réveil . 33
Chacal (le) d'Abyssinie 332
Chacal (le) d'Algérie 332
Chacal (le) du Cap 332
Chalumeau à gaz hydrogène et oxygène . . 180
Chalumeau à gaz en usage dans les grands ateliers 179
Chalumeau et lampe d'émailleur 177
Chalumeau et lampe à gaz 176
Chalumeaux d'atelier (2 grav.) 173, 174
Chambre (la) claire (2 grav.) 202
Charrue basque 149
Charrue du centre de la France 148
Charrue (la) Dombasle modifiée 151
Charrue (la) Howard 151
Chat (le) ganté 333
Chat (les Grimaces du), par J.-J. Granville (13 grav.) 30, 31, 32
Chemise (la) d'ivrogne 4

Chêne-liége (le) d'Espagne 239
Cheval mort 25
Choix de papillons 111
Cités ouvrières de Mulhouse (2 grav.) . 232, 233
Cobaye (le) 335
Colporteur (le) et les singes 223
Combat de matelots contre des morses . . . 101
Coq (le) de bruyère 360
Coq (le) et la poule . . . . , ... 357
Costumes de fête des paludiers 261
Couagga (le) 343
Couvoir du Muséum d'histoire naturelle . . 209

Dauw (le) 343
Déménagement (le) du pauvre 321
Dénicheurs (les) d'aiglons 133
Départ des sauniers pour la troque 257
Descente du Vésuve 265
Deux mansardes 79
Dimensions comparées de différents œufs . . 57
Dindon (le) 357
Douze (les) ordres de bataille (13 gr.) . 59, 60, 61
Dromadaire (le) 345

Éclipse, célèbre cheval de course anglais . . 291
École (une) de village en Allemagne 329
Émotions (les) de M. Baptiste (10 grav.) . . 3
Éolipyle 178
Équilibriste (12 grav.) 53
Érable (un) à Matibo, près de Savigliano (Italie) 319

Femmes apportant le sel 256
Fenaison (la) 158
Ferme (une) du Berry 146
Ferme d'Eprunes (Seine-et-Oise) 147
Fête de la Moisson en Pologne 26
Filet (Petit Traité du) (16 grav.) . . . . 90 à 97
Formes des nuages 49

Gazelle (la) 351
Geai bleu (le) 128
Gelinotte (la) 360
Générations (les) se suivent et ne se ressemblent pas 247
Goffin (Hubert) et son fils 107
Gorille (le) 181

TABLE DES MATIÈRES.

Grive (la) rousse et le serpent noir	85
Guanaco (le)	346
Guide-lime ou pradel	56
Homme (l') peut descendre vers la brute	58
Horloge (l') de la nourrice (2 grav.)	6-7
Innocence (l') justifiée (1786)	99
Inondation (l')	289
Intérieur d'un bureau de commissionnaire du Mont-de-Piété	369
Jacquart	221
Jan de Kramer	235
Jeu (le) des ombres (12 grav.)	22, 23
Jeunesse (la)	273
Joujoux (Explication de quelques) (9 grav.)	135, 136, 137, 138
Kanguroo (le Grand)	338
La Tour d'Auvergne	281
Leçon (la) de la sœur aînée	372
Locomotives (Histoire des) (13 grav.)	113 à 117
Machine à faner de Smith	159
Machine à moissonner de Burgess et Key	161
Maison (la) à trois étages	317
Manière de lever la carte du pays que l'on habite (5 grav.)	80, 81, 83
Mappemonde zoologique	364, 365
Mara (le)	336
Marais salant (Plan d'un)	256
Marchand (le) de figures de plâtre	305
Moissonneurs à la faucille	161
Mort (la) du cerf	229
Mouflon (le)	348
Moyen de dévider des écheveaux sans dévidoir (2 grav.)	3 et 4
Fosse (la) aux ours au Muséum d'histoire naturelle (2 grav.)	191, 193
Naufrage (Épisode du) du *Vengeur*	249
Nilgau (le)	352
Nœuds	237
Oberkampf	189
Océaniens	299
Œuf de tortue moresque au moment de l'éclosion	211
Olivier de Serres	89
Oie (l') sauvage	360
Ordres (les Douze) de bataille (13 gr.)	59, 60, 61
Paca (le) brun	337
Paludiers en voyage	257
Paysage à Tahiti	187
Pelle à jet dauphinoise, manche cambré	54
Phascolome (le)	338
Phénomène atmosphérique dans l'Amérique méridionale	183
Pierre (la) au cou	43
Pigeon (le) biset	358
Pont-aqueduc de Roquefavour	143
Pressoir ancien	167
Pressoir Dézaunay	167
Prières (la Plus belle de toutes les) (7 gr.)	46, 47
Putois (le)	334
Quart d'heure (le) de Rabelais	44
Que deviendra-t-il? (9 grav.)	27
Rayon (le) de soleil	11
Renne (le)	350
Retour (le) de Poissy	327
Rêve (le) du soldat	123
Ruche (une Nouvelle) (17 grav.)	214, 215
Scène (une) de famille	1
Semailles, ancienne méthode	154
Semoir mécanique de Hornsby	155
Serrures et cadenas à combinaisons (5 grav.)	322, 323, 324
Statue de Franklin, à Boston	307
Statue de saint Louis, à Aigues-Mortes (Gard)	171
Tactique navale (8 gr.)	267, 268, 269, 270, 271
Tapir (le)	339
Théâtre (le) des Ombres chinoises à Alger	207
Tortue moresque éclose par incubation artificielle	211
Vases rares et curieux de la collection Sauvageot, au Musée du Louvre	205
Vie (la) humaine, par Bendemann (2 g.)	294, 295
Vierge (la) de fer, instrument de supplice en usage autrefois à Nuremberg	242
Vin (le) de Champagne (8 gr.)	275, 276, 277, 278
Viscache (la)	336
Voiture à charge équilibrée	314
Vue à vol d'oiseau d'une gare de premier ordre et de ses accessoires	63
Vue intérieure de la sainte Chapelle, à Paris	219
Vue de Jérusalem	73
Vue du pont-aqueduc de Roquefavour	143
Vue du pont d'Espagne, dans la vallée de Cauterets (Hautes-Pyrénées)	103
Yack (l')	355
Zèbre (le)	342
Zébu (le)	354

PARIS. — TYPOGRAPHIE DE J. BEST
RUE SAINT-MAUR-SAINT-GERMAIN, 15.